JN252123

日本史研究叢刊 32

中世・近世堺地域史料の研究

矢内一磨 著

和泉書院

目次

凡例

〔史料翻刻にあたって〕

・原則として常用漢字を使用し異体字は残した。

・欠損した箇所は□で表示した。

・抹消部分については■とし、抹消した文字が読み取れる箇所は、アミカケとした。アミカケ内に■とするものは、二重に墨を塗って抹消をしていることを表現する。

・解読の便宜をはかるため、句読点や中黒を付した。

・原文の改行を尊重したが、」で改行を表示した所もある。

・補注等は◎をつけ注記した。

・（ ）内は筆者が注したものである。

〔史料引用にあたって〕

・書名については、『 』で、史料名については、「 」で括った。

・『堺市史』（堺市役所、一九三〇年初版、清文堂出版、一九七七年復刻）と『堺市史続編』（堺市役所、一九七六年）に関しては頻出するため、個別の引用箇所では、書名を掲げるのみとし煩を避けた。

序

本書では、都市堺に関する中世・近世の地域史料の研究をまとめた。大阪湾に面した堺は、摂津国と和泉国の国境に位置する都市である。都市の中央を東西にメインストリートである大小路（おおしょうじ）が通っており、大小路を境にして、北が摂津国・南が和泉国になっている。戦前に三浦周行によって編纂された『堺市史』(1)が詳述したように、この都市では中世に国内外の貿易で蓄えた富によって、町衆による都市運営が行われ、豊かな文化が花開いた。日本史上において重要な都市のひとつであったことは、衆目の一致するところである。この堺を主題にして、本書では歴史研究を行いたい。

まずは、本書を編むに当たっての筆者の問題意識を提示しておきたいと思う。

前世紀末、来る二一世紀は環境の世紀となるといわれた(2)。

前世紀に少年時代を送った筆者にとって米ソ間の緊張とその結果の核戦争、そしてその後に来る核の冬が、想像しうる地球規模の脅威であった。ところが前世紀末に発生した阪神淡路大震災と今世紀に入って発生した東日本大震災。我々は二つの大地震から、日本列島という自然環境に生きることの厳しい現実を思い知らされた(3)。それまでも地震や火山噴火、台風による水害や雪害等いくつかの自然災害を経験してきた現代の日本社会であるが、二つの大震災はそれまでにない圧倒的な災害体験を、現代の私たちに突きつけた。そして、人文・社会・自然の諸科学のあらゆる研究は、環境的考察を抜きにしては成り立ちがたいという事実を、研究者たちに再認識させたのである。今後は、文科・

理科という従来の学問の枠を超えて文理融合の視点から、環境を対象にした学問を発展させていくことが望まれる。[4]

また、特定の地域を対象にした学問も出現した。代表的なものは、京都学や大阪学など特定の地名を冠したものである。筆者が研究のフィールドとする堺においても「堺学」が提唱されている。[5] 内容は、歴史・文学・地理・経済・交通・農業・産業等多岐にわたっている。山林や河川の自然環境を対象にした研究活動もある。また、古道や街道を研究し、実際に現地を踏破するような地理と交通にまたがるものもある。

これらは、実践的要素をもった傾向が強い。地域の名称を冠しているため、当該地域に生活する市民にはより身近に感じられるためか、市民参加型講座も人気である。また、京都など歴史都市の場合、観光行政や産業とも密接につながり展開していく傾向もみられる。

さて、「地域学」ともいうべきこれらの学問の内容は、前世紀の歴史研究において提唱されてきた郷土史・地方史・地域史とは研究傾向を異にしているとの個人的な感想をもっている。とくに古文書を解読し郷土の文物や地方の経済・政治などを研究対象としてきた実証的な地域史研究の流れが、継承されての研究の進展であるかどうかは疑問である。堺を例にとって考えてみる。堺の町の伝統を重んじる風土が、「堺学」の発生と展開に寄与したと考えることは間違いではないであろう。[6] しかしながら、戦前・戦後と正・続の二回にわたって実証的で優れた市史編纂を遂げた『堺市史』の伝統を直接受け継いでの「堺学」の発生であるかといえば、決してそうではあるまい。[7]

ここで「堺学」の隆盛と異なった、堺の地域学が展開していることを指摘しておく。昭和から平成にかけて展開した古建築・古文書・美術工芸の諸分野における文化財調査に伴うものである。広い堺市域に残された歴史的建築物や古美術の調査、正続市史の調査のさいに存在が確認されている古文書群の詳細調査と目録作成を目的にした文書調査が行われた。[8] それらは正続市史の行政的な事業継承とは言い難い。しかしながら、市史編纂の成果に学んだ実証的な文化財調査事業は、学術的には『堺市史』の伝統に則ったものといえるのではないか。

先行する実証研究を少しでも取り込み、前進させること、地域史の蓄積を「消費」あるいは「浪費」するのではなく、「生産」をすることが現在の研究者である我々に課せられた課題であろう。

以上のような状況を踏まえつつ史料研究を基にした中世・近世における堺の地域史の解明を目的に本書を執筆した。具体的には、これまで、研究蓄積が薄かった寺院史を中心に、中世から近世にかけての新史料を提示し、都市堺の新しい史料研究をつくりあげることである。そして、研究の緊急性を要する歴史地震研究について、南大阪地域の地震史料を研究し、社会的要請に応えることである。

以下に本書の各部章の構成を示し、読者への案内としたい。

筆者は、中世・近世の寺院社会と文化に関心を持つ研究者である。そのため第一部は寺院史料の研究を中心に構成した。前著で中世・近世の都市堺の寺院展開について論じたが、第一部はそれを継承したものである。

第一章「一休宗純「自戒集」にみる語彙とその比喩—堺布教の問題を中心に—」では、一休の著作のなかではこれまで取り上げられることが少なかった「自戒集」について国文学研究の視点から論じた。「自戒集」は一五世紀の都市堺を舞台にした文学である。中世都市堺の史料として「自戒集」を取り扱ったものは、これまでなかった。そのような見地に意しながら論じた。

第二章〜第四章では堺の日蓮宗本山寺院妙國寺に伝来する日珖自筆「己行記」と「行功部分記」について史料研究を中心に論じた。日蓮宗の高僧日珖は堺の豪商油屋の出身であり、織田信長の面前で開かれた安土宗論では、日蓮宗側として浄土宗側の論客と対峙した。その自筆の行状記録「己行記」は知られているが、三〇通に及ぶその紙背文書を含めた全体像の研究はこれまでなかった。前著でも論じたが中世堺は禅・法華・念仏の諸宗派が競って教線を展開した都市である。日珖の著作を取り上げることを通じて、中世堺の都市寺院の史料についての研究蓄積を積み上げた。

第五章「禅宗寺院の法会と普請—堺大安寺を中心に—」では、堺の東福寺派の禅宗寺院である大安寺が所蔵する法会と普請に関する古文書をもとに近世大安寺の寺院活動の一端を明らかにした。

中世都市堺は当時日本最大の経済都市であると目されることが多かった。それに比して、近世都市堺は堺奉行が統治する幕府直轄の都市でありながら、注目度が低いと言わざるを得ない。巨大都市大坂に近接していたことが、その大きな理由であるが、近世の堺は大坂の周辺都市に止まらない独自の歴史を展開したと考えられる。そのような関心から第二部は近世堺の社会と文化に関する史料研究をまとめた。

第一章では、慶長二〇年（一六一五）四月二八日大坂夏の陣の前哨戦で被災した堺の町が、復興を遂げ、近世都市が誕生した様相を寺町の形成を中心に考えた。本章においては、大徳寺龍光院から新たに発見された津田宗達・宗及ゆかりの大通庵の復興史料を紹介した。また、被災から約七〇年後の元禄時代の堺を描いた元禄の大絵図について述べ、描かれた姿が復興の完成形であることにも言及した。

第二章では、井原西鶴の町人物を題材に、そこに描かれた堺の都市を考察した。そして、西鶴時代の堺の都市像を成熟都市と評価し、大坂と好対照の気風をもった都市であったことを明らかにした。

第三章では、平成一八年（二〇〇六）に兵庫県相生市内で偶然発見された第二六代堺奉行浅野長恒史料とそのなかのひとつ「堺手鑑」について論じた。浅野長恒史料は、堺奉行の手元に留め置かれた第一等の都市支配文書群である。大正末から昭和初期にかけて、市史編纂担当者によって、市内の旧家が所蔵する町方の古文書の採訪と筆写が行われた。筆写本は『堺市史史料』の一部として堺市立中央図書館に保存されており、現在も堺研究の基本文献となっている。残念なことに原本の多くが第二次世界大戦下の堺大空襲で失われている。今回発見されたものは、失われた『堺市史史料』の原本以上に貴重な、奉行側の古文書の原本である。新発見をうけて、享保期の堺奉行の支配についての考察をまとめた。

第四章では、幕末に道明寺天満宮の大般若経読経のための結社である菅梅講に結衆する堺商人たちの名を記した史料について考察した。近世堺は、数多くの商人が活発な商業活動を展開し、和泉国最大の商業都市となっていた。商人番付等にその名を見つけ出すことができるが、彼らが長尾街道を東に行った道明寺天満宮に結衆していたことは、これまで知られておらず、それを初めて明らかにした。

第五章では安政年間に発生した伊賀上野地震・東南海地震・南海地震についての真宗大谷派真宗寺に伝来する歴史地震記録を考察した。歴史地震研究にとって、記録地・記録者が明確でかつ地震発生当初に記録された古文書は、第一級史料となる。真宗寺の古文書はまさにそれであり、堺地域の歴史地震研究に裨益すること大である。

第六章では、第五章と同じ安政地震について、佛光寺派の金岡光念寺に伝来する歴史地震記録を考察した。光念寺の記録もまた、真宗寺と同じく第一級史料である。前章と併せて読むことで、堺地域の被災状況をより深く読み解くことができる。

付章では、堺の郷土画家岸谷勢蔵と彼が残した近代堺に関する記録画について考察した。岸谷の作品群は、絵画の範疇にとどまらない二〇世紀の都市の記憶遺産ともいうべき史料である。中世・近世の地域史料を対象とした本書であるが、近代都市を知る上で、他に類を見ない史料群であるので、とくに付章を設けて収録した。

なお、本書で取り上げた史料は「自戒集」、「己行記」、西鶴の町人物等を除くとほとんどが未刊行のもので、執筆時に筆者が翻刻解読を行った。全くの新発見であったものも多い。新発見史料の紹介は学界に裨益すること大である反面、解釈の成熟度の不足や理論的考察の浅薄さを伴うことも否めない。しかしながら、筆者が地域の歴史系博物館の学芸員として奉職して、地域史の最前線に身を置いているうえは、このような新発見史料の紹介を中心とした研究姿勢を固持していきたいと考える[9]。その点はご理解いただければと思う。

本書で引用・紹介した史料の所蔵者の方々からは、活字化にあたりご快諾をいただき、さらには、励ましの言葉まで頂戴した。また、論攷を最初に掲載をいただいた学術雑誌・研究紀要を刊行されている諸機関・諸学会からは、論攷を本書に収録するに当たり、それぞれご快諾をいただいた。また渋谷一成氏には校正の労をとっていただいた。序に記して感謝をする次第である。

注

（1）『堺市史』は、昭和四年（一九二九）から昭和六年（一九三一）にかけて全八冊を刊行、編纂準備を含めると七年間を要している。自治体の沿革史としては、『大阪市史』や『神戸市史』などと共に名著と評価された。

（2）『環境白書』（環境庁、二〇〇〇年）前書き参照。本書は二〇世紀最後の年に発行された白書であり、二一世紀を「環境の世紀」であるとの認識を提示している。また、前世紀末の『防災白書』でも二一世紀の国土の自然環境と災害についての認識が提示されている。中央官庁が大きな権限をもつことの弊害を是正するための策として、規制緩和や地方への権限委譲が提唱された。後者の系譜に地域の時代がある。

（3）阪神淡路大震災発生時には、筆者も堺で強烈な揺れを体験した。関西には大きな地震が来ないという愚説がそのころの社会に蔓延していたことは、今でも印象に残っている。また当時、勤務する堺市役所より居住地域の防災地区班長を拝命しており、その責任をひしひしと感じた記憶もある。

（4）以上のような問題意識と関心は、大学時代から三〇年以上にわたって真珠庵をはじめとする大徳寺の文書について多くのご教示を得ている保立道久氏の研究活動から学ばせていただいたことが大きい。詳しくは保立道久『歴史のなかの大地動乱――奈良・平安の地震と天皇』（岩波書店、二〇一二年）をはじめとする著作と歴史地震に関する研究情報に関しては最速で発信されている氏のブログ「保立道久の研究雑記　歴史家の発想と反省」を参照。

（5）公益財団法人堺都市政策研究所が企画運営する堺学シリーズ講演会が代表的なものとしてあげられる。いずれの講演も堺に関するテーマで設定されており、その内容は講演録にまとめられる。講演録は平成七年（一九九五）に第一集が出版されて以来、平成二九年現在、第二三集まで刊行されている。講師は大学の研究者に限っていない。伝統産業界の第一線で活躍している人が講演をされている場合もある。

（6）堺の旧市街地に古くから住む市民は、中世自由都市の伝統と系譜を意識している。「堺まつり」のような市民行事や町の看板や公共交通の車両のデザインにも茶の湯文化、南蛮文化に由来するものが、数多く取り入れられている。

(7)『堺市史続編　第六巻』の一一五頁には、昭和三八年から同五〇年に亘る堺市史続編編纂事業が完結したさいに、編纂会議において、市へ以下の要請がされたことが記録されている。①事業中蒐集した厖大な史料・稿本・写真・マイクロフィルム・カード等の保管と利用をはかること、②史料散佚の激しい現状と将来予想される市史編纂にそなえ、恒常的に史料の蒐集・保存にあたり、雑誌の刊行等を通じ公開の方向をとること、③いずれは史料館へ発展させるのが望ましいことである。いずれも当時の到達点を踏まえた貴重な提言である。

しかし、振り返ってみると編纂会議の学識経験者たちによって要請された提言は、残念ながらいずれも達成されているとは言い難い。市史編纂の事業中に蒐集した知的財産が「堺学」の発展に有効に活用されていれば、われわれは、格段に優れた成果を得ることができたはずである。

(8) それらの調査結果をまとめたものとして、建造物の分野においては『堺市歴史的建造物調査報告書　堺の寺社建築一　堺支所・北支所』(堺市教育委員会、二〇〇〇年)・『堺市歴史的建造物調査報告書　堺の寺社建築　二　中支所・東支所・西支所・南支所』(堺市教育委員会、二〇〇一年)、美術工芸の分野においては『堺市美術工芸品調査報告書第一集　上神谷下条・陶器地区の美術工芸』(堺市教育委員会、一九九五年)・『堺市美術工芸品調査報告書第二集　上神谷上条・美木多地区の美術工芸』(堺市教育委員会、一九九八年)、古文書の分野においては『堺市古文書調査報告書第一集　真宗寺文書調査報告書』(堺市教育委員会、一九九六年)・『堺市古文書調査報告書第二集　法道寺文書調査報告書』(堺市教育委員会、一九九七年)があげられる。

(9) 筆者が史料紹介・報告をしたもので、堺関係で主なものを列挙すれば、以下の通りである。「史料紹介　愛染院所蔵文書」(『摂河泉文化資料』四四、摂河泉文庫、一九九五年)、「史料紹介『堺市中・泉州人別送及び奉公人出稼関係史料』」(『堺市博物館報』一八、一九九九年)、「堺と半井氏—収蔵資料の紹介をかねて—」(『堺市博物館報』二五、二〇〇六年)、「史料報告　本館蔵『堺熊野町年寄谷善右衛門家文書』目録」(『堺市博物館報』二八、二〇〇九年)、「収蔵史料報告　本館蔵「堺鉄砲鍛冶芝辻理右衛門家文書」」(『堺市博物館研究報告』三二、二〇一三年)、「収蔵史料報告　当館蔵　兒山銀行関連文書」(『堺市博物館研究報告』三三、二〇一四年)、「収蔵史料報告　兒山本家文書」(『堺

市博物館研究報告』三四、二〇一五年)、「収蔵史料報告　堺魚商文書」(『堺市博物館研究報告』三五、二〇一六年)、「堺市博物館蔵月次風俗諸職図屛風下張りについて—近世前期美濃大垣藩関係史料の発見—」(『博物館学年報』四八、同志社大学博物館学課程、二〇一七年)。

以上のように、堺市博物館の収蔵史料研究を中心に、さまざまな古文書調査・整理に携わってきた。これは、大学時代の恩師仲村研教授の研究姿勢に影響を受けて自分の専門分野である中近世寺院社会史に関するもの以外にもさまざまな文書に触れる機会を増やし、学問の幅を拡げることを目指したものである。

第一部　中世・近世堺の寺院史料を読み解く

第一章　一休宗純「自戒集」にみる語彙とその比喩

――堺布教の問題を中心に――

はじめに

一五世紀、京に比肩する国内最大の経済都市であった堺に巡遊した大徳寺派の禅僧一休宗純は、すでにその地に教線を伸ばしていた自分の兄弟子に当たる養叟宗頤らによる布教の手法を目の当たりにした[1]。

一休は養叟による堺布教を、禅思想の立場からみて純粋禅の「堕落」の姿であると断じた。そして、自らの弟子たちと共に編んだ「自戒集」で養叟宗頤とその弟子春浦宗熙たちを激しく批判した。一休の鋭い舌鋒は堺布教のあり方にとどまらず、養叟たちの思想の内容にまでに及んでいる[2]。従来の一休宗純の研究では、「自戒集」の養叟批判は、専ら乱れた禅に対する硬骨漢一休の真面目を語るエピソードとしてのみ語られてきた。また一休の代表作である『狂雲集』に比べると「自戒集」は、文体があまりにも苛烈であることが影響してか、禅思想研究・文学・史学など諸分野において積極的な研究の対象となる機会には恵まれてこなかった[3]。近年になって堀川貴司氏が説話研究の範疇で、一休説話の原型を「自戒集」の構造に求める興味深い論を提示された[4]。堀川氏が提示された論は、従来の固定的な「自戒集」論を超えて研究を前進させる新しいものである。堀川氏の論に示唆を受け、従来の純粋禅の堕落といった見方を超えて新しい考え方を提示していきたい。

現在、「自戒集」研究においては、以下の問題がある。

第一に「本韻三首、和韻一百八十首」とされる「自戒集」の詩文の語彙に即した検討が充分ではないことである。第二に苛烈な文体とされる詩文が真に表現するもの、すなわち語彙が比喩するものが何であるのかが解明されていないことである。そして第三には一休が鋭い詩文を綴ることをもって、何を目指したのかが、明確にされていないことである。これまで、「自戒集」は一休が同門兄弟子の行状を苛烈な言葉で諷刺し、純粋禅からの逸脱を天下に暴露した作品と捉えられてきた。諷刺と暴露の文学であることは、誤りではない。しかし、ここでは、そこから一歩を踏み出し、「自戒集」が比喩するものを考えたい。

以上のような観点から、本章では次のような課題と構成を設定する。第一節では養叟と一休の関係を簡単に整理し、両者の軋轢から生まれたとされる「自戒集」の構成を考える。第二節では地理的に狭隘で、禅・法華・念仏など諸宗の坩堝の状態であった都市堺に関する詩文を中心にして、「自戒集」の語彙を検討していく。従来ややもすれば看過されてきた、押韻などの面にも言及したい。第三節では「自戒集」の語彙が大徳寺派による堺布教という歴史的文脈で語られたものであることに注意を払いつつ、それが比喩するものを明らかにする。第四節では、一休による自戒と自己否定の問題について考える。当然、山積する課題をすべて解決することは至難である。僅かでも「自戒集」研究に裨益するように努めたい。

本章で用いた「自戒集」は、基本的に平野宗浄訳注『一休和尚全集　第三巻　自戒集・一休年譜』（春秋社、二〇〇三年）に準拠した。また、中本環校注『狂雲集・狂雲詩集・自戒集』（現代思潮社、一九七六年）も参照した。(5)なお、「自戒集」にはすでに諸氏が指摘されているように、多くの差別用語が使用されている。差別用語の背景にある差別意識に対する批判は、科学的に行う必要がある。それらの差別用語は、現在の人権思想からすれば決して認められないものであるが、「自戒集」の古典資料としての性格を考慮し、原典に則して掲載した。

一　養叟と一休

養叟宗頤（一三七六〜一四五八）と一休宗純（一三九四〜一四八一）は、共に大徳寺派僧・華叟宗曇を師と仰ぐ同門の兄弟弟子である。[6]

【法系図】
南浦紹明――宗峰妙超――徹翁義亨――言外宗忠――華叟宗曇――養叟宗頤――春浦宗熙
　　　　　　　　　　　　　　　　　　　　　　　　　└一休宗純…没倫紹等
　　　　　　　　　　　　　　　　　　　　　　　　　　　　　　　…祖心紹越

二人は華叟が居した近江国堅田で修行、正長元年（一四二八）華叟が没した後は、それぞれが別の道を歩み出した。[7]養叟は大徳寺を支えるため、その時代の新たな富裕層である堺の町衆たちの間に入り、一休は、放浪し堺の町へも永享四年（一四三二）に巡遊する。[8]同門の両者ではあるが『一休和尚全集　第三巻』「年譜」宝徳三年（一四五一）の条に記されるように、一休は大徳寺開山・宗峰妙超の行実の地道な修行を評価するが、養叟はそれよりも貴顕が宗峰を抜擢したことを評価するなど両者には根本的な考え方の相違があった。

幾度か軋轢はあったようであるが、両者の決裂が決定的となるのは享徳三年（一四五四）のことである。[9]一休は養叟の処へ赴き、祖師の教えについての意見交換をするが、お互い同門であるにも関わらず、全く噛み合わない。そして絶縁状態となる。養叟は堺の富裕層に教線を伸ばすために、さまざまな工夫をするが、それらは一休から見て大徳寺正統の華叟の禅を歪めたものとしか考えられなかった。そこで一休は兄弟子養叟の堺での行状を、天下に暴露することを志した。

『一休和尚全集　第三巻』「年譜」の康正元年（一四五五）の条には、「泉南の調偈、師に伝達す。師、其の韻を次する者二百余首、編みて一巻と作し、題して自戒と曰う」とある[10]。この記事が、指すものこそが、ここで問題にする堺における禅の堕落と印可の弛緩とその張本人である養叟を告発する書「自戒集」の成立である。

「自戒集」の構成については、堀川貴司氏が丁寧に纏められているが[11]、都市堺から京の一休の許にもたらされた無住榜の形をとった本韻三首とそれに応じた和韻一五一首のスタイルを採っている。無住榜とは一種の落書、壁訴訟で無頭榜ともいい、中国大陸やその影響を受けている禅林では、しばしば意見表明に用いられた[12]。一休は「自戒集」を編むことによって、何かを批判しようとしているのである。「自戒集」に批判機能を持たせた場合、その鋭い矛先が第一に向けられる先は、当然、養叟とその派下である。しかし、それでは何故、表題を自らを戒めるという意の「自戒集」とするのか。そこには、何らかの比喩が潜んでいる。それも考えないとなるまい。

堺からもたらされたとする無住榜序本文・本韻三首、それに和した漢詩より主として成る「自戒集」に記された語彙とそれが比喩するものを次に考えていく。

二　堺布教に向けられた語彙

無住榜序本文は、以下のように記される[13]。

堺ヨリノ無住榜、本韻三首、和韻一百八十首。此和韻、アマリニモヲモシロク候トテ、叢林江湖尊宿・ワカ衆・兄弟タチ、双紙ニトチ表紙ヲカケナントシテ、モテアソヒ、重宝メサレ候テ、養叟ヲニクマヌ人モナシ。其ノイワレハ、養叟和尚十四五年、比丘尼、商人ナントニ、カナツケノ古則ヲヲシヱテ、得法ヲサセラレ候。今ハ、田楽・座頭ナントモ、我ハ得法ノモノナリ、地獄ノ話ヲ参タルユヱニ、地獄ヘハヲチシ、我ニ参セヨト、得法タテノクワウケン、事ノ外也。サテ又、比丘尼メラハ、ウツ、ナヤ、栢樹子ハサフラウ、ワコレウサマハ、イマタ西江水ヲハ御ミチヤリ候ハヌカ、ナントノ得法タテ、比丘尼五山ニ、此衆多シ。比丘尼ノ中ニモ、コレヲニクム。此四五年ハ、殊ニ得法ヲヲシユル事、頻頻ナリ。養叟和尚、得法ヲハヲシヱス、ト御アラカイ候。ソレハ、イワレヌ事ナリ。得法ヲヲシヱタルセウコ多シ。アクルニタラス候。歴然ノ支証ニハ、辛苦シテ参タラハ、レウシニ茶ノコニハセシ、ナライタレハコソ、古則ヲ容易ニ云ラメ、ト人々申候。紫野大徳寺ハシマリテヨリ以来、如此ノ大悪党ノ邪師、未聞不見也。所詮、無住榜ヲ腹立シテ、彼カシタ、此カシタ、トケンキニサ、レ候ハンスルヨリ、比丘尼ノクチタテヲ、斟酌サセラレ候ハ、、目出タカルヘク候。無住榜ノ作者ハ、ヨソノ人ニテハアルマシク候。人家ノ男女ヲ魔魅スト云コトハ、諸録ニ毎々アリ。殊ニ霊山和尚法語ニアリ。其上、徳禅寺ノ法度ニモ、比丘尼ヲ寺中ニイルヘカラス、洗衣ナントニツキテ、用ノ事アラハ、僧、門前ニ出テ、用ヲ弁スヘシト也。霊山和尚ノ御持言ニノタマハク、僧ノ無眼ト、比丘尼ノ明眼トヲクラフレハ、僧ノ無眼、百千モマサリ、ト華叟和尚ノ御モノカタリアリシヲ、養叟ハ、現在ウケタマハリシ人也。カヤウノ事トモヲハ、コト々々クモチイス。サルホトニ、五山ニハ、小喝食マテモ、悪知識ノウチニタニモイレス。養叟カ輩ヲハ、唱門士ノ部ニ入ル者也。

康正二年孟夏日江湖ノヌタウチ序

ここでは従来の大徳寺派の布教対象の主流から外れていた比丘尼・商人・田楽・座頭が、養叟の堺布教では主要な布教対象となっていることが、批判的に描かれている。彼らは社会的階層は低いが貿易都市で活躍する富を持った新興勢力である。教養層ではない彼らへの布教方法は「カナツケノ古則ヲヲシヱテ」「得法ヲサセラレ」という形式で行われた。「地獄ノ話」「栢樹子」「西江水」といった禅の先師たちが必死に体得をした禅の公案が都市新興層の茶飲み話とされてしまい、教えを受けた人々は、「自分は養叟さまから地獄ノ話を聞いたから、地獄には落ちない」といった自慢をし、悟りを得たかのように振る舞い、他に禅の教えとして俄か仕込みの公案をしゃべっている。一休はこれこそは、純粋禅の堕落であると批判する。一休の批判に対して、養叟は自分たちの行為は都市民への布教であり、禅の安売りではないと抗弁するのであるが、必死に修行した純粋禅ならばありえないような証拠が多数あるとする。

「自戒集」には右の序文に先立って、「寛正二年六月十六日、大燈国師ノ頂相ヲ、本寺ヘカエシテ、念仏宗トナル」で始まる第一首、「要兄カ伝幷ニ狐ノ託語」の題がある第二首、「養叟カ癩病ノ記」の題がある第三首が、序文に先立って記される本韻である。三首の大意は、いずれもが印可の存在否定・養叟の堺布教の誤謬・養叟個人への批判にまとめることができる。三首に続く和韻はすべて、三首の本韻の内容を踏襲したものである。

序文には「和韻一百八十首」とするが、『一休和尚全集　第三巻　自戒集・一休年譜』は、真珠庵本に載せられたもの二七首も含めると、総数一五一首を採録する。それらは、基本的には七言絶句の形を取る。冒頭の三首を掲げる。

【1】五種行与臨済録、荷則担子折自中、得法門比丘尼等、雁高竹篦八寸洪。

【2】新打楽屋倩小狗、要兄寄大鼓上手。法眷小免助四郎、茈居十文揑截取。

【3】堺浜近日着商船、不売飛魚只売禅。取換垂示雖買置、百三入室奈無銭。

【1】では養叟が堺で行っている講義や指導の方法が詠まれている。五種行とは、【1】の序に当たる部分に記される「康正元年ノ秋ノ末、養叟、泉ノ堺ニ、新菴ヲ建立ス。菴号ヲ、陽春庵ト云。異名ヲ、養叟入室屋ト云。同十二月ニ堺ヘ下向アリテ、安座・点眼、菴ヒラキニ、五種行ヲ行フ。」である。その内容は「一ニハ入室、一ニハ垂示・着語、一ニハ臨済録ノ談義、一ニハ参禅、一ニハ人ニ得法ヲオシウ。」と説明されるものである。養叟流の布教は純粋禅の堕落に満ち、満載の教義は担うと真ん中で担い棒が折れてしまった。養叟に接した比丘尼たちはいっぱしの悟りを得たと喜んでいるが、覚えているのは、雁高（男性器の隠語）のような竹篦の大きさだけといったものである。一見すると純粋禅の堕落を非難する語彙の羅列であるが、堺・大衆化された禅の教化手段・女性信者への布教という重要な

背景を読み取る必要がある漢詩である。この漢詩が比喩するものは、養叟の下に参ずる富を有するが、社会的・性的身分の障壁によって従来の教化から外れた堺の女性たちが、禅のもとに結衆する姿である。初句の録・二句の中・四句の洪に押韻がみられる。

【2】には養叟による康正元年の陽春庵の堺での草創を、新たに楽屋を打ちと表現している養叟の弟子で堺での支援者の要兄と小免助四郎が、信者集めに辣腕を振るう姿が記される。陽春庵の結衆が芝居への動員と表現されているところが面白い。なりふり構わず堺町衆の間に布教をする養叟一門の浅ましい姿を描く語彙で溢れた漢詩のように見受けられるが、芝居に比喩されるような民衆の間に入り込んだ養叟一門の布教をあぶりだしている。狗は相手を罵る語彙として使われる。

【3】の近日、堺に入港した商船は、最近、開かれた陽春庵を比喩する。そこでは、飛魚ではなく禅を売る。次々の垂示（講義）は買いやすいが、個人講義は（高価で）なかなか買えないとする。堺の語彙が直接的に出てくる漢詩である。また、押韻がみられる初句の船・二句の禅・四句の銭に注意をしたい。港湾貿易都市である堺に船も銭も欠かせないものであるが、脱俗であるべき禅も織り込まれている。船・禅・銭の三語が、韻字として使われていることが、堺布教が契機となった文学である「自戒集」の特徴である。[14]

「自戒集」の世界は最初の三首と韻を同じくして唱和する形式で展開する。[15]【1】のパターンのものは、四二首が見られる。初句については、各々の詩で語彙が異なり、二句の中と四句の洪が押韻する。【2】のパターンのものは、四三首が見られる。初句の狗と二句の手に四句の取が押韻する。【3】のパターンのものは、最も数が多く全体の四割以上の六六首にも達する。初句の船と二句の禅に四句の銭が押韻する。堺と関係の深い船・禅・銭の語彙を読み込んだ六六首は、「自戒集」のなかでも堺布教批判の特徴を表出している。つぎに堺布教に関した代表的な漢詩を紹介する。

三　船・禅・銭の語彙が比喩するもの

【56】堺繋養叟布施船、一句商量市町禅。垂示参禅又入室、一生工夫在米銭。

堺に繋留する養叟の布施船という語彙は、養叟の拠点陽春庵の比喩である。そこでは公案に下すべき語を堺市中で売り、垂示・参禅・入室で禅を工夫するのでなく米銭の経済活動を一生の修行とすると看破する。

【58】堺寄諸国海賊船、参得養叟白拈禅。不打貧家化徳人、今度布施幾万銭。

堺に寄港する諸国の海賊船は、他国から堺にやって来て養叟の禅を得る人々を比喩する。養叟は、貧しい者を相手にせず富裕層を狙って教化し、多額の布施を得ると書く。

【59】近比泉着狗誓船、吠作養叟家説禅。食物幸在西浄後、畜生身上何用銭。

ちかごろ堺に着岸した養叟の衆生済度を標榜する船は、仏法でなく犬が吠えているのと変わらない教えを持ってくる。糞くらえ、畜生の分際で銭など要るかとする。ここでの畜生の語彙が養叟を比喩することは、当然である。口を極めた罵りである。

堺には琉球からの貿易船も来航していた。琉球船の語彙を織り込んだ漢詩も見られる。

【113】望商頼有流求船、欲売我無高直禅。一休退屈異高等、唯費無住榜紙銭。

商をしようと望んでいると、琉球からの貿易船が来航した。一休は売買をしようとしても売うるべき高値の禅の持ち合わせが無い。無住榜を記すための紙代を浪費するだけだ。

同船商客送養叟三首と題した三つの漢詩がある。ここに書かれる同船とは同じ華叟の門下の比喩、商客とは一休自身の比喩であろう。

【63】載愧養叟世度船。商女参仮名着禅。波上海面又陸地、寤而床銭寐枕銭。

載愧は仏法の切り売りを生業とする養叟を指し、世渡船は養叟一門の拠点陽春庵の比喩である。遊女たちはかな書きの禅を求めて養叟に寄る。養叟たちは起きているときは、説法に払ってもらう布施金が、寝ている時は枕元の金子が気になって仕方がないのである。

【64】我与養叟殿同船、船中聞取法門禅。腹中土蔵莫寐語、枕上清風膝下銭。

我と養叟殿との同船とは、華叟の下での同門関係の比喩であろう。禅を修めたものの、腹のなかは金品をしまう土蔵のよう。頭に清らかな風が吹いても、膝下は銭のことばかりとする。

【65】我米在国一丸船、楽道大福長者禅。騎鶴揚州別不好、但願十万腰着銭。

自分の米は国一番の丸船に載せている、富の多く抱え込む長者の禅は鶴に騎る揚州に上ることよりも、十万貫の銭を身にまとうことを望むという。

【105】昔日江東堅田船、今年泉南堺浦禅。因憶天徳騎本分、七木八寸毛連銭。

かつて江東堅田の華叟の下で、養叟と一休は修行をした。いま養叟は堺の町で禅を教えている。それにつけてもはったりのうまい人である。養叟と同門の一休ならではの評価である。

【71】九世事積一艘船、推手橈取茶子禅。垂示入室多売却、一則三枚古則銭。

怪しげな物を積んだ一艘の船は水夫も船頭も茶菓子に禅を出す。【3】にあるように垂示（講義）や入室（個人講義）で禅を売り、公案を二束三文大安売りの醜態である。

さきに、同船商客送養叟三首と題した三首の漢詩があったが、養叟釣竿頌要釣徳山臨済来と序する五首の漢詩がある。

養叟釣竿頌云、要釣徳山臨済来題之五首

此ノ釣竿頌ハ、江湖叢林カクレナキ名誉ノ頌也

【80】徳山臨済上釣船、一手不取棒喝禅。喉鈎立吞吐不下、六角町出不直銭。
【81】徳山臨済釣入船、目弱祖師不道禅。祖師為御心得白、再来不直半文銭。
【82】黄衣漁人誰氏船、如来禅耶祖師禅。何事秉払忘釣語、元来法堂上没銭。
【83】放行釣来不繫船、命根懸糸臨済禅。大小徳山末後句、岩頭我命且代銭。
【84】為釣徳人造漁船、釣竿未夢虚堂禅。不見人攫舐手取、不択足百省数銭。

虚堂和尚漁父頌云、秖有一竿湘楚竹、未嘗容易下漁磯。文字ニモクラク、道眼モクラクシテハ、カヤウノ事ハ、推量ツカマツリ候。

序・本文・跋いずれにおいても、船は臨済禅を代表する徳山・臨済の祖師を釣り上げて利用しようとする養叟の比喩である。【84】では、徳山・臨済の祖師両人だけでなく虚堂も釣り上げの対象にあがっている。

「自戒集」は養叟の堺布教への批判を続けるが、堺に展開する養叟一門以外の禅僧たちへはどうだったのであろうか。

【66】海会鐘声到客船、夜参僧説少林禅。松窓竹閣泉南寺、寂寞風流不識銭。
　堺ニ海会寺少林寺トテ禅院アリ。
　コレラノ僧ハ風流ナルナリ。此詩ハシャウヲサリテ候。

東福寺派の十刹寺院海会寺の禅の寂寞たる風流を名高い張継「楓橋夜泊」の第四句「夜半鐘声到客船」に基づいて、詠んでいる。また、同じ大徳寺派ではあるが、養叟一門から離れている少林寺の僧についても風流であると好評価をしている。しかしながら、日明貿易に深い関わりを持つ東福寺派の海会寺僧が、「不識銭」ということは考えられない。また、同じ大徳寺派の少林寺の僧たちの布教対象は、養叟一門と同じような新興階層である。一休が批判するべ

き問題は孕んでいるはずである。養叟一門を批判した「白戒集」の刃は、五山僧や大徳寺の他派の僧の行実へは向いてはいない。このことをどう考えればよいのであろう。

答えは、一休が自身の弟子たちに向ける眼差しにある。一休派の禅風について次のように述べている。

一休会裏五種行

一ニハ傾城乱、一ニハ若俗狂、一ニハ酒宴、

一ニハ田楽節、猿楽節、并尺八、一ニハ口宣舞。

【91】情在江湖蓑笠船、何須臨済正伝禅。八風五欲一身閙、色欲美人財欲銭。

傾城乱は女色に溺れること、若俗狂は男色に溺れること、酒宴は飲酒戒を破ること、田楽節、猿楽節、尺八は出家には不要な歌舞音曲、口宣舞も同様であろう。これらは、先述の養叟門下の五種行、すなわち「一ニハ入室、一ニハ垂示・着語、一ニハ臨済録ノ談義、一ニハ参禅、一ニハ人ニ得法ヲオシウ。」と対になるものである。もっともらしい養叟らの布教活動は、すさまじい一休派の破戒活動と変わらないものであろうと揶揄するかのようである。

そのうえで、つづく七言絶句では、蓑笠船という語彙が一休たちを比喩するものとなっている。自らは世間にあっても養叟たちのように臨済正伝禅を掲げて禅を売るようなことはしない。人の心を迷わせる八の風、五つの欲がこの身にたぎる。色欲も、物欲も。

「自戒集」がその書名から明らかなように養叟一門への批判的言辞のみを記した書物ではなく、自派を戒めた書であることは従来から認識されていた。しかしながら、具体的には自戒がどの部分であるのかについては、明らかにされていなかった。この点に関して堀川貴司氏は、「自戒集」を①～⑰に分ける見方を提示され、一休と一門に向けられた自戒の部分を明確にされている(16)。堀川氏は「寛正二年六月十六日、大燈国師ノ頂相ヲ、本寺へカエシテ、念仏宗トナル」で始まる冒頭の第一首、跋に当たる「作法華宗趣」と「曹洞明峰和尚…」の部分の三箇所に念仏や法華への

宗旨替えまで宣言して腐敗した禅から決別しようとする一休の強烈な自戒を指摘、一休説話誕生の可能性を看て取られる。

筆者は堀川氏が指摘された箇所に加えて【91】につづく【102】までの一休・一休門下を詩題にした一二首（堀川氏が⑧とされる箇所）についても、一休の自戒の精神が作動している部分と考えたい。それは、七言絶句の和韻の中にも一休の自戒の思想が入り込んでいることを意味する。数例を掲げる。

【92】把栬逆風順水船、人多不信一休禅。美人歌吹管弦底、夜々纏頭幾許銭。

一休の禅は世に受け入れられることなく、美人と賑やか音曲の巷に遊ぶと自虐自戒を込めている。

【93】高歌源平合戦船、因憶伏虎将軍禅。閑松舞能太四立、舞児産扇不産銭。

歌い舞い、口宣舞の舞手太郎・四郎のごとくである。褒美に扇はもらうが、銭には興味がない。

【94】乱行不法沙汰外、傾城若俗満菴中。半醒半酔乱舞後、不択和漢婬欲洪。

出家として許されない不行跡は、論外のこと。女色・男色が庵の中に溢れている。ほろ酔い加減で乱舞したあとは、何もかも忘れて婬欲にまみれるのである。次の【95】の「我家食物難飼狗、若俗雑掌調菜手。豆腐糟与乾一醪、一休正月発名取。」でも一休一門の男色や飲酒について、披露されている。

【102】世間動静寒温苦、身上悲歓栄辱中。演史舌頭軍百万、一棚傀儡是非洪。

扇子買公界ノ僧謹言

此五種行ノ頌ハ、一休和尚四条ノ菴又ハ東山虎丘菴ノ壁ニ、ヲサレテ侯。其ノイワレハ、養叟サカイニテノ五種行ノ無住傍ヲ御覧シテ、腹立ノ余トウケクマワリ及侯。

一休会裏五種行の頌は、京都での一休の住庵の壁に掲げられていたとのことである。養叟一門の五種行ノ無住傍に対して、腹立ちの余り出てきたものであるとする。

あたかも船・禅・銭にまみれた堺での養叟禅の世界に対抗するかのように、一休は破戒の姿を暴露して、自らを戒める。そして、それは、印可の否定、念仏宗・法華宗への転宗宣言にまで及んでいく。ここまで、一休が突き進む背景には何があったのであろうか。

四　一休の自戒と自己否定

養叟・一休が布教をした都市堺は、従来、外国貿易で財をなした商人の住む経済都市としての特徴が強調されてきた。それと同時に貿易船によって中国大陸南部の最新の文化と知識が琉球・九州南部等を経由して流入する文化都市でもあったことを忘れてはならない。堺海会寺の季弘大叔の身近に居た堺商人・禅本居士のように、堺の富裕層には五山禅僧さえも驚く蔵書や知識をもつ人物もいた(17)。また、富を有する数多くの女性信仰者や芸能者などもいた。養叟は社会の変化に適応して新しい信仰者を獲得し、大徳寺の法灯の興隆を目指そうとした(18)。

念仏・法華・禅などの宗教勢力が勃興する都市堺に教線を伸ばす場合、知識に裏付けられた合理的精神を持つ堺町衆の共感を得ることが不可欠である。旧態依然とした教化手段では、他宗に遅れをとることは間違いない。浄土宗門の称名や法華宗門の唱題といった大衆性が強い宗教を相手に、狭隘な都市堺で同じような社会的階層に属する信仰者の獲得を巡って競合せざるを得ない場合、これまでにないものを生み出す必要があった(19)。

そこで大徳寺派の養叟が、堺町衆へ効果的に布教をするため採用した手法が、「一ニハ入室、一ニハ垂示・着語、一ニハ臨済録ノ談義、一ニハ参禅、一ニハ人ニ得法ヲオシウ」という五種の行であった。修行者がすべてをかけて、禅の師家と一対一で対峙する。そして、霊性的直観によって得悟する。そのような正統的な禅とは、似てもつかない都市民衆に向けたマスプロ化された手法である(20)。一休が批判するのも無理からぬところである。一休についても、堺に教線を確立する場合、堺町衆が納得するような教化手段を提示する必要があることはいうまでもない。一休は堺の町衆に法名を授与する、葬祭を営むといったことを度々行っている。朱鞘の木剣を帯びて、堺の市中を歩くような奇抜な行動は、町衆への自己の立場を表明である。しかし、これらはいずれも純粋禅の立場を逸脱したものであろう。

養叟も一休も堺と関わることで、祖師の純粋禅から遠く離れていく結果となったのである。船・禅・銭の語彙を織り込んだ七言詩は、祖師の純粋禅を離れていく養叟の現実を苛烈な比喩によって、あぶりだしたものである。その一方で一休は、自己と自派の行動への批判、すなわち自戒へと突き進んでいく。

「自戒集」の終わりの部分に作法華宗意趣で始まる文がある。それによると、長禄元年（一四五七）冬至の日に、仏法を安売りする大徳寺派の様子に心を痛めて、一休派の門弟を印可が存在しない法華や念仏に転宗させ、還俗し、印可の授受を否定するため、禅僧をやめてさらに法華宗となってやめ、いまは念仏宗となって、純阿弥を名乗るというのである。「自戒集」冒頭部分の「寛正二年六月十六日、大燈国師ノ頂相ヲ、本寺ヘカエシテ、念仏宗トナル」で始まる無住榜第一韻では、寛正二年（一四六一）六月一六日に、大燈国師の頂相を大徳寺へ返して、念仏宗に宗旨変えをすることを宣言する。印可を否定して自派を戒めるため、率先して他宗へ転じるというのである。

潔癖に印可の否定を貫こうとしているのであるが、禅僧としては自戒を通り越して、破滅的な自己否定でさえある。

このような姿勢は何に起因しており、実際にはどの程度実行されたのであろうか。一休が転宗を持ちだすのには、堺という諸宗の坩堝が活動の場であったことが原因であると考える。空間的に狭隘な堺の町で町衆たちは念仏にも法華にも禅にも均等に触れることができた。一休自身も京に居るよりははるかに、他宗に接触することができたのではなかろうか。そのなかで、自分は放埒であるが、印可にこだわる禅僧ではないと周囲に宣言するさいに、印可を出す禅僧ではない、もはや法華宗や念仏宗に転宗しているということを持ち出したと考えたい。つまり、転宗宣言は印可の否定という意思表示の比喩であるということである。禅の継承は印可状という一片の文書で証明することはできない。だからといって、転宗を宣言して禅僧のアイデンティティそのものを否定するというのは、自戒というよりむしろ破滅的でさえある。そのために、「自戒集」の念仏宗・法華宗への転宗宣言は、一休が創り出した虚構であると評価される場合があった。また、既成の権威に対して徹底的な反骨を貫くための露悪的言動であると評価される場合もあった。しかし、それは決して浮ついた「虚構」や挑発的な「露悪的な行為」などではない。この転宗宣言こそは、一休が研ぎ澄まされた「比喩」によって「自戒集」で行った一連の冷徹な現実への批判の最終局面なのである。苛烈な語彙と破格な文体ばかりが取り上げられてきた「自戒集」である。しかし、「自戒集」に記されたものが、誰がどのような目的で発した言葉なのかをしっかりと考えないとならない。堺という都市を舞台にした自派および同系の養叟門派の布教活動を対して、一休が発した比喩に満ちた自戒のことばによって綴られた書が「自戒集」なのである。室町時代の堺で布教する一休が「自戒集」に残した激しい言葉は、現実と対峙するなかで、何物にも囚われない純粋禅の立ち位置を明確にするために、「自戒」に立脚して発した、比喩に満ちた語彙であると結論することができる。

おわりに

本章をむすぶにあたり、はじめにでおこなった問題提起に沿ってまとめをしておく。

第一の「本韻三首、和韻一百八十首」とされる「自戒集」の詩文の語彙に即した検討の前進である。これについては序本文、本韻三首、総数一五一首の和韻を検討し、七言絶句の和韻六六首の押韻が、室町時代の貿易都市堺を特徴付ける語彙の「船・禅・銭」であることを明らかにした。それだけでなく、「自戒集」には、堺と大徳寺派の堺布教に由来する語彙が数多く見られることを指摘した。

第二に苛烈な文体とされる詩文が真に表現するもの、すなわち語彙が比喩するものの解明である。「船・禅・銭」

が織り込まれた詩文を読み解くことによって、船は都市堺に入ってきた養叟及びその寺庵の比喩として使われていること、禅は養叟が編み出してきた様々な布教手段の比喩として使われていることを導きだした。そして、養叟とその布教、世俗にまみれた禅を比喩するものとして、銭がつかわれていることを明らかにした。

第三に一休が鋭い詩文を綴ることをもって、何を目指したのかの明確化である。ここでは、一休が「自戒集」によって、自戒から自己否定そして断法へと進んでいったことを明らかにした。室町時代、大徳寺派が経済都市堺において布教をしていくさまざまな葛藤のなかでこの書が成立したということを、強調した。

上記三点以外にも、「自戒集」の史料的性格について、中世都市堺の「地域史料」として捉える視点を提示したことを本章の成果として指摘しておきたい。従来、一休と養叟との同門間の諍いを語る場合にのみ「自戒集」が使われてきた。しかし、「自戒集」は、中世堺のいきいきとした都市民の姿を垣間見ることができる史料でもある。今後は中世堺地域史研究の方面においても、「自戒集」を使った研究が進んでいくことが望まれる。

最後に、一休の断法の思想がどのような史的展開を辿ったのか、また「自戒集」において批判される側であった養叟からの反論について触れて擱筆する。

「自戒集」の語彙は一見、同門の僧に投げつけられた罵りと非難であるが、それは、そのまま自分・自派にもむいた鋭い剣である。「自戒集」が提起する印可状の有無や得法の問題は、同門の争いに止まらない。禅の修行とは何かという普遍的な問題提起につながっていく。

「自戒集」において養叟一門への批判・自派への批判・本寺への頂相の返還を叫んだ一休は、法嗣を否定し、自分の代で法統を断つという断法の思想に至る。それは当然の帰結であろう。事実、一休は印可の否定や法嗣を立てないという発言を繰り返し、それを宣言した墨跡を遺している。いよいよ最晩年になり、周囲から勧められても一門の中からの法嗣の指名を強く拒む。一休派は法嗣が存在しないため一休没後に四散の危機に瀕する(21)。一休による断法という大きな課題に対し、一休没後の一休派は法嗣を立てずに、一休墓所である慈楊塔（京都府京田辺市の酬恩庵内）への結衆によって、教団の結束を維持し、歴史を刻んでいくという途を考え出した[22]。自らの思想を自戒と自己否定によって抹消しようとする一休という破天荒な禅僧の思想を護持していくためには、他に類を見ない工夫を必要としたのである。

また、一休から苛烈に攻撃された養叟側からの反応について述べる。従来養叟側から一休側への反撃は見当たらないとされてきた。しかし、養叟の法系によって編まれた「眼砂裡」（「大徳寺夜話」と題された写本もある）には、同じく宗峰妙超を師と仰ぐ妙心寺派祖の関山慧玄の行実を非難する話が多く出ており、一休の行実に対する非難も収録されている。禅林の同門間の詩文による非難の応酬は表層だけではなく、禅林生活文化の枠の中で考えないとその本質を見誤る。「自戒集」の特異性が強調されてきたが、「自戒集」の類似資料を発掘して研究する必要があろう。

注

（1）　一休はたまたま堺に巡遊して、その人間的な魅力で堺町衆の帰依を集めたかのようにイメージされるが、それ以前に、大徳寺派ゆかりの禅の諸派が堺に教線を伸ばしていた縁で堺に入ったと考える方が正確である。上田純一『九州中世禅宗史の研究』（文献出版、二〇〇〇年）第二章第三節「大応派横岳派の展開と大徳寺派の堺進出をめぐって」参照。

（2）　船岡誠「一休と養叟――一休論の再検討」（『金沢文庫研究』二八三、一九八九年九月）参照。

（3）　そういったなかでも、中川德之助『日本中世禅林文学論攷』第一二章「「自戒集」私論――原自戒集と現自戒集」（清文堂出版、一九九九年）のような実証的な研究が出ている。一休と弟子の共著的要素があることも「自戒集」の研究が遅れている一因であるかもしれない。しかしながら、一休自筆ではない部分に対しても、一休はすべて目を通し、認証を記している。「自戒集」が一休の思想を記した書であるという評価は揺るがない。

（4）　堀川貴司「一休宗純「自戒集」試論：詩と説話のあいだ」（小島孝之編『説話の界域』笠間書院、二〇〇六年）。

(5) 中本環『一休宗純の研究』(笠間書院、一九九八年)も参照した。

(6) 平野宗浄校訂『増補龍宝山大徳禅寺世譜』(思文閣出版、一九七九年)、山田宗敏『大徳寺と一休』(禅文化研究所、二〇〇六年)参照。

(7) 今泉淑夫校注『一休和尚年譜』(東洋文庫六四一、平凡社、一九九八年)の一九七頁で、今泉氏は華叟晩年の養叟と一休のふたりが師の許を離れた時期については、保留しておくほかないとされている。

(8) 今泉注(7)前掲書、同年条を参照。

(9) 今泉注(7)前掲書、同年条を参照。

(10) 今泉注(7)前掲書、同年条を参照。

(11) 堀川注(4)前掲論文六〇・六一頁参照。

(12) 今泉注(7)前掲書一二九頁参照。

(13) 平野宗浄訳注『一休和尚全集　第三巻　自戒集・一休年譜』(春秋社、二〇〇三年)一〇七頁。なお、以降に掲げる引用史料【　】内の番号は同書での通し番号に対応している。

(14) 堺に関した「自戒集」の漢詩は、船・禅・銭の三語を押韻したものに限っているわけでない。船・禅・銭の押韻ではないが、堺での布教を諷刺した漢詩に次のようなものもある。

【21】安座点眼新建立、魔魅泉堺南北中。異名養叟入室屋、一个無僧菴許洪。

堺ニ養叟ノ新菴アリ。人コレヲ養叟ノ入室屋ト云。

泉堺南北中とあるが、これは、中世都市堺を構成する南荘と北荘の堺南北両荘を指す。堺両荘に養叟の禅が充満する様子を諷刺している。

(15) 同一語彙に制約されているうえ、悪罵のような表現に満ち溢れた「自戒集」の世界は詩文の格調の高さで知られる「狂雲集」に比べると、文学的には低く評価せざるを得ない。しかしながら、「自戒集」の場合、韻を踏みながら言葉を継いで世の中を風刺するという点が、中国の口語・民間文芸である順口溜と類似していると思われる。一休の文学は室町時代の俗語語彙を使用しているとの指摘が、従来からなされている。明時代の文化と一休の文学の関連性という視点も今後考察を深める必要があろう。

(16) 堀川氏は注(4)前掲論文七九頁で「①・⑮・⑯では、批判の対象はもはや養叟一門ではない」とされ、一休による一休本人への批判を指摘されている。

(17) 『大日本古記録　蔗軒日録』文明一六年八月二〇日条、同一八年九月一七日条。

(18) しかしながら、第三節でも見たように、養叟が民衆のなかに禅文化を入れようと工夫を重ねれば重ねるほど、純粋禅の逸脱であると一休が批判するような傾向が表れるのであった。

(19) 『堺市史　第二巻』第一九章を参照。

(20) しかし、思想の正統性のみではなく、社会的文脈をみた場合、諸宗・諸寺院が林立し泉南仏国と称された堺において、大徳寺派が他宗と同様に教線を確保するためには、五種の行は有効な手法であったとも考えられる。

(21) 拙著『一休派の結衆と史的展開の研究』(思文閣出版、二〇一〇年)第一部第一章第一節参照。

(22) 矢内注(21)前掲書第一部第一章参照。

補説　一休の純粋禅と断法の思想

正法を後世に伝える。発心、修行をして悟りの境地に到った者の責務といっていいであろう。遠い天竺・唐土からの空間的な正法将来にあたり、多くの仏教者が大変な苦労をしたことは、言うまでもない。しかし、正法を後世へ時間的に伝達するために、多くの仏教者が同じく苦労したことも忘れてはなるまい。

さて、かつて自ら得た法を断つと宣言した人物がいた。室町時代の禅僧一休宗純（一三九四〜一四八一）である。一休については、後世の説話『一休咄』による希代の頓知坊主のイメージが世上に流布しているが、純粋禅を守った真摯な修行者である一面を忘れてはならない。一休は、京・近江で三〇歳代半ば頃まで修行生活を送る。大徳寺派の華叟宗曇の許での修行は、一休を後には虚堂知愚の継承者であることを宣言する正統的な純粋禅を体現する禅僧へと成長させていった。祖師の法を護り、天下国家の安寧と民衆の安定を祈る。そして、次の世代へ祖師の法を静かに正しく伝達する。名利や虚飾とは無縁な求道生活が、純粋禅の継承者を自負する一休にはふさわしいものであったのかもしれない。ところが、時代はそれを許さなかった。一休が生きた中世末の社会は政治・経済とも混乱を極めた時代であった。禅宗寺院を外護した朝廷・幕府・荘園領主は力を失い、地方の大名や都市の豪商たちに富の集積は移りつつあり、近世への胎動を感じさせる時代でもあった。

その動きを最も象徴的に体現したのが、貿易都市堺であった。遣明貿易や国内貿易で急速に富を蓄えた堺は、国内最大の経済都市へと成長をしていた。莫大な富を蓄えた堺の都市民は、都市運営をそのなかでもとくに有力な豪商による会合でおこなうシステムをつくりあげた。イエズス会の宣教師によってベニスの如き議会制と報告をされた会合(かいごう)衆(しゅう)による都市運営である。

そのような都市に対して禅・法華・念仏のような新しい宗教勢力が、布教活動を行うことは、当然の理であった。一休もその一人であった。年譜によると一四三二・三五・六九・七〇・七四年とたびたび堺を訪れている。都市民が牽引する経済と大陸から直に入る文化が醸し出す空気に触れる堺巡遊は、一休にとって好ましいものであったであろう。しかし、同時に華叟門下の兄弟子養叟宗頤一派の都市布教の実態に接することにもなった。

一四五六年頃に一休とその弟子たちによって編まれた詩文集「自戒集」は、堺布教を辛辣に批判する。養叟の堺布教では従来の大徳寺派の布教対象の主流から外れていた比丘尼・商人・田楽・座頭が主要な対象となっている。つまり社会的階層は低いが貿易都市で活躍する富を持った新興勢力である。教養層ではない彼らへの布教方法は「カナツケノ古則ヲヲシヱテ」「得法ヲサセラレ」という形式で行われた。「地獄ノ話」「栢樹子」「西江水」といった禅の先師たちが必死に体得をした禅の公案がかなで書かれ、都市新興層の茶飲み話とされてしまい、教えを受けた人々は、「自分は養叟さまから地獄ノ話を聞いたから、地獄には落ちない」といった自慢をし、悟りを得たかのように振る舞い、他に禅の教えとして俄か仕込みの公案をしゃべっている。一休にとっては純粋禅の堕落以外の何者でもない。

そこで、布教について「養叟流の布教は純粋禅の堕落に満ち、満載の教義は担うと真ん中で担い棒が折れてしまった。養叟に接した比丘尼たちはいっぱしの悟りを得たと喜んでいるが、覚えているのは、雁高（男性器の隠語）のような竹篦の大きさだけ」とまで言い切る。また、養叟が一四五五年に堺で開いた陽春庵についても鋭い舌鋒が向けられる。陽春庵建立を「新たに楽屋を打ち」とし、養叟の弟子で堺での支援者の要兄と小免助四郎が信者集めに辣腕を振るう姿を「芝居への動員」と表現する。そして、養叟の陽春庵では「庵ヒラキニ、五種行ヲ行フ」とする。五種の行とは、「一ニハ入室、一ニハ垂示・着語、一ニハ臨済録ノ談義、一ニハ参禅、一ニハ人ニ得法ヲオシウ。」である。入室は個人教授、垂示・着語は法話による集団指導、臨済録ノ談義は語録の講義、参禅は坐禅の指導、人ニ得法ヲオシウは得道得悟の証としての印可取得の指導といったものである。いずれも祖師依頼の純粋禅から逸脱したものであり、もはや陽春庵は仏法を売る堕落をしきった芝居小屋であると揶揄するのである。

さて、一休は純粋禅の忌むべき混乱は、悟りを得たとする印可（証書）にあると考えた。自分は華叟からの印可下付を拒否したし、そもそも証書が純粋禅と何の関係があるのか。そこで一休は民衆への印可の濫発の動きを断つため、印可を徹底的に否定する。そしてついには印可を否定する余りの転宗断法宣言に到る。「自戒集」においては、一休は祖師の頂相を本山へ返却して、禅を捨てて念仏宗や法華宗になったとまで述べている。これほどまでに断法の思想を鋭角的に表現した人物を寡聞にして知らない。

もっとも転宗宣言は、印可をもたない他宗へ転じてでも純粋禅を貫徹するという表現であろう。養叟一派と堺の富裕層に突きつけた鋭い言葉、すなわち研ぎ澄まされた比喩であり、印可を濫発する貴方たちの禅など捨てるという比喩表現を額面通りに歴史的事象に当て嵌めて一休が念仏宗や法華宗になったという解釈をする必要はあるまい。

ところで印可の下付による布教は養叟一派の専売特許ではなかった。ここで、養叟の側に立って考えてみよう。養叟の布教を一五世紀の歴史の文脈で考えた場合、堕落の一言で片付けてよいのであろうか。これまで禅の教化の対象から外れていた文字を知らない、あるいは漢字を知らない民衆に対し、法話による集団指導などで布教をして地獄の恐怖からの救済を行う。新興都市である堺の富裕層が求めた文化的渇仰を満たす教団側からの動きであり、それこそは、新しい時代の社会の胎動に反応した禅の布教改革の試みでもあったことを忘れてはならない。尼への個人教授・芝居小屋での禅の芝居と揶揄されているが、女性富裕層・芸能者ともに一五世紀の歴史の舞台に現れた名優であることに異論はあるまい。

一休が批判する養叟周辺に見られる動きは、堺で布教を行う一休周辺でも発生する傾向にあった。「自戒集」においては、自派のそのような傾向を戒める言葉が繰り返されている。それは、詩文集のタイトルを自戒としたことに、いう都市を舞台にした自派および同系の養叟門派の布教活動を対して、一休が発した比喩に満ちた自戒尽きる。堺とのことばによって綴られた書が「自戒集」なのである。室町時代の堺で布教する一休が「自戒集」に残した激しい言葉は、現実と対峙するなかで、何物にも因われない純粋禅の立ち位置を明確にするために、「自戒」に立脚して発した、比喩に満ちた語彙であると結論することができる。

一休が遷化する直前の一四七八年。一休派の後継者を指名する段階においても断法の思想は出現する。京田辺の酬恩庵で静養する体力が衰弱した一休に対して、親交があった尼崎広徳寺の柔中宗隆から後継者を立てよと忠告が入る。虚堂以来の正法の伝承を一休の代で断つことは、祖師への「不忠」であるとの言葉であった。それでもなお、一休は断法の意志を示す。一休派は四散の危機に瀕した。一休の弟子たちは師匠に対し、後継者指名を迫る。後継者の器は数名いるが、後継者は指名したくないと渋る一休を弟子たちはさらに追い詰める。とうとう一休は高弟の没倫紹等の名を口に出してしまう。弟子たちは驚喜して没倫の下に押しかける。ところが没倫は、師匠がそういったとしても、それは病気で頭が変になったか、年がいって耄碌したかどちらかだ。一休に長年にわたって仕えて言動を見ておいて、馬鹿なことをいうなと怒って席を立ってしまう。強烈な断法である。一休の間近に居り、のちに一休派の中心になった祖心紹越の回顧であり、真珠庵文書に採録される祖心の直筆記録であるから間違いあるまい。

では、いまに伝わる一休の法は一四八一年に一休が遷化した後、どのように後世に伝達されたのであろうか。一休が遷化した後に弟子たちは、京田辺の一休が眠る祖師塔に自派の大事を合議で決するために一年に一回結衆して仕組みをつくりあげた。ブッダの示寂後、仏弟子たちが結衆を重ねて原始仏教教団を形成し、ブッダの法を後世に伝えたことを彷彿とさせる。一休の法は印可によって伝承されることも、その死によって断法されることもなく、そのままに後世に伝えられたのである。その仕組みは、時代によって機能の強弱はあっても明治時代まで継続をした。

一休の弟子たちが、師の断法の思想を乗り越えて、現在にその法を伝えたともいえよう。従来、一休一代限りの法のように語られた風狂の思想もこのような観点から語られるべきであるかもしれない。

第二章　堺妙國寺蔵「己行記」について
――史料研究を中心に――

はじめに

本章では堺市堺区に所在する妙國寺の開山、日珖（にちこう）（一五三二～九八）の自筆行状記録である「己行記」全文の翻刻を紹介する。最初に「己行記」の表記と読みについて整理しておく。冒頭の文字を「已」と釈読して、「いぎょうき」と読んでいるものや、『国書総目録』をはじめとして「きこうき」と読んでいるものなど多様な読みが見受けられる。日珖の自己の行状の記録と解して「己行記」とするならば、「こぎょうき」とするのが妥当であると思われる。また、仏典の読みからしても「こぎょうき」が正確であるとの中尾堯氏のご教示を紹介しておく。「己行記」は同じく妙國寺蔵で日珖自筆の「行功部分記」や「宝物集」とともに、平成二〇年（二〇〇八）七月一七日に堺市有形文化財に指定されている。

一　日珖と「己行記」

日珖は堺生まれの日蓮宗の僧で、龍雲院のち仏心院と号した(1)。父は堺の豪商油屋常言、師匠は堺の頂源寺日沾、天台教学の師匠は園城寺宥尊と延暦寺尊契、神道は占部兼右に学び、南都への遊学も経験した。日蓮宗の碩学山光院日詮、常光院日諦とともに天台三大部を講じて三光無師会と称される。永禄五年（一五六二）、日珖は当時堺に強い影響力を持っていた三好一族の実力者三好実休（義賢・一五二六〜六二）の帰依をうけ寺地と寺領を寄進され、父の援助で伽藍の建立に着手し妙國寺を建立する。貿易都市堺の豊かな経済力を背景に京都頂妙寺の復興に尽力、大本山の中山法華経寺住持を兼帯するなど当時の日蓮宗にとって重要な人物となった。安土宗論では浄土宗側に対して日蓮宗側の代表として臨席し、織田信長に迫害を受けている。一六世紀の堺を代表する人物のひとりといって間違いない。

「己行記」は日珖の行状を記した自筆記録である。一六世紀の日蓮宗の動向や中世都市堺の様子を知るうえで一等史料とされてきた。戦前の『堺市史』に同じく日珖自筆の「行功部分記」や書状類とともに「己行記」の釈文が翻刻されたことは、その証左であるといえよう。(2)多くの研究者が『堺市史』掲載釈文を引用して研究を進めてきた。ところが、今回原本と『堺市史』掲載釈文を対照してみたところ、『堺市史』掲載釈文は抄出であり原本の多くの部分が未採録であることがわかった。妙國寺の正本を写した立正大学図書館蔵写本をもとに翻刻したとされる『日蓮宗宗学全書』(3)釈文は、『堺市史』掲載釈文に比べると未収録箇所は少ないものの、合点がすべて省略されているなどの問題点がある。また『堺市史』を参照校訂したと注記するが、妙國寺蔵の原本を参照した形跡は見られない。先行二書がこのような問題を抱えている以上、この機会に原本を元にした翻刻を行う必要がある。

二　「己行記」の観察所見

妙國寺蔵「己行記」は紙本墨書、料紙は楮紙。縦二八・〇cm、横二一・五cmの冊子装で全二九丁に及び、日珖三〇歳の永禄四年（一五六一）から五四歳の天正一三年（一五八五）までの行状を記録する。(4)筆致から考えて日々リアルタイムで書いたものではなく、後に下書きをもとに内容を固めて書いたものかと思われる。ただ、筆に謹厳なところや粗いところがあり、一時の筆かどうかは検討を要する。ところどころ、日珖の没後に書き加えられたと思われる一、二点や返り点、読み仮名などがみられる。

料紙に複数の綴じ孔の痕がみられることから、何度か閉じ直しや修理がされたと思われる[5]。現在年次がわかっている修理は、天明七年（一七八七）七月、妙國寺住職日虔のときのものである。このときに、現在の紺地の外表紙が付けられている。これ以後に安土宗論以後の日珖宥免の記録が第二九丁裏に添付されるとともに、外表紙裏に宥免の記事が書き入れられている。さらに外表紙裏には、豊臣秀吉の命をうけた前田玄以から日珖に宛てた赦免状の覚が添付されていた。安土宗論後の秀吉による日珖宥免を非常に念入りに記しているといえよう。

「己行記」は同じく妙國寺蔵で日珖自筆「行功部分記」の縦二四・五㎝、横一六・五㎝、同「宝物集[6]」の縦二四・〇㎝、横一八・八㎝に比べるとやや大きい。「行功部分記」や「宝物集」は料紙を裁断して冊子装にしているが、「己行記」には料紙を裁断した痕跡がみられない。料紙を裁断して製本をしなかった理由のひとつに紙背文書の存在が考えられる。

「己行記」紙背文書については、須藤茂樹徳島市立徳島城博物館学芸員（当時）らによって、その存在が指摘されている[7]。その後、堺市博物館へ寄託される前の所有者による綴じ紐の付け替えの際に、その全貌が明らかになった。全二九丁のすべてにわたって紙背文書があるが、最初の数点は三好一族の家臣から龍雲院（日珖自身）に宛てられた書状である[8]。また、それ以外は、日珖自筆の諷誦文等の反故であり、堺衆の供養に際して書かれたものも見受けられる。書状は三好一族と日珖の関係を考えるうえで貴重な資料であり、諷誦文の反故は日珖の布教活動を知るうえで貴重な資料となる。

翻　刻

（外表表紙題簽）

「開山日珖師直筆已行記」

（外表表紙見返）

「広普山妙圀寺宝蔵常什」

（表表紙）

「己行記」

（表表紙見返）

贈院（導） 贈二宏 贈三沾（ママ）
正祝（開） 正二言 正三珖 正四種
准中（先） 准二雅 准三詮

贈先中 贈二義 贈三沾（ママ）
正開祝 正二言 正三珖 正四虞
准別隆 准二応 准三航（祝カ）

贈導祝 贈二佺
正開珖 正二菊
准先沾（ママ） 准二請

贈導祝 中真珖 導二林
正導言 正開了 正三靄（ママ）
先師雅 中別帖 准三民

贈祝
正開沾（ママ） 正二泰
中真珖

◎表表紙見返は、『日蓮宗宗学全書一九』の一三一頁を参照した。

（第一丁オ）

永禄四年　　行年卅歳

一自年始至三月十八日、在京、

一正月十一日、番神社御遷座之導師、

一二月（始）、刹堂之外陣廊従門造継之、

一同月、番神之拝殿出来、

一三月始、賜権僧正之官、柳原殿馳走、斎越之気遣也、

一三月十八日下向、十九日着津、廿日入高屋城、廿一日ニ入（遷）

御屋形、即実休来臨祝儀云々、

夫（ヨリ）即造作、一（閏）此月実休之許　上意御相伴、勢州上使、

一同月閏、宗寅井野口太郎右衛門（并）賀集七郎兵衛受法云々、

一壬三月廿八日、斎越遠行、于時六十三、同晦日注進使来、

仍至津国

吹田、荼毘、四月十二日逗留（マテ）云々、

一四月廿四日、十河民部大夫遠行候、仍実休出津云々、

一七月七日、今春能有之、於実休之屋形、

一同十六日ヨリ法談、四日之間、十九日（ニ）イトノ郡へ顔出、仍

先法談結願、諸卒・女房衆不残参詣云々、

◎三月始の条の斎越は斉藤基速、三月一八日の条の勢州は伊勢貞孝、四月二四日の条の十河民部大夫は十河一存、七月七日の条の今春能は、金春能。七月一九日の条のイトノ郡は紀伊国伊都郡か。

（第一丁ウ）

一七月廿七日、江州衆出張、八月十六日、三山上洛出陣、

一十月十二夜、松村田大夫・稲井・福良新尉受法、

一十三日、実休、其外自他宗之諸侍請待云々、

一同廿六日、根来寺衆幷河内牢人泉州出張、至家原、早土生落云々、

一同廿九日暁、実休諸卒泉州陣立、

一十一月六日、久米田へ陣替、夜討之衆首十九討取云々、

一十一月廿四日、合戦、森新大夫討死云々、此日於京都合戦、永原安芸討死云々、

一十二月八日、自久米田被レ請レ余、即其夜実休御受法、珍重本望、不可称斗、即刻同備・加六兵・溝淵三郎左・佐河甚次郎受法、

一同九日、有馬中務・芥河兄弟・河南兄弟・豊嶋父子二・堀江猪介・鏡新尉受法、

一同十日、皈津、十一日、玉松出家云々、同十三日福良出羽幷法生受法、

一同廿日、妙祝一周忌出津、

一同廿六日、篠原伊賀・同越前・伊賀実子東村養子也、（篠原猪一郎受法）

今歳も終ニクレニケリ、

◎八月一六日の条の三山は、三好山城守か。一二月八日の条の同備は三好盛政、加六兵は加地盛時である。

（第二丁オ）

永禄五年壬戌　行年卅一　時在高屋城

一自正月朔日至三月五日、在城、其間満陀ら尼数千巻、

一正月五日、海部左馬助受法、後有二実休之勘状一、牟岐兵庫助馳走也。

一自三月六日至五月廿日、窮屈、五月廿日、山方敗事、其間実廻向而已、

一三月五日之夜、退城、有下将二籠城諸男女一无事入レ堺功上、

十月十三日、福良出羽之時徳ニ受法云々、

一六月十五日、実休之百箇日也、其前七日有訓読之大会式作善、

一自七月至年歳之暮、文案無二差功一、但令下二門弟読中訓読耳上、

一今歳六月三日、貞継内死去、同廿五日円行房逝矣、

一今歳十月八日、常楽院逝、同十日円光院逝、供以取レ隙迷惑云々、

一今歳卯月十二日、日祝五十年忌、二月取越為作善、卯月にも亦有、

一今歳八月廿六日、日言七年忌、共以取レ隙而已、

一今歳十月廿九日、道徳廿五年忌、十一月廿五日、妙智一周忌、同廿六日、三郎右死、極廿日、妙祝第三回、共以取隙也、
一今歳正月、土州ヘノ使僧一身坊上津、路物等ハレテ弐千疋京着、
　　即京乱之失墜之入用也、
◎自三月六日の条の山方は根来寺衆。
（第二丁ウ）
一今歳五月、肥州ヘノ使僧安住坊・兵部卿上津、京着、参千疋路物等弐千疋余入云々、即京乱寄為失墜出云々、
一今歳霜月廿六日、於泉州フカイ細川源五郎対面、極月九日来儀即受法、為始出羽与兵衛侍六人受法云々、
一今歳六月、小座敷前軒ハル也、
一今歳十月、旃林房造作云々、同以大蓮房跡付教光房也、
一　　上加常世死去、　　　太一死去、
一　　延寿院日善死去、
（第三丁オ）
永禄六年　　行年卅二　于時在堺津
一自正月至六月廿六日在津、○无差功、只令門弟読訓読声明等云々、
一二月十六日、堯政出家、　　○但屋敷之調等気遣無隙云々、
一五月十三日、摩尼院阿州下向、同十八日、任経宗清死去、

一六月廿六日、趣高屋、廿七日、趣南都、為松弾ヘ礼也
◎六月二六日の条の松弾は松永久秀。
（第三丁ウ）
一七月二日、自南都直上洛、本坊修理幷一山之掃除申付也、
一自七月十五日至九月五日、法談事、厳王品云々、
一自九月廿七日至十月廿五日、刹堂之軒造営云々、
一十月末、摩尼院上洛之由註進云々、
一十一月十九日、堺ヘ下向云々、真淳十六日出家同道云々、同廿二日高屋ヘ行云々、
一十二月八日、高屋之弘通所草庵請取云々、同十六日ニ又登城云々、
一同月閏、番神之門幷御影堂両之搆子従尼崎上洛云々、
（第四丁オ）
永禄七年甲子　行年卅三　越年元日等在津
一自正月十三日至十九日、於頂源寺随喜講談義、
一自二月四日彼岸入至十日於月蔵寺授記品題号談義、
　　　　　　　　自同十一日至十七日入文、
　　　　　　　　於正法院弘通所談義、
一自二月十八日為実休第三周之訪千部経用意、自三月一日始行京堺之門流、他流出仕、同三月十日、結願云々、
一　　四三月十八日暁、泰龍得度、即上洛之伴也、○上洛同宿衆伴
一自四三月十八日為京都御影堂供養、○千部経可張行用意也、

施主矢野新左衛門、
自同廿八日始行、至四月七日結願、八日下向、九日之昼入ニ
津各同道、
一同三月、御影堂東北之廊造作、東施主矢新左、北ハ者余願主
也、奉行一身坊、
一四月十八日、妙三死去、廿四日頓写。
　　但卅二年也、常言老耄之間之取越之云々、
一自四月廿一日至廿七日、陽林院卅三回仏事有之、廿七日、
頓写云々、
即一七日之間人記品法談、
一五月六日、肥前衆八人（十余）参詣、八人ハ下関東、余者自是下向、
一同十八日、為斎右太内（親子訪、於吹田法事有之、京堺衆僧折合、号久巌全良云々）
一六月十五日、三好式部小輔父之卅三年也、本経之頓写有之、
一自同廿一日至七月十二日摩尼院角坊造作云々、
（第四丁ウ）
一自七月十五日至八月一日、分別品一念信解ノ長行法談、
一八月五日、為一致勝劣和談之内談上洛、六日ニ京着、即方々
内談云々、
一自八月十一日（十日ニ入彼岸）至九月三日、分別品一念之偈頓ヨリ至深心観成、
終法談、
一同月十五日、久弥子小弐（八才）小弐得度、同十六日、正純（十四才）得度

云々、
一八月廿日、一致勝劣之和談入眼、諸寺之役者連判云々、
一九月一日、春意十才・真徳八才得度云々、
（第五丁オ）
永禄八年乙丑　行年卅四　越年在津
一自正月十三日至二月廿日、化城喩品於頂源寺法談、
一自三月廿六日至四月三日、妙高之五十年忌於常言張行、実
雖四十八年取越之也、一七日化城品法談、
一三月晦日（子刻）、十河千松并母儀来臨、内衆十余人受法云々、
一四月廿一日、松寿母死去、至廿八日忌中作善在之、付之有
言事云々、
一
一五月四日酉刻、三好民部丞遠行、付之有公事、私之馳走反
前者吉云々、造作障碍云々、
一五月十二日、殿土居相調之返事在之、
一六月十九日、十河千松来臨、即受法、同廿余人受法、
　　十河又五郎・窪孫十郎等也云々、
一
（第五丁ウ）「墨付ナシ」
（第六丁オ）
永禄九年丙寅　行年卅五
妙国寺

一春中、土囲クツシ、平レ地付坪事、
一夏中、十地坊・常縁坊立事、前後入坊
一七月六日、女允死去、迎来上洛事、
一八月十日、妙恵死去、迎上下向事、
一八月廿四日ヨリ大坊造作事、八月ニ閏アリ、
十月、御講前ニ造作大涯仕舞了、
一冬、常佐坊立事、搆林入坊、
◎第六丁オは筆致粗い。
（第六丁ウ）「墨付ナシ」
（第七丁オ）
永禄十年 丁卯 行年卅六
一春夏秋、大坊内造作事、
一春夏、十地坊内造作、六月ニ入坊之事、
一春夏、祐言坊造作事、
一秋終ノヨリ本堂仏事始事、
一十月十日ニ入湯山、十一月八日ニ入津、
◎第七丁オは筆致粗い。
（第七丁ウ）「墨付ナシ」
（第八丁オ）
永禄十一年 戊辰 行年卅七
一元日、暁天勤行過而土居ヘ移宅、即ニ三ヶ寺衆礼有之、
一廿七日酉刻、川人備前守逝去、廿八日未刻荼毘、至二月八日中
陰事、
五日ニ八講八日ニ八座説法アリ、子息兵衛大夫受法云々、
一三月五日、実休七周忌ナリ、自二日千部経始、十一日ニ結願
云々、
五日朝、十河孫六郎来儀、晩ニ三好彦次郎来臨幷母儀
入御、四日晩、十孫母儀モ入御、何御経聴聞等云々、
一　三月、虹梁土佐ヨリ来
一閏五月、妙国寺本堂石居事、
一同五月、柱立事、
一六七八九月カケテ内造作軒等、
一九十一二月カケテ軒張等
（第八丁ウ）
一八月、日言十三年忌ニ上洛談義事、
日堯其外本法寺衆出仕、妙満寺衆出仕、
一九月八日、信長御出陣、同十二日、ミツクリ落城、
同十六日、下津
一同廿四日、信長出京、其時堺動乱、壁ヘイ・坪・矢蔵上、
一公方様仕居、信長御帰国、
一十月廿六日、文句講尺始行、歳暮マテ文句講尺在之、
（第九丁オ）
永禄十二年 己巳 行年卅八
一正月六日、桂川合戦頽、

同十一日、信長カケ付給、堺動乱、
一文句講釈、
一京　公方様御武衛陣ノ御城普請、
一妙国寺堂之瓦葺幷内造作在之、
(第九丁ウ)「墨付ナシ」
(第一〇丁オ)
元亀元年 庚午　行年卅九
一正月ヨリ文句講釈事、
一大坊庫リ前ノ客療(寮)立幷裏ノ小座敷立、
一堂之内造作在之、天井・敷板、
一当春、信長越前入、依浅井心替陣ヲ被引也、
一其夏、越前入衆出張、於北郡合戦、
一秋、阿波衆出張、福嶋陣、
一冬、越前衆志賀へ出張、森三左打死、依之信長福嶋引、
　志賀ヘ差ムキ給、則和談ニテ互帰国、
◎冬の条の森三左は森可成。
(第一〇丁ウ)
一仏師大弐下向〆、二尊作立、
一堂之廊下立事、
(第一一丁オ)
元亀二年 辛未　行年四十
一正月十三日、法談、一座之外依本書講釈無之、

一正月十二日ヨリ本書講釈文句第四ノ末、当月末三好彦二郎殿・同篠原下
　国也、
一至卯月十日第六巻畢、是当春ノ功也、
一正月十四日ヨリ咳気煩、于今卯月十八日無本腹迷惑之、仍無差功也、
一二月・三月、本堂縁造作有之用意、卯月張之、
一同、学問所用意有之、卯月七日ニ地築始、同十五日ニ柱立、
一二月始ヨリ仏師来二尊造之、
一八七月、学問所北室衆入事、
◎正月条の三好彦二郎は、三好長治。
(第一一丁ウ)
一八月廿四日、妙国寺御遷座、自其日千部之御経張行、
　至九月一日結願云々、
一九月□□歳暮、文句講談竟、玄義序始行、
一九月十二日、山門炎上、
(第一二丁オ)
元亀三年 壬申　行年四十一
一自正月十三日至二月、彼岸談義、序品之末
　正月ニ閏有之故、三ヶ月之法談也、
一自二月中旬至六月、玄義講談成就、
一三月ニ妙三ニ御筆寄進、
一七月妙三ニ論義、講師龍雲坊也、
一四月、書写之物持坊来儀、声之経稽古、

一八月、訓読始行、付十四日彼岸之結願高祖御影
　　　　　　　　　　　　　　　　　御下向、
一十月十一日、能化（純記）ノ事所化衆学問所入、
一（自）同月、止観之第一始也、
一十一月十四日至十八日、卅座之法義事、
（第一二丁ウ）
一十二月、東大寺大仏勧進停止之調、
一米蔵并円実坊造作事、
（第一三丁オ）
天正元改元
　元亀四年　癸酉　行年四十二
一自正月十三日至二月、彼岸談義、宝塔品偈頌
　三好徳太郎聴聞、横田内膳受法、
一自二月末読物始、止観之第二、
一四月三日、上京炎上、但頂妙寺四日焼也、
　于時止観第五、一念三千之下也、依之読物ゆへ（被急之）停止、
一五月之末止観講談畢、
　　　　　　　　　　　　一阿州篠原父子打死、
一六月日諦并所化衆上洛、
一七月論義、　　　　　　一七月廿八日、天正改元、
一八月恒例之訓読、
一同月■　朝倉殿生害幷浅井父子生害、

　付龍興生害、
一九月、当津騒動、京物共除之、
一十月十七日、妙言死去、
（第一三丁ウ）
一十一月・十二月、御書周覧、当家之論義作之、
（第一四丁オ）
天正二年　申（甲）戌　行年四十三才
一三月、為頂妙寺再興上洛、学証坊小や居、
一嵯峨正持庵方丈買、仮堂立、
一堺材木共用意、船用意当津浦大坂へ乗
　マワス、鳥羽車京着、
一弘源院療（寮）買得、大坊居間立、
一四月廿八日談義、
一五月八日十二（三）日日堯第三年為、於本法寺
　談義、一五月於相国寺信長へ御礼、
一五月廿二日、智運談義振舞、其日其夜、弥吉始来、
（第一四丁ウ）
一廿三日、日典・法印・夕庵・長庵へ振舞、
一六月廿五日、高雄行、
一此夏、諸寺之檀那衆等御登講、
一六月三日、立像御釈迦始本国寺霊宝拝見、
一同当月中旬、妙顕寺灵宝拝見、

一当夏、本立・智運再興、
一七月廿七日、於本法寺歌会在之、冷泉侍従殿出題、藪殿
　父子御出座、琴御引小野小町琴也、
　　　侍従殿読師
　　　　　尊陽坊講師
　　藪殿発声
　　　　楽人雅楽頭殿シヤウ、江近（近江）守笛、
（第一五丁オ）
一八月十三日堀庭始、
一八月廿六日（一日）、坂本下、江州礼、寺事申定畢、
一在京中惣弘通所可立談合、於新在家在之、
一八月廿四日、出京、同廿、山崎其夜留、廿五日、尼崎留、
　廿六日、入津、
一九月一日彼岸入、如恒例訓読在之、
一九月十七日、妙言一周忌取越取行也、
一在津中、京亭覚日坊申付造作在之、
一十月八日出津、其夜尼崎留、九日夜山崎留、
　十日京着、
（第一五丁ウ）
一霜月十四日、寿印死去付坂本越、寺事決定、
　此冬、敬乗坊申付、寿印小座敷引川崎立、
一就常承死去、迎上廿七日出京、朔日、入津、其昨夜

　作衛（大夫）門喧嘩付宿屋町大事也、
（第一六丁オ）
一正月廿八日、勘七死去、
一四月十九日、祐言死去、
天正三年乙亥　行年四十四才
一三月、信長高屋表御陣立、同大坂表手遣、
一四月十二日、カタ木屋道場以上意被焼畢、
一四月末、上洛尼崎通也、
一五月上旬、坂本下向、大津坊引、妙寿院
　　　　　　　　　　　客殿立、
一六月中、在坂本、
一六月末出京、一七月、於頂妙寺談義、
（第一六丁ウ）
　八月彼岸至談義有之、
一八月末九月始、学問所建立、築地ツキ在之、
一学問所東立売衆也、一西新在家衆也、
一北西陣衆、大坊東船橋衆、成就坊跡・
　玉昌院・大行坊前下京衆也、
　大坊裏門両方一条二条間衆也、
一其間元円五十余年来願真実用在之、
一九月十三日坂本下向、則明智殿上載色紙御筆
　　　　　　　　　　　　　　持来給受、

此方ヨリ柏原院ノ詞花集進上、
一於坂本一七日ノ間昼夜二時ノ談義、京衆大略」参詣、
妙顕寺日教御光儀、
(第一七丁オ)
一九月末、三井寺へ行、其刻阿州ヨリ問答ノ
注進、則堺へ下向、十月五日ニ出船、六日ノ其夜カタ(加太)ニ
留ル、六日ニ勝瑞ニ付、七日依相遣同タルニ、八日ニ
三好彦次郎殿へ御礼在之、其間浄土宗与
往復別帋在之、
一浄土宗事法詰候而理運ノ感状ヲ取上、則高野ヨリ
円正ト中学匠阿州呼下、当宗へ難状入之、
三問三答如別帋、是又法詰理運之感状候而
十月三日ニ勝瑞ヲ出、其夜フクラニ泊ル、
一明日スモトニ付、則安宅殿ニ御礼在之、又
スモトニ於テ法談有之、
一七日ニスモトヲ出、其ノ夜貝ツカニ泊ル、八日ニ入津、
(第一七丁ウ)
則九日ヨリ談義、阿州事於高座致披露弥
打伏スル也、
一此彼岸ニ経ヲ不読、子細ハ当寺門前相明ニ付テモ寺
門前モ取乱無之、
(第一八丁オ)

天正四年丙子　己行記　四十五　日珖誌
一自正月六日至二月三日ニ廿八品一座ツヽ談義、
於妙国寺本堂勤之事、一書在泰然、
一二月十二日ニ出津、同十三日ニ京着、同十四日ニ往坂本
同十五日ヨリ同廿六日マテ於頂妙寺法談、宝塔品ノ」偈頌
于時彼岸ハ十六日ヨリ入也、
一其任就在京万部之経之調仕了、未相調間
四月廿日ニ趣奈良ニ、同廿二日ニ入津、
一在京之中四月十日ニ趣二丹波ニ一惟向見舞、
以上在京七十日程、
(第一八丁ウ)
一付讃州御受法、阿波ノ下用意仕候、雖然五月
三日ノ合戦為延引、即七日信長公後巻有之、
一五月・六月、常得之坊建立之事、
一自七月十八日番神之社焼事、即八月十四日ニ
柱立有之、
於頂源寺
一自七月廿七日至八月廿日、○法談　厳王品全、
一自八月廿三日入彼岸、至廿九日恒例之訓読、
一自八月卅日遠例、
一自九月廿日此作事、居間幷井之廻ノ」屏共
一十月、宗宅ノ坊建立之事、

一自十一月廿一日至十二月五日法談、十四日之間」法師功徳
品
（第一九丁オ）
一三ヨリ頂源寺、四五ヨリマテ妙国寺、
常柔第三子幷妙願十七年忌為也、
一十一月十日学詮坊入津、為唱明也、
一十二月十四日出津、帰京云々、
冬法談物
一宗影受法、
一冬、法談内宮内卿法印参詣
◎冬の条の宮内卿法印は松井友閑。
（第一九丁ウ）「墨付ナシ」
（第二〇丁オ）
天正五年丁丑　己行記　四十六　日珖誌
正月五日、築嶋来迎寺之堂引取之、「□千疋之礼物也」
妙国寺番神之拝殿之為也、
一正月八日ヨリ至彼岸、五百品之談義、信長殿依サイカ入
置之、
一三月・四月間倶舎界根品・安国論講之、
一五月、丹州井尻殿受法
五月末
一於本成寺堤婆品談義、

一三好孫六郎殿母儀死去付テ、談義ヲ引移妙国寺ニ于時
孫六郎殿入来、
一六月下旬、上洛、従七月十五日　談義、至閏七月十三日厳
王品談義、
（第二〇丁ウ）
一七月始、至安土下向、於善行院一日法談ス、
一閏七月、長浜ヘ下向、於妙法寺両日間談義、
一壬七月於下京妙典（伝）寺、一七日間随喜了法品談義、
一八月一日、下津、恒例御経張行、
一九月（八月末）、尾州カリヤスカ法論衆又令上洛、
一九月廿一日、着津、一為常言十三年忌、〇（一七日談義幷ニ）十講論義張行、
一就常縁死去談義幷四菩薩為借合打続キ、霜月十三日迄法談、
一十月廿六日ヨリ重而文句談義始行也、第九品初也、
一就応縁死去身上ニ相驚キ、番神〇（社）内造作幷板カキ作之、
（第二一丁オ）
天正六　寅　四十七才
一正月八九十、三日之間、〇（於妙国寺）為日清廿五年忌之十六座
談義張行、於当津始也様躰清書之時可取、
一正月十一日ヨリ二月彼岸マテ、寿量品談義、
一正月末ヨリ至四月始、妙国寺番神拝殿建立、
一四月中旬ニ上洛、至八月始在京、其間ニ従丹州船井郡
サイキ神蔵寺本堂幷社引之、則堂小屋ハニ入、

社瓦フキ番神興隆也

一六月廿二日八月三日迄化城量品談義、

一五月、普伝呼上申、近衛殿御師範定置、於御殿法談
興行、

（第二一丁ウ）

【料紙の上半分】

（前欠）□□□□（御懇之儀カ）」敷候、旁令帰」陣、致祗候可申」述候、
尚御使僧へ」申候、恐惶謹言、」

篠原伊賀守

九月七日　家政（カ）（花押）

龍雲院

尊報

【料紙の下半分】

一八月上旬、下津、恒例彼岸
御経興行、

一九月九・十両日、為常縁一周忌
序品十二座分文談義張行、

一仏法護持之十徳製作之事、

一十月十七日文句第十講釈
張行、同十二月第九巻残講釈之、

一九月・十月両月間痩煩候へ共談義
製作講釈不懈候也、

一十月廿三日、本乗院・善行院
身延入院之儀付着津、

◎第二一丁袋綴じに非ず。料紙の上半分は篠原伊賀守から日珖宛の書状、下半分に日珖の記録を書す。

（第二二丁オ）

天正七己卯　行年四十八

二月、妙国寺鐘楼建立、

三月、妙空坊、

一四月十日出津、十一日京着、同十三日頂妙寺
御堂造作始、

一五月廿五日問答事安土下向、廿七日問答法難、

八

廿九日無為、廿九日六月十二日安土正覚院
籠居、十二日御赦免其日坂本付妙寿院
一夜逗留、十三日頂妙寺帰、廿二日暁出京、其夕
■入津、則陰（隠）居、一頂妙寺諸寺支配之外金五枚、

一七月四日、常祐死去、出之、

（第二二丁ウ）

一七月十八日、龍雲院大坊入院、其日学問所北室」陰（隠）居

一九月十二日、御上洛、重而法難起、同十六日、以金二百枚
御礼無為

一同冬十月十二日、為堺勧進京五ヶ寺之使僧下向、

当津諸寺金廿枚勧進、
一京・堺諸寺妙国寺へ有公事、則申開安堵云々、
一付之堺六寺十八寺支配頭別事申事、
妙国寺双方へ不付、結句京衆同心扱手ナル云々、
一等悦坊建立、
（第二三丁オ）
天正八庚辰　行年四十九
一二月、妙空坊内造作、三月二日、妙空隠居、
一三月、南カハ山光院跡（学問所）隠居、
一五月、京都諸寺、公儀奉行衆御礼金催促、
其刻常知下向候而、金五枚出之、合十枚皆済、
一七月、常祐一周忌、本経頓写在之、
一九月廿三日頂妙寺堂棟上用意、大工衆上洛、
霜月四日仕舞候而、大工衆下津、
一八月二日、大坂落居、同廿三日信長入城、
其後佐久間牢人、
一七月末、妙国寺蓮池掘之、
（第二三丁ウ）
一霜月八日妙国寺番神御遷座、
一尊光院坊修理法立真所渡、
（第二四丁オ）
天正九辛巳　行年五十

一二月廿八日、信長御馬ソロ在之、
一五月十二日為高祖千部経始行、
至九月十六日結願、折節松衛門・千夜叉下向候而
能在之、
一二月十羅刹・大黒、番神之中御遷座、
一二月、妙国寺寺内松大小千本ホト殖之、
一五月、南北中ミソセキ在之、
妙国寺西南セキ出来、
一当年、大坊小座敷造作在之、
一学問所茶屋大坊引之、
（第二四丁ウ）
一春、花徳坊座敷造作在之、
一秋、常得隠居所造作在之、
一夏、頂源寺諸堂并陽林院修理在之、
一六月廿七日日寿五十年忌作善、於頂源寺在之、
一三月四日清七下向、
一七月四日、常祐第三年作善在之、日門日詮作善同、
一九月末、覚林坊大工同道上洛、頂妙寺堂内造作
有之、御遷座并■■（高祖）御年忌ノ為也、
一十月、高祖御三百年忌御仏事在之、
一十一月、家原寺四足門引事、
（第二五丁オ）

天止十壬午年
一正月八日至三月二日東小座敷作事、三日妙雲
　清七下向、即於座敷対面候事、
一二月彼岸、玄要けさかけ面仏旦、カリ天井する事、
一彼岸、西へ移棚用意付東文庫スル事、
一夏、南学室地誘付道場丁境目板坪事、
一日礼仏事、真読・訓読・談義・頓写有之、
一六月二日、信長生涯、同十二日明地落居云々、
一当夏中、倶舎頌疏一部講尺寿量・永き・正坊、
一冬中、又同一部講尺、覚林・円台・正坊
一六月、菊仙坊之内色々事在之、
◎六月二日の条は、本能寺の変を記す。
（第二五丁ウ）
一冬、薄屋唐物寄進之、御影表談合、
一冬、祐言坊入造作、付常佐隠居事、
一夏、円頓坊上洛之事、
◎冬の条の薄屋は、堺商人の箔屋か。
（第二六丁オ）
天正十一癸未年五十二
一閏正月廿二日○行高倉、灌頂堂引立御影
　堂事、三月廿八日柱立、四月廿八日御遷座、
　此日宗俊一周忌幸哉、

同楼門廻廊鐘楼買取之、廻廊即
与影堂一度立、楼門鐘楼迄可立之、
一三月廿八日、於大坊能有之、同十月十三日
　又能有之、同十八日又能有之、
一南学問所夏秋中建立事、
一市小路同建立事、
一四足門建立之事、
（第二六丁ウ）
一学恵坊建立之事、
一常得坊居間被仕置事、
一常縁坊客殿建立之事、
一常悦土囲亭被立事、
一秋、学問所天大弁仏旦事、
一霜月十二日、衆檀振舞、
一極廿七日、坊波死去、
一歳暮、円頓坊妙法寺入院事、
一
（第二七丁オ）
天正十二甲申年五十三
一自三月廿八日千部経始行事、
一当年、宮松物書習事
一当年、影堂天蓋并縁出来事

一秋、南ナリ門出来事
（第二七丁ウ）「墨付ナシ」
（第二八丁オ）
　天正十三年　酉　五十四
一正月之礼儀如先規、
一二月廿五日　彼岸入、龍雲於大坂本願寺法談　龍雲、
一三月三日入津、為迎衆旦住吉酒肴用意行云々、
一同月、為藤見旦方衆男女振舞、
一同月、為藤如形見台天目来、
一四月、舜祐出家大振舞、折節渋谷衆下
向、座敷舞、
一為出頭千部経興行結願刻渋谷衆下向、為
巳年高祖三百」年忌吉例能、於学問所有之、
一出頭始　法印御茶湯有之、
（第二八丁ウ）
一五月、為出頭調龍雲在京、
一同月、常乗母儀妙智死去、
一六月、妙かうすみや死去、
一七月十四日、以秀吉御義彼一筆取返相破云々、
一同月廿三日、参大坂、秀吉御礼、
一八月不二院下向、同十五日、日珖上洛、
一十七日、社寺万疋礼、玄以礼微案抄進上、

一十八・九日、諸寺礼、廿日御次御局、
一方々礼行、礼来等云々、
一閏八月六日、不二院死去、同廿一日、学光院死去、
一九月六日。十二日、八日間於頂妙寺法談、
一同十一日、日暁住持成振舞アリ、
（第二九丁オ）
一九月十九日晩出京、夜舟　皈□□付廿日早々
入津、各々住吉　衆旦迎来儀云々、
一自十月八日至十七日、十日間法談、于時妙言ら出京
十七年　十七日　法談也、不軽品也、
一十三日御講能アリ、珍重云々、
一霜月十三日衆旦へ振舞、座敷舞有之、
一十二月地子以下被替、中年暮了、
（第二九丁ウ）「墨付ナシ」
（第二九丁に貼付する張り紙）
「先年於安土法門已来逼塞之衆有之由候
今度誓紙已下被相破如前々与被　仰出候
上者早々可被罷出候、恐々謹言、
七月十八日　　　　民部卿法印玄以在判
　　法花宗中」
（外裏表紙）

（後筆書き入れ）
「安土法難叓　金山抄追加
　繋珠録六　可見合　※
※金山抄追加ニ天正十二年甲申五月誓紙
本国寺賜ヘル云々、実ハ十三年酉七月也、頂妙寺
ヘ七月十八日日珖師ヘ七月廿日玄以之状来ル
七月廿三日出坂太閤ヘ御礼、八月十五日出京
同十七日法印玄以ヘ礼、微（以下欠損・「案抄進之」
と『日蓮宗学全書』にある）」
天明七年七月表帋

補之
日慶（花押）

（外裏表紙の貼り紙）
「先年於安土法門已来逼塞之由候、早々上洛最ニ候
諸事如前々与被　仰出候、可被得其意候此旨
法花宗中江申渡候、猶自諸寺可被中入候、恐惶謹言
七月廿日　民部卿法印玄以在判
日珖上人
　玉床下
本紙頂妙寺ニ在之」

おわりに

中世都市堺の研究および一六世紀の日蓮宗研究において、「己行記」が重要な史料となることは、多くの研究者によって支持されるところである。しかしながら、先行する刊本二つがいずれも完全でない点は看過されてきた。「己行記」の資料的な重要性に鑑みて、今回、全容を翻刻紹介することは意義があるといえよう。

注

（1）『堺市史　第七巻』八六～九〇頁。
（2）『堺市史　第四巻』二五〇～二六二頁。
（3）立正大学日蓮教学研究所編『日蓮宗宗学全書　第一九巻　史伝旧記部二』（山喜房仏書林、一九六〇年）
（4）外表紙に「堺市史資料展覧会」の札が貼付され「行功部分記」の説明がかかれているが、この貼札名は誤りである。また、表紙に昭和四年（一九二九）八月に宗宝調査会による調査がおこなわれたことを示す札が貼付されている。
（5）綴じ紐の付け替えの際に判明した。
（6）「宝物集」は平安末期の仏教説話集。『山田昭全著作集　第二巻（宝物集研究）』（おうふう、二〇一五年）が、「宝物集」に関して大変詳しくまとめている。なお、同書には「資料編　広普山妙国寺蔵『宝物集』巻三　影印と翻刻」が収録されている。妙國寺本「宝物集」は日珖自筆であり、その成立は同じく妙國寺が所蔵する日珖自筆の「己行記」や「行功部分記」に比べて古い。
（7）『勝瑞時代　三好長慶天下を制す』（徳島市立徳島城博物館、二〇〇一年）七〇頁。
京都大学文学研究科図書館に架蔵されている写本『己行記』（請求番号国史・き5・5）は、縦二六・四cm、横一九・五cmで、全文にわたって、所々に朱筆で、判読し難い文字の類推や誤字の訂正、遺漏の補足がされている。最後に、「以上明治三十九年四月、再、本書ヲ借入レ対照セシニ、天正頃ノ筆ナルコトヲ確ムルヲ得タリ、表紙ニ「開山日珖師直筆巳（ママ）行記」トアリ」と朱筆で記されているほか、本文の後の付箋についても「本書天明七年七月表帋補之トアレバ以下三項ハソノ頃ノ書入ナルベシ」と記されている。しかしながら、紙背文書の存在については一切触れていない。
（8）三好盛長、高畠六介など三好一族の家臣の書状を認めることができる。

〔付記〕　本書第一部第二・三・四章の妙國寺史料の掲載と研究をご快諾いただいた妙國寺岡部泰鑑貫首に厚く感謝いたします。また、天理大学准教授天野忠幸氏に補注の内容についてのご教示を、多くの方々に釈文の読解のご協力を得ました。皆様に厚く感謝いたします。

第三章　堺妙國寺蔵「己行記」紙背文書をよむ

本章では堺市堺区に所在する妙國寺の開山、日珖（にちこう）（一五三二～九八）の自筆行状記録である「己行記」の紙背文書を紹介する。

「己行記」については、『堺市史』(1)や『日蓮宗宗学全書』(2)で紹介されているが、前章で記したように「己行記」の紙背文書についてはいずれも言及がまったくなされていない。徳島市立徳島城博物館須藤茂樹氏らが、初めてその存在を指摘した(3)。その後、所蔵者による綴じ紐の付け替えの際に、すべての紙背に文書があることが確認されている。

紙背文書について次頁に一覧を掲載する。

文書①～⑥・㉑は戦国大名三好一族の家臣たちから龍雲院・龍雲寺（日珖本人）へ宛てられた書状である。戦勝祈願などの依頼をする書状が見られる。文書⑦・⑧・⑩・⑪・⑮～⑱、㉒～㉙は日珖諷誦文土代で、三好一族の戦没者や堺衆の法会に際して作られたものが見受けられる。文書⑨・⑫～⑭は日珖が営んだと思われる法会の差定である。文書⑲・⑳は書状であるが、内容の詳細については不明である。

「己行記」の紙背文書は日珖の手許に集まった書状及び、永禄期に日珖が法会で用いた諷誦文土代で成り立っている。料紙の伝来としては、出所が明確であるといえよう。

「己行記」本文は永禄四年（一五六一）～天正一三年（一五八五）までの日珖行状記録である。第七丁には永禄一〇年（一五六七）の行状が記されるが、その料紙には二年先の永禄一二年（一五六九）日珖諷誦文土代の裏が使用され

己行記紙背文書目録（順番は冊子の現状に合わせた）

文書番号・年月日	文書名称	備考
①年未詳9月7日	三好盛長書状	表紙裏
②年未詳5月25日	知妙斎宗也書状	第1丁裏
③年未詳5月25日	三山(三好山城守)康長書状	第2丁裏
④年未詳9月7日	篠原玄蕃助長秀書状	第3丁裏
⑤年未詳9月7日	大吉佐渡守春家書状	第4丁裏
⑥年未詳9月7日	高畠六介書状	第5丁裏
⑦永禄7年9月7日	日珖諷誦文土代	第6丁裏
⑧永禄12年7月17日	日珖諷誦文土代	第7丁裏
⑨年月日未詳	葬儀条々事書	第8丁裏
⑩永禄9年8月1日	日珖諷誦文土代	第9丁裏
⑪永禄10年9月26日	日珖諷誦文土代	第10丁裏
⑫永禄5年10月	十三日差定土代	第11丁裏
⑬永禄5年10月	十三日法要差定土代	第12丁裏
⑭年月日未詳	差定土代	第13丁裏
⑮永禄2年7月16日	日珖諷誦文土代	第14丁裏
⑯永禄6年9月4日	日珖諷誦文土代	第15丁裏
⑰年月日同前	日珖諷誦文土代	第16丁裏
⑱年月日同前	日珖諷誦文土代	第17丁裏
⑲年月日未詳	某書状	第18･19丁裏
⑳年月日未詳	書状案	第20丁裏
㉑年未詳9月7日	篠原伊賀守家政(ヵ)書状	第21丁
㉒永禄9年2月15日	日珖諷誦文土代	第22丁裏
㉓永禄9年8月29日	日珖諷誦文土代	第23丁裏
㉔永禄10年7月17日	日珖諷誦文土代	第24丁裏
㉕永禄4年2月20日	日珖諷誦文土代	第25丁裏
㉖年月日未詳	日珖諷誦文土代	第26丁裏
㉗永禄7年7月7日	日珖諷誦文土代	第27丁裏
㉘永禄3年11月17日	日珖諷誦文土代	第28丁裏
㉙永禄9年10月4日	日珖諷誦文土代	第29丁裏

ている。これは、「己行記」本文が必ずしもその年次に書かれたものと断定できないことを物語っている。本章では、「己行記」の紙背文書の全容を、初めて明らかにすることを第一目的とした。今後、「己行記」本文と紙背文書との関係を検討していくなかで、より新たな知見が得られることが期待される。

日珖諷誦文は、日珖が法要を営んで供養した人物が書かれており、日珖の布教活動を知るうえで貴重な資料となる。

日珖諷誦文については、頂妙寺文書の天正一六年（一五八八）南呂下六日「日珖諷誦文」がすでに知られている。[4]頂妙寺の諷誦文は丁寧に清書されたものであり、文字の校正や抹消は比較的少ない。対して、「己行記」紙背の諷誦文は土代である。幾たびも校正を加えられており、非常に解読し辛いものばかりである。本章を成すにあたり、日珖諷誦文土代の解読が最大の難関であった。文字が難読であるだけでなく、使われている用語も法華経を典拠とした、日蓮法華宗の独自の言葉が多いという特徴がある。

また、日珖は文中で儒教的な忠孝を賞揚している。法華経の思想のみでなく、儒教思想が色濃くあらわれており、それが仏教思想に関連づけられている点についても、今後の研究がまたれる。[5]

次頁より翻刻を掲載するが、文書①〜⑥の戦国大名三好一族の家臣たちからの書状については、昨今の戦国大名三好氏の研究に鑑みて、図版を掲載した。[6]

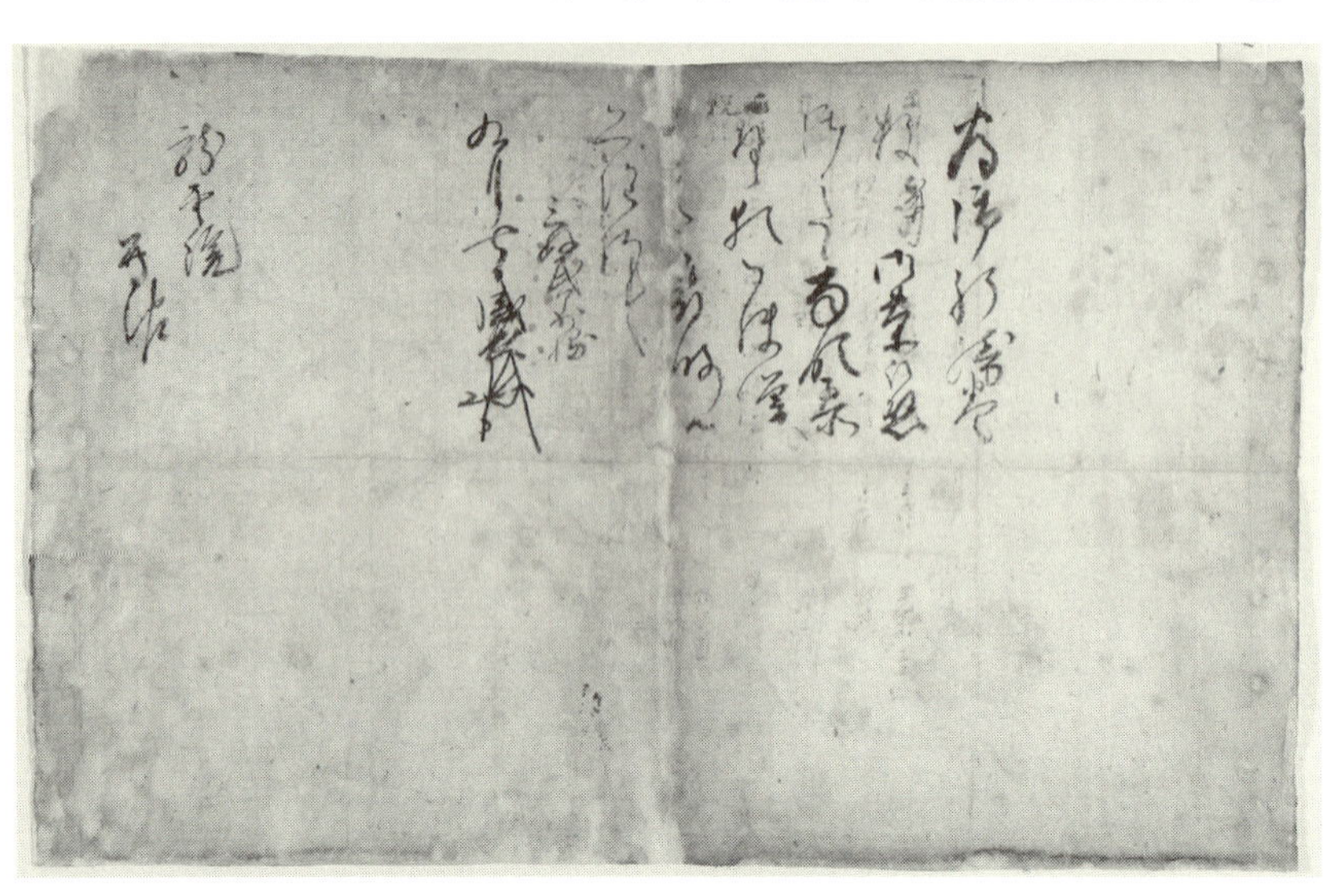

①三好盛長書状

①年未詳九月七日　三好盛長書状　（表紙裏）

為御祈禱巻

数并御茶被懸

御意候、拝領忝

存候、猶御使僧へ

申[候]間令省略候

恐惶謹言

三好民部少輔

九月七日　盛長（花押）

龍雲院

尊報

◎本文書の三好民部少輔盛長は、文書③の三好康長・文書④の篠原長秀とともに、三好実休麾下の重臣が名を連ねる「高屋城在城衆掟」「高屋城在城衆起請文」に名前を見いだすことができる。「聞名寺文書」の永禄五年八月付「高屋城在城衆掟」（『中世法制史料集　五巻』五四九）の連署者「山城守（三好康長）、六郎兵衛尉（加地盛時）、伯耆守（矢野虎村）、出雲守（吉成信長）、備中守（三好盛政）、玄蕃助（篠原長秀）、民部少輔（三好盛長）」のなかに確認できる。さらに「森田周作氏所蔵文書」の永禄五年（一五六二）一一月二九日付「高屋城在城衆起請文」（『羽曳野市史　四巻　史料編二』）の連署者「篠原玄蕃助長秀、加地六郎兵衛尉盛時、三好山城守康長、矢野伯耆守虎村、吉成出雲守信長、三好備中守盛政、三好民部丞盛長、市原石見守長胤、伊沢因幡入道長綱」のなかにも確認できる（天野忠幸氏のご教示による）。

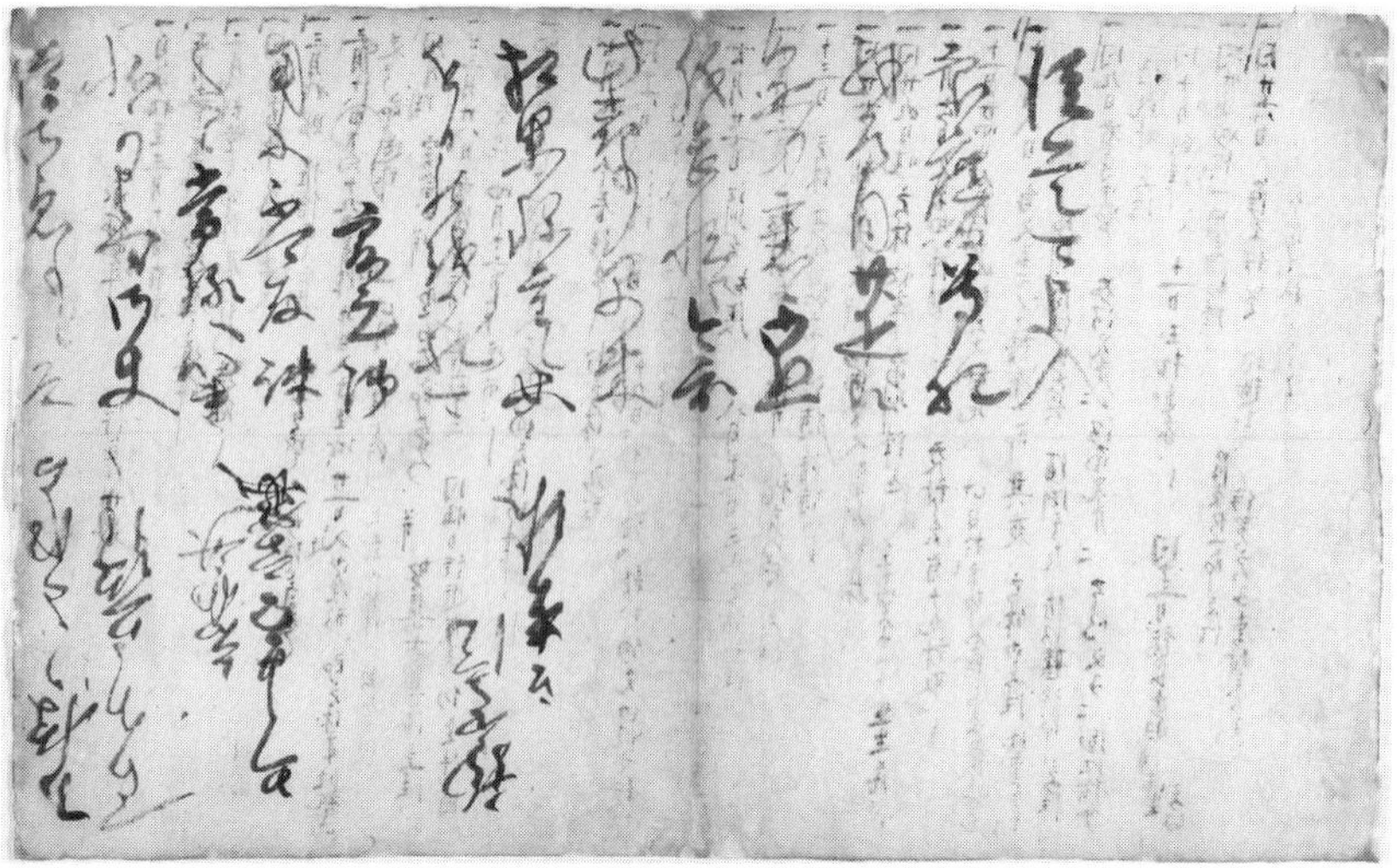

②知妙斎宗也書状

②年未詳五月二五日　知妙斎宗也書状　（第一丁裏）

従是可申入候
処、遮而尊札
殊鳥目廿疋被
懸御意候、御懇
儀畏（カ）悦候、今度
此表事早束
相果珍重候、必
近日罷越御礼可
申入候、爰元御
用等不可存疎
意候、常縁へ以書
状可申候へ共、御使
僧御急事候条、
乍憚御意得候而
可被下候、恐惶謹言

五月廿五日　　知妙斎
宗也（花押）

龍雲院
まいる　貴報

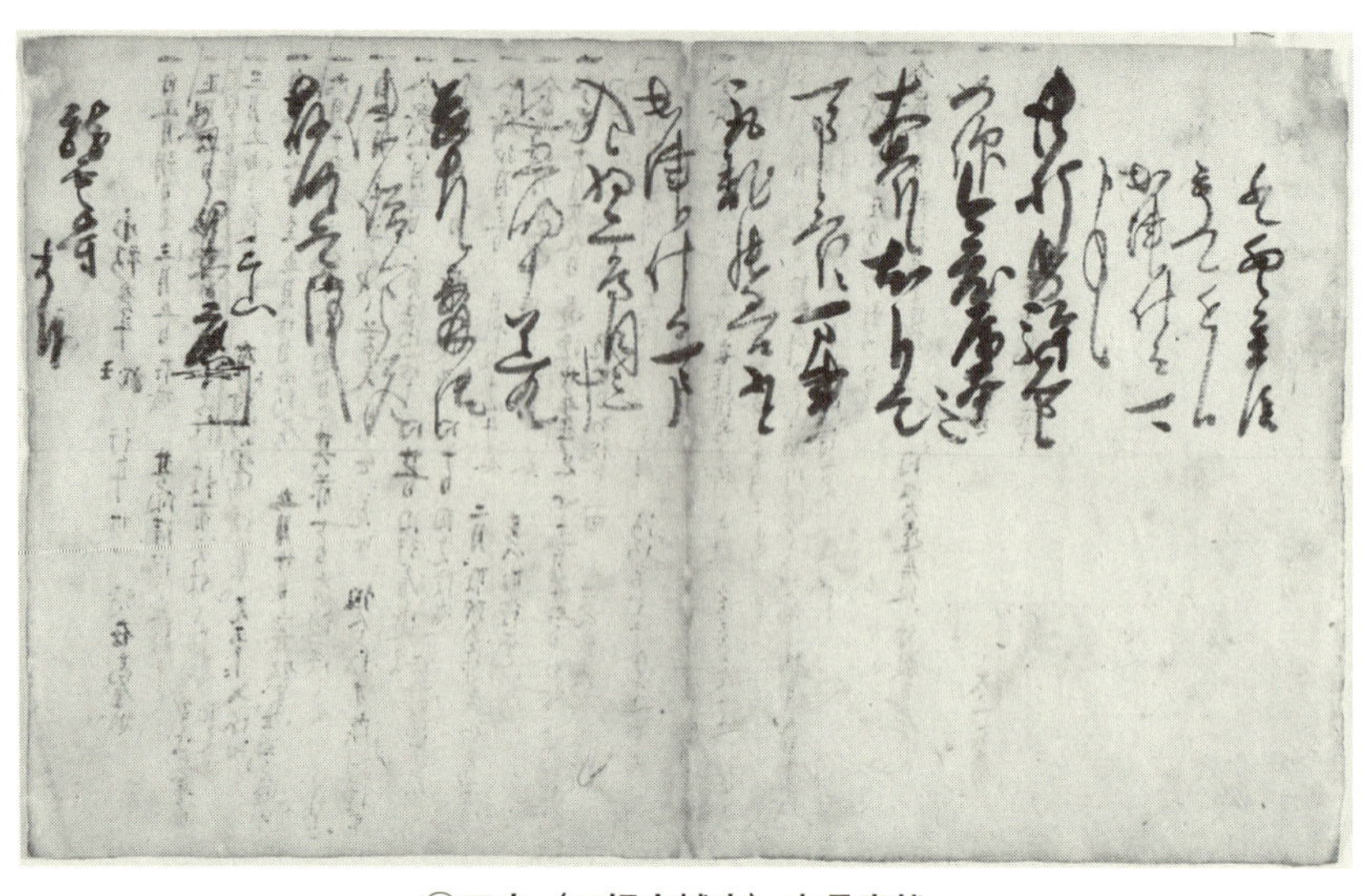

③三山（三好山城守）康長書状

③年未詳五月二五日　三山（三好山城守）康長書状（第二丁裏）

尚〻細〻御音信
畏入候、近日
出津仕候而、可
申承候
御折帋拝見申候、
如仰今度属本意
大慶候、尤自是
可申候処ニ、万事
取乱罷過候、ふと
出津仕候而、可申
入候、将亦鳥目三十
疋、五明十送給、
畏存候、委曲御
使僧へ申候（而カ）□令
省略候、恐〻謹言
　　　　　　　　　　三山
五月廿五日　　　　康長（花押）
龍雲寺
　　貴報

◎三山は実休の副将格の三好山城守康長。
◎文書①の注記を参照。なお、本文書の花押については、三好山城守康長のもので間違いない（末柄豊氏と天野忠幸氏のご教示による）。

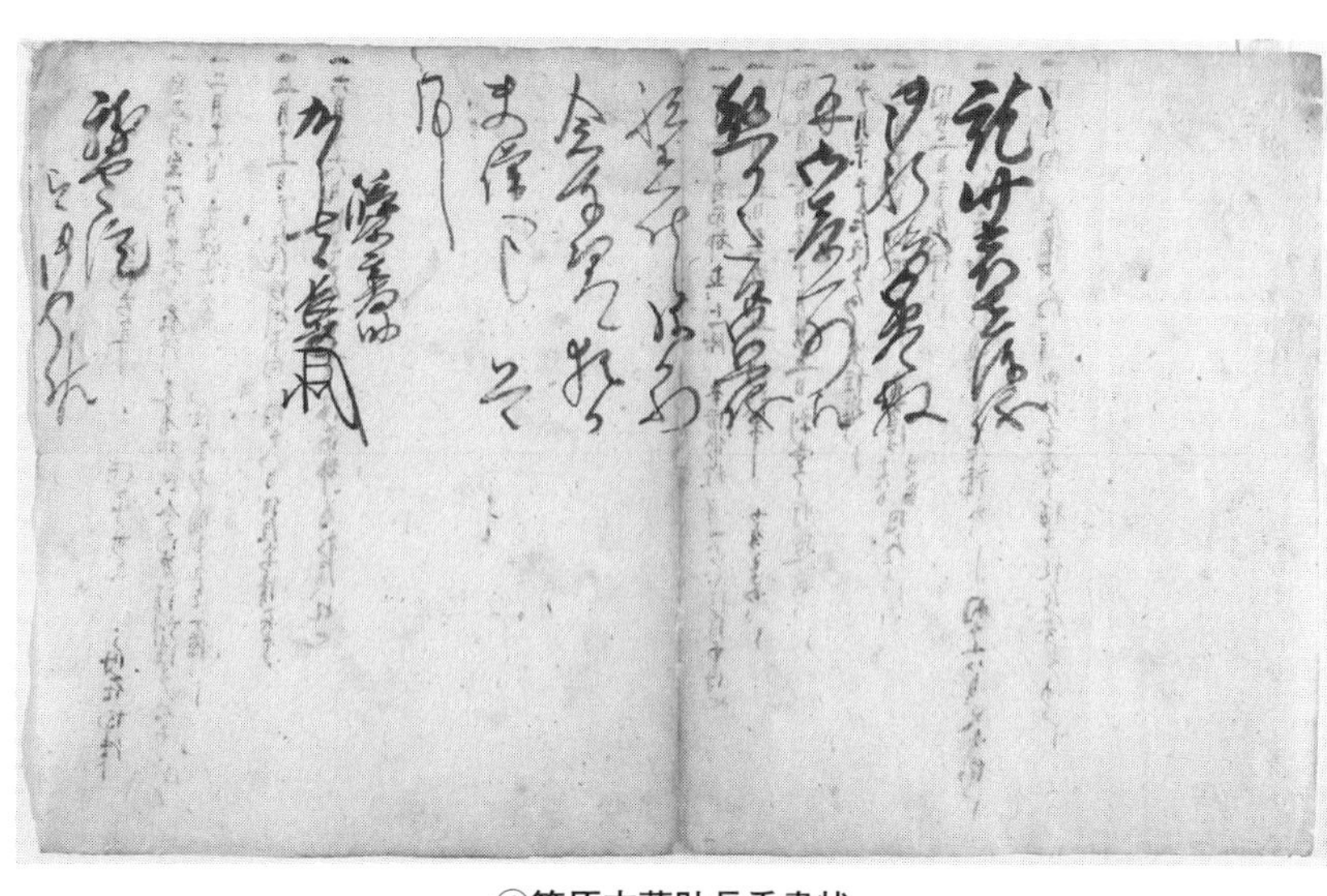

④篠原玄蕃助長秀書状

④年未詳九月七日　篠原玄蕃助長秀書状　（第三丁裏）

就此表在陣儀
御祈禱御巻数
并御茶一折被
懸御意候、御懇儀
祝着存候、弥御祈
念奉憑候、猶御
使僧へ申候、恐ゝ
謹言
　　　　篠原玄番（蕃）助
九月七日　　　　長秀（花押）
龍雲院
　まいる　御返報

◎文書①の注記を参照。

⑤大吉佐渡守春家書状

⑤**年未詳九月七日　大吉佐渡守春家書状**　（第四丁裏）

為御音信御折帋
殊御守并抹茶被
懸御意候、御懇儀
畏存候、将亦此表儀
無異儀候間、可御心安候、
尚委曲御使僧へ申候
条、不能詳候、恐々謹言

　　　　大吉佐渡守
九月七日　　　春家（花押）

　龍雲院
参　玉床下

⑥高畠六介書状

⑥年未詳九月七日　高畠六介書状　（第五丁裏）

御為音信御折帋幷
御祈禱之巻数
殊筆一対被懸
御意候、御懇志之至
過分至極候、必帰陣之
刻、以参毎事御礼
可申上候、恐惶謹言

高畠六介

九月七日　　長（花押）

龍雲院

参　玉床下

⑦永禄七年九月七日　日珖諷誦文土代　（第六丁裏）

（全文を抹消す）

敬白　請　願文事

自我　百　題目　一千

一　先師日了

奉読誦大乗妙典一千部　右意趣者為二逆修一

増道損生

勝利七分全得ノ所レ修白善也、倩以尺(釈尊)尊ノ金容ハ
隠二双林雲一、遥(通)誦二二千余廻春霞一、
慈氏円光照二三会暁一遠重二五十六億一
秋霜一朦朧タル無明眠誰人覚レ之、
寂莫タル煩悩夢何教驚レ之、然則煩悩山重ゝ
不レ知二其頂一、生死海漫ゝ不レ計二其底一、受レ
生徒生更不レ覚二迷動一従レ冥弥入レ冥
皈レ死重死都無レ弁二悟終一、自レ深更沈レ深
聊若此度不レ修二仏乗一、長入二生死苦海一者歟、
先師曰了ハ尓間此理　連々欲開寺院
依之、預為二冥途資糧祈請　衆僧令二
当寺開闢其功尤広博ナル者歟示
読誦八軸一、其功漸顕及二一千部一、故今喜二彼
岸大奏ノ刻一便二仏陀涅槃砌一成二結願

京都日雅先生

成就ノ唱ヲ捧二一返ノ諷誦文ヲ一、殊ニ当寺ハ涅槃会法
被(カ)付置寺号
事ノ供養ハ自悲母妙高尼ノ令二寄附一処也、旁以
専聞テ朝夕
催二一山出仕ヲ一○致二涅槃経典誦ヲ一、凡読二誦
一四句偈ヲ一、尚勝二八百万億那由他恒沙供仏ニ一、
寺院建立功ハ然而万行万善口分最長也
若尔者
□者其已上ヤ増ヲ於二千部功ニ一乎、仰願者
尊儀依伽藍造営功ニ ■
一来人天花報ノ時ハ、咲二即往都卒花ヲ一二所仏
本地真言高祐歟也
道果報折ノ成二八相成道ヲ粧一重乞、寿命長
遠、弥積信心参詣(カ)ノ功ヲ一■■門弟繁昌シテ倍増ニ一
甚己利福
念力供仏ノ徳ヲ、乃至善根余慶周二遍法界ニ一共成二
仏道ヲ一耳、仍所修如件

七　時正法礼　本光坊日怡

永禄第拾天仏忌日　施主朱■■公　敬白

⑧永禄一二年七月一七日　日珖諷誦文土代　（第七丁裏）

（全文を抹消す）

敬　奉頓写一乗妙典　主題一帙
奉看経自我偈十反此経難持十反
毎自作　一百反　題目　一千反
祈　寂　院　禅尼証大荓
右意趣者為慈父妙尼一周忌追善ニ所レ修白善也、
正月忌午為来月候、引上所弔也
伏以、儒道三賢於真丹ニ宣ニ五常一、其中以孝行
為レ詮仏教大聖出ニ支那一、説ニ四教一其内
以孝養為レ専、内外典雖レ実、忠孝誡等同也
于斯妙院悲母妙祝乳母也、先立養君汇然
依之（妙祝）逝去、已来、日々看経常以奉レ送ニ
送レ日対妙祝遂名成言育
此亡魂夜々念誦、全て奉レ祈（カ）ニ慈父聖
自若輩
霊、何況此幽儀也、当寺開基日祝
然処十三日齢七十余死去畢、則成ニ一片烟一
（折損のため一行見えず）
上人■■積、成妙如□□□ニ之
今亦迎一七日
至□□大唐捐乎、将又為逆修ニ入

成経王　粧（カ）
頓写経人数今一山書写功徳云聖霊
年来
八十九年持御経唱首題ニ堂院歩、
勲功　旁以、来生善処無レ疑者也、
三宝御前
随ニ喜此功徳一為（弥成）徳者（菩提）、倡ニ一偈、
諷文一顕ニ我孝行一、冀幽儀信力
堅固妙釵破ニ煩悩陣一、仏閣参詣
行足、越ニ生死野一、乃至六親眷属法界
衆生、捧斎無窮耳、仍如件
孟秋中七日　施主藤本助五郎
永禄第十二暦閏五月月廿八日　孝子敬白　貞久

⑨年月日未詳　葬儀条々事書　（第八丁裏）

（全文を抹消す）

条々
一法（陣カ）衆分明様（以カ）可被仰（カ）越事
一諸檀方無残可有参詣事
付十五日朝飯事
一檀方外御仁躰達無残可有焼香事
付十五日朝食（飯）事

七
一九日より一七日可法事事

⑩永禄九年八月一日　日珖諷誦文土代　（第九丁裏）

（全文を抹消す）

敬請之
奉読誦提婆品一座　自我偈十反　題目一千反
日意　為証大井
右意趣者為慈父常言尊儀七ヽ日追善所修也、
其惟大覚世尊出世、行五事、孝養父母其
随一也、孔文宣王出生、宣五常、敬父尊母（息カ）
其頂上也、依之学儒道者、無忘孝行
尊
入仏道類悉重養親、然則慈父幽儀自
終焉之刻、至今日、聊無忘（息カ）其恩徳、少
無倦其謝徳、爰以、不出門戸、四十九日持経
態舟
唱題尽其数反、幼稚之善利何不至大井
誠信
直路乎、是義之作善弥得足出離最要
者歟、「彼法縁童子以土餅、供仏得最上
此
福報、彼幼少孝子以銀銭施僧、何不得
無上功徳乎、」経云　有人求仏道而於一劫中
経王勝
合掌在我前、以無数偈讃、由其讃仏故得無
量功徳、但美持経者、其福復過（潤カ）彼文今日誠
寿（用）尤成実上無沙功徳事、不可有猶預者也、
尊儀
殊更今経（八甚）〇教主尺尊（〇迦）一期、化導勝已今当
三説、其功徳毫（善カ）□□不法儀事也、若尓者忘魂（高成りカ）
数年持経善利云、孝子没後孝養云、
何除三有妄執、不惑三身果法乎、
重乞自身未入寂光真都、却、守実在（カ）
子孫今開、□□延命御□乃至六親眷属（カ）
天下法界現当二世所歎成弁ナラン耳、仍所修如件
九キ　沙弥常祐（カ）　敬
永禄第六天季八月春初一日　施主孝子千松丸　白

◎千松丸は十河千松。十河千松は、三好実休の次男で三好彦次郎長治の弟である、後の十河孫六郎存保と思われる（天野忠幸氏のご教示による）。

⑪永禄一〇年九月二六日　日珖諷誦文土代　（第一〇丁裏）

（全文を抹消す）

敬請之

十如是　自我偈十巻　　普賢呪十□(巻)巻　三千

奉看経提婆品勧持品十巻　　奉唱満題目一万反

慈父日寿妙覚儀三周忌

右志者、為○尊儀悲母妙影幽儀、抜苦与楽、到於彼岸、

カケ

誦

所修勝利所述願文也、其惟八行中、以孝行

為専、四恩内以父母為宗、爰以、教主釈尊対

大　　夫

浄飯王、宣観仏三昧御法、為摩耶大人成

忉利上昇ノ報恩、無上如来猶以如此、何況於

尊儀ハ

底下凡夫乎、殊此父母聖霊、恩山峨々

聳高自白雲千里峯、徳海漫々湛、

日

深自滄海九重底、依之月々設供、

月

年々ニ作善、或当遠忌建立伽藍、若

得正月供養衆僧、何不離三途八難

悪趣乎、寧不至四徳寂光宝刹乎、

常言

凡此経、一念信解功徳、越五ハラウ行、日寿幽

儀積多年徳修行、何其福唐捐乎、

日意

又妙典五十展転随喜勝八十年施、妙尊

尊儀

禅尼重累暦信心、争歟、其功不報乎、

方今喜(カ)不生不滅夕大涅槃砌、設三腹八挍

時正斎会刻、説一紙諷文、弥磨考妣

仏果荓、冀無明雲漸々晴、三昧月転々、

消、還護現当子孫、令現当所願成

就、乃至法界并法界報利益周遍而已、仍如件

一

十年季秋下六日　　隆喜内方

永禄五年仲春仏涅槃日　　施主　沙弥常祐　敬白

⑫**永禄五年一〇月　十三日差定土代**　（第一一丁裏）

（全文を抹消す）

十三日

讃　　蓮光房

鐃　　正覚院
惣回
散花
梵音
談義
　　右所定若斯
永禄五年十月　日

⑬永禄五年一〇月　十三日法要差定土代　（第一二丁裏）

（全文を抹消す）

十三日法事之次第
讃　　蓮光坊(房)
鐃　　正覚院
惣礼　卿　教光房
散花　品　教光坊
梵音　　修品(カ)坊
談義　談
　　右所定若斯

永禄五稔冬十月　日

⑭年月日未詳　差定土代　（第一三丁裏）

（全文を抹消す）

法用之次第
讃　　卿
鐃
惣回
散花
論義
訓読　神力品

⑮永禄二年七月一六日　日珖諷誦文土代　（第一四丁裏）

（全文を抹消す）

敬　請　之
奉看経　十如是　自我偈各十巻　方万法御中肝文
毎日題目会要文各三百反　奉唱満上行付属要法三千反
奉書写首題御経一部
右意趣者迎悲母妙寿幽儀十三廻追薦、為出離
三有頓証仏乗所修白善也、夫以乾(カ)草雖葉落残
雪解刻即生万木雖花落、陽雨潤刻秘匂四方

浮雲消有遠山来、秋暮霞晴有高嶺現、加之
鶯舌毎春囀郭公毎夏住、冥途何境往
再無皈黄泉何旅、去忘旧里悲可悲妄土
人間、厭可厭生色山(理)浮世也、故大覚無類尊月隠
覚林双寸雲断惑証里聖者示無常迂即
粧何況底下薄地凡人於乎、依之妙寿尊霊
去天文十六暦今月今日登(凌カ)朝雲夕烟消　已来
金鳥四州廻り玉菟其波陵無程十三年遠忌
隔、於(カ)誠慈父恩高、雲山尚不及麓、悲母徳
深巨海亦難至　汀千□(顆カ)万□(顆カ)　珠何得報之一入
再入江安足謝之、不如修有善祈其苻
殖妙因
枝一紙預(凌)彼仏果、所説諷文所述勝利也、将亦
為此追薦態陵海路皈洛、供仏施僧懇念抽
互出一分不報恩乎、何無其得益乎、若尓者
忘(亡)魂六根清浄池面　開常住妙法心蓮八相
立化庭前、散平等大会雲風乃至有頂雲
上奈落煙底斉向恵日勃、共□(拝カ)覚月光耳
仍諷誦所修如件
永禄二年夷則中六日　　施主渋谷彦三郎内方敬白

---

⑯永禄六年九月四日　日珖諷誦文土代　（第一五丁裏）

（全文を抹消す）

闘諍　　各

自我偈　此経難百反　題目一万反

敬　請　之　一裹

為慈父妙見

右丹精者迎子息宗祐聖霊、一百ケ日追善為
超出三有頓証仏果所修也　夫以大莞高
台閣未免諸行无常里(理)、北鬱単越人亦悲生
者必滅趣、况下界異生布浮有情、依之秦始
皇求不老神仙、交成驪山雲、漢武帝尋長生
甘呂、又登杜陵烟、漢高三尺剱中不能対治无
常煞鬼、張良一巻書无曲防遮　冥途使庁、
ユキ　然　妙見聖去永禄四
豪族暮去武勇悉逝、然者即宗祐霊○摂州
渡辺河辺　細川両家闘之砌
主君　ウン　諸卒敗軍間　於其砌河辺　没
クメ田口於○一キ　万卒当トツホ、諸軍頭
イヘ共○其運尽其命終間アヤナク■打畢、七十
砕(斫)心打手仰天伏地　日々夜々廻向
余老母妻女子息○无由悲　○、不然来世ヲ妨　■武

夫当年卅三ケ年遠忌、正月忌霜月之間、作随レ分追善
具仏前十ケ置、一帋願文サ、クル者也、冀
供仏施僧懇念事畢、今又　彼岸命日之間
依二此功徳一、修羅闘諍瞋恚当体其倭本有日受
月替願、刀剪兵具詮体返友、金剛仏身
成二三途无一レ之、八難不レ憚速入二四徳寂光宝
刹一還得二子孫繁昌一、乃至法界利益周遍、仍
所修如件

喜多河与三右衛門尉

六　九　初四　　施主　貞継

永禄第六年七月十二日　■母

◎文中「摂州渡辺河ノ辺ニ於テ細川両家闘之砌」は享禄四年（一五三一）の細川晴元・三好元長が細川高国を敗死させた「大物崩れ」と呼ばれる戦いを指すものと思われる。高国は天王寺で敗れると中島周辺の川（「細川両家記」では同じ川を渡辺川や野里川とする）で多数の溺死者を出し尼崎に逃れるが、大物で捕まり切腹させられる。この戦は本文書の年代の永禄六年（一五六三）のおよそ三三年前頃にあり、「当年卅三ケ年ノ遠忌」の記述と合致する。ただ、既出史料においては、本文書の「喜多河」は見られない（天野忠幸氏のご教示による）。

---

⑰年月日未詳　日珖諷誦文土代　（第一六丁裏）

（全文を抹消す）

敬請之

奉看経方便品　欲令衆生　自我偈各一座　首題一千反
此経難持以要言之肝文次之
右丹精者、慈父妙浄禅定門為二嚬出三有同証仏果一、所レ修
妙行也、夫以開レ露、落レ風、花三春之色未レ久、出レ東入レ西
月一夜之光終空、能鳥之教徹レ骨、泡炎之教更レ
眼、悲哉東忙前後烟、頻焦レ胸北堤野草露常
浸レ袂、依之、今所レ訪幽儀、去大永八年卯月廿七日
辞二日域生所一、伴二冥途使一、其二已来　送二卅四年
遠忌一、悲哉、被レ引二生々悪業一、受二何苦一、痛哉、被レ
催二世々妄念一、生二何境一、然則日夜看経悉廻
向シ此亡魂一、朝夕念誦多、奉レ贈二先考一、凡
若田若里金言、鷲峯開顕言、若樹若石仏恩双林
最後間、共是妙法弘通方便衆生成仏道者也、爰以
憑二如来誠諦要旨一、任二正直捨権誓文一、所レ訪聖灵也、諸
経多共、一乗妙典利益殊勝、修行一体亘共、一実法　受
持ニ超無、仏辺樹上安レ羽、嬰武開二生滅四諦里一、得二
出欲受生果報一、野辺池中拚レ鱗魚類聴二十二因縁
法一、得二受生勝妙楽一、小乗二尚如此一、況大乗真実経王諸仏
冀依此ノ功徳

出世本懐依而慈父幽儀、生二十方浄土境一、至二三
身如何(カ)果一、仍所修如件、乃至法界利益周遍、仍
所修如件、

年号月日同前

施主　櫛ヤ町ハクや九郎右衛門尉内

⑱年月日未詳　日珖諷誦文土代　（第一七丁裏）

（全文を抹消す）

敬

十反　二十八品　十反

提婆　自我偈　各百反　此経　十反

千

奉読誦　大乗妙典一部　奉唱満題目一万反

悲母妙祝迎一周忌ノ御忌

右丹精者為悲母妙寿　為証大菩提所修白善也、
其惟恩山峨々、仰弥高徳海渺茫、望倍深
報難レ謝者、父母恩徳勤無レ飽者法花勝用也
就中青陽春朝、折レ花与レ之、白蔵秋夕
求レ草賜レ之、加之、出レ門越日、悲二落水倒石難一
還レ家、寐一夜、共二寒風重衣孚一、時々哀
憐節々顧、尽二恒沙一、難レ及二其数一、計二
海水一、不レ足二其教一、依二此恩一得二生長一、受二此

去歳極月廿日

養持二命根一、惟恨永禄第三

スルヿヲ

五陰早迷惑、四大速衰滅、於戯多生恩愛
悲母捨我子何去数年撫育恩者、従二誰輩一
遠行閉眼不知其生所一、愚意難レ計二其来報一
不如奉訪後世　所修有知(カ)善利(カ)
依之来報■■■喜レ当二其正月忌日一所捧之、

三界

若尓者尊霊諷誦輔揚音風払二五障蒙霧一
涅槃大度法水泛二三智覚月一、乃至法界抜斉
周遍耳(カ)、仍所修如件

沙弥善赦(カ)内方

年月日同前　施主孝子善恵敬

白

木木御料人

革や道受内方

⑲年月日未詳　某書状　（第一八・一九丁裏）

尚ここのほとは不申承候
いつも〳〵御ゆかしくこそ候へ、

さらに心中之非疎意候、
かた〳〵見さんにて
申まいらせ候へく候
近日者久不申承候　何事
とも候やらん、御ゆかしく存(カ)候
扨〻一札にて成共可申入処
ここもととりみたし候ま〻
心はかりにて罷過候　かならす〳〵
歳暮にハ参候へく候、くハしく
申度候へと、くら彦
あひいそかれ候ま〻、と〻め
まいらせ候、かしく
（墨引）
●――
岸与兵衛様　まいる　自是
申給へ　窪(カ)内

⑳年月日未詳　書状案　（第二〇丁裏）

田舎へ御くたりについてくるま小路
の大かミの、我等に物かたりもなり申候ハ、
申候て給候へのよしうけ候ハヽ、何とおほしめし
候ハんも存知申候ハねとも申入候、昨日
御近まて参候へとも

㉑年未詳九月七日　篠原伊賀守家政(カ)書状　（第二一丁裏）

（前　欠）
□□□□(御懇之儀カ)
敷候、旁令帰
陣、致祗候可申
述候、尚御使僧へ
申候、恐惶謹言、
九月七日
篠原伊賀守
家政(カ)（花押）
龍雲院
尊報

◎本文書は、書状の裏を用いて記録をつけるのではなく、折紙書状の下の部分に記録をつけている。
『堺市博物館報』二六号で写真と釈文を掲載した際に、東京大学史料編纂所准教授末柄豊氏から興味深い料紙の使い方であるとの貴重な意

見を頂戴した。なお、そのさいに解読についてもご教示をえた。末柄氏のご教示により、解読を訂正して掲載する。氏のご教示に感謝したい。

◎本文書の篠原伊賀守は、軍記物「昔阿波物語」に見える。しかしながら、一次史料で確認できるものは「己行記」永禄四年一二月二六日条のみである。いずれも実名については記載がない。天野忠幸氏は、篠原伊賀守の子息の名前などから、「家政」の可能性を示唆している。

㉒永禄九年二月一五日　日珖諷誦文土代　（第一二二丁裏）

（全文を抹消す）

敬　情　三（之）

読　提婆品三反　　各一座

奉誦方便品　欲令衆生　自我偈　　首題三千反

此経難持　以要言之次之

当一周忌

右ノ志者、為二日心女妙（院）祝（□□）幽儀抜苦与楽到於彼岸一

院

所レ修勝利所レ述嗟嚫也、倩案二世間不定姿一

嵐早身難レ催（徐）、草露命易レ消、昨日見人今日

昇二野辺烟一、今朝聞輩、夕伴二芒庭苔一、哭二市

隣、泣二北里一、泪未レ尽捨山下一、埋路辺一土無レ乾寒

冷夜月、独留二景於荒原骸一連峯暁嵐、

只向二哀於塚測（側）松一、人間有情一而無可示、有期法身揚而、無レ有レ常、于爰妙祝忍女子去永禄

二年中久煩レ気医療　炙秘術悲門煩■■■」

■■難レ免歟、彼年号第三ノ暦（十二月廿日）■年（今月九日）莫廿余■■

依之妙院老尼

有漏法身、散二色山嵐一、無常色炎隠二転変雲一

則消二野草露一登二澗木烟一□、於戯

先立老、尚悲深、何況若年身弥春花

未レ開姿秋月不レ出虧愛子、　然則九夏日長

歎息重レ数ヲ玄冬夜寒悲涙洗レ面悲不レ知二

凡宿一樹ノ影扱一河流尚〻多生勝縁地也、況生類族乎

何不訪之乎、依之所修善利所持一□之

前後一歎不弁二是非一、向二御牌一再無レ見レ皃

彳二塚墓重無聞レ声不レ知抜二妄想一偏

［正月香　［　］　］

訪二後世一喜二法談解説折一　改二経王頓写会砌一

一成念ノトキハ

性二一遍一顕二丹精一者也、□若我一着聖霊依二此修善一往詣

八相

十方浄土一同二聖像陀三具雲、二来仏道砌■■

［　千万■■　］成仏乃至法界利益無窮、仍所修如件

施主沙弥常祐敬白

「永禄第五年仲春十五日」

㉓永禄九年八月二十九日　日珖諷誦文土代　（第二三丁裏）

（全文を抹消す）

敬白　請之

［方便　抹　消　］

奉誦　自我偈　各十反　此経難持　廿反

五十反　五十反

毎日題■■　廿八品題号　廿反

五

奉唱首題　三万反

常言日意当一周忌

右意趣者、為慈父宗道聖霊、出離三有頓証仏果

所令修也、竊(カ)以世有四恩、所謂天地・国王・

父母衆生恩也、中重父母恩也、凡行車無

両

主輪以何有運載徳、飛鳥無双翼、以何

得翔大空、仁倫無双親、誰得成人身

殊兼尊親父独縁、若於存命

覆円蓋拝顔色、尽方裁行孝

養者歟、誠珍花求国土甘草尋峯谷

以由他経備朝勤夕猶心不得足　然処

初冬初ノ

去歳天文九年三月一日、無甲斐早逝赴黄泉

相

中有境星霜者積、送四季寒暑

故雖隔居住悲猶如昨夢不如備　未来得

新令勤修也

兌(脱)資糧去比引穿廿五年遠忌奉遂、

又殊□(信)力□□□留縁廻向此亡魂今又法

談解説砌彼岸斎会刻、更後名月相

当□□所修存分善根所持一通誦文也

冀依(依カ)此功徳早離廿五有苦域速入王四

徳寂光宝刹　乃至法界如件

宗岡内方

九

沙弥常佐

永禄第六暦季秋一九日　施主草津や某(葉カ)　敬白

㉔永禄一〇年七月一七日　日珖諷誦文土代　（第二四丁裏）

（全文を抹消す）

此経難持　今此三界　毎自作是念　各十反

敬　題目　五百反

第三ケ廻

右意趣者息女妙了幽儀為越二意趣大菩提一也
倩案二世間不定姿一春風頻吹散二紅白梢一免レ之
無常心先催　暁露数落結二泡沫皃一思レ之
有為涙(誠カ)自遮東岸不レ向(同カ)皆是朽二無常露一
南(カ)雖レ異終不レ免二有為之相一非情決如レ此有情
亦以然也、依之有二須八万猶有二退没期一、出定三
千互無二迹化之終一了、况下界寿量薄福処

永禄第八暦

况南浮老少不定境、寔以妙了幽儀去歳
七月十七日行年七歳而、辞炎浮郷(カ)一、赴無明

ミトセ

他界二了、夫不レ覚隔二五年一、雖注送歳月悲猶昨夢
思之歎息塞レ、心案之悲涙洗レ面逐二其形一向二
位牌一再無レ見二顔皃一悲二其跡一、イ二　廟堂一重

致供仏施僧之懇志

不レ聞二音声一愁歎無レ由、不レ如訪二　後世一真■■
斎会　折一指一通期二□ノ資糧一、成聞法随喜丹精

催二涌出法ヶ粧一

若尓者妙了滅二無始罪障一顕本有境智
研二日比信解一遊二四徳寂要一乃至六親眷属
三界万霊同証仏果耳、仍如件

拾二

第九　仲
永禄十五年暦季春初十日　施主
孟秋中七日　三好帯刀左衛門尉内方
林滴

◎三好帯刀左衛門尉については、「永禄四年三好亭御成記」に見え、三好義長邸に御成した足利義輝に太刀を献上している。また『蜷川家文書』三巻七四七の永禄四年（一五六一）三月三〇日付「三好義興等進献物注文」に見える（天野忠幸氏のご教示による）。

㉕永禄四年二月二〇日　日珖諷誦文土代　（第二五丁裏）

（全文を抹消す）

敬　請　三(之カ)

十巻

十如是　自我偈　此経難持　若(カ)有聞法者要文　百反
奉読誦　提婆品一反　奉唱満塔中付属ノ玄旨十万反
六万九千三百八十余■

右意趣者旧婦妙祝幽儀為離苦得楽証大菩提一所
修一善利也、厥以花下半日客月前一夜友
皆已ニ多生値遇、悉是広劫結縁也、况恩愛
宿縁多年芳契乎、就中天者高晴、顕二陽
徳一地者厚敷表陰形一、陰陽和合生二

万物、夫妻相応成世務、雖然会者定離
人間掟老少不定南浮習也、無常不択時生死
不任心依之妙祝幽儀去永禄元年極月廿日
行年五十才
前後不定嵐忽落五陰佳和合花遅
遠迂滅水早流四大離散雲、夫已来
六ケ年寒暑隔凡真如高山峨々
非妙法○提者、誰得登、此法巨海渺々
非一乗船筏者、争得渡乎、爰以雖非
正月忌□二正日当
彼岸齋会
正月正日便盂蘭盆斎会砌所修、存知
善根所持一昚誦文也、観夫得法即相春花
施十界皆成句、如実知見秋月、和三身無
登
作光、若尓者妙祝聖霊、早入本覚真
如宮、究四徳常住楽、速下下化衆生谷
全六親養利耳　仍所修如件
二　卅日　常祐
永禄四年八月十五日　施主沙弥宗仙　敬白
一

㉖年月日未詳　日珖諷誦文土代　（第二六丁裏）

（全文を抹消す）

今日
十八巻
文
自我　各廿反　各十反
方便　提婆品　寿量品　此経難持　神力品　千反
奉看経　十如是　自我偈　廿八品題号　■■卅反
千反　□□□□　為証大菩提
奉唱満首題　三千反　右意趣者為妙■　幽儀抜苦与楽所修也
悲母妙祝
伏惟所馴耳古口初驚、生者必滅里思心
触目更憂、愛別離苦悲也、然則沙林間
童子示無常力強、跋提河辺老尊、顕摩滅
［　　尊］儀　戊十月今日
難去、爰以妙高聖霊　去永正［西四月
悲母聖霊　永禄三年季冬
四大所成姿空、交野辺土五陰和合身徒消
七周忌送
草上露、夫以来四有寒暑隔、凡
其子孫［　　］

一樹陰一河流、皆是多生値遇、况九族到、誠
殊亡魂者出レ自
抑恩徳尤深養育殊重更不レ報二其恩一、〈、依之
在レ生尽二孝悌一、在レ死励追善一、今又伺二法談解脱
砌一、係二聞法随喜時一、綴二野毫誦文一、弥祈二一
実中道証果一凡此経平等大会妙典也、何隔二
六道衆生
如（カ）■闡提一、何又大覚果満金容也、寧渡レ九界
迷類一乎、仰願者忘（亡）魂早出火宅有患所入
顕外清浄世一、速尽二及易無明品一、遊二寂光無
碍境一乃至救六趣顕生一周利益法界玉へ一、仍所修
如件

施主孝子御宮御料人
施主有本助九郎■■（敬白カ）
年号月日　〔　半助　〕内方
施主信女妙言

㉗**永禄七年七月七日　日珖諷誦文土代**　（第二七丁裏）
（全文を抹消す）
敬請　之　一部
卅反

奉看経十如是　自我偈　百巻　普賢呪　千〔　各□□反　〕
下総国北坊前浄妙寺尊信律師日舜
奉唱満　首題　一千反　右ノ志者為二慈父妙心
師匠日怡尊霊
幽（カ）儀出離生死（増円妙道）、到於彼岸一所修白善也
夫以、千秋亭月朗、隠二有明雲一、万年
樹花鮮共、随二無常風一有為色質何物常
住、転反生界誰輩不滅乎、爰以
日怡□　天文廿二今歳五月今日　卅八而
何以覚霊去弘治三年六月廿四日行年七十四而
炎浮日域生去黄（別カ）外（存細）泉涅槃境招遊也、
忽顕二生者必滅皃（貌）一、示二会者定離悲一、於戯（カ）
再会長無レ期、法眷兄弟同思二等恩■至一、徳巻
重不レ聞孝子独（門弟志）、歎二謝徳不レ足一、不如抛二
万法一救二千劫迷妄一、送二菩提資糧一
十二
入寂已来九ケ年間、夜〻念誦無忘　雖悲正月
■（幽カ）儀一日々看経奉レ訪師恩今又孟蘭
正日当本年十三回　其時節○○○難斗
盆斎会砌一夏成満ノ刻、幸彼命日

時正ノ斎財
相当喜、法談解脱砌○諸人随喜
折役撰誦文一紙弥琢当来成果
行功
僧願■云累年信心、云今此廻向、感応
斯成仏、早転白牛大車、遂実報寂
光法○棹一乗船筏到究竟清浄彼
岸○乃至法界利益無窮、仍所修如件
重乞、門弟繁昌仏閣並甍、真俗周備、法灯弥盛
宗秀
永禄第七年盆斎会日　弟子教光坊■真
［　　］

㉘**永禄三年一一月一七日　日珖諷誦文土代**（第二八丁裏）
（全文を抹消す）
奉令勤修両□初□　敬請之
勧持
提婆　寿量　五十巻　一座
奉読誦　十如是　自我偈　此経難持　各十反
智
奉唱題目一万反　右意趣者悲母妙祝幽儀

迎七周忌
為増出三是界離苦得楽、所修白善也　夫以
交紫蘭黄菊資、人悉随冥途旅
誇七宝千手楽輩、独伴炎魔
使、拱木埋膚却原塵空積九火砕
骨新塚草徒繁也、有待泡沫不堅無常
霜露易消依之美姫、自三子第一名
徒登野辺煙貴妃独后宮寂頂良
空交馬外土、無頼此世無□人身也
爰以悲母幽霊去永禄第三四ノ天拾月廿日今月今日
行年卅六無常狂風免陰□色忽
替尊体速反出息再不得入閇眼重
後七ケ年送
不能開□傷哉春日思求歎息塞胸
秋夜眠覚悲涙灑面□拾三年摩頂恩
徳重千金價、一世親子契約芳
百香薫仮難雖送恒沙劫争歟有
一塵報謝父母恩重経云荷負両肩荷負
父母廻深キ山トモ迎、寧報、其恩文
於彼岸斎会　奉請学侶■■■
誠言何乎、依之顕上善誠■■善利
ヒ、ニ　顕夫奥義

日逐廻向今又捧二一紙誦文一驚二那山高聞一
者也、仍拂二五障雲一全救二三界衆一而已仍如件
永禄第三稔仲冬中七日　[ ]　沙弥内方
貞久
年号月日　施主岸本助九郎　貞継

㉙永禄九年一〇月四日　日珖諷誦文土代　（第二九丁裏）
（全文を抹消す・右下部分破損す）

敬
卅反　卅反　各[ ]
奉説誦　方便品　自我偈　此経難持
奉唱満　上行付属玄旨　三千反
悲母妙永幽儀　祖父日意　尊儀
右意趣者順道禅門為離苦得楽証大菩提一也
夫以、交二紫蘭黄菊資一、人悉随二冥途旅一
誇二七宝千妙楽一輩、孤二伴炎魔使一

不レ堅有得泡沫佑身、易レ消無常霜露色質也
日意尊儀　月十月一日
爰以順道幽儀、去歳七月廿七日　行年七十四才而
無常狂風急信冥途使庁頓馳、顔色忽
替芳体速反、出息再不得入一閇眼重不能
夫以一■送、依之所修　然則春日思閑二
周
開ヿ
不知善利所述二一昏諷文也　抑顕御事
歎息塞レ胸、秋夜眠覚悲涙灑レ面、定二覧
其恩一言不レ足、思二惟　其徳一心不レ及不レ如助二後世一
顕二上善誠一、祈レ菩提逐二　孝養ノ志一、彼時正中日
嘉上夏法談一捧二一紙誦文一驚二謝山高聞一者也
若尓者尊儀　聞法都卒朝拝二慈氏尊
顔一皈入寂光夕、関（釈）尺尊同床一乃至法界
如即〇量指弁周遍耳、仍所修如件
初冬初四日
永禄第九年閏十月　施主岸本帯刀入道
常悦
内方

注

（1）『堺市史　第七巻』八六〜九〇頁。
（2）立正大学日蓮教学研究所編『日蓮宗宗学全書　第一九巻　史伝旧記部二』（山喜房仏書林、一九六〇年）
（3）『勝瑞時代　三好長慶天下を制す』（徳島市立徳島城博物館、二〇〇一年）七〇頁。
（4）㉒天正一六年南呂下六日「日珖諷誦文」（頂妙寺文書編纂会『頂妙寺文書・京都十六本山会合用書類一』頂妙寺、一九八六年）九一頁。
（5）仏教僧は談義や法談などにおいて、聴衆へ儒教的忠孝を説くことがある（松本公一氏のご教示による）。諷誦文の事例も同じく教化の延長線上でとらえるべきかもしれない。
（6）戦国大名三好氏については天野忠幸氏の近年の労作により、画期的に進展した。詳しくは天野忠幸『戦国期三好政権の研究』（清文堂出版、二〇一〇年）を参照されたい。

〔付記〕　本章の釈文の作成にあたり全面的な協力を馬田綾子・田中倫子・中尾堯・寺尾英智・川上大隆の諸氏から得た。とくに、田中倫子氏からもっとも難解な日珖諷誦文土代の解読についての多大なご協力を得た。古文書の読みと翻刻については末柄豊氏から、三好実休関係の事項については天野忠幸氏からご教示を得た。

なお、「己行記」は堺市有形文化財に指定されているため堺市の補助金も得て、妙國寺によって平成二四年（二〇一二）六月から同二五年三月まで文化財修理がなされた。修理にあたっては、宇佐美松鶴堂が担当した。その際に、本体の修理だけではなく、所蔵者の妙國寺の意向によって紙背文書については精巧な複製が製作され、料紙を冊子状に綴じた後も紙背文書の内容を容易に調査できるようになった。

第四章　堺妙國寺蔵「行功部分記」について

本章では、第二・三章の「己行記」に続いて同じく妙國寺開山日珖の自筆行状記録である「行功部分記」を取り上げる。「行功部分記」は『堺市史　第四巻』の二六二～二六六頁に掲載されているが、記載が少なく抄録的な要素が強いためか、「己行記」に比べると引用される機会は少なかった。しかし、「行功部分記」は、日珖の行状のなかでも「行功（普請作事の意で使われている）」の業績に特化した記録であり、「己行記」にない記載もある。また記録の期間は「己行記」に比べると長い。また、『堺市史』の解読にはまま誤読も見受けられるため、全文の翻刻は必要であろう。

妙國寺蔵「行功部分記」は紙本墨書、料紙は楮紙。縦二四・五cm、横一六・五cmの冊子装で全一二丁、第一丁オから第二丁オまでは行功部分草案として、日珖二〇歳から三二歳までの頂妙寺等の普請を中心にした業績を記す。第二丁ウから第一一丁オまでは永禄五年（一五六二）三四歳から天正一九年（一五九一）六〇歳までの行状を年次に記載する。日々リアルタイムで書いたものではなく、「己行記」と同様に後に下書きをもとに固めて書いたものかと思われる。

第一一丁ウと第一二丁オは、僧名や弟子衆の名が書かれているが、これが本文とどのような関係があるかは判明しない。今後の検討が必要である。

翻刻

（外表表紙題簽）
「珖師御直筆行功部分記」
（外表表紙見返）
「妙国寺宝蔵常住」
（表表紙）
「行功部分記」

（第一丁オ）
行功部分　　草案
　造営分
　　出南禅、濃州へ下サマ也
一頂妙寺門ノ石蔵申付事　　廿歳時也
一自三聖寺（東福寺之内）御影堂引ㇰ　　廿二才
一頂妙寺之居間造作之事　　同年
一頂妙寺御影堂造営（立）事　　廿四
一同寺客殿内造作之事　　同年（此年入院）
（第一丁ウ）
一頂妙寺学問所造作事　　廿五
　十地坊並式部卿玄明（ナト）新発意時（ノ）部ヤ也

一陽林院建立之事　　廿七（春夏）
一頂源寺再興之事　　同年（夏秋）
　本堂　刹堂　番神堂致瓦葺也
一頂妙寺十羅刹堂内陣立事　　廿八才
　　施主渋谷省安其外一門衆
（第二丁オ）
一頂妙寺番神建立事（施主斎藤越前守）　　廿九才秋冬
一同拝殿造立之事（施主同人）　　卅才（春）
一高■（ヤ）寺内造作事（畠山殿屋形）也　　同年（夏）
頂妙寺
一十羅刹堂外陣廊仕足事　　卅二才
（第二丁ウ）
　永禄五（八）年　丑年　　卅四才
一妙国寺屋敷請取事
　同六（九）年　刁　　卅五才
一普請土囲崩堀埋事　春
一常縁坊被立事　夏
一十地坊被立事　夏

（第三丁オ）
一大坊立事　秋
一常佐坊被立事　冬
　同　十年　卯　卅六
一祐乗坊被立事　春夏
一本堂作事始事　冬
一大坊内造作事
（第三丁ウ）
　同　八年（十一年）辰　卅七
一本堂柱立棟上事　信長入洛
　同　九年（十二年）巳　卅八
一本堂軒張事
　同（元亀元）　十年　午　卅九
（第四丁オ）
　同（元亀二年）　十一年■　未　四十才
一（妙国寺）本堂御遷座之事
　同十二（三）申年　四十一
　天正元年
　閏十二酉年　四十二
一常柔坊立事
（第四丁ウ）

天正二年戌　四十三
一頂妙寺再興之事　カリ堂　居間
　小座敷二階也
天正三年亥　四十四
一坂本興隆之事
一頂妙寺坊之興隆之事
一大坊築地并学問所作事
一妙国寺南へ広事
（第五丁オ）　五
天正四子　四十四
一常徳坊立事　一宗宅坊立事
一番神社立事　六
天正五年丑　四十五
一妙国寺番神拝殿事春
一番神内造作之事
（第五丁ウ）
天正六年　刁　四十七才
一頂妙寺本堂従丹波引事
一同番神引之事
一（妙国寺）即徳坊蔵分被立事
一常祐坊立申事
（第六丁オ）

天正七年卯　日珖　四十八才
一妙国寺鐘楼堂　施主常祐内儀
一同寺妙主坊　一等悦坊立事
一頂妙寺本堂柱立事夏初
五月法難起テ進棟上也
（第六丁ウ）
天正■（八）辰　四十九
「一即徳坊座敷立事」
一頂妙寺本堂棟上之事　秋
（第七丁オ）
天正九巳年　五十
一頂妙寺本堂内造作事
高祖御三百年忌也
一即徳坊座敷被立事
（第七丁ウ）
天正十午年　五十一
一頂妙寺本堂仏檀仕立事
祖師七十年忌
（第八丁オ）
天正十一未年
五十二才
一妙国寺御影堂造立事

一（同寺）廻廊造立之事
一四足之門造立之事
一楼門鐘楼自高蔵引事（雖被引未立候也）
門ハ頂妙寺へ寄進鐘楼ノ其任有之
（第八丁ウ）
天正十一年未
一南学問所造立之事　五十二
一宗恵坊造立之事
一常徳隠居所立事
一常刎坊立事
一妙心位牌所立事
（第九丁オ）
一北学問所内造作之事
一常悦坊庫裏被広事
一頂妙寺本堂軒張事
（第九丁ウ）
天正十二申年
同酉
一頂妙寺大坊作事
同戌
一常味坊被立事

（第一〇丁オ）

一頂妙寺被引事天正十五ノ冬　五十六才

亥ノ年

一頂妙寺本堂被引立事天正十六ノ春五十七

子

一同庫裏　日暁居間　同年ノ夏秋　五十七

造立事

一頂妙寺居間造作事　天正十七春　五十八才

一実敬青龍立事　丑年　千部経之年也

寅年

天正十八春

施主玄也内方

一頂妙寺鐘楼堂再興事　五十九才

奉行日暁

（第一〇丁ウ）

一正覚坊事

本願日暁

一頂妙寺客殿建立事　天正十八夏

日珖寄進アリ　五十九才

施主虎ヤ玄也

一頂妙寺拝殿造立事　天正十八夏

本願日暁　五十九才

一宗頓ノ坊事

施主虎ヤ良真　天正十八秋

一頂妙寺御影堂造立事　奉行瑞雲院　五十九才

一妙国寺東新地堀等之普請事　天正十八ノ冬

五十九才

（第一一丁オ）

天正十九ノ春

一妙国寺東新地堀等之普請事

六十歳

（第一一丁ウ）

大雲坊

一日暁　日通　妙雲　蓮成　珵円　宮市

市松

一日統　日龍　日正　日瑞　三恵

行余

一日詮　日誕　光周　実相　青龍

淳厚

一行光坊　正仁坊　玉折坊　敬誉　□（泰）順

一即徳　玉林　玉弁　円実　周伝　吏正

福恵

一喜見　因然（カ）　了琢　首信　善応　玄要

（第一二丁オ）

智閔　松菊

弟子衆　惟春　恵堅　了達

得松

還俗死

同

式部卿　学悦　正円　妙淳　永運　善利

刑部卿　教円　学習　直云　台円

養泉坊死　良泉坊死　正実坊死　賢和

継周

菊仙坊死　民部卿　仁寿　如云　日隋

諦審　恵俊　以忠　学俊　得進

慶学還俗　寿全　康曽　省伝　受潤

良温　忠敬　善忺

（第一二丁ウ）「墨付ナシ」

（異筆書き込み有）

「墨付十三紙

日珖僧正筆也」

◎この書き込みは、妙國寺に伝来する日珖二二歳時の書写の「宝物集」の書き込みと同筆、同内容である。

（外裏表紙）

天明七年七月表紙

補之

日虔（花押）

第五章　禅宗寺院の法会と普請
――堺大安寺を中心に――

はじめに

堺大安寺の史料をもとに江戸時代の禅宗寺院における法会と普請をめぐる僧侶と在俗信仰者の結衆の実態を考えたい。

筆者は、さきに大徳寺の一休宗純派下の寺院で執行された祖師忌法会を題材に、僧衆と在俗信仰者たちの結衆の状況について論じた(1)。また、文明一一年（一四七九）の大徳寺再建に伴う堺町衆の奉加活動についても新たな史料を紹介した(2)。祖師忌大法会や大規模な普請は、寺院にとって記念となるような特別な出来事であるということ、またそれらを取り上げることで、日常の寺院運営の研究ではみられないような僧侶集団や在俗信仰者の動向が明確に浮かび上がってくることを指摘した。

本章では、南宗寺や海会寺とともに、近世都市堺の寺町の最南端の禅宗寺院街に位置する大安寺の史料をもとに寺院をめぐる広範な地域の僧侶、堺町衆との関係を紹介する。中世の堺については、豊田武の中世都市研究をはじめ多くの研究が知られるが、近世都市堺については研究蓄積に乏しい。とくに、寺院と堺町衆をめぐる問題については、昭和六年の『堺市史』以降ほとんど深められていないのが現状である。

大安寺の歴史については、『東福寺誌』(3)五〇四頁の「布金山大安寺由緒」「東福末志」「大安寺之記」や『堺鑑』(4)などに記載されている。簡単に紹介しておく。

布金山大安寺は、堺市堺区南旅篭町東四丁に所在する臨済宗東福寺派の禅宗寺院で、応永元年（一三九四）に徳秀士蔭（応永三二年六月九日没）が開創し応永年間に足利義満が崇敬し、寺領を寄進したとされる。当初の境内地は現在地と異なった。室町時代の寺町が、江戸時代以降よりも海に近い地域に立地していたと考える『堺市史続編』付図Ⅲの「元和改造以前の寺院の旧地」図は、かつての大安寺の寺地を開口神社の南西の海に面した場所に比定している。

大安寺の開山徳秀士蔭は、東福寺の円爾―南山士雲―乾峯士曇―簑中長齢―徳秀と続く法系に連なる人物である。前述の海会寺は、乾峯士曇が観応二年（一三五一）に堺に開いた東福寺派の寺院で、応永一〇年（一四〇三）八月以前に諸山に、応永三三年（一四二六）三月には十刹に列せられている。

海会寺の季弘大叔の日記『蔗軒日録』は、一五世紀の両寺の僧が法会仏事にさいして密接な交流を持ったことを詳細に記録している。(5)

慶長二〇年（一六一五）四月二八日、大坂夏の陣の前哨戦で、大坂方の武将大野治胤が放った火で堺は灰燼に帰す。大安寺も海会寺も例外ではなく、建物を焼失した。しかし徳川幕府が堺を復興する過程で整備した寺町の一角に大安寺は、新たな伽藍を構える。室町時代の都市堺の興隆時代に創建された大安寺は、戦火により焼失の憂き目に遭い、旧地は失ったものの、天和三年（一六八三）に寺地を替えて復興したのである。(6)

重要文化財に指定されている現在の伽藍のうち本堂（方丈）は、呂宋との貿易をおこなった堺の豪商納屋（呂宋）助左衛門の別邸を寄進したものであるとの伝承をもつ。同じく重要文化財に指定されている障壁画は、寺伝では狩野永徳が描いたと伝えられている。

平成八年から一三年に実施された本堂（方丈）の解体修理では、以下のようなことが判明している。天和三年（一六八三）以前に建てられた建物の古材を大量に再利用しながら、一部を改造してこの地に移築したこと、移築前の建物は、豪商の住宅（書院造）であったこと、移築に際しては障壁画も位置を変えたり、継ぎ接ぎを施して再利用したことなどである。豪商の別邸が寄進されて大安寺となったという伝承は、根拠のないものではなかったといえよう。ただ、移築前の建物の建築年代については、大床に畳寄せの痕跡があることなどから、一七世紀前半と推定されるものの正確な建築年、建築場所や施主については判明していない。

大安寺文書は、その一部が『堺市史』などで断片的に取り上げられているが、多くは紹介されていない。本稿では、近世堺に関する新出史料の史料紹介の見地から、これまで紹介されていない大安寺文書の三編の史料をもとにして論述する。

一では、明和二年（一七六五）「碧嵓旁挂籍名刺」（以下「碧巌会挂籍名刺」）を取り上げる。明和二年に大安寺で営まれた碧巌会に参集し、講筵につらなるために、堺に滞在した五七三人の僧衆の名前、出身地・寺院、師僧名を記録する。大規模な法会であり、今後の研究が期待される史料である。

二では、寛政三年（一七九一）「大慧書会賀儀並還礼控」を取り上げる。この史料は大安寺蔵である。史料には、寛政三年の大慧書会において檀越として大安寺を支えた堺の町衆たちの名前が見られる。彼らの具体的な動きがわかることから、近世堺における寺院と堺町衆の関係を考えるために全容を紹介しておきたい。

三では、天保一三年（一八四二）「布金山惣脩覆録　幷弘化四年霜月後脩覆之扣」を取り上げる。大安寺蔵で、堺市博物館に寄託されている。現在の大安寺の伽藍は天和三年の建設以来、何度かの修理を加えられているが、天保一三年の修理については、修理を支えた大安寺の檀越である多くの堺町衆の名前が記録されている。また、天保一三年以降の複数の修理普請についても記録されている。この史料は、建築史的な普請文書としての価値があるだけではなく、近世堺における寺院と堺町衆の関係を考えるうえで、その全容を紹介する意義があると考える。

さらに、四として、天和三年（一六八三）の「大安寺再興諸檀越名簿」を掲載する。この史料はすでに、泉澄一氏の論攷や『重要文化財　大安寺本堂修理工事報告書』で紹介をされており、新発見史料とはいえない。(7)しかし、大安寺創建に関わる根本史料であるにもかかわらず、完全な翻刻がされているとは言い難い。そこで新出の大安寺文書二点を紹介するこの機会に、全容を紹介しておきたい。

一　「碧巌会挂籍名刺」について

『碧巌録』は、宋代の禅僧雪竇重顕の頌古に圜悟克勤が評唱を加えたもので、禅の世界で盛んに提唱された書物である。

大安寺でも明和二年に『碧巌録』を講ずる碧巌会が開かれた。講師には、白隠慧鶴の高弟といわれた備中国井山宝福寺の大休恵昉が招かれている。(8)これについて『堺市史』は第七巻の大休恵昉の項目で「明和元年の冬、東福寺を結制して、仏鑑録を提唱し、大衆八百六十余人に達した。翌二年の春堺大安寺の請けに応じて大衆六百五十人を領し」と記している。(9)明和元年の東福寺での『仏鑑録』提唱の結制については他にも史料があり、状況を把握することができる。(10)

ところが「翌二年の春堺大安寺の請けに応じ」た法会については、提唱された禅籍が何かなど重要な点が不明である。東福寺に関する他の史料でも触れられていない。村方史料に目を転ずると大安寺の檀越のひとりである中筋村庄屋南孫太夫の日記「老圃歴史」の明和二年の記録に、「京比丘尼御所総持院花山右大臣常雅公姫御隠居正眼院様大安寺大会講師大休和尚碧巌会中滞留、正月廿八日御成、四月廿四日還御、随身尼璃首座聞首座忻首座俊蔵主」とある。(11)

平成四年大安寺庫裏の建替えのさいに、「碧巌会挂籍名刺」をはじめ、数点の文書が発見され、(12)のち堺市博物館に寄託された。「碧巌会挂籍名刺」（縦二七・七㎝、横二一・七㎝）は、明和二年の法会が『碧巌録』を講ずる碧巌会であったこと、参集者が五七三人であったことを記している。さらに、参集者の具体的な名前等についても詳しく書いている。この文書の発見によって、従来の記録が断片的に伝えていた明和二年の法会は、より具体的な状況を知ることができるようになった。

「碧巌会挂籍名刺」は寺の賓客を接待する大安寺の知客寮がまとめた記録であり、碧巌会に参集した僧衆五七三人の名前、国名、所属寺院、師僧の名前を記し、講師、影響尊宿[13]、随喜尊宿[14]の別を明確にしている。五七三人の出身国は、〔畿内〕京二一人、山城一五人、大和一人、河内三人、浪華一人、摂津一七人、和泉六人、当寺（和泉）三人、当所（和泉）五人、〔東海道〕伊賀二人、伊勢二〇人、志摩一人、尾張一四人、三河八人、遠江二一人、駿河一四人、伊豆六人、甲斐一六人、相模一三人、江戸七人、武蔵一五人、上総三人、常陸二人、〔東山道〕近江一六人、美濃二九人、信濃一一人、上野五人、下野五人、出羽二人、奥羽四人、東奥三人、〔北陸道〕若狭三人、越前二人、加賀三人、越中二人、越後五人、〔山陰道〕丹波二一人、丹後一三人、但馬一七人、因幡三人、伯耆二人、出雲七人、〔山陽道〕播磨一八人、備前六人、備中一八人、備後三人、周防八人、長門二〇人、〔南海道〕紀伊一六人、阿波三人、讃岐六人、伊予一八人、土佐一人、〔西海道〕筑前二人、筑後一人、豊前一人、豊後三八人、肥前三一人、肥後四人、日向一人、薩摩六人である。そのほか、出身国不詳の居士五人がみられる。参集者の地域的分布は非常に広範囲であり、全国的な規模の法会であったことがうかがえる。

宝暦一三年（一七六三）三月に遠州富塚法林寺で白隠慧鶴が禅林宝訓を開講、参会の僧衆が開巻の偈に唱和、広巌寺悟庵和尚がそれらを編集して、「崑崙集」と名付けた[15]。「碧巌会挂籍名刺」に名が挙がる「遠刕平川、好運寺石梯徒、全瑞（70）」と「遠州白洲、太湖菴龍門徒、祖隆（193）」の漢詩が、「崑崙集」に記されている[16]。

なお「碧巌会挂籍名刺」は、五〇丁と記載が多いため紙幅の関係上、他の史料のような文書の体裁を活かした紹介を行わず、一覧表の形で紹介した。この点、ご了解をいただきたい。

「碧巌会挂籍名刺」参集者一覧表

番号	記載地名	記載された寺院・師僧名	記載された僧名	備　考
1	備中井山	宝福寺	大林和尚	講師(第1丁表)
2	摂州浪華	龍徳寺閑居	杏溟和尚	影響尊宿
3	遠州山崎	安寧寺閑居	舜道和尚	影響尊宿
4	武州今井	長興寺閑居	乾洲和尚	影響尊宿
5	江州黒津	大日寺	曹溪和尚	影響尊宿(第1丁裏)
6	京師華園	衡梅院	蘭江和尚	影響尊宿
7	摂州浪華	見友寺	別峯和尚	影響尊宿
8	摂州浪華	龍徳寺	南龍和尚	影響尊宿
9	当国岸和田	十輪寺	真嶺和尚	影響尊宿
10	京	東福寺天得庵	雄峯和尚	影響尊宿
11	摂州浪華	久松寺	鳳山和尚	影響尊宿(第2丁表)
12	備中長良	神護寺	雪巌和尚	影響尊宿
13	備中長良	禅休庵	盤山和尚	影響尊宿
14	当所	海会寺	董天和尚	影響尊宿
15	京師	東福寺中	荘厳主宰	影響尊宿
16	丹波千ヶ畑	法常寺	高峰大和尚	随喜尊宿(第2丁裏)
17	京嵯峨	延慶菴	桂洲西堂	随喜尊宿
18	同東福寺	松月菴	太雅西堂	随喜尊宿
19	同	芬陀院	瑞嵓西堂	随喜尊宿
20	丹波	瑞嵓寺	柏巌西堂	随喜尊宿
21	京師	養源院	燈外和尚	随喜尊宿
22	濃州揖斐	大興寺	恭嵓和尚	随喜尊宿(第3丁表)
23	京	大応寺	栄叟和尚	随喜尊宿
24	河内三ヶ市	南光寺	龍潭和尚	随喜尊宿
25	京師恵山	龍眠菴	独秀和尚	随喜尊宿
26	丹后峰山	全性寺	霊源和尚	随喜尊宿
27	薩州志布施	大慈寺薬山徒	玄恵	(第4丁表)
28	豊後高松	福寿寺古陵徒	霊真	
29	相州津久井	雲居寺大雲徒	玄顒	
30	相州津久井	雲居寺大雲徒	子崙	
31	信州諏方	温泉寺舜嶽徒	智弁	
32	信州飯嶋	西岸寺春谷徒	祖教	
33	讃州観音寺浦	涌踊寺達道徒	不伝	(第4丁裏)
34	播州安田	法幢寺拱堂徒	義硬	
35	豊后向原	吉祥寺大中徒	玄止	
36	肥前久保田	宝昌菴笑岩徒	元海	
37	駿州原駅	松蔭寺白隠徒	義三	
38	予州宇和嶋	仏海寺霊印徒	全愚	
39	紀州田辺	東光寺完州徒	至玄	(第5丁表)
40	総州高井	高源寺満禅徒	泰寿	
41	越後魚沼	関興寺大随徒	禅徹	
42	武江小日向	龍興寺泰龍徒	禅虎	
43	当国岸和田	十輪寺巨堂徒	師英	
44	肥前小城	三岳寺朴呆徒	禅種	
45	肥前小城	三岳寺修山徒	祖琳	(第5丁裏)
46	肥前佐嘉	安福寺大洲徒	師倪	
47	肥前小城	円通寺亮室徒	仏陀	
48	甲州八代	宝樹院体堂徒	禅喝	
49	丹州佐治	高源寺義山徒	禅理	
50	肥前武雄	広福寺雪頂徒	智立	
51	肥前小城	三岳寺朴呆徒	禅規	(第6丁表)
52	肥前嬉野	瑞光寺一獅徒	子訓	
53	濃州長良	崇福寺龍睡徒	義珍	
54	信州柏原	玉川寺泰嶺徒	祖連	
55	信州今田	東照寺実伝徒	智観	
56	京東福	霊源院義堂徒	師石	
57	武州秩父	埜坂寺仏海徒	恵闊	(第6丁裏)
58	肥前小城	円通寺礎山徒	垢面	
59	備中井山	宝福寺逸堂徒	恵安	
60	肥前小城	三嶽寺修山徒	慶洲	
61	信州木曽	極楽寺綿翁徒	恵双	
62	備中井山	宝福寺逸堂徒	恵篤	
63	因州大江	能引寺独龍徒	士鈍	(第7丁表)
64	駿河府中	摂取寺葆瑞徒	全恕	
65	備中足守	遍照寺桂林徒	義長	
66	相州西郡	了義寺任州徒	法秀	
67	上州沼田	吉祥寺天嶺徒	祖陽	
68	野州足利	福源寺月海徒	明適	
69	東奥仁井町	普賢寺東道徒	禅至	(第7丁裏)
70	遠劦平川	好運寺石梯徒	全瑞	
71	豊後向原	吉祥寺大中徒	禅雅	
72	備前天城	海禅寺鹿苑徒	逸多	
73	武江渋谷	祥雲寺東天徒	宗模	
74	讃州高松	慈恩寺令岩徒	大車	
75	豊后向原	吉祥寺大中徒	崇佐	(第8丁表)
76	豊后山津	潮間寺月窓徒	宗本	
77	勢州神都	正法寺古山徒	禅獅	
78	信州諏方	慈恩寺雪岑徒	東谷	
79	濃州神戸	瑠璃光寺定水徒	祖蘭	
80	総州大室	円通寺舜峯徒	東廓	
81	遠州神谷	洞雲寺万春徒	宗珉	(第8丁裏)
82	尾州神領	瑞雲寺喚応徒	正戒	
83	備中松山	頼久寺天祐徒	全志	
84	豆州稲取	吉祥寺天外徒	其詢	
85	甲州上邑	福王寺陵山徒	玄機	
86	紀州周参見	万福寺月観徒	百非	
87	駿州河内邑	起雲寺仙岩徒	祖拈	(第9丁表)
88	当所	長慶寺刹岩徒	宗石	
89	武州山田	広園寺廬峰徒	元苗	
90	野州足利	浄徳寺大林徒	祖庸	
91	相州津久井	雲居寺大雲徒	禅磨	
92	因州鳥取	大鄰寺白麟徒	大調	
93	相州小野	間修寺龍谷徒	東億	(第9丁裏)
94	三州岡山	華岳寺良哉徒	了覚	
95	相州津久井	雲居寺大雲徒	宗璉	
96	勢州山田	昌久寺大祐徒	祖任	
97	甲州府中	長禅寺龍天徒	智旭	
98	遠劦岩水	安泰寺岷水徒	不尽	

99	雲州楯縫	三玄寺鉄肝徒	文槎	(第10丁表)
100	尾劦水野	定光寺大蓬徒	祖淳	
101	尾劦如意	瑞応寺中南徒	宜勧	
102	雲州松江	天倫寺円桂徒	全令	
103	東奥宮牀	覚照寺雲鳳徒	禅礎	
104	信州飯田	大雄寺独天徒	一風	
105	遠州渋川	西光院桂洲徒	智見	(第10丁裏)
106	奥州柏嵜	安国寺虎渓徒	一以	
107	上州沼田	龍谷寺石叟徒	普願	
108	越后上田	関興寺大随徒	大機	
109	若州尾崎	円照寺融峰徒	恵温	
110	遠州篠原	善養寺海翁徒	禅哉	
111	武劦騎西	龍興寺天倪徒	智海	(第11丁表)
112	肥前小城	円通寺礎山徒	元韙	
113	丹後雲原	龍雲寺愚菴徒	祖瞥	
114	雲州枕木	華蔵寺因宗徒	恵祥	
115	武州幸手	弁天寺鶴州徒	截断	
116	薩州野田	感応寺実道徒	玄珠	
117	長州府中	観察院霊沢徒	慧忻	(第11丁裏)
118	参州新城	増瑞寺但道徒	禅曦	
119	紀州熊野	徳清寺確宗徒	癡遵	
120	紀州田辺	東光寺完州徒	祖安	
121	濃州上有	清泰寺空印徒	祖欄	
122	豊後佐伯	養賢寺檀渓徒	禅鼇	
123	濃州中元	願成寺浄嶺徒	文粋	(第12丁表)
124	丹後峰山	全性寺仙岩徒	宜活	
125	東奥水沢	増長寺万元徒	禅透	
126	甲州中萩	慈雲寺橘堂徒	慈航	
127	播州北宿	真禅寺唯我徒	恵蓓	
128	播州二見	瑞応寺談叟徒	禅梁	
129	長州灑城	松雲院大中徒	慧等	(第12丁裏)
130	江州猶崎	高源寺黄梅徒	師点	
131	備中井山	宝福寺大休徒	玄誌	
132	備中井山	宝福寺大休徒	玄鉄	
133	備中井山	宝福寺大休徒	玄宜	
134	肥前白石	福泉寺東洲徒	士謙	
135	江州三門	光聚坊徒	実厳	(第13丁表)
136	遠州佐仟地	西江院寰海徒	正卒	
137	長州萩	商月院賢叟	祖穏	
138	遠州神ヶ谷	東林寺仁翁徒	禅錐	
139	濃劦神戸	瑠璃光寺定水徒	禅芸	
140	肥前白石	福泉寺東洲徒	士宣	
141	相州鎌倉	天源菴万拙徒	宗延	(第13丁裏)
142	長州大田	地蔵院省山徒	宗琢	
143	丹波福知山	長安寺桑州徒	祖盛	
144	京師	興聖寺柏禅徒	祖麟	
145	加州金沢	少林寺彭山徒	禅桑	
146	武州五日市	開光院大川徒	慧音	
147	豊後細邑	延命寺円応徒	智龍	(第14丁表)
148	尾州名古屋	禅隆寺峻嶺徒	禅涉	
149	参州片寄	天恩寺桃蹊徒	文貨	
150	甲州上小河原	義雲寺的叟徒	東儀	
151	肥前久保田	宝林寺石叟徒	禅物	
152	野州佐埜	満願寺大啓徒	義周	
153	豊後国東	金福寺春嶺徒	光顕	(第14丁裏)
154	豊後乙津	永安寺悟刹徒	宜毛	
155	肥前佐嘉	正法寺横川徒	宗一	
156	丹後公庄	少林寺桃嶺徒	智廉	
157	丹後太呂	天寧寺徒白英徒	義紋	
158	紀州古座	祥源寺祖道徒	不泉(カ)	
159	信州飯田	長久寺大瑞徒	等車	(第15丁表)
160	予州吉田	海蔵寺荊林徒	慧然	
161	備中庭瀬	応徳寺梁州徒	智田	
162	肥前白石	福泉寺東洲徒	知顓	
163	肥前白石	福泉寺東洲徒	知芳	
164	甲州東郡	法性院懶翁徒	了音	
165	丹後九世渡	智恩寺仁英徒	宗律	(第15丁裏)
166	丹後九世渡	智恩寺仁英徒	慧証	
167	丹後九世渡	智恩寺完道徒	師奨	
168	江府駒込	龍光寺剛堂徒	大祐	
169	甲州府中	能成寺玉田徒	禅爾	
170	相州田邑	妙楽寺金竜徒	慧端	
171	武州高柳	宝聚寺月海徒	月潮	(第16丁表)
172	越中西田	伝法院雄山徒	了悟	
173	駿州鞠子	誓願寺楞嵓徒	道桲	
174	讃州高松	慈恩寺令厳徒	全豁	
175	防劦山口	常栄寺天猊徒	師発	
176	長劦覇城	正燈寺玉峰徒	宜栄	
177	長州萩	大照院玄叟徒	宗鈞	(第16丁裏)
178	江劦黒川	密泉寺大中徒	龍球	
179	江劦沢山	江東庵説外徒	玄踞	
180	参州嵩山	正宗寺菱花徒	祖丈	
181	参州嵩山	正宗寺菱花徒	祖鳳	
182	若州小浜	栖雲寺探(カ)水徒	師拙	
183	豊后山津	潮間寺月窓徒	禅樹	(第17丁表)
184	予州新谷	大恩寺竜髄徒	禅材	
185	豊後臼杵	普現寺瞿山徒	玄蜜	
186	豊後犬飼	無量寺盤石徒	賢叟	
187	播州網干	龍門寺独雄徒	桃蹊	
188	備前岡山	清泰院大梅徒	珠盤	
189	備前岡山	三友寺天桂徒	智言	(第17丁裏)
190	播州網干	龍門寺独雄徒	全功	
191	遠州石原	正光寺環渓徒	文澄	
192	遠州上嶋	徳正寺泰崇徒	全体	
193	遠州白洲	太湖菴龍門徒	祖隆	
194	雲州松江	万寿寺龍門徒	全補	
195	加州金沢	国泰寺心宗徒	義訥	(第18丁表)
196	紀劦和歌山	耕月寺単堂徒	義瑞	
197	丹後宮津	国清寺松蔭徒	義般	
198	武州山田	広園寺天瑞徒	宗薫	
199	豆州入間	海蔵寺丈山徒	師康	
200	信州木曽	大密寺禅圭徒	禅頂	
201	肥後求麻	瑞祥寺泰霊徒	宗坤	(第18丁裏)
202	豆州入間	海蔵寺丈山徒	古豊	

255	武州八王子	宗徳寺文竜徒	龍山	（第23丁表）
256	遠州山崎	安寧寺舜道徒	宗活	
257	濃州徳野村	禅台寺瑶林徒	文那	
258	武州案下村	興慶寺泰州徒	租孝	
259	播刕加古川	最上寺太寧徒	梵律	
260	当国岸和田	十輪寺巨堂徒	古轍	
261	豊後佐伯	養賢寺匡山徒	自発	（第23丁裏）
262	駿州藤枝	長楽寺泰安徒	鉄錐	
263	濃州中洞	太原寺齢山徒	祖因	
264	越後上田	関興寺太随徒	義抽	
265	摂州浪華	龍徳寺杏溟徒	慧遠	
266	肥後熊本	泰勝寺不識徒	祚篆	
267	相州田村	妙楽寺金竜徒	宗与	（第24丁表）
268	当所	海会寺定宗徒	恵濤	
269	当所	海会寺定宗徒	祖縁	
270	京師華園	聖沢院天然徒	宗菊	
271	勢州山田	陽徳寺霊嶺徒	大安	
272	濃州関	梅龍寺性堂徒	禅之	
273	丹州中畑	妙音寺廓堂徒	中園	（第24丁裏）
274	江州神崎	長勝寺輝窓徒	道怛	
275	奥州南部	禅源寺大江徒	坤猊	
276	濃州御嶽	愚渓徒殷嶽徒	祚宰	
277	丹州梅迫	安国寺万山徒	妙雲	
278	丹州梅迫	安国寺万山徒	梵珠	
279	野州足利	浄因寺月岑徒	恵崇	（第25丁表）
280	薩州志布志	大慈寺古道徒	玄軾	
281	薩州志布志	即心院眠山徒	祖衫	
282	予州宇和嶌	西江寺沢天徒	禅黙	
283	京師華園	花岳院貞山徒	義岷	
284	肥前平戸	石泉寺鼎山徒	慧忍	
285	予州宇和嶌	正眼院層峰徒	義恢	（第25丁裏）
286	豊后細邑	延命寺円応徒	智快	
287	肥前小城	常応寺泰洲徒	智休	
288	京東福寺	不二菴丹淑徒	守門	
289	駿州府中	臨済寺関重徒	宗佐	
290	駿州府中	松源寺浄天徒	恵恩	
291	駿州完原	福聚院約翁徒	転珠	（第26丁表）
292	肥前平戸	雄香寺蓬雲徒	法順	
293	讃州高松	法泉寺徹禅徒	一卓	
294	城州嵯峨	寿寧院拙山徒	周雍	
295	江戸本所	天祥寺南山徒	因明	
296	紀州熊野	聖福寺龍嶽徒	素豊	
297	日州佐土原	大光寺拙堂徒	梵及	（第26丁裏）
298	京芝薬師	大興寺性天徒	性周	
299	勢州伊勢路	西来寺俊山徒	倒説	
300	当国佐野	檀波羅蜜寺一行徒	癡頑	
301	当国岸和田	泉光寺広陵徒	祖秀	
302	当国岸和田	泉光寺広陵徒	普管	
303	和州十津川	商嵓寺藤凉徒	祖応	（第27丁表）
304	濃州御嶽	愚渓徒殷嶽徒	祖寧	
305	山城州淀	養源寺円水徒	慧潭	
306	丹波千ヶ畑	法常寺大道徒	一踞	

203	遠州田沢	龍珠院忠峰徒	宗稼	
204	遠州掛塚	香集寺太玄徒	義融	
205	武州秩父	円福寺東海徒	禅而	
206	江州愛知	延寿寺心崖徒	慧綿	
207	江州林田	香林寺欣嶺徒	祖梁	（第19丁表）
208	豊后府内	万寿寺提河徒	禅悦	
209	甲州津金	海岸寺活眼徒	禅話	
210	濃州神海	金輪寺歴宗徒	霊雲	
211	遠州老間	祥光寺醍仙徒	不縛	
212	肥前小城	円通寺礎山徒	元転	
213	予州八幡浜	大法寺大株徒	禅喜	（第19丁裏）
214	江府湯嶋	麟祥院頑海徒	宗果	
215	丹波八木	龍興寺拙叟徒	祖先	
216	防州嵩国	日光寺機外徒	智瑛	
217	参州大津	太平寺孟津徒	道無	
218	肥前塩田	光桂寺古麟徒	禅嵯	
219	濃州富永	林泉寺亀翁徒	玄慶	（第20丁表）
220	濃州嵓佐	龍唫寺呑舟徒	祖塁	
221	丹波河原尻	福林寺哲応徒	清遠	
222	丹波山国	密光寺雪峯徒	慧聡	
223	尾州犬山	臨渓院霊方徒	智本	
224	濃州八幡	延命院鉄舟徒	禅乙	
225	豆州沢地	龍沢寺東嶺徒	恵性	（第20丁裏）
226	豊後臼杵	月桂寺独円徒	慧暁	
227	若州尾嵜	円照寺融峰徒	元職	
228	勢州中村	東明院劫山徒	玄忠	
229	勢州桑名	桃林寺明慧徒	至道	
230	上州小幡	崇福寺梅叟徒	有主	
231	江州高野	蔵六庵大潮徒	周活	（第21丁表）
232	紀州熊野	延命寺鏡山徒	祖教	
233	讃岐丸亀	玄要寺回天徒	大蟲	
234	讃岐碑殿邑	常住寺通山徒	祖弁	
235	尾州水野	定光寺大蓬徒	唯中	
236	羽州秋田	福城寺徳嵓徒	智隆	
237	武州立川	常楽寺龍屋徒	恵盤	（第21丁裏）
238	当所	長慶寺刹嵓徒	宗荊	
239	肥前佐嘉	光円寺一鞏徒	守恢	
240	武州秩父	金仙寺瑞応徒	文嶺	
241	甲州塩山	真忠軒竜道徒	禅珠	
242	甲州塩山	東陽軒月舟徒	周鉄	
243	播州加納	常光寺賢厳徒	栄実	（第22丁表）
244	雲刕冨	吉祥寺顕嵓徒	義鞭	
245	豊后木上	少林寺卍山徒	大器	
246	豊后野津原	福城寺鎮海徒	惟忠	
247	肥前朽木	玉林寺得宗徒	徹堂	
248	肥前朽木	玉林寺得宗徒	大透	
249	肥前平戸	普門寺龍湫徒	全徹	（第22丁裏）
250	尾州川名	香積院雲臥徒	大民	
251	京南禅寺中	聴松院梁天徒	霊暁	
252	播州曽根	周徳寺龍潭徒	一指	
253	丹後九世渡	智恩寺仁英徒	祖熊	
254	筑前内野宿	宗賢寺仏海徒	癡衲	

307	予州宇和嶋	光教寺桂洲徒	唯独	
308	遠州山崎	安寧寺舜道徒	元寔	
309	丹州黒田	観景寺絶俊徒	截源	（第27丁裏）
310	豊后府内	万寿寺提河徒	梵質	
311	豊后築	養徳寺道林徒	智丈	
312	尾州山名	龍泉寺令道徒	恵牛	
313	尾州下野	覚王寺研宗徒	等純	
314	尾州小田井	東雲寺高山徒	知猊	
315	尾州名古屋	政秀寺為霖徒	宗掬	（第28丁表）
316	尾州名古屋	政秀寺為霖徒	慧参	
317	濃州富永	林泉寺亀翁徒	了疑	
318	播州福沢	善証寺月津徒	祖英	
319	河州高安	神宮寺玄洲徒	慧薫	
320	京相国寺	光源院覚瑞徒	知漢	
321	因州鳥取	龍峰寺天栄徒	玄明	（第28丁裏）
322	京龍安寺	勝林寺顕嵓徒	宗達	
323	遠州渋川	東光院香林徒	道果	
324	濃州跡部	恵利寺蕙州徒	玄提	
325	勢州朝熊	金剛証寺香峰徒	恵文	
326	丹波鹿谷	洞松寺梅岳徒	梅樹	
327	予州明穂邑	興雲寺祖林徒	無著	（第29丁表）
328	越后蒲原	養福寺春山徒	慧燈	
329	備前岡山	国清寺珍山徒	昨非	
330	肥前武雄	広福寺東山徒	守脱	
331	濃州上有知	清泰寺空印徒	宗陸	
332	上州	龍泉寺神秀徒	恵然	
333	備后安田	永聖寺怡山徒	文祗	（第29丁裏）
334	備后安田	永聖寺怡山徒	慧崇	
335	勢州山田	龍泉寺端山徒	全的	
336	勢州迫間	海雲寺古峰徒	祖全	
337	勢州宿浦	海禅寺金菱徒	不識	
338	遠州大坂	貞永寺祐山徒	宗甫	
339	甲州黒坂	聖応寺松山徒	宜棟	（第30丁表）
340	豊后本上	少林寺台嶽徒	義展	
341	紀州田辺	湊福寺若水徒	至参	
342	摂州浪華	大仙寺春櫺徒	宜聡	
343	播州加納	常光寺賢嵓徒	不白	
344	肥前小城	円通寺礎山徒	元然	
345	京師華園	後園菴惟天徒	慧三	（第30丁裏）
346	但馬桐野	慈眼寺法瑞徒	宗参	
347	志州相差	梵潮寺道林徒	祐貞	
348	丹后九世渡	知恩寺完道徒	祖秀	
349	筑后柳川	天叟寺牧禅徒	示篁	
350	土州入野	長泉寺鈍牛徒	文可	
351	加州金沢	献珠寺北宗徒	智礼	（第31丁表）
352	豆州河内	向陽院洞雲徒	祖英	
353	江州日野	金剛寺懐州徒	慈潭	
354	城州松尾	延慶菴桂州徒	道祐	
355	豊后佐伯	養賢寺月山徒	端倪	
356	豊后佐伯	養賢寺月山徒	祖勲	
357	摂州浪華	瑞龍寺鉄山徒	青梧	（第31丁裏）
358	遠州井伊谷	龍潭寺貫宗徒	三教	

359	長州萩	隆景寺羅山徒	正喆	
360	城州加茂	霊源寺玉温徒	義周	
361	豊後佐伯	養賢寺月山徒	東衣	
362	甲州後屋	勝善寺盤瑛徒	禅逸	
363	江州日夏	千手寺丹山徒	祖柱	（第32丁表）
364	江州曽我	開蓮寺一要徒	正我	
365	備前岡山	国清寺珍山徒	全緒	
366	濃州栗野	大龍寺積翠徒	禅忠	
367	濃州山形	松林寺空印徒	崇愚	
368	予州松山	天徳寺蔵山徒	道芥	
369	予州大洲	大禅寺黄河徒	宗玉	（第32丁裏）
370	予州宇和嶋	選仏寺梅州徒	禅慶	
371	予州宇和嶋	仏海寺霊印徒	宗樗	
372	予州吉田	海蔵寺荊林徒	守真	
373	肥州長崎	春徳寺賢叟徒	智聖	
374	紀州由良	興国寺提道徒	慧秀	
375	駿州府中	臨済寺関重徒	東為	（第33丁表）
376	駿州府中	少林寺梅禅徒	祖来	
377	駿州府中	菩提樹院※州徒	全亀	
378	駿州鞠子	誓願寺楞嵓徒	古帆	
379	肥前平戸	普門寺龍湫徒	禅味	
380	羽州秋田	昌東院孤峰徒	祖印	
381	総州大貫	興福寺正宗徒	一笑	（第33丁裏）
382	奥州仙台	宝林寺鼎湖徒	淳素	
383	備后三次	鳳源寺愚極徒	一枝	
384	筑前博多	承天寺笑嵓徒	祖蛻	
385	信州飯田	長久寺大随徒	知坤	
386	丹後岩屋	西林寺見道徒	智峰	
387	備中井山	宝福寺逸堂徒	恵靖	（第34丁表）
388	備中井山	宝福寺逸堂徒	令憲	
389	雲州嶋県	応海寺天叟徒	紹曇	
390	濃州平村	龍福寺春瑞徒	玄如	
391	勢刕山田	瑞慶院金陵徒	南華	
392	濃州関	梅竜寺果禅徒	禅嘿	
393	江府四谷	祥山寺宗丹徒	宗均	（第34丁裏）
394	駿州下野	崇寿寺一空徒	弁而	
395	長州萩	善禅寺一溪徒	祖純	
396	防州岩国	福城寺怡山徒	龍沢	
397	肥前白石	福泉寺東洲徒	士碩	
398	雲州竹天	安国寺心翁徒	基凝	
399	甲州奈良原	広済寺天嶺徒	唯是	（第35丁表）
400	長州萩	大照院無涯徒	一顒	
401	江州日吉	正瑞寺悟心徒	大雄	
402	尾州神領	瑞雲寺喚応徒	円明	
403	肥前小城	永明寺一溪徒	唯吾	
404	野州足利	法幢寺教外徒	恵発	
405	薩州志布志	大慈寺常天徒	智省	（第35丁裏）
406	豊后横尾	法雲寺独麟徒	禅器	
407	濃州宇田	大通寺旃芳徒	希喜	
408	予州宇和嶌	等覚寺邃嵓徒	未出	
409	予州宇和嶌	仏海寺霊印徒	玄旨	
410	予州吉田	海蔵寺荊林徒	祖原	

411	予州北之	大福寺高雲徒	慧讓	(第36丁表)
412	江州荒神	延寿寺心崖徒	正惇	
413	相刕鎌倉	回春菴崋山徒	徳聞	
414	相州津久井	雲居寺大雲徒	慧領	
415	常州鹿嶋	根本寺龍居徒	東鯉	
416	常州江戸嶋	瑞祥院鹿門徒	一韋	
417	備中井山	宝福寺逸堂徒	臨雪	(第36丁裏)
418	防州小郡	顕孝院端州徒	方叙	
419	信州埴原	保福寺無禅徒	祖霖	
420	豊后山津	潮聞寺毒泉徒	智悠	
421	豊后日田	岳林寺峻嶽徒	禅鈯	
422	豊后戸次	願行寺黛英徒	石鞏	
423	甲州七日市	知足院鑑山徒	大慈	(第37丁表)
424	紀州周参見	万福寺月観徒	義牧	
425	武州檜原	吉祥寺東洲徒	玄圭	
426	城州和束	大智寺百口徒	文域	
427	城州和束	大智寺圭翁徒	義乳	
428	播州網干	龍門寺独雄徒	活水	
429	甲州牛句	長光寺快嵓徒	禅操	(第37丁裏)
430	豊后向原	吉祥寺大中徒	祖魄	
431	豊后横尾	法雲寺独麟徒	古策	
432	紀州由良	興国寺提道徒	正因	
433	薩州宮城	宗功寺寒衲徒	慧俊	
434	豊后竹田	碧雲寺仏鑑徒	道侶	
435	相州鎌倉	龍源菴曹源徒	慧雲	(第38丁表)
436	相州鎌倉	広徳菴海会徒	元霍	
437	武州四方田	光明寺舜道徒	主礼	
438	奥刕宮床	覚照寺雲鳳徒	禅楚	
439	備中吉井	重玄寺大信徒	総非	
440	遠州内野	福応寺石翁徒	道阿	
441	豊后冨木	万弘寺楞岻徒	祖縁	(第38丁裏)
442	紀州冨	最勝寺黙宗徒	素合	
443	濃州山田	長見寺楨山徒	祖倫	
444	遠州山崎	安寧寺舜道徒	一東	
445	紀州冨田	林翁寺翠嵓徒	師翠	
446	豊后府内	万寿寺虚霊徒	源桃	
447	肥後求麻	瑞祥寺泰霊徒	宗扶	(第39丁表)
448	豊后三佐	安養寺貫道徒	祖堅	
449	甲州宇津谷	妙喜寺了岸徒	禅雅	
450	京東福寺	龍眠菴独秀徒	普聞	
451	備前岡山	国清寺珍山徒	禅霊	
452	豊后三川	長勝寺東漸徒	自珍	
453	駿州府中	宝泰寺月界徒	禅那	(第39丁裏)
454	江府三田	龍源寺大傑徒	文精	
455	播州加納	常光寺賢嵓徒	義本	
456	江州彦根	江東菴説外徒	智肇	
457	紀州由良	興国寺提道徒	祖統	
458	勢刕山田	高源寺千瑞徒	玄佐	
459	豊后木上	少林寺台嶽徒	義展	(第40丁表)
460	予州大洲	盛景寺月半徒	祖宣	
461	豆州長津呂	正眼寺石渓徒	文質	
462	城州幡枝	円通寺黙同徒	恵長	

463	丹波梅迫	安国寺万山徒	梵珠	
464	濃州曽根	華溪寺温宗徒	善玉	
465	伯州米子	了春寺賢嶺徒	鳳瑞	(第40丁裏)
466	越后村上	安泰寺梅梁徒	禅止	
467	播州東条	安国寺万艾徒	未発	
468	紀州野里	聖福寺龍岳徒	禅宜	
469	濃州北方	龍祥寺仁瑛徒	禅喜	
470	濃州鏡嶋	乙津寺台梁徒	唯我	
471	上州那波	泉龍寺神秀徒	正寿	(第41丁表)
472	越前勝山	間善寺大霊徒	如錐	
473	伯州米子	了春寺賢嶺徒	大虚	
474	播州室津	見性寺峨山徒	智円	
475	当寺	江西徒	玄澄	
476	当寺	江西徒	師要	
477	当寺	江西徒	師堅	(第41丁裏)
478	浪華天満	寒山寺蒲菴徒	休夢	
479	丹波千ヶ畑	法常寺大道徒	智眼	尼僧(第43丁表)
480	丹波千ヶ畑	法常寺大道徒	慈範	尼僧
481	丹波千ヶ畑	法常寺大道徒	齢仙	尼僧
482	丹波千ヶ畑	法常寺大道徒	慧了	尼僧
483	丹波千ヶ畑	法常寺大道徒	貞心	尼僧
484	丹波千ヶ畑	法常寺高峰徒	智春	尼僧(第43丁裏)
485	城州山崎	成恩寺江宗徒	知休	尼僧
486	城州山崎	地蔵寺因宗徒	祖充	尼僧
487	城州山崎	地蔵寺因宗徒	祖音	尼僧
488	城州山崎	地蔵寺因宗徒	恵中	尼僧
489	城州山崎	地蔵寺因宗徒	祖勇	尼僧
490	城州山崎	地蔵寺因宗徒	智性	尼僧(第44丁表)
491	京師総持院	正眼院徒	慧明	尼僧
492	備中井山	宝福寺大休徒	智清	尼僧
493	備中庭瀬	松林寺鼇山徒	恵超	尼僧
494	備中庭瀬	松林寺鼇山徒	恵直	尼僧
495	但馬竹田	観音寺祥峰徒	恵通	尼僧
496	但馬二方	泰雲寺潜峯徒	自京	尼僧(第44丁裏)
497	但馬二方	泰雲寺潜峯徒	智光	尼僧
498	但馬二方	泰雲寺潜峯徒	恵周	尼僧
499	但馬二方	泰雲寺潜峯徒	智了	尼僧
500	但馬二方	泰雲寺潜峯徒	智照	尼僧
501	但馬二方	泰雲寺潜峯徒	妙志	尼僧
502	但馬二方	泰雲寺潜峯徒	祖俊	尼僧(第45丁表)
503	但馬二方	泰雲寺潜峯徒	恵林	尼僧
504	但馬二方	泰雲寺潜峯徒	貞林	尼僧
505	但馬二方	泰雲寺潜峯徒	慈林	尼僧
506	但馬二方	泰雲寺潜峯徒	妙順	尼僧
507	濃州長良	崇福寺龍睡徒	自芳	尼僧
508	摂州大坂	寒山寺梵関徒	素順	尼僧(第45丁裏)
509	摂州大坂	寒山寺梵関徒	素秀	尼僧
510	摂州大坂	寒山寺梵関徒	素元	尼僧
511	摂州大坂	寒山寺梵関徒	慧定	尼僧
512	長州長府	日頼寺宝州徒	慈耕	尼僧
513	長州長府	日頼寺宝州徒	恵珍	尼僧
514	長州長府	日頼寺宝州徒	恵良	尼僧(第46丁表)

515	長州長府	日頼寺宝州徒	恵南	尼僧
516	長州長府	日頼寺宝州徒	恵享	尼僧
517	長州長府	日頼寺宝州徒	慈苑	尼僧
518	長州長府	日頼寺宝州徒	恵林	尼僧
519	長州長府	日頼寺宝州徒	慈門	尼僧
520	長州長府	日頼寺宝州徒	恵忍	尼僧(第46丁裏)
521	防州小郡	妙湛寺京州徒	孤嵓	尼僧
522	防州小郡	妙湛寺京州徒	素性	尼僧
523	防州小郡	妙湛寺京州徒	孤松	尼僧
524	防州小郡	妙湛寺京州徒	孤道	尼僧
525	豊前小松	開禅寺蘭山徒	自倍	尼僧
526	摂州茨木	本源寺要宗徒	守忍	尼僧(第47丁表)
527	丹后峰山	全性寺光岳徒	智泉	尼僧
528	阿波徳嶋	大休菴南幢徒	梵照	尼僧
529	阿波徳嶋	瑞嵓寺蜜宗徒	智真	尼僧
530	阿波徳嶋	瑞嵓寺蜜宗徒	智秀	尼僧
531	越中西田	国恭寺友山徒	智俊	尼僧
532	参州宇利	慈広寺老山徒	明鏡	尼僧(第47丁裏)
533	参州宇利	慈広寺老山徒	慧海	尼僧
534	摂州浪華	龍徳寺杏溟徒	祖俊	尼僧
535	豊后臼杵	月桂寺独園徒	鉄觜	尼僧
536	豊后臼杵	月桂寺独園徒	曇瑞	尼僧
537	濃州関	梅龍寺果禅徒	慈円	尼僧
538	但馬二方	天隣寺笑堂徒	妙喜	尼僧(第48丁表)
539	但馬二方	天隣寺笑堂徒	寿貞	尼僧
540	勢州上野	光勝寺寂現徒	慧林	尼僧
541	勢州上野	光勝寺寂現徒	性本	尼僧
542	勢州上野	円光寺鎮州徒	自性	尼僧
543	勢州津	龍津寺径山徒	自肯	尼僧
544	勢州津	龍津寺径山徒	恵玉	尼僧(第48丁裏)
545	勢州楠	正覚寺大隣徒	智門	尼僧
546	勢州楠	正覚寺大隣徒	義泰	尼僧
547	勢州神戸	龍光寺長汀徒	慧純	尼僧
548	河内道明寺村	京雲寺臥雲徒	潭竜	尼僧
549	越前大野	祥瑞寺義伝徒	祖林	尼僧
550	摂州一吉	亀林寺黙道徒	恵秀	尼僧(第49丁表)
551	摂州浪華	見光寺瑞天徒	智了	尼僧
552	摂州榎坂	瑞泉寺実道徒	寿仙	尼僧
553	摂州榎坂	瑞泉寺実道徒	不着	尼僧
554	播州印路	長福寺万瑞徒	智休	尼僧
555	播州印路	長福寺万瑞徒	祖坤	尼僧
556	播州鳥羽	瑞泉寺昧堂徒	自円	尼僧(第49丁裏)
557	播州曽根	周徳寺龍潭徒	貞林	尼僧
558	城州嵯峨	天龍寺莱岳徒	宗寿	尼僧
559	城州嵯峨	天龍寺莱岳徒	慧隆	尼僧
560	伊賀上野	山渓寺運庵徒	宗月	尼僧
561	伊賀上野	山渓寺運庵徒	文光	尼僧
562	長刕長府	日頼寺宝州徒	智俊	尼僧(第50丁表)
563	江州大津	地福寺別源徒	清枝	尼僧
564	丹波千ヶ畑	法常寺大道徒	自照	尼僧
565	尾州篠野	妙光寺朴宗徒	智照	尼僧
566	長州長府	日頼寺宝州徒	智貞	尼僧
567	但馬二方	泰雲寺潜峯徒	貞肯	尼僧
568	但馬二方	泰雲寺潜峯徒	智明	尼僧(第50丁裏)
569			自閑居士	居士
570			深入居士	居士
571			元照居士	居士
572			万休居士	居士
573			尚原居士	居士

二　「大慧書会賀儀並還礼控」について

この史料は、寛政三年（一七九一）に大安寺でおこなわれた大慧書会[17]に関連したさまざまな行事について、大安寺の金銭や穀物の出納を担当する副寺寮がまとめた記録である。大慧書会は、衆僧に「大慧書」を講じる法会である。「大慧書」は、宋代の禅僧大慧宗杲が、門下の居士ら四〇人と二人の僧の問いに対して答えた手紙を集めた書簡集「大慧普覚禅師書」の略である。「大慧書問」ともいわれる[18]。参集した寺院や衆僧から大慧書会運営のために施入された物品や金子などの届け物が記載されており、大慧書会に伴う金と物の流れを把握することができる。先の「碧巌会挂籍名刺」が碧巌会に参集した人々の名簿であったのに対し、法会の実態について詳しい記録であることが、特徴であるといえよう。

「大慧書会賀儀並還礼控」をみると、大安寺と関係がある各地の寺院から多様な物品や金子が届けられている。それらの寺院の中には、備中宝福寺や丹波法常寺など明和二年の史料中に参集僧の所属寺院として記録されていた寺院がみられる。二六年前の法会とこの法会で参集寺院が重複している背景には、法会を通しての寺院のネットワークの存在が想定される。今後は、これらの寺院と大安寺とのつながりを考えていく必要がある。また（第一一丁ウ）には、宝福寺以下八ヶ寺の大衆からの衆金の拠出も記録されている。これらの寺の僧衆が直接、法会に参集したことも考えられる。「碧巌会挂籍名刺」で講師を勤めていた大休が住した備中宝福寺の名前が、他の部分でも頻繁に見られることから、この法会でも重要な役割を果たしているのではないかと思われる。大慧書会については、参集僧の人数などの記録がない。しかしながら、（第四五丁ウ）と（第四六丁オ）に興味深い記述がある。指吸隠居の慈祥禅尼による大衆中への手拭一四〇本の施入と指吸店による大衆用下駄一〇〇足と尊宿用下駄二〇足の施入である。この記述から推測すると尊宿二〇人と大衆一〇〇人の参集が想定される。

（第二三丁ウ）以下の「饗応施斎諸施入」には、大慧書会での饗応や施斎（日別の行事での粥や薬石の振る舞い）の費用を誰が負担したかが記録されている。これによると行事の費用を負担した者のなかには、大安寺と関係のある寺院関係者だけではなく、大安寺の檀越の指吸善兵衛（第二六丁オ）や泉屋利兵衛（第二五丁ウ）、岡村平兵衛（第二七丁ウ）といった堺の豪商案内にその名が登場する当時の堺の著名な商人も多くみられる。

大慧書会の施入者は、著名な商人だけでなかった。（第二七丁オ）、（第三四丁ウ）のように、大安寺に近接する町中の施入もみられる。とくに、後者は、八月二〇日の風雨の時に堺の海で亡くなった人々の菩提を弔う目的で黒鳥氏の発起の下、大道南旅籠町中が町として大慧書会に大施餓鬼の施入をしており、堺の町人の生活を知るうえで興味深い記録である。

また、（第四〇丁ウ）以下に記される商人たちの物品の施入記録にも興味深いものがある。商人たちは、自らの店で販売する物品を持ち寄って施入しているように見受けられる。山から取れる物産一般を商う山家利兵衛は唐芋を、豆腐屋しけは豆腐を、南北の八百中は野菜物を、茶を商う松倉次兵衛は引茶を、それぞれ施入している。堺商人たちの大慧書会に対する姿勢をうかがううえで、参考になろう。難波村からの青物弐荷は、難波村の産物と思われる。

薪については、南中買中と問屋中が施入しているが、そこには、それぞれの構成者の名前が、詳しく書かれている。堺市中の薪炭を商う商人たちの仲間組織をしらべるうえで、手がかりとなる記録であろう。

このほかにも、堺の商人たちと大安寺の関係をうかがうことができるさまざまな記述があり、今後の研究が期待される史料である。

翻刻

（表表紙）
「大慧書会
　賀儀並還礼控
　寛政三年亥九月」

（第一丁オ）
方金　壱顆　防州常楽寺
彩袱　弐片
南鐐　壱片　当所本源院
菓子　壱袋
煎茶　壱袋　仝集雲庵
素麺　壱包
（第一丁ウ）
砂糖　壱曲　仝長慶寺
菓子　壱袋　仝少林寺
方金　壱顆　備中宝福寺
（第二丁オ）
方金　弐角　京師龍眠庵
漢襪　壱綱　大坂国恩寺

五明　壱双
染袱　弐片　龍谷寺
白銀　壱両
（第二丁ウ）
方金　弐顆　海会寺
南鐐　壱角　摂津西宮如意庵
方複　壱片
方金　弐角　京師海蔵院
（第三丁オ）
方金　壱角　京師霊源院
襪子　弐綱
方金　壱角　大坂建国寺
菓儀　弐文見分　住吉望雲庵
彩袱　弐片
扇子　壱双
（第三丁ウ）
五明　弐衲　大仙寺百拙和尚
白銀　参文目
彩袱　弐片　大坂法雲寺

白銀　壱両　当所湊法泉寺
五明　弐握
（第四丁オ）
白銀　弐銭目　大通庵
線香　弐把　住吉東大寺
白銀　弐文目
白銀　四文目参分　江巌庵
（第四丁ウ）
方金　壱角　京師水火興聖寺
五明　弐衲　浪華龍徳寺
彩袱　弐片
渓藤　弐刀　仝龍珠寺
扇子　弐握
（第五丁オ）
縷香　壱把　当所禅通寺
方金　壱角　京師荘厳院
渓藤　弐刀
白銀　壱両　当山徒祖良禅者
（第五丁ウ）
襪子　壱緉　播州大梵寺
南鐐　壱片
花袱　壱片　明石大蔵院

南銀　壱角
五明　壱筺　坂府大仙寺
黄金　壱顆
（第六丁オ）
白銀　弐文目　住吉龍源院
彩袱　壱片
南鐐　壱角　西宮積翠寺
苦茗　弐袋
白銀　壱両　河内神宮寺
染袱　弐片
（第六丁ウ）
五明　壱双　大坂般若寺
彩袱　弐片
南鐐　壱片　京師妙智院
五明　壱双　大坂直指庵
彩袱　壱片
（第七丁オ）
扇子　壱双　住吉龍源院
白楮　壱折　閑居
白銀　壱銭目八分　多田一休庵
白銀　壱両　坂府江国寺
彩袱　壱片

（第七丁ウ）
金　壱角　紀州清閑院
葛　弐袋
白銀　壱両　仝仝　閑棲
白銀　壱両仝無量寺徒　義苗禅衲
（第八丁オ）
南銀　壱片　紀州草堂寺
白銀　弐銭目参分　仝　閑棲
南銀　壱角　平安寺
五明　壱筐
（第八丁ウ）
白銀　壱文目弐分五り　大坂天正寺
彩袱　壱片　京師芬陀院
方金　壱角
貴嶺扇　弐本
白銀　参文目七分　豊后妙観寺
漢襪　壱緉
（第九丁オ）
方金　壱角　京師南昌院
五明　参握　仝光源院
朱提　三文目二分
南鐐　壱角　岸和田泉光寺

（第九丁ウ）
南鐐　壱角　水火興聖寺　閑居
彩袱　弐片
白銀　壱両　山崎妙喜庵
彩袱　壱片
金　壱顆　京師即宗院
（第一〇丁オ）
南鐐　壱角　京師地蔵院
彩袱　弐片
方金　壱顆　岸和田十輪寺
南銀　壱角　丹波法常寺
苦茗　弐袋
（第一〇丁ウ）
漢襪　壱緉　建国寺
扇子　壱筐　閑居
白銀　四文目一分　京師心源院
彩袱　壱片
扇子　壱筐　大坂瑞光寺
花袱　二片
（第一一丁オ）「墨付ナシ」
（第一一丁ウ）
衆金

金壱角　備中宝福寺　金壱角　集雲庵
金壱角　丹后森村長雲寺　金壱角　紀州清閑院
金壱角　海会寺　金壱角　仝艸堂寺
白金二両　竜谷寺　銀三文目三分　興聖寺 閑居
白銀四文目三分　大蔵院
右大衆江割
（第一二丁オ・ウ）「墨付ナシ」
（第一三丁オ）
沈香　上　備中宝福寺
七文目六分
沈香　上　防州常栄寺
九文目五分
五明　壱筐　本源院
謝表　銀四拾三文目
彩袱　弐片
（第一三丁ウ）
五明　壱筐　集雲院
謝表　金弐両
彩袱　弐片
彩袱　一片　長慶寺
扇子　一双

苦茗　二袋　少林寺
（第一四丁オ）
白檀　一包　国恩寺
彩袱　一片
南鐐　一片　龍谷寺
白檀　二両
外ニ
白銀　一両　衆金相添
（第一四丁ウ）
方金　一顆　海会寺
木綿　一疋
五明　一筐
伽羅皮　上一両　如意庵
彩袱　二片　海蔵院
沈香　中一両半 六文目五分
（第一五丁オ）
沈香　上六文目七分　京師霊源院
彩袱　二片　建国寺
扇子　一筐
渓藤　一刀　住吉望雲庵
白檀　二両

（第一五丁ウ）
白檀　二両　大坂法雲寺
扇子　一双
彩袱　二片　法泉寺
包扇子　一双　大通庵
（第一六丁オ）
彩袱　一片　江巌庵
五明　一双
染袱　一片　東大寺
沈香　上四文目五分　興聖寺
彩袱　一片
（第一六丁ウ）
白檀　一両　竜徳寺
杉原　一折
白檀　一両　竜珠寺
彩袱　一片
襪子　一緉　祖良禅者
（第一七丁オ）
沈香　上七文目五分　荘厳院
彩袱　二片
伽羅皮　一両半　大梵寺
仝　一両半　大蔵院

（第一七丁ウ）
南鐐　二片　大僊寺
彩袱　一片
　外ニ銀壱両香資相添
漢襪　一緉　大仙寺百拙和尚
五種香　一斤　横山谷平安寺
（第一八丁オ）
沈香　上六文目九分　京師芬陀院
伽羅皮　一両　豊后妙観寺
沈香　下一両　光源院
（第一八丁ウ）
沈香　上七文目壱分　京師南昌院
白檀　二両　住吉竜源院
扇子　一双
伽羅皮　二両　西宮積翠寺
（第一九丁オ）
白檀　二両　河内神宮寺
襪子　一緉
伽羅皮　一両　京師妙智院
白檀　二両　大坂般若寺
杉原　一折
（第一九丁ウ）

杉原　二刀　江国寺
苦茗　一袋　住吉竜源院
閑居
方金　一顆　紀州清閑院
彩袱　二片
（第二〇丁オ）
外ニ
金　一両　饗応料
南鐐　一片　衆金
白檀　二両　仝　閑居
彩袱　二片　紀州艸堂寺
（第二〇丁ウ）
白檀　二両半　直指庵
閑棲
仝　壱両　艸堂寺
彩袱　一片　岸和田泉光寺
貴嶺扇　二本
（第二一丁オ）
閑居
沈香　上六文目八分　京師興聖寺
杉原　二刀　山崎妙喜庵
沈香　上五文目七分五り　京師即宗院

（第二一丁ウ）
伽羅皮　一両半　京師地蔵院
彩袱　二片
伽羅皮　一両　岸和田十輪寺
彩袱　二片
伽羅皮　一両半　丹波法常寺
（第二二丁オ）
伽羅皮　一両　心源院
白檀　一両　建国寺
彩袱　一片
閑居
沈香　住吉興福寺
（第二二丁ウ）
漢襪　一緉　天満瑞光寺
右
沈香上下中両ニ付銀五文目替
伽羅皮両ニ付銀三文目替
白檀両ニ付四五分替
（第二三丁オ）
饗応
諸施入
施斎
（第二三丁ウ）「墨付ナシ」

（第二四丁オ）

十一日　展待　常住

（第二四丁ウ）

十二日　施斎　指吸藤四郎

（第二五丁オ）

十三日　施粥　稲葉村 徳左衛門
饗応　海会寺

（第二五丁ウ）

十四日　施斎　泉屋利兵衛

（第二六丁オ）

十五日　施粥　錦池玄忠
素麺　指吸善兵衛

（第二六丁ウ）

十六日　施斎　間中久右衛門
薬石　講師和尚

（第二七丁オ）

十七日　分衛皆請　大道旅籠町中
薬石　長慶寺

（第二七丁ウ）

十八日　施斎　岡村平兵衛

（第二八丁オ）

十九日　施斎　銭屋庄右衛門
施粥　大坂 中村次郎兵衛
添菜　岩　六兵衛

（第二八丁ウ）

廿日　先住諱　常住

（第二九丁オ）

廿一日　大般若転読　豊后原浦 万平
施斎　間中久右衛門

（第二九丁ウ）

廿二日　施餓鬼　岡村氏取次某甲
施粥　老門孫右衛門

（第三〇丁オ）
施餓鬼　　廿三日　　小西重蔵
施斎　　泉屋取次
施粥　　筏屋甚兵衛
（第三〇丁ウ）
施餓鬼　　廿四日　　指吸善兵衛
午時斎　　胡餅　　仝
（第三一丁オ）
施斎　　廿五日　　和泉屋伊兵衛取次
施粥　　赤尾九良兵衛
（第三一丁ウ）
施斎　　廿六日　　古家太郎兵衛
薬石　　成蹊院
（第三二丁オ）
施斎　　廿七日　　河内屋宇兵衛
皆請　　鉄屋常三郎
平兵衛

（第三二丁ウ）
添菜　　廿八日　　大坂岩田屋武兵衛
（第三三丁オ）
大般若真読　　廿九日　　大坂中村次郎兵衛
（第三三丁ウ）
饗応　　晦日　　清閑院
施斎　　沈香屋八兵衛店
（第三四丁オ）
大般若転読　　朔日　　永長左衛門
（第三四丁ウ）
大施餓鬼　　二日　　発起頭黒鳥氏大道南旅籠町中
右八月廿日夜因風雨為海浜溺死
（第三五丁オ）
饗応　　三日　　紀州艸堂寺
大般若転読　　山家屋太郎兵衛

（第三五丁ウ）

大般若転読　四日　古家太郎兵衛

施斎　備中宝福寺徒

三応林台禅衲

（第三六丁オ）

施斎　五日　泉屋権六

施餓鬼　指吸善兵衛

（第三六丁ウ）

施斎　六日　胡麻屋源兵衛

胡麻屋長左衛門

綷屋勘兵衛

綷屋ヲタカ

施餓鬼　綷屋丑松

（第三七丁オ）

大般若転読　七日　指吸善兵衛

施粥　沈香屋久兵衛

（第三七丁ウ）

八日

施餓鬼　指吸善兵衛

施粥　沈香屋四郎兵衛

（第三八丁オ）

施斎　九日　指吸善兵衛

会中惣供養大施餓鬼

（第三八丁ウ）

施斎　十日　指吸善兵衛

薬石　仝人

（第三九丁オ）

十一日

分散

（第三九丁ウ）「墨付ナシ」

（第四〇丁オ）

一藁　壱荷　赤沢金次郎

一藁　壱荷　しのたや伊兵衛

一藁　壱荷　しのたや七兵衛

一茄子　五拾　赤沢金次郎

一茄子　拾五　しのたや七兵衛

（第四〇丁ウ）

一五十八　しのたや久兵衛

一五種香　弐斤　日野屋九郎兵衛
一五種香　三斤　沈香屋八兵衛
一大豆　三斗　岡村平兵衛
一沈香　壱斤　岡村平兵衛
（第四一丁オ）
一縄　赤沢金十郎
一木板　弐筒　（泉屋）太兵衛
一打敷　弐片　綷屋丑松
一茶袋　薬袋　指吸隠居
一茶　拾斤　銅屋清兵衛
（第四一丁ウ）
一冬瓜　十　八百屋平兵衛
一茄子　五十
一香物　弐樽　間中久右衛門
一同　壱樽　銭屋庄右衛門
一同　壱樽　指吸善兵衛
（第四二丁オ）
一同　壱樽　泉屋伊右衛門
一醤油　壱樽　間中久右衛門
一加茂うり　五ツ　樽屋伊右衛門
一茄子　壱籠　信田屋仁右衛門
一醤油　壱樽　山家屋太郎兵衛

（第四二丁ウ）
一醤油　壱丁　細屋庄兵衛
一里芋　三斗　信田屋伊兵衛
同　七兵衛
同　久兵衛
一茄子　壱籠　権兵衛
一有米糖　壱斤　泉屋伊右衛門
一煎菓子　沈香屋八兵衛
（第四三丁オ）
一同　沈香屋四郎兵衛
一同　岡村平兵衛
一青物　弐荷　難波村中
一加茂うり　十　指吸内佐助
一同　十　山家屋久兵衛
（第四三丁ウ）
一香物　壱樽　熊野屋庄右衛門
一冬瓜　弐ツ　古手屋五郎兵衛
一菜　壱荷　葭屋長兵衛
一醤油　五升　池田屋長次郎
一唐芋　壱荷　山家屋利兵衛
（第四四丁オ）
一野菜物　壱荷　（南北）八百中

一里芋　弐斗　山家屋久兵衛
一とうふ　十五丁　河内屋新兵衛
一豆腐　十五丁　豆腐屋しけ
一冬瓜　五ツ　八百屋四郎兵衛
（第四四丁ウ）
一香物　壱樽　沈香屋八兵衛
一白砂糖　岡村取次
一同　吉野屋吉兵衛
一同
一引茶　壱壺　松倉次兵衛
（第四五丁オ）
一同　糸屋六兵衛
一梅干　壱荷　釘屋嘉吉
一揚豆腐　皆田氏
一香物　壱荷　指吸善兵衛
一木綿　壱端　岸田村おこふ
胡麻　四升
（第四五丁ウ）
一蒟蒻　五拾丁　山家屋庄兵衛
一豆腐　拾丁　専正寺
一豆腐　拾丁　正明寺
一手拭　百四拾筋　指吸隠居慈祥禅尼

一豆腐　大衆中へ
拾五丁　酢屋与兵衛
（第四六丁オ）
一施餓鬼大幅　弐本　泉屋利兵衛
鉄屋庄右衛門
岡村平兵衛
一大衆用下駄　百足　指吸店
一尊宿用下駄　二拾足　同断
一香物　壱丁　泉屋市兵衛
（第四六丁ウ）
一香物　壱丁　指吸善兵衛
一里芋　壱斗　施主某
一饅頭　三百　指吸藤四郎内
一香物　壱桶　米屋仁兵衛
（第四七丁オ）
一薪弐七掛　南中買中　柴屋源兵衛
納屋庄兵衛
納屋弥兵衛
納屋源七
綿屋新兵衛
西宮甚三郎
綿屋理兵衛

綿屋八兵衛
綿屋又右衛門
納屋左兵衛
綿屋宇兵衛
山家屋清兵衛

（第四七丁ウ）
一薪弐拾掛　　問屋中
海部屋清兵衛
綿屋金三郎
納屋太郎左衛門
土佐屋六兵衛
和泉屋利助

（第四八丁オ）
一薪拾掛　　綿屋新兵衛
西宮甚三郎
綿屋又右衛門
一同拾五掛　　綿屋金三郎

（第四八丁ウ）「墨付ナシ」

（裏表紙）
「布金山
副寺寮」

三　「布金山惣脩覆録　幷弘化四年霜月後脩覆之扣」について

天保一三年（一八四二）「布金山惣脩覆録　幷弘化四年霜月後脩覆之扣」（縦二五・〇cm、横一七・五cm）は、一の「碧巌会挂籍名刺」と同時に発見された文書である。(19) この文書には、天保一三年前後の大安寺伽藍の修理箇所や修理に必要な資金がどのように調達されたのかが記録されており、大安寺の建造物の歴史を調査する上で貴重な史料となる。文書は当時の大安寺住職棠山が記録しており、随所に棠山の名が見られる。

文書の内容は、おおよそ以下のように分けることができる。（第一丁オ）～（第九丁オ）は、天保一三年七月の玄関、鎮守堂、庫裏、方丈の修理の記録である。（第一〇丁オ）～（第一一丁オ）は、天保一三年七月の門内敷石の修理の記録である。（第一一丁ウ）～（第一三丁オ）は、天保一二年（一八四一）七月の地蔵堂他の修理の記録である。（第一二丁ウ）～（第一四丁オ）は、年次は判別しないが天保一二年と思われる西の小玄関他の修理の記録である。（第一四丁ウ）～（第一五丁オ）は、天保一五年（一八四四）三月の一二畳座敷および弘化二年（一八四五）四月の勝手四畳半の修理の記録である。（第一五丁オ・ウ）は、安政元年（一八五四）の地震後の庫下門・玄関・方丈の修理の記録である。（第一六丁オ）～（第二〇丁ウ）は、弘化四年（一八四七）三月～一一月の方丈の惣椽と茶の間の地袋などの修理の記録である。[20]（第二一丁オ・ウ）は、嘉永四年（一八五一）六月の乗物の駕籠、飾紐合羽などの購入代金の記録である。（第二二丁オ・ウ）は、嘉永四年七月の地蔵より北側の路地と戸の入口の修理代金と寄付の記録である。（第二三丁ウ）は、安政二年（一八五五）七月に行われた、地震で破損した昭堂の修理記録である。

文書は、表紙に書かれた天保一三年（一八四二）七月の修理記録が主体となっている。天保一三年以降、安政二年までの修理記録が、とりまとめられているほか、一年前の天保一二年の記録も含まれている。

記録には、修理を支えた檀越たちの名が記される。指吸善兵衛・赤沢金治郎・岡村平兵衛といった古くから大安寺を支えた人物の他に、大安寺の地蔵堂を信仰する講と思われる地蔵鱗甲講中が寄進をしている。また、金銭を寄進する檀越のほかに、手間（労働）を寄進する大工、左官、手伝といった人々もみられる。また、（第七丁ウ）には材木や釘など建築資材の代金や石屋や畳屋などへの支払が書かれており、修理工事の収支を調べることができる。（第九丁ウ）をみると、工事費は寄進だけでは賄えず、寺からも工事費を持ち出したことがわかる。

記録されている多くの修理の工事費は、複数の檀越からの寄進と寺の資金で賄われるが、有力な檀越の単独の寄進で賄われた場合もある。（第一一丁ウ）～（第一三丁オ）の地蔵堂他の修理は指吸家からの寄進で、（第一三丁ウ）～（第一四丁オ）の西の小玄関他の修理は、踞尾村庄屋の北村六右衛門からの寄進である。また、地震で破損した庫下門、玄関、方丈の修理費は、住職である棠山個人のみが出しており、修理費用の調達には多様な方式があることがわかる。

工事費の寄進者には、大安寺の檀越である堺の豪商や近郊農村の有力者だけではなく、地蔵講中を構成する指吸別家中や近隣の寺庵で、南宗寺の塔頭である集雲庵の名も見られる。

この時期の大安寺の普請を支えた人々の動向を知る上で、貴重な史料であるといえよう。

翻　刻

（表表紙）

天保十三寅年七月
　布金山惣脩覆録
幷弘化四年霜月後脩覆之扣

（第一丁オ）

玄関鎮守堂　脩覆喜捨扣
庫裏方丈
一銀六百目　指吸善兵衛
一同六百目　赤沢金治郎
一同六百目　岡村平兵衛

（第一丁ウ）

一銀弐百目　地蔵鱗甲講中
一同　百目　岡村類中 和泉屋利輔
一金　壱両　綿屋利衛
一同　壱両　同　金
一同　壱両　吉雄良琢

（第二丁オ）

一金参百疋　西脇善左衛門
一同弐百疋　小玉松治郎
一同弐百疋　熊田昌仙
一同弐百疋　具足屋五兵衛
一同弐百疋　中嶋屋善五良

（第二丁ウ）

一金百五拾疋　綿屋又右衛門

一同壱歩壱朱　皆田栄市郎
一同百疋　吉祥院
一同百疋　元来屋弥十郎
一同百疋　和泉屋利兵衛
（第三丁オ）
一金百疋　信田屋七兵衛
一同百疋　樫屋利兵衛
一同百疋　尾張屋治兵衛
一同百疋　和泉屋庄兵衛
一同百疋　南　助治郎
（第三丁ウ）
一金百疋　松下長左衛門
一同百疋　錦地左司馬
一同三銖　矢比屋庄右衛門
一同弐銖　綷屋孫八
一同弐銖　熊野屋善蔵
（第四丁オ）
一金弐銖　吉野屋瑞光
一同弐銖　大和屋長兵衛
一同弐銖　布屋徳兵衛
一同弐銖　沈香屋仁兵衛
一同弐銖　平野屋嘉兵衛

（第四丁ウ）
一金壱朱　糸屋六兵衛
一同壱朱　江戸屋喜乃
一同壱朱　信田屋伊助
一同壱朱　土屋五兵衛
一銀弐拾目　銭屋新兵衛
（第五丁オ）
一銀参両　集雲庵
一同拾文目　筆屋半兵衛
一同拾文目　池田屋長十郎
一同拾文目　土屋久兵衛
一同六文目　熊田元達
（第五丁ウ）
一銀参文目　丑　治兵衛
一青銅壱貫文　集雲庵鎮首座
一同　八百文　信田屋小林
一同　参百文　和泉屋儀右衛門
一同　参百文　同　藤吉
（第六丁オ）
一同　弐百文　信太屋定治郎
一内玄関一間半二枚折　沈香屋八兵衛
襖張替金壱両

一銀百目　米屋新兵衛
一金百匹　納屋庄兵衛
（第六丁ウ）
一手間五工　北崎作兵衛
一同　壱工　同　吉兵衛
一同　三工　左官弥兵衛
一同　五工　手伝甚八
（第七丁オ）
合金拾両壱歩（六拾弐匁替）
銀弐貫百七拾壱匁九分
銭弐貫六百文（九文目替）
三口合銀弐貫八百三拾目八分
（第七丁ウ）
出銀払高
一銀八百八拾五匁二分　大工財木（釘代共）
一同八拾六文目二分　同
一壱貫百七匁壱分　同
一同七拾九匁参分　石屋払
（第八丁オ）
一銀弐百九拾三匁一分五厘　畳屋払
一同百弐拾目　茶飯雑費
一同五百弐拾壱匁五分　苆土砂

又弐拾二文目　石灰代（左官弥兵衛渡）
一同九拾五文目　瓦屋払
又三拾壱文目
（第八丁ウ）
三百十八文買
一銭六拾貫五百八文　手伝江払
又拾弐貫三百文
〆銀三貫弐百四拾匁四分五厘
銭七拾弐貫八百八文（九匁替）
二口合銀三貫八百九拾五匁七分弐厘
（第九丁オ）
一銀弐拾目　願済雑用
一同四拾目　諸方進物入用
合三貫九百五拾五匁七分弐厘
内弐貫八百三拾目八分諸方喜捨入
差引残壱貫百弐拾四匁九分弐厘寺ゟ持出ス
（第九丁ウ）「墨付ナシ」
（第一〇丁オ）
（十三間四尺）門内鋪石喜捨扣
一金弐両壱歩壱朱　（世話人）土庵徳兵衛
一同壱両壱歩　赤沢金治郎

一同壱両壱歩　　岡村平兵衛
一同壱両　　岡村久米
（第一〇丁ウ）
一金百疋　　和泉屋伊右衛門
一銀百目　　鱗甲地蔵講中
一同四拾五匁　　寺ゟ持出ス
一同四拾三匁　　指吸長左衛門
　合五百七拾六匁
（第一一丁オ）
右ハ天保十三寅年七月
（第一一丁ウ）
江海鱗甲地蔵堂新建幷」井戸掘替石書塔引直シ、
楞厳庵惣脩覆幷畳直シ、」席替惣入用出高
（第一二丁オ）
一銀拾七文目　　願済入用高
一金拾両　　大工払渡
一銭五拾貫文（九匁替）　　財木釘代払
一同三拾三貫七百四十六文（同）　　瓦㔟土左官
　　手伝渡
一銀百三拾壱匁二分　　諸買物
　　石屋渡
（第一二丁ウ）

〆金拾両
　銀九百壱匁九分壱厘
一　障子　三枚　　指吸　毎
　施我鬼大幡
一金壱両（天井張替料）　　赤沢金治郎
（第一三丁オ）
右者海山宗一居士志願ニ付」指吸家ゟ出銀、
天保十二年丑七月　　見住棠山誌之
（第一三丁ウ）
西之小玄関幷廻廊十間屋根」葺替、東附掛塀四間
半脩覆、」北村六右衛門ゟ出銀喜捨
（第一四丁オ）
惣入用銀高
　合六貫百拾五匁六分三厘
（第一四丁ウ）
天保十五辰年三月
拾弐畳座敷幷四畳半外縁、」天井張替惣修復出
銀高」八百三十弐匁外ニ金弐両壱分
弘化二巳年四月
勝手四畳半幷三畳押入弐ヶ所、」修理出銀惣高
　三百八十弐匁
此ノ二口〆高壱貫三百十七匁
　一壱貫三百十七文目也
（第一五丁オ）

内金弐百匹　岡平ゟ寄附
大工作料一人半　四文目九分
手伝三百十八文　茶代無シ
一安政元寅年大地震ニ付、庫下門玄関方丈修理
一五百三十八匁二分　大作払　但シ材木代共
一百四匁六分六リン　仲ノ丁大道釘安払
一百八匁　左官ノ吉シ払
一拾弐貫八百文　手伝甚八払
一七十五匁　石喜
（第一五丁ウ）
一弐十五匁　戸ヤ払
一四匁九分　竹市
一百八匁壱分七リン　上七払
一八十四匁五分　畳久
一十弐匁五分　灰金
一十八匁　同人
一三貫五百文　手伝甚八
一三匁八分　大キ
〆壱貫三百十七匁七分三リン
右棠山出銀
（第一六丁オ）
方丈惣椽十七間半張替幷」茶之間地袋伴部屋納屋

脩覆」喜捨之扣
弘化四竜舎丁未春三月始冬十有一月終
棠山記之
（第一六丁ウ）
金十両　指吸毎
金五両　赤沢哲三郎
金四両　岡村平兵衛
銀五枚　地蔵講中指吸別家中
銀壱枚　指吸千代
（第一七丁オ）
金弐百匹　天神吉祥院
銀壱両　集雲庵
金弐百匹　芳雄玄素
金弐百匹　児玉松三郎
金百疋　皆田与兵衛
（第一七丁ウ）
金百匹　熊野屋常三郎
善蔵
一銀三両　本城屋賀十郎
金弐朱　いつミや庄兵衛
金弐朱　尾張屋治兵衛
銭弐貫四百文　銭屋新兵衛

（第一八丁オ）
金弐朱　筆屋半兵衛
同弐朱　八木ヤ幸助
五百文　信太屋七兵衛
銭四百文　泉屋儀右衛門
銀五匁　信太屋清兵衛
（第一八丁ウ）
同三匁　河内屋利兵衛
銀五匁　信太屋平兵衛
四百文　いつミや五兵衛
三匁　信太家貞治郎
三匁　いつミや利助
（第一九丁オ）
三匁　池田屋岩吉
三匁　江戸屋きぬ
札三匁　中嶋屋市左衛門
外ニ札八匁　熊田玄達
同金弐百匹　古家氏
（第一九丁ウ）
〆壱貫七百十四匁三分
材木代壱貫弐百六十一匁四分五厘
大工作料壱貫百四十八匁三分五厘

竹代弐拾三匁
（第二〇丁オ）
釘代拾七貫六百八十文
尾張作料六貫八百文
手伝甚八渡六貫八十文
同断四貫五十文
畳師作料五十五匁
（第二〇丁ウ）
左官作料四十八匁五分
惣払高弐貫八百八十弐匁四分
内喜捨高
　壱貫七百十四匁三分
残リ壱貫百七十八匁一分
　棠山出之
（第二一丁オ）
　現住棠山記焉
嘉永四辛亥年六月
乗物駕子幷飾紐合羽共価
金拾三両三歩　外乗物台・上紐入口」新兵衛酒料
十四匁上紐代
金弐朱乗物台
銀一両入口新兵衛祝儀

喜捨之覚左通

（第二一丁ウ）

金三両　指吸毎　　金弐両　地蔵講中

金弐両三歩　赤沢　　金弐両三歩　岡村

金弐朱　児玉　　金百疋　尾張ヤ

金弐朱　熊野ヤ利兵衛　　金弐朱　熊野ヤ善蔵

金百疋　本城ヤ賀十郎　　金一両　棠山

（第二二丁オ）

一弐十七貫文　尾張人足」土代共

一七十匁石代

一百十五匁　大工手間」八分五リン　材木共

一五貫弐百五文　手伝

一八十九匁　瓦代」五分弐リン　湊新兵衛

又弐貫九百八十文　古瓦代

一百三十九匁九分五厘　友佐

一三十一匁三分　粉土石灰代

一五匁六分　釘竹代

惣〆八百三十八匁弐分弐リン

地蔵ゟ北側路次戸入口共

入用百六十九匁是ハ指吸氏」ゟ寄付

外ニ七十匁　赤沢氏」寄付

東側塀ハ棠山出銀

（第二二丁ウ）

右ハ天神吉祥院ゟ墳所新調ニ付被寄附候、

嘉永四辛亥年七月

左ハ安政二卯年七月

一百六十三匁九分　石喜払

一百九十三匁　左官弥兵衛

一拾八貫文　代百八十匁　手伝甚八

一百八十九匁五分　〆七百弐十六匁四分　大工北崎払

右地震ニ付、昭堂修覆、北村六右衛門出之、

（第二三丁オ）

安政元寅年九月御朱印御改ニ付、案山病気代」本山ェ願入候

所、聞済ニ相成、為代人同聚老和尚」出府ニ御座候

右入用銀別記有之、尤銀高壱貫目

（第二三丁ウ）

布金山

大安禅寺

（裏表紙）

「大安禅寺」

業に関わった人々の名を刻んだ木板である。

「名簿」については、大安寺研究を精力的に進められた泉澄一氏の研究に全文が紹介されている[21]。泉氏の研究は、銘板に記録された主要な僧や豪商について詳しく解説をされており、参考になるものである。また、『重要文化財大安寺本堂修理工事報告書』にも「名簿」の全文を紹介している[22]。先行研究によって、すでに紹介が行われている史料ではあるが、泉氏のものは発表されて日が経っており、修理報告書は、一般に頒布がされていない。したがって、多くの人に「名簿」の内容を紹介する目的で、全文を紹介する。

四　「大安寺再興諸檀越名簿」について

「大安寺再興諸檀越名簿」（以下「名簿」）は、天和三年（一六八三）一一月に寺地を替えて再興した大安寺の復興事

「名簿」は、冒頭に「泉州堺布金山大安禅寺諸檀越再興幷助縁之簿」とあり、当時の住持大圓長根の再興法語と再興に携わった人々の名簿から構成されている。縦五一cm、横一九七cmの木製黒漆塗の銘板で、板面の上に白文字で銘文が記されている。銘文は、年月を経て傷みが激しい。記載される人数は、再興諸檀越が二一人、諸方助縁之清信士女が一九一人、合計で二一二人である。

再興諸檀越の指吸氏や綷屋氏は、第二節や第三節の史料中にも見られた人々であり、「名簿」によって、再興当初から大安寺に関係していたことがわかる。一方で、手品氏、植下氏、辻氏などその後の記録に名前が出てこない人々もいる。これらの人々については、泉氏も触れておられない。大安寺を支えた檀越の消長を考えるうえで、今後の検討課題となろう。

諸方助縁之清信士女には、第二節や第三節の史料中でもみられる堺商人の山家屋、銭屋、海部屋、具足屋、布屋と

いった人々の名がみられる。中筋村庄屋南家の助左衛門や医家の半井宗珠の内室も名を連ねている。諸方助縁之清信士女の大半は堺商人が占めているが、名簿の後の部分には地蔵院や妙智院などの大安寺と関係が深いと思われる寺院の関係者や士休禅者、士達蔵司など大安寺僧と思われる人々の名や、塗師、蒔絵師、鍛冶など大安寺再興の工事に直接携わったと思われる職人たちの名も見られる。また、新保助三郎など武家かとも思われる人物も見えるなど、再興諸檀越に比べると多様な人々が参集しており、大安寺再興を支えた広範な人々の集まりと考えられる。

「名簿」は、天和三年の大安寺再興時の様子を知るうえでの唯一の史料であり、紹介した他の史料と比較検討をすることによって、より新しい事実が判明することも多いと思われる。

翻刻

泉州堺布金山大安禅寺諸檀越再興幷助縁之簿

古刹荒落　久経星霜　再為修造　喜成願望
搬土挽石　立柱上梁　変荊棘地　作布金場
得旺契運　続熖聯芳　宗風遍界
恵日増光　龍无護法　麟鳳呈祥　憑諸檀力
巌壱宝坊　誠志亍尚　功徳無量　福海波湧
寿山翠昌　普成仏道　共証真常　山門鎮静
国土安康
恭伸短偈　且作称揚

功蓋萬代　名傳無疆
旹天和三癸亥癸亥稔十一月如意珠日
冉住持嗣祖沙門大圜長根謹志旗印印
当寺再興諸檀越
綷屋　了雪　辻　九兵衛　舳松　宗全　江嶋　惣兵衛
辻　貞直　油屋　吉重郎　久　作兵衛　手品　六兵衛
指吸　恕閑　油屋　八左衛門　池宮　善十郎　布屋　喜右衛門
鍋屋　加兵衛　指吸　善兵衛　油屋　長四郎　辻　重兵衛
植下　九郎兵衛　綷屋　長五郎　綷屋　長右衛門　綷屋　利兵衛

植下　四郎兵衛

諸方助縁之清信士女

箕形　玄瑞　阿賀屋　宗意　塩穴　武右衛門　皆田　三郎兵衛
山家屋　道佐　墨屋　宗心尼　高金　重郎　南　助左衛門
久家屋　了甫　森田　九郎兵衛　山蔵　善右衛門　塩穴　清兵衛
柳屋　正体　智鏡信尼　山蔵　自照　舳枩　治兵衛
阿賀屋九郎右衛門　智貞信尼　紅粉屋彦右衛門　紅粉屋　春意
伊丹屋六左衛門　阿賀屋　庄太郎　川屋　喜左衛門　望月　七兵衛
平野や　彦八　藤屋　宗徳　舛屋　久左衛門　木屋　彦左衛門
墨屋　与三兵衛　玉井　久務　泉屋　惣左衛門　中町浜仁右衛門
墨屋　源兵衛　油屋　宗古　油屋　次郎兵衛　材木町新左衛門
胡麻屋　久甫　油屋　自堅　油屋　吉左衛門　新左衛門内儀
讃岐屋　円清　油屋　自鏡　油屋　治兵衛　舳松　妙珍
讃岐屋　善兵衛　油屋　宗雲　油屋　吉右衛門　舳松　伊右衛門
讃岐屋　浄雲　油屋　休故　油屋　次郎兵衛　舳松　久左衛門
北田　宗悦　油屋　鳳雲　油屋　三郎兵衛　舳松　伊兵衛
北田三郎左衛門　油屋　霊玄　油屋　甚左衛門　泉屋　喜右衛門
北田　清順　油屋　妙玄　油屋　惣左衛門　布屋　庄兵衛
布屋　吉右衛門　斜屋　玄心　難波屋　茂兵衛　布屋　治兵衛
綷屋　了安　阿波屋　権兵衛　綷屋　甚三郎　綷屋　半右衛門
綷屋長五郎内儀　綷屋　了喜　綷屋　勘兵衛　綷屋　栄心
綷屋長右衛門内儀　綷屋九郎右衛門　綷屋　利右衛門　綷屋　妙喜

綷屋　傅右衛門　大津屋九左衛門　京紺屋　茂兵衛　綷屋　空性
伊丹屋　道順　伊丹屋　善七　堀口　久右衛門　綷屋　自清
塗物屋　宗意　茶染屋三郎右衛門　帯屋　久兵衛　帯屋久兵衛内儀
茶屋　喜右衛門　嶋屋　小兵衛　和気屋五郎兵衛　銭屋庄兵衛内儀
銭屋　市兵衛　銭屋　庄兵衛　布屋　喜兵衛　布屋　祖鏡
布屋　善兵衛　布屋　勝兵衛　板屋　吉右衛門　栢　久右衛門
辻　市兵衛　辻　九兵衛内儀　辻　市兵衛内儀　手品　丹真
指吸　妙壽　指吸　慈明　帍間　妙心　帍間　妙把
帍間　妙順　帍間　仁兵衛　帍間七郎右衛門　新保　助三郎
金田屋利右衛門　奈良屋　七兵衛　木屋　小女良　古座浦次郎右衛門
鶴餅屋　庄兵衛　臼屋　善三郎　布屋　九郎兵衛　紅粉屋五郎兵衛
綿屋　長兵衛　福本五郎左衛門　熊野屋　太兵衛　茶屋　長兵衛
毛縄屋　恵照　毛縄屋　了有　越後屋　夏　紅粉屋　七兵衛
墨屋　六兵衛　墨屋　源右衛門　四条　祥林　茶屋　五郎介
半井　宗珠内室　紅屋彦右衛門内室　舟屋　次郎兵衛　油屋　助空
海部屋　久兵衛　薄屋　喜左衛門　紅屋　長兵衛　油屋　作
石田　宗設　簗尾　治兵衛　朱屋　庄兵衛　舳松　梅
堀口　長左衛門　帯屋　源兵衛　帯屋源兵衛内儀　綷屋　甚左衛門
伊丹屋　妙是　伊丹屋六左衛門内儀　具足屋　治兵衛
海部屋　宗本　海部屋　宗貞　糸屋　宗立
綿屋　宗慶　泉屋　道顕
箕形　琳斎

東泉寺　全雄　士休禅者　慈門新戒　亀甲屋　八兵衛
龍雲寺　隠山　士達蔵司　士音侍者　福島　七兵衛
妙智院　等中　士観侍者　士哲侍者　塗師　庄左衛門
法泉寺　元真　士柏禅人　士林新戒　蒔絵師　茂兵衛

円福寺　自閑　士本新戒　了心新戒　鍛治　久兵衛
地蔵院　天真　道雲新戒　住吉　以貞　左官　半兵衛
万代寺　恵即　井上　了栢　石工　久兵衛
明眼寺　傭夫　長兵衛
力者　市左衛門

おわりに

大安寺伝来の新出文書をもとに江戸時代の堺の禅宗寺院でおこなわれた法会と普請について述べた。ここで取り上げた法会や普請は、かつて『堺市史』などで断片的に触れられたことがあったが、基本史料の分析がなされていなかったため、全体像が明らかにされず、不十分な論及に留まってきた。今回、史料の紹介を含めて論じることができたため、大安寺と堺町衆の関係の解明など今後の研究の端緒を開くことができたと思う。

注

（1）拙著『一休派の結衆と史的展開の研究』（思文閣出版、二〇一〇年）第一部第二～五章。
（2）注（1）前掲書第二部付論。
（3）白石虎月『東福寺誌』（東福寺、一九三〇年初版、思文閣出版、一九七九年復刻）。
（4）『浪速叢書　第一三巻』（名著出版、一九七八年）。

（5）泉澄一『堺』（教育社、一九八一年）の第一章「『蔗軒日録』の堺」、今泉淑夫「大安寺長寿侍者について」（『日本中世禅籍の研究』吉川弘文館、二〇〇四年）などを参照。
（6）慶長二〇年（一六一五）の焼失から天和三年（一六八三）の復興に至るまでの間、どこに大安寺の寺地があったかについては、明らかではない。
（7）泉澄一「堺大安寺・開山堂と北村六右衛門」（『史跡と美術』四四二、一九七四年二月）、『重要文化財　大安寺本堂修理工事報告書』（宗教法人大安寺、一九九九年）
（8）大休恵昉については、『近世禅林僧宝伝』を参照。宝福寺御住職小鍛治元慎氏には、大休恵昉、逸堂などの宝福寺の禅僧についてご教示を得た。記して感謝いたします。
（9）『堺市史　第七巻』一二六三頁。「碧巌会挂籍名刺」の冒頭では大林となっており、誤記の可能性がある。
（10）注（3）前掲書一〇〇〇頁。
（11）森杉夫「老圃歴史」（『堺研究』一一、堺市立中央図書館、一九七九年三月）四〇頁。
（12）文書は、堺市教育委員会の古建築担当職員が庫裏解体現場の塵中から発見、保護した。
（13）この法会に賛同して参集した老師と思われる。
（14）招待をうけて参集した老師と思われる。
（15）峯山紀道『崑崙集』（峯山紀道、二〇一二年）参照。
（16）全瑞は「妙処絶言々絶参、宗風幾歳暗天南、禅門自有陽春化、祖苑花開無味談」（『崑崙集』三二六頁）、祖隆は「禅門綱要可窮参、参徳不明有指南、指南通達活機用、用処耳聾聞妙談」（『崑崙集』五三頁）の詩を寄せている。
（17）『新版禅学大辞典』（大修館書店、一九七八年初版、一九九三年新版）七八四頁。
（18）大慧書会については、大槻幹郎氏と伊藤克己氏のご教示を得た。記して感謝いたします。
（19）注（12）参照。
（20）注（7）前掲書『重要文化財　大安寺本堂修理工事報告書』二頁「大安寺本堂略年表」や九三頁の部材墨書の⑧をみる

と、弘化四年に縁の修理の痕跡を認めることができる。しかし、椽の修理の痕跡はみられない。惣縁の誤記の可能性があることを指摘しておく。

(21)　泉澄一「天和三年・堺大安寺再興の諸檀越名簿について」（『史跡と美術』四三〇、一九六七年一二月）。

(22)　注(7)参照。

〔付記〕　史料の紹介を快く承諾していただいた大安寺御住職塚本宗達氏に感謝をいたします。本章は、日本学術振興会科学研究費基盤研究（A）（2）「禅宗寺院文書の古文書学的研究」（研究代表　東京大学史料編纂所教授保立道久、平成一四年度―一六年度）の研究成果を反映している。

第二部　地域史料にみる近世堺の社会と文化

第一章　堺の復興と近世都市の誕生

――龍光院所蔵元和六・七年大通庵普請記録――

はじめに

堺の町は室町・織豊期には「津」と記された港湾都市であった(1)。イエズス会の宣教師は「日本のベニス」と報告し、中世末から近世初頭にかけては遠くヨーロッパにおいても「Sacai」や「Sacay」の名で地図に標示をされるほど繁栄した貿易都市であった(2)。室町時代の堺の都市運営の基礎は武家や寺社による支配行政でなく、有力な商人による合議によって担われていた。会合合議による都市運営にかかわる有力な商人たちは会合衆とよばれた。彼らは、織田信長・豊臣秀吉といった戦国乱世を終わらせた天下人たちとも対立・妥協を繰り返して、乱世を生き抜いていった。商人たちによる旧来の堺の自治は、天下人たちの支配に対応してスタイルを変えざるを得なかったが、堺の経済的繁栄は続いていった。

慶長一九年（一六一四）の大坂冬の陣においても、堺は豊臣方に占領された後、徳川方に解放されるなど武士たちのいくさに翻弄をされた。大坂冬の陣を乗り切った中世都市堺であったが、大坂夏の陣では戦火によって終焉をむかえることになった。

慶長二〇年（一六一五）四月二八日夕方午後四時頃。豊臣方の武将である大野治胤（道犬）は、堺が徳川方の兵站地となることを恐れ、堺に火を放った。堺を焼き尽くす炎は遠く大坂からも見ることができるものであった。これについてイエズス会の宣教師は、「この不幸な火災によって、二万軒にのぼる家々が炎に包まれ、限りない費用を傾けて建てた数多くの仏教寺院も次々に焼け落ちた。（はるか）大坂からも夜空を焦がして、まるで火の海のように大きな火柱が天に向かって立ち昇るのが見えた」と悲惨な有様を書き残している。[3] 大徳寺の僧で、堺の豪商天王寺屋（津田家）の一族江月宗玩は、大徳寺山内で衝撃的な故郷焼亡の悲報に接した。「四月二九日、堺が戦乱で焼けたと、同日の夕方、（戦陣にあった）小堀遠州から知らせて来た。気も狂わんばかりで、一句を作り返事をする。」とし、「後漢の神仙の欒巴のように遠方の火事をとめる神通力を持たないわたしは、生家が燃えるのを救うこともできない。開山祖師が言われているように、建立も掃蕩もすべては一心に由る、あれほど豪奢を誇った堺の町が壊滅したとは、まことに永遠の富貴を続けることができる家がいかほどあるだろうか。」と故郷を襲った未曽有の不幸に対する断腸の思いを偈にした。[4]

五月七日大坂城天守焼亡と翌八日の豊臣秀頼と淀君母子の自害によって大坂夏の陣は終焉した。豊臣宗家の滅亡によって、応仁文明の乱以来一五〇年余りの戦乱の時代に終止符が打たれた。国内のみならず、朝鮮出兵によって国外でも殺戮を繰り広げた長い戦乱の時代は終わり、慶長は元和と改元された。中国古典『書経』にある武器を倉に収めて戦を終わる偃武ということばに因んで、後世に元和偃武と賞賛された時代が幕をあけた。それは現代の内外の歴史家たちから「徳川の平和（パクス・トクガワーナ）」と評価をされる二五〇年余りにおよんだ大名の間での軍事衝突がない時代のはじまりであった。

一　元和の復興のあゆみ

終戦とともに幕府は早速に荒れた戦災地の復興に着手した。大坂は松平忠明が、堺は堺代官長谷川左兵衛藤広がその任についた。堺は風間六右衛門が地割奉行として、実務を執った。

長谷川藤広は、家康側近の金地院崇伝とも連絡を緊密に取りながら復興にあたっている。以下崇伝の記録である『本光国師日記』から、その経緯を見ていく。

京都滞在中の崇伝は、六月五日付けの長谷川からの書状で復興工事の鍬入の日取の相談をうける。(5) 焦土と化した中世都市堺と訣別し、新しく近世都市建設に向かって歩き出す大切な日である。崇伝は翌六日に返信を送り、六月一八日の癸巳の日の選択を進言した。崇伝は六月九日以降は上々の吉日は見当たらないが、来月に延期するのはどうかと思い、この日を選んだと記している。さらに、町の復興開始日をもしも延期して差し支えないのならば、もう一度相談してほしいと書き記している。(6) この遣り取り以外に記録がされていないことを考えると、先の進言が容れられた結果、六月一八日に鍬入は行われたと考えてよいであろう。戦争によって荒廃した都市を長期に放置することが、政権にとっても社会にとっても不利益であることを判断してのことであろうか。七月への延期をすることなく、終戦後一ヶ月半で復興を開始した背景には、幕府の迅速な都市復興への意思が読み取れよう。

慶長二〇年（一六一五）の大火で焼失した商家と寺社は復興のため、堺の近世都市の町割りが具体的に進められるなかで、屋敷地や領地の安堵に全力をあげた。

堺の復興の経緯については、故福島雅藏氏の『本光国師日記』を丹念に調べた研究がある。(7) 以下、福島氏の研究をもとに見ていく。

崇伝の以前からの知己に葛島道半という堺の商人がいた。六月八日の『本光国師日記』によると彼は自身の堺屋敷の屋敷地の保全のため崇伝へ接触し、長谷川への口利きをしてもらっている。(8) 葛島をはじめとする堺の商人たちは、復興過程で、幕府の実力者たちに対して旧来の自分たちの権利を保全するために迅速に動いたのである。

幕府への堺からの働きかけは、その後も続く。一二月八日には、妙國寺之使僧と妙國寺のゆかりが深いと思われる鹿塩宗具が駿府の崇伝の許に接触に来た。(9)「続目御朱印之事」すなわち、妙國寺の領地の保証を求めての来訪であった。一三日には、同じ理由で堺光明院の使いがやって来る[10]。また、一二月二七日の記録によると、駿府の崇伝の許に堺の大寺（念仏寺）（開口神社）の西坊と天神（菅原神社）の奥坊が朱印の願いに来ている[11]。翌元和二年（一六一六）正月一八日の『本光国師日記』は、堺南宗寺・禅通寺・海会寺・大安寺からの使僧四人の来訪を記す。彼らは長谷川藤広からの便宜をはかってやってほしいという内容の手紙を持っていた。また堺の禅僧たちには、長谷川以外にも強力な後ろ立てがあった。京都五山の禅寺と五山には属さないものの大きな力をもつ大徳寺の玉林院・龍光院・芳春院の三塔頭が、南宗寺の領地の保証を崇伝に働きかけていた[12]。

また、海会寺と大安寺の本寺にあたる東福寺からも同じく領地保証の働きかけが崇伝に対してなされていた[13]。崇伝は南禅寺金地院の禅僧である。同じ京都の禅寺からの働きかけが功を奏したことは想像に難くない。

さらに日蓮法華宗徒の堺商人油屋道幾が経王寺の件を、今井宗薫が自らが外護する向泉寺の件を、京都の禅林寺が末寺堺十萬の件をいずれも崇伝に依頼すべくそれぞれが接触している[14]。

堺の寺社とその本寺や檀家からの崇伝への活発な働きかけは、彼が京都所司代板倉勝重とともに家康の側近として幕府の寺院行政一般を掌握していたことによる。堺の諸寺社の持つ領地宛行の朱印状は豊臣政権から付与されていたものであった。徳川幕府がそれをそのまま保証してくれるのか否かは、寺社にとって死活問題であった[15]。

元和二年（一六一六）八月に崇伝は妙國寺の朱印安堵願いについて、「堺寺庵惣並」との返事をしている[16]。これは、旧来の堺の寺社の朱印をすべて保証することを伝えたものである。

堺の朱印寺院一六箇寺からの領地保証の願いは、同年九月一六日に堺代官長谷川藤広や幕府閣老とも調整したうえで安堵とされ、その結果が本山や外護者たちに崇伝から連絡をされた[17]。豊臣時代を踏襲して堺の一六の朱印寺院は、宗派とは関係なく一六箇寺の寺院組合に編成された。それは後に一八箇寺に増加、それらの寺領は豊臣時代と同様に堺郊外の踞尾村に所領を宛がわれている。

このようにして堺の諸寺の寺領は安堵されたものの、その境内地は近世都市堺の区割りおいては元の所在地に復することは許されなかった。ほぼもとの通りの場所に境内地を宛がわれたのは開口神社（大寺）と菅原神社（常楽寺）のみで、それ以外の諸寺は都市の外縁の寺町へ以前より広い敷地を宛がわれ配置された。

諸寺は、西の海浜部や堺奉行所や大寺・常楽寺が所在する都市の中心部からみて、寺町、農人町、土居、環濠の順番で配置をされた。寺町の北部エリアは後背湿地にあたり、開発環境に適しているとは言い難い場所であった。このような開発が困難な場所を寺町にして、寺院の土地開発能力をもって都市の活性化を図る事例は、他都市にもみうけられる[18]。また、都市の外縁に濠や寺院を配置することで、防御的機能を持たせた部分もあったかと思われる[19]。

二　天王寺屋と堺大通庵

堺は日本の文化史上に大きな足跡を残した天王寺屋三代の故郷であり、その一族である江月宗玩にとってはもっとも懐かしい町であった。

天王寺屋は戦国・安土桃山時代の堺の豪商で、姓は津田家を名乗る。彼らは津田宗柏（一四四四～一五二七）の時代に商人としての基礎を築いた。その頃は、湯川氏をはじめとする遣明船貿易で財を成した商人が、堺の豪商の中心にあった[20]。宗柏の息子津田宗達（一五〇四～六六）の時代には、遣明船貿易が終熄をした堺において天王寺屋は堺を代表する豪商になっていた。堺は武家や寺社でなく、有力な商人たちの合議による都市運営をおこなっていたが、天王寺屋一族はその中枢に当たる会合衆の重鎮として、確固たる位置を占めていた。宗達の子宗及（生年未詳～一五九一）、宗及の子宗凡（生年未詳～一六一二）に至る天王寺屋三代は、茶の湯文化史上においても優れた足跡を残している[21]。

天王寺屋三代をはじめとする一族の菩提は、堺の大通庵で弔われた。大通庵はその名でわかるように、大通居士津田宗達の菩提を弔うための寺であり、宗及が春屋宗園を招いて開いた禅院である。津田家の菩提寺であった。元亀三年（一五七二）八月、春屋宗園が宗達七回忌のために作った香語が龍光院に残されているが、それによれば「宗及禅人」は「私第」に春屋を招じて法要を営んだことが窺える。この「私第」（個人の邸宅）こそが、大通庵そのもの、もしくは大通庵の前身であった可能性が高い。

ところで、強大な堺の富を背景にして、中世末に堺の町には、数多くの寺院が林立する。それらは、近世の堺の寺院へと繋がっていく。とくに、禅に関しては禅林文学において「泉南仏国」と称されるほど、隆盛を極めていた。[22]海会寺のように十刹に列せられているような寺院を除くとその多くの成立経緯は、豪商が私邸を寄進して寺院にしたものであったと。そのような事情を勘案すると大通庵も他の禅院と同様に堺に数多くあった宗達の屋敷邸宅の一つに宗及が「大通庵」の扁額をかけて、一族の菩提寺としたと考えるのが自然であろう。

津田宗及の次男である江月宗玩の語録『欠伸稿』には、慶長一九年（一六一四）五月二九日に大通庵で営まれた江月の兄に当たる津田宗凡の三回忌に際しての香語が収録されている。[23]

丁聖伯宗凡居士大祥忌之辰、其親眷就于大通禅菴、設小斎会。越賦一偈供霊前。予亦聊寄兄草弟麻思云

地是江南蘆萩（荻）洲、忽随流水更無憂。

三年光景孰三日、作舊時看一睡鷗。

前文から天王寺屋宗家の跡取りであった宗凡居士の三回忌に、天王寺屋の親戚一同が堺大通庵に集って斎会を営んだこと、江月が一偈をもって亡き兄への兄弟の思いを述べたことがわかる。「アシとオギの生える水辺の堺。その水の流れに身を任せば、もはや何も憂うこともない。この三年はさながら三日のようだった。浜辺で眠るカモメは何のかわりもない、昔のままだ」（芳澤勝弘編著『江月宗玩欠伸稿訳注　乾』より）。なお『江月宗玩欠伸稿訳注　乾』二〇四頁の解説によると「蘆萩（荻）」の語は、アシとオギ（ハギではない）を指すが、これは、水辺に生える草の総称と考えて

いい。亡き兄を想い、久しぶりに戻ってきた堺を想う二重の「懐旧」の偈であるが、元和の大火で焼ける前の堺の浜について触れた貴重な史料であるともいえよう。海辺の汽水域にはアシやオギなどの植物が自生するが、江月が記すように中世の堺の浜辺も汽水域に植物が茂り、鷗が休むといった光景が広がっていたのであろう(24)。

その堺は、慶長二〇年（一六一五）大坂夏の陣の前哨戦において、四月二八日、大坂方の武将大野治胤（道犬）が放った火で、町全体が焼け野原となった。大通庵もその例外ではなかった。大通庵にあった宗達・宗及ゆかりの天王寺屋の名宝は、戦乱の風雲急を告げる中、三月まで堺に留まった江月の手によって大徳寺山内へと運び込まれた。国宝に指定されている曜変天目をはじめとして現在まで大徳寺龍光院に伝えられる天王寺屋所縁の名宝は、江月が守り抜いたものである(25)。

大坂夏の陣が終わると幕府は本格的に、被災地の復興を始めた。堺奉行が天王寺屋に新たな大通庵の敷地として宛がったのは、南北に長い堺の寺町のちょうど中間点、堺の中心の道である大小路に面した場所であった(26)。大通庵は堺の近世の寺町の一等地に境内地を構えることになったのである。

大通庵の建設資金は、江月の尽力によって、調達された。江月宗玩・半井卜養・壺屋道味など天王寺屋関係者が総力をあげて取りかかった結果、元和八年の冬、堺の寺町の一角に大通庵は復興を遂げた。ところで丁度その年に寄進された復興記念の鰐口が、同じく堺の寺町にある法華宗寺院の顕本寺（京都本能寺末）に残されている。このころに多くの堺寺町の寺院が復興を遂げていったのではないか。その後、大通庵は津田家の親戚にあたる堺半井家によって維持・管理をされた。そして、江戸時代の終わりには廃寺となり、明治時代以降は断絶した(27)。

近年大通庵跡から西へ三〇〇ｍほど離れた場所から、ベトナム中南部産施釉四耳壺が出土をした。壺は、一二世紀から一五世紀にかけてベトナム中南部で栄えた「チャンパ王国」で生産されたと考えられる。日本国内の遺跡から「チャンパ王国」で生産された陶磁器が出土をしたのは初めてであった。元和の大火前に天王寺屋の建物が建ち並ん

でいたと考えられる位置から出土しているため、壺は天王寺屋ゆかりの可能性もある。(28)

三　龍光院蔵の大通庵復興普請文書について

現在、堺の寺町に所在する諸寺院は、江戸幕府による都市復興の過程で境内地を付与され、その場所に普請したものである。元禄堺大絵図には南北に長い寺町が描かれているが、その面積は都市全体の面積のおよそ九分の一に及んでいる。(29)近世都市堺の歴史を研究するうえで、寺町の成立を考えることは重要である。ところが一六一五年に堺が焦土と化した後、諸寺が進めていった復興普請の実態についての一次史料は、どの寺院についても従来見つかっていなかった。後世に編纂をされた二次的な由緒書を繙く以外に方法がなかった。しかし、近年の龍光院文書調査のさいに新たに発見された大通庵普請文書は、堺の元和年間の寺院復興についての他に類を見ない貴重な内容を記録していた。(30)

なかでも元和六年（一六二〇）霜月吉日「大通庵御作事材木之買帳」（縦二六・四㎝、横二一・〇㎝）、「大通庵御作事木引帳」（縦二六・四㎝、横二一・二㎝）、「大通庵御材木船賃持賃帳」（縦二六・六㎝、横二一・一㎝）、同七年（一六二一）霜月吉日「大通庵御作事日記」（縦二七・四㎝、横二三・一㎝）は、注目に値する。元和六年の三帳は、大通庵の用材を購入・加工・運搬をしたときの記録簿であり、元和七年の「大通庵御作事日記」は、元和七年の工事始めから同八年（一六二二）の落成までの経費を詳細に記録したものである。なお、龍光院文書のなかには、材木や石を購入するときの注文書や大工手間賃の支払書等が数多く残っている。本稿で紹介する四点の記録簿は、それらの記録をまとめあげた最終的な帳簿であると考えられる。従って、これらの記録簿を対象にすることによって、一紙の断片的な記録を追いかけるよりもより効率的に、大通庵の再興普請事業を把握することができる。

以上のような史料の重要性から、大部ではあるが、用材の調達・購入に関する「大通庵御作事材木之買帳」、木材の加工に関する「大通庵御作事木引帳」、木材の運搬に関する「大通庵御材木船賃持賃帳」、そして消費に関する「大通庵御作事日記」、以上四点の文書すべてを翻刻する。

「大通庵御作事材木之買帳」（翻刻一三七～一五三頁）によると大通庵を建てるための用材の多くは、（第一丁オ）に「大坂にて材木買ふん」とあるように、大坂で調達されている。それらは、堺の浜へ回送され、浜から運搬され、敷地まで届けられた。（第一七丁オ）に「大坂のふん銀以上合六貫九拾八匁四分六厘也」と書かれるが、大坂で調達された材木の代金は六貫九拾八匁四分六厘であった。堺で直接調達されて、浜から運搬されたものもあった。（第一七丁ウ）以降は「堺にて材木買ふん」の記録である。（第二四丁ウ）に「堺のふん　銀以上合壱貫七百拾七匁二厘也」とある。同じく（第二四丁ウ）に「大坂こめて惣合七貫八百拾五匁四分八厘」とあるので、大坂と堺で調達された材木が大通庵建築で使われたとわかる。

角材も板も檜と杉がほとんどであり、寸法が記録されている。またいずれの材木についても「かうせん」が計上されているが、これは工銭の意で、材木の加工賃と考えていい。（第一丁オ）をはじめとして、「しゝ料」の語が散見する。しし料とは板などに製材するため皮をはいだ丸太や角材のことであり、「ししろ」の語で東北地方の一部に残っているが、この時代には、上方でも使われていたことがわかる[31]。

ところで、これらの材木は、何処から運ばれてきた物であろうか。（第一丁オ）に「とさ」とあるが、これらは国名の土佐と考えられる。（第一二丁ウ）の「さいかや七兵衛かい」の名がみられるが、紀伊の雑賀に由来すると思われる。断定はできないが、土佐や紀伊から運ばれた材木が用いられた可能性が高い。大坂の陣後の復興資材がどこから調達されたのかを考えることは、大切である。

「大通庵御作事木引帳」（翻刻一五四～一八一頁）は、購入した木材の加工に関する記録で、四六丁にも及ぶ大部の史料である。形状・寸法・木材の種類、加工代金が詳細に書かれている。加工は、大坂と堺でそれぞれ行われている。

堺の場合は、材木町で加工されている。堺の材木町には、堺北荘の材木町と堺南荘の南材木町の二つがあるが、大通庵により近い北荘の材木町の可能性を考えておきたい。

木材の運搬に関する「大通庵御材木船賃持賃帳」（翻刻一八二〜一九六頁）について紹介しておく。普請に用いた材木は、大坂から船で堺の浜へ運搬され、浜から大小路を通って、大通庵まで運ばれた。この記録簿には、船による運送代金と堺の浜から大通庵までの陸送代金が記録される。

最後に、「大通庵御作事日記」（翻刻一九七〜二〇六頁）から普請工事の様子をみる。

作事費用は、江月をはじめとする僧衆や壺屋道味をはじめとする堺の天王寺屋一族から拠出された一四貫九〇〇目であった。庫裏・方丈・玄関など大通庵の作事料、敷地の地撞料・井戸の埋賃・築地の下の砂利代・切石やふた石の代金、釘・鎹・瓦の代金が詳細に記録されており、建物と敷地整備の様子を知ることができる。瓦に関しては、二六九三七枚と実に細かに記録をされており、その使用先まで判明する。

また大通庵の創建には建築資材の調達資金もさることながら、大工・左官・石工・金物師といった職人たちの動員と賃金の支払いも必要であった。それらも「大通庵御作事日記」に几帳面に記録する。（第一〇丁ウ）以降には、新築にあたって大通庵に備え付けられた道具類が記録される。杉戸・つるべ・しゅろ箒・ちりむしろ等多様である。（第一八丁ウ）以降には、棟上げの祝いでの入用が記録される。大工・木挽・鍛冶・左官たちへの祝儀や祝宴での振る舞いに用いられた米・酒・小豆などの代金が記載される。

（第二二丁ウ）以降には、寺内の植栽の樹木代金が記される。椿・松・柘植・山椒などいろいろな木が植えられていることがわかる。こうしてみると、この史料は、備品簿・上棟式記録などを含み込んだ寺院の草創に係わる総合的記録であり、いわゆる普請文書の範囲にとどまらない性格を持っていることに気がつく。このような豊かな内容をより深く分析することで、堺の寺町の歴史が解明されていくと思われる。

翻刻

大通庵御作事材木之買帳

（表表紙）

庚　元和六年 大通庵御作事材木之買帳 申　霜月吉日

（第一丁オ）

申

霜月十二日　大坂にて材木買ふん

壱丁ニ付七匁七分かへ　とさ之喜左衛門にてかい

一拾四枚　大し、料　代百七匁八分

一右之　かうせん　代二匁一分五厘

壱丁ニ付六匁四分かへ　とさ之久三郎にてかい

一拾七枚　大し、料　代百八匁八分

一右之　かうせん　代二匁壱分六厘

壱丁ニ付六匁三分かへ　とさ之久右衛門にてかい

一拾弐枚　長七尺

　し、料　代七拾五匁六分

（第一丁ウ）

一右之　かうせん　代壱匁五分

次兵衛にてかい

一　壱枚　長四間　檜　代　四拾五匁

　は、二尺

　あつさ五寸

　わり木ふしなし

一右之　かうせん　代壱匁三分五厘

ミなとや久右衛門にてかい

一　壱枚　檜　長三間一尺　代　四拾五匁

　は、壱尺七寸

　あつさ八寸

　わり木ふしなし

一右之　かうせん　代九分

（第二丁オ）

拾間付廿七匁かへ　ひろしまや九郎右衛門にてかい

一六拾間　引角　代百六拾弐匁

一右之　　杢板
　　　　　かうせん　代三匁二分四厘
　　　　　　　　　　　　　　　惣右衛門にてかい
一　壱枚　長弐間四尺　檜
　　　　　は丶壱尺五寸　　　　代　弐拾五匁
　　　　　あつさ六寸
　　　　　わり本心しなし
一右之　　かうせん　代五分
　　　　　　　　　　　　　久はうしや
一拾束　　天井とひ　　　　代八拾目
　　　　　但卅枚ゆい
　　　　　但七尺間にていたかす二百六十七枚也
（第二丁ウ）
　　　　　　　　　　　　　同人
一弐束　　せきとひ　　　　代拾三匁
　　　　　但卅五枚ゆい　　　　吉兵衛にてかい
一弐枚　　長三間二尺　松　代五拾目
　　　　　は丶壱尺七寸
　　　　　あつさ七寸八寸
一右之　　かうせん　　　代壱匁
　　　　　　　　　　　　ふくしまや藤右衛門かい

一弐枚　　長三間壱尺　　　代百弐拾五匁
　　　　　は丶壱尺八寸　檜
　　　　　あつさ九寸
　　　　　わり木ふしなし
一右之　　かうせん　　　代二匁五分
（第三丁オ）
　　　　　　　　　壱本付五匁ツ丶　つほや
一拾八本　長二間一尺　杢　代九拾目
　　　　　八寸角
一九本　　長三間一尺　杢　代八拾弐匁八分
　　　　　壱本付九匁二分かへ
　　　　　八寸角
一五本　　長三間　杢　　代三拾八匁五分
　　　　　壱本付七匁七分ツ丶
　　　　　七寸角
一拾八枚　長二間一尺　杢　代八拾四匁六分
　　　　　壱枚付四匁七分ツ丶
　　　　　六寸二丁懸
一右四口之　かうせん　　代五匁九分
（第三丁ウ）
　　　　　壱束付六分つ丶　しほや与兵衛にてかい
一九拾束　なよ竹大束　　代五拾四匁

一右之　但壱尺八寸九寸廻
　かうせん　代一匁六分
壱本付十二匁かへ　いつミやにてかい
一廿四本　長弐間半　檜　代弐百八拾八匁
　七寸角
　わり木ふしなし　内二丁かけ壱枚あり
　同人
一弐本　長三間ノ六寸角　代弐拾四匁
　わり木ふしなし　ひの木
　同人
一壱枚　長三間壱尺　檜　代卅目
　七寸二丁かけ
　是ハ四つニわり
　わり木なし
（第四丁オ）
　同人
一壱枚　長弐間　檜　代弐拾目
　は丶壱尺九寸
　あつ七寸
　わり木ふしなし
　同人
一壱本　長三間ノ　檜　代六拾目

　壱尺三寸角
　ふしなし
是ハ壱寸二分板六枚又壱尺に六寸の物又五寸に六寸物おとし引申候
一右五口之　かうせん　代八匁四分六厘
　壱枚付四匁七分ツ丶　とうさ喜左衛門にてかい
一拾七枚　檜　しし料　代七十九匁九分
　壱枚付五匁八分かへ　同人
一拾七枚　檜　しし料　代九拾八匁六分
（第四丁ウ）
一右二口之　かうせん　代三匁五分七厘
　しほや九郎兵衛にてかい
一弐枚　長三間壱尺　檜　代六拾目
　平物
　わり木ふしなし
是ハ二寸五分板二枚又壱寸二分板壱枚又壱尺に六寸の物
又五寸に六寸のおとし
一右之　かうせん　代壱匁二分
　宗右衛門にてかい
一壱枚　長二間半　檜　代弐拾五匁
　は丶壱尺五寸
　あつさ七寸
　わり木ふしなし　是ハ二ツニわり角仕候

一右之　かうせん　代五分
（第五丁オ）
つほや
一壱枚　長二間半　杢　代拾四匁五分
平物
同人
一壱枚　長弐間　杢　代七匁
平物
一右二口之　かうせん　代四分三厘
壱本付四匁ツヽ　いせや久八にてかい
一三拾壱本　長二間　檜　代百弐拾四匁
六寸角
わり木
一右之　かうせん　代二匁四分八厘
（第五丁ウ）
つほや
一壱枚　長二間半　檜　代弐拾目
平物
是ハ壱寸二分板五枚ニ引申候
同人
一壱枚　長弐間半　ひの木　代十五匁
平物

是ハ壱尺六寸角木又五寸六寸おとし
同人
一弐枚　長二間一尺
平物　ひの木　代弐拾目
わり木ふしなし
同人
一弐枚　長二間一尺
平物　ひの木　代拾四匁
一右四口之かうせん　代一匁三分一厘
（第六丁オ）
善左衛門かい
一壱本　長弐間半
壱尺角　檜　代拾五匁
是ハ壱寸壱ふ二枚又角木ニ引
同人
一壱本　長弐間半　檜　代拾三匁
壱尺角
同人
一壱本　長弐間一尺五寸
六寸角　檜　代四匁
一右三口之かうせん　代六分四厘
壱本付五匁五分ツヽ　つほや

一拾五本　長弐間半　　　　檜　代八拾弐匁五分
　六寸七寸
（第六丁ウ）
一拾七本　長弐間半　　　　檜　代百拾九匁
　壱本付七匁ツヽ、　　　　　　　　　　同人
　七寸角あわ木
　壱枚付五匁五分ツヽ、　　　　　　　　同人
一四枚　長二間一尺　　　　松　代弐拾弐匁
　七寸二丁かけ
一右三口之かうせん　　　　代四匁四分七厘
　　　　　　　　　　　　　　　　とんたや彦兵衛かい
一百束　ひろく（カ）木　　　　代五拾五匁
　但百枚ゆい
一右之　かうせん　　　代　壱匁六分
（第七丁オ）
　　　　　　　　　　　　　　　　しかた伊兵衛かい
一壱枚　　長弐間半　　　　檜　代弐拾八匁
　は丶壱尺九寸
　あつさ九寸
是八九寸に七寸の物又ハ一尺（寸）一ふのいた二枚又七寸角二本
一右之　　かうせん　　　　代五分六厘
酉正月十九日

一四本　　長弐間半　　　　檜　代六拾目
　八寸角　　　　　　　　　　　いつミや二郎右衛門かい
一右之　　かうせん　　　代壱匁二分
　わり木ふしなし
一壱枚　　長三間　　　　　檜　代卅目
　は丶一尺四寸　　　　　　　　　　　　同人
　あつさ七寸
　わり木ふしなし
（第七丁ウ）
一右之　かうせん　　代　六分
　壱本付十一匁ツヽ、
一三本　　長弐間半　　　　檜　代卅目参匁
　七寸角　　　　　　　　　　　　　　　同人
　わり木ふしなし
一右之　かうせん　　代　六分六厘
　壱本付六匁四分ツヽ、　　　　　　　しかた源兵衛かい
一拾三本　長弐間半　　　檜　　　代八拾三匁二分
　七寸角
一右之　かうせん　　　代　一匁六分六厘
　　　　　　　　　　　　　　　　　つほや

一壱本　長三間一尺　引物　代拾五匁
　末口壱尺一寸
(第八丁オ)
一右之　かうせん　代　三分
　壱本付七匁ツ、　同人
一三本　長三間　枩　代弐拾壱匁
　六寸角
一右之　かうせん　代　四分二厘
　十本付九匁ツ、　木や二郎左衛門かい
一三百四十本　松五寸角　代三百六匁
一右之　かうせん　代　九匁一分八厘
　壱枚付廿九匁ツ、　天まこしまやにてかい
一六枚　長三間壱尺　代百七拾四匁
　平物ひの木
　わり木ふしなし
(第八丁ウ)
一右之　かうせん　代　三匁四分八厘
　同人
一壱枚　長三間壱尺　檜　代拾五匁
　七寸角
　わり木ふしなし
一右之　かうせん　代　三分

　壱本付七匁九分ツ、　同人
一拾五本　長弐間一尺　檜　代百拾八匁五分
　六寸角
　わり木ふしなし
一右之　かうせん　代　二匁三分七厘
　壱本付十二匁五分ツ、　同人
一四本　長弐間半　檜　代廿六（五十）目
　七寸角
　わり木ふしなし
(第九丁オ)
一右之　かうせん　代　壱匁
　同人
一弐枚　長弐間一尺　檜　代弐拾六匁
　平物わり木ふしなし
一右之　かうせん　代　五分二厘
　壱本付八匁五分ツ、　しほや二郎右衛門かい
一四本　長弐間一尺　檜　代三拾四匁
　六寸角
　わり木ふしなし
一右之　かうせん　代　壱匁二厘
　しほや九郎兵衛かい
一壱枚　長弐間半　檜　代弐拾目

は、壱尺四寸
あつさ七寸
（第九丁ウ）
一右之　かうせん　代　四分
同人
一壱枚　長弐間半　檜　代弐拾五匁
は、壱尺四寸
あつさ六寸
わり木ふしなし
一右之　かうせん　代　五分
つほや
一壱枚　長弐間一尺　檜　代十二匁
は、一尺四寸
あつさ六寸
わり木ふしなし
一右之　かうせん　代　二分四厘
同人
一弐本　長三間壱尺ノ　松　代四拾五匁
壱尺一寸角
（第一〇丁オ）
一右之　かうせん　代　九分
同人

一弐本　長弐間半　松　代卅匁
壱尺角
一右之　かうせん　代　六分
壱本付六匁五分ツヽ
同人
一四本　長弐間一尺　松　代弐拾六匁
は、一尺四寸
あつさ七寸
一右之　かうせん　代　五分二厘
同人
一壱本　長四間　代卅五匁
末口壱尺弐寸
引物
（第一〇丁ウ）
一右之　かうせん　代　七分
壱本六匁国分ツヽ　しかた源兵衛かい
一七本　長弐間半　檜　代四拾四匁八分
七寸角
一右之　かうせん　代　九分
喜左衛門かい
一七丁　長七尺　檜　代四拾弐匁
し、料
一右之　かうせん　代　八分四厘

壱本付六匁四分ツヽ、　しかた源兵衛かい
一拾三本　長二間半　檜　代八拾三匁二分
七寸角
一右之　かうせん　代　一匁六分六厘
いつミや二郎右衛門かい
（第一二丁オ）
一壱本　長三間一尺　檜　代拾六匁
七寸角
わり木ふしなし
一右之　かうせん　代　三分二厘
紀伊国やかい
一百本　長弐間ノ　松　代百七十四匁
六寸角
一右之　かうせん　代　五匁弐分二厘
甚兵衛かい
一拾本　長弐間一尺　杢　代五拾目
たか六寸
（第一二丁ウ）
一右之　かうせん　代　壱匁
同人
一壱枚　長弐間半　杢　代拾弐匁
はゝ一尺四寸

あつさ　六寸
一右之　かうせん　代　二分四厘
喜左かい
一拾丁　長七尺　檜　代六拾目
しゝ料
一右之　かうせん　代　壱匁二分
しほや宗右衛門かい
一拾本　長弐間一尺　檜　代六拾五匁
たか六寸角
わり木ふしなし
（第一三丁オ）
一右之　かうせん　代　一匁九分五厘
久右衛門かい
一拾本　長弐間一尺　檜　代四拾目
たか五寸角
わり木
一右之　かうせん　代　八分
壱本付四匁八分ツヽ、　いせや久八かい
一拾四本　長三間二間半　代六拾七匁二分
末口八寸六寸五寸
はね木
一右之　かうせん　代　一匁三分四厘

一郎右衛門かい

一弐本　長三間半　　代六拾五匁

末口壱尺四寸

引物

（第一二丁ウ）

一右之　かうせん　　代　壱匁三分

壱本付五匁ツヽ　　つほや

一七本　長弐間一尺　松　　代卅五匁

八寸角

一右之　かうせん　　代　七分

さいかや七兵衛かい

一壱枚　長三間一尺　檜　　代弐拾五匁

はゝ壱尺弐寸

あつさ　六寸五ふ

わり木ふしなし

一右之　かうせん　　代　七分五厘

やなきや一郎右衛門かい

一弐本　長三間一尺　　代四拾五匁

末口壱尺二寸一寸

引物

（第一三丁オ）

一右之　かうせん　　代　九分

つほや

一壱枚　長弐間半　　代拾弐匁

はゝ壱尺二寸

あつさ　六寸五ふ

一右之　かうせん　　代　二分四厘

いつミや二郎右衛門かい

一拾本　長三間一尺　檜　　代百六拾目

七寸角

わり木ふしなし

一右之　かうせん　　代　三匁二分

くりはしや与右衛門かい

壱本付十二匁ツヽ

一五本　長二間半　檜　　代六拾目

七寸角

わり木ふしなし

（第一三丁ウ）

一右之　かうせん　　代　壱匁二分

とさ之甚兵衛かい

一壱本　長三間一尺　松　　代弐拾五匁

壱尺一寸角

一右之　かうせん　　代　五分

壱本付十二匁ツヽ　　こしまや

一六本　長弐間半　檜　　代七拾弐匁

七寸角
わり木ふしなし
一右之　かうせん　代　一匁四分四厘
十本付十四匁　ミなとや与吉かい
一四拾弐本　上々五寸角　代五拾八匁八分
まつ
（第一四丁オ）
一右之　かうせん　代　一匁一分七厘
吉兵衛
甚兵衛　二郎介
一十六本　長四間半四間ノ　代九拾六匁
ひの木ほう柱
一右之　かうせん　代　一匁九分
さいかや七兵衛殿
一壱枚　長三間弐尺　檜　代四拾五匁
はゝ一尺八寸
あつ七寸五ふ
一右之　かうせん　代　一匁四分五厘
久はうしや弥兵衛かい
一三百枚　天井正　代八拾目
但卅枚ゆい
（第一四丁ウ）

とんたや彦兵衛かい
一拾本　長三間はね木　代七拾五匁
末口六寸五ふ六寸
一右之　かうせん　代　二匁二分五厘
てしまや藤右衛門かい
一弐拾本　長三間はね木　代百四拾目
末口六寸
一右之　かうせん　代　二匁八分
辻善左衛門かい
一三枚　長弐間一尺　檜　代四拾八匁
六寸二厘かけ
わり木ふしなし
一右之　かうせん　代　一匁四分四厘
（第一五丁オ）
いつミや二郎右衛門かい
一弐枚　長三間一尺　檜　代卅四匁
七寸角
わり木ふしなし
一右之　かうせん　代　六分八厘
同人
一壱本　長弐間一尺　檜　代八匁
六寸角

わり木ふしなし
一右之　かうせん　代　一分六厘
いせや久八かい
一拾本　長弐間ノ　檜　代四拾九匁
五寸角
わり木ふしなし
一右之　かうせん　代　九分八厘
（第一五丁ウ）
ひかしや四郎右衛門かい
一壱本　長弐間一尺　檜　代拾五匁
壱尺角
わり木ふしなし
一右之　かうせん　代　三分
十間付廿八匁ツ、　やわたや
一三拾間　引角　代八拾四匁
杦板
一右之　かうせん　代　一匁六分八厘
壱間付一匁八分ツ、　さかいや市右衛門
一八拾間　こまつしま　代八拾八匁
いた
一右之　かうせん　代　二匁六分四厘
（第一六丁オ）

大坂や彦左衛門かい
一百五拾四状　とま　代拾四匁
壱本付十六匁ツ、　いつミや二郎右衛門かい
一四本　長三間一尺　檜　代六拾四匁
七寸角
わり木ふしなし
一右之　かうせん　代　壱匁二分
同人
一壱枚　長三間一尺　檜　代三拾目
七寸二厘かけ
わり木ふしなし
一右之　かうせん　代　六分
壱枚付十七匁ツ、　しほや二郎右衛門かい
一三枚　長二間一尺　檜　代五拾壱匁
六寸二厘かけ
わり木ふしなし
（第一六丁ウ）
一右之　かうせん　代　一匁五分三厘
喜左衛門かい
一拾丁　長七尺　檜　代　六拾五匁
壱両
一右之　かうせん　代　一匁三分

壱枚四匁五分ツ、　　　　かいふや善右衛門かい
一八枚　杁せうし　　代　三拾六匁
　めとオり
一右之　かうせん　　代　七分二厘
　　　　　　　　　　　　　久はうしや
一百五拾枚　上々天井正　　　代四拾目
　但卅枚ゆい
（第一七丁オ）
　　　　　　　　　　よとや彦兵衛かい
一拾五枚　長七尺　檜　代九十七匁五分
　壱両
一右之　かうせん　　代　一匁九分五厘
　　　　　　　　　　いつミや二郎左衛門かい
一壱枚　長二間半　　檜　代十六匁
　六寸二丁かけ五分
　わり木ふしなし
一右之　かうせん　　代　三分二厘
大坂のふん
　銀以上合六貫九拾八匁四分六厘也
（第一七丁ウ）
　堺にて材木買ふん
甲

後十二月廿二日
　十本付十六匁五分ツ、　　久兵衛かい
一七拾弐本杢六寸角　代百拾八匁八分八厘
同日
一右之かうせん　　代二匁三分八厘
廿五日　十本付一匁四分ツ、
　一四拾本宮丸た（五本）　代五匁六分
　十本付十六匁八分ツ、　　五郎兵衛殿かい
一五拾九本杢六寸角　代九拾九匁二分六厘
一右之かうせん　　代二匁
（第一八丁オ）
廿八日
　　　　　　　　　　　　長右衛門かい
一壱本　大丸た　　代八分
酉正月八日
　十本付六匁三分ツ、　　　同人
一五拾本　すあけ　　代卅壱匁五分
同日　　　　　　　　　　同人
一百本　宮丸た　　代拾四匁
九日　壱本ニ付三匁つゝ　　北材木丁にてかい
一六本　長三間はね木　代拾八匁
十日　　　　　　　　　　　　九兵衛かい

十木付十六匁九分ツ、の内二匁五分　木代申候
一七拾五本　杢　六寸角　百廿四匁二分五厘
一右之　かうせん　代二匁四分八厘
(第一八丁ウ)
正月十三日　十丁付三匁七分ツ、長右衛門かい
一廿丁　枚　代七匁四分
同日　十本付一匁四分ツ、　同人
一六拾本　宮丸た　代八匁四分
同日　十本付一匁四分ツ、　同人
一廿本　同丸た　代二匁八分
十七日　十本付十七匁ツ、　久兵衛かい
一卅本　杢六寸角　代五拾壱匁
同日
一右之　かうせん　代一匁二厘
十八日　十間付十四匁五分ツ、　甚兵衛・宗兵衛・長右衛門三人かい
一六拾九間　小杢嶋　代百目五厘
(第一九丁オ)
廿二日　九匁ツ、　長右衛門
一弐本　長二間半　代一匁八分
大丸た
廿六日　四匁三分ツ、　二郎兵衛・長右衛門かい
一三本　松六寸角　代十二匁九分
長二間半
廿七日　壱本付一匁四分ツ、　善兵衛かい
一廿八本　杢上五寸角　代卅九匁二分
同日
一右之　かうせん　代八分
同日　十間付十二匁五分ツ、　清右衛門かい
一弐拾五間　小杢嶋　代卅壱匁二分五厘
同日
一右之　かうせん　代六分二厘
(第一九丁ウ)
正月廿八日　甚兵衛かい
一壱本　長壱間半　檜　代　弐拾目
は、弐尺
あつさ九寸
わり木ふしなし
同日　七分ツ、　長右衛門かい
一弐本　長弐間半　代一匁四分
大丸た
二月二日　壱本付三匁三分ツ、　同人
一弐本杢　川上　代六匁六分
六寸かく
四日　十本付拾匁六分ツ、　有右衛門かい

一四拾五本　杦五寸角　代四拾七匁七分
同日
一右之　かうせん　代九分五厘
六日　長右衛門かい
一壱本　長三間ノ
はね木　代十二匁
（第二〇丁オ）
同日　壱本付十一匁ツ、　甚左衛門かい
一四本　長三間ノ
はね木　代四拾四匁
同日　壱本付十三匁ツ、　二郎兵衛かい
一二本　長三間ノ
はね木　代弐拾六匁
同日　同人
一壱枚　長弐間弐尺　檜　代弐拾三匁
は丶一尺四寸
あつさ六寸五ふ
わり木ふしなし
同日　左介
一壱本　はね木　代拾二匁
同日　六分ツ、　長右衛門かい
一弐本　長弐間半　代壱匁二分

大丸た
同日　十本付十五匁五分ツ、　同人
一卄本　杦上々五寸角　代卅壱匁
（第二〇丁ウ）
二月六日　十木付十五匁五分ツ、　のとや
一卄本　杦上々五寸角　代卅壱匁
同日　十本付十八匁五分ツ、　与七郎
一五十本　杦六寸角　代九拾弐匁五分
七日　壱本付三匁三分ツ、　長右衛門
一三本　杦川上　代九匁九分
六寸角
同日　同人
一拾本　宮丸た　代壱匁三分
同日　一分三厘ツ、　同人
一五本　同丸た　代六分五厘
十一日　一分六厘ツ、　同人
一五本　小丸た　代八分
（第二一丁オ）
同日　十本付十八匁五分ツ、　与七郎
一五拾本　杦六寸角　代九拾弐匁五分
十四日　徳左衛門
一壱枚　杦　六寸二厘かけ　代四匁六分

同日　　十間付十一匁ツヽ、　　　　　　　清右衛門
一拾四間　一枚　こまつしま　代十五匁五分八厘
同日
一右之　　　かうせん　　代三分一厘
十五日　六匁八分ツヽ、　　　のとや
一弐枚　檜壱両　　　　代十三匁六分
同日　　　　　　　　　　長右衛門
一拾本　尕六寸角　　　代弐拾目
（第二二丁ウ）
二月十五日　十本付廿目ツヽ、　　長右衛門
一拾六本　尕六寸角　　代卅二匁
廿日　六匁五分ツヽ、　　同人
一弐枚　杦壱両　代十三匁
廿一日　十間付十三匁ツヽ、
善左衛門・吉兵衛・四郎兵衛・久五郎・甚右衛門
一五拾六間　こまつしま　　代七拾二匁八分
廿九日　　十本付十一匁五分ツヽ、　　　長右衛門
一拾六本　尕五寸角　　　代拾八匁四分
三月二日　　七匁五分ツヽ、　　同人
一二百丁　同やく　　代拾五匁
四日　　七匁五分ツヽ、　　のとや
一百六十丁　同役　　代拾二匁

（第二三丁オ）
同日　七分五厘ツヽ、　　長右衛門
一九拾丁　同役　代六匁七分五厘
七日　　一匁三分ツヽ、　　同人
一弐間　上々さくいた　　代二匁六分
八日　　十一匁ツヽ、　　　二郎兵衛
一三枚　檜　大しし料　　代卅三匁
同日　　　　　　　　　のとや
一壱本　長二間一尺　檜　代拾匁
　　七寸角
　　　わり木ふしなし
同日　三匁六分ツヽ、　　長右衛門
一廿丁　上々平い桁　　　代七匁二分
十日　　四匁ツヽ、　　同人
一四間　尕　ハふ板　　代十六匁
　　ふしなし
（第二三丁ウ）
三月十一日　長右衛門
一拾丁　石桁　代四匁五分
十二日　　二郎兵衛
一壱枚　檜大し、料代九匁
同日　　のとや

一壱本　長二間一尺　　檜　代十匁
七寸かく
わり木ふしなし
十四日　　長右衛門
一五枚　杁あついた　代四匁二分五厘
同日　　又兵衛
一四枚　杁まさ　　代拾五匁
打わり物
同日　　長右衛門
一拾弐本　上々三寸角　代六匁二分四厘
（第一三丁オ）
十八日　六匁五分ツ、　　長右衛門
一廿丁　　うすき桁　代十三匁
同日　　同人
一壱枚　杁壱両　代七匁八分
同日　三匁二分ツ、　同人
一弐本　かいふ柱　代六匁四分
同日　　甚右衛門
一壱枚　杁長七尺五寸　代十二匁
大し丶料
同日　一匁三分ツ、　同人
一拾六枚　同長七尺五寸　代　廿目八分

引板
同日　五匁ツ、　　長右衛門
一拾二本　上々三寸角　　代六匁
（第一三丁ウ）
三月十八日　　同人
一壱枚　杁壱両　代八匁五分
廿日　　同人
一拾本　槇柱　　代卅六匁
同日　四匁ツ、　　同人
一廿丁　上々平い桁　代八匁
同日　十まい付七匁二分ツ、　　同人
一拾四枚　杁引板　代十匁八分
同日　　二郎兵衛
一壱枚　檜壱両　代七匁五分
廿一日　　甚右衛門
一壱本　檜たか六寸　代五匁五分
（第一四丁オ）
同日　　久兵衛
一壱枚　檜壱両　　七匁七分
廿三日　一匁三分ツ、　　長右衛門
一廿丁　上々同役　　代二匁六分
廿六日　　二郎兵衛

一弐本　六寸三木　代四匁五分
　まつ
同日　同人
一壱貫四尺三寸　杢あつ板　代六匁九分五厘
同日　四匁ツヽ　長右衛門
一三本　杢　川上　代十二匁
　六寸かく
　ふしなし
同日　同人
一壱本　杢上々五寸　代二匁
　こへ木
　ふしなし
（第二四丁ウ）
九月廿一日　四分五厘ツヽ　作右衛門
一九本　しい丸太　代四匁五厘
同日　同人
一壱本　くり丸太　代七分
同日　同人
一壱丁　大しと　代一匁四分
同日
一弐丁　平い桁　代六分
戌三月一日　十本付九分ツヽ

一卅本　宮丸太　代二匁七分
堺のふん　銀以上合壱貫七百拾七匁二厘也
右大坂こめて
　惣合七貫八百拾五匁四分八厘
（第二五丁オ）
元和八戌　つほや
　三月廿八日　道味
　かわや
　善左衛門
（第二五丁ウ）「墨付ナシ」
（裏表紙）
右紙数　合弐拾七枚有
　但上かミ共ニ

大通庵御作事木引帳

（表表紙）

庚　元和六年
大通庵御作事木引帳
申　霜月吉日

（第一丁オ）

木引賃大坂にて引申ふん

一壱本　檜　長三間　　六通　代六匁
　　壱通付壱匁ツヽ
　壱尺角

一右之おとし　六寸けた　壱通　代三分五厘
　は、一尺五寸

一壱本　長二間半　是ハ角木ヲ　弐通　代壱匁
　壱尺角　いた二枚取

一壱本　長二間半　七寸ニ九寸　壱通　代四分
　は、一尺九寸
　あつさ九寸

右之残　壱尺二寸ニ二寸一ふ板二枚　弐通　代一匁二分

同残　六寸かくニ二本取　壱通　代二分五厘

（第一丁ウ）

一長二間半一尺五寸　是ハ角木　壱通　代二分五厘
　おとし

一長二間半　平物　是ハ二本わり　壱通　代二分五厘

一長三間　平物　是ハなけし　三通　代一匁二分
　四本ニわり

一長三間　平物　是ハなけし　壱通　代四分
　けた

一長二間　平物　是ハ角に引　弐通　代五分
　は、六寸五分

一長三間　平物　是ハはふ二枚　弐通　代一匁九分
　但三本ニ仕候
　又壱寸二分板壱枚

（第二丁オ）

一長二間半　は、一尺五寸　五通　代四匁一分六厘
　是ハ一寸二分板

一くりのはふいたのひきちん　代二匁四分
　是迄以上廿め二分六厘か
　是ゟさかいにて引ふん六左衛門但才木町にて引申候ふん

申
後十二月廿一日　一分八厘引

一壱枚　檜　壱両　七通　板わり　代一匁二分六厘
一分八厘引
廿六日
一壱枚　同壱両　弐通　板わり　代三分六厘
一分二厘引
同日
一右之　正わり　廿三通　代二匁七分六厘
一分八厘引
酉正月十五日
一壱枚　檜壱両　板わり　拾二通　代二匁一分六厘
（第二丁ウ）
とり
一分八厘引
正月廿五日
一壱枚　檜壱両　板わり　拾二通　代二匁一分六厘
同日
一壱枚　檜平物　壱通　代五匁
二匁三分引
同日
一壱枚　同二間半　三通　代六匁九分
平物
二匁八分引
二月五日
一壱枚　長三間一尺　五通　代拾四匁
平物
一分八厘引
同日
一壱枚　檜壱両　拾四通　板わり代二匁五分二厘
十一日

一壱枚　同壱両　板わり拾通　代一匁八分
（第三丁オ）
十七日　一分八厘引
一壱両　同壱両　板わり　拾弐通　代弐匁一分六厘
三分七厘引　是ゟ大通庵にて引中候
とり正月十八日
一長二間七寸　檜　五通　代一匁八分五厘
三分七厘引
同日
一長二間半　檜七寸　弐通　代七分四厘
二分八厘引
十九日
一長二間　同六寸かく　三通　代六分
三分七厘引
同日
一長二間　松六寸かく　二通　代二分六厘
二分三厘引
同日
一長二間　松六寸かく　二通　代二分六厘
（第三丁ウ）
二分引
正月廿日
一長二間　檜六寸かく　五通　代壱匁
同日
一壱両いたわり　壱通　代一分八厘
一分二厘引
同日
一壱両正わり　五通　代六分
一分三厘引
同日

一長二間　杢　六寸かく　四通　代五分二厘
廿一日　　一分三厘引
一長二間　杢　六寸かく　四通　代五分二厘
廿四日
一長二間半　七寸かく　壱通　代三分七厘
同日　　一分三厘引
一長二間　杢　六寸　五通　代六分五厘
（第四丁オ）
廿五日　　二分引
一長二間　檜六寸　拾壱通　代二匁二分
同日　　一分八厘引
一壱両　いたわり　弐通　代三分六厘
廿六日　　一分二厘引
一壱両　正わり　弐通　代二分四厘
同日
一長二間　ひの木　六寸　壱通　代二分
廿七日　　五分八厘引
一長三間　檜七寸　三通　代一匁五分
同日
一長弐間半　同六寸　壱通　代二分九厘
（第四丁ウ）
正月廿七日

一壱両　いたわり　壱通　代一分八厘
廿八日　　五分引
一長三間　ひの木　七寸　弐通　代壱匁
同日　　一分八厘引
一壱両　いたわり　弐通　代三分六厘
二月一日
一長三間　はゝ壱尺五寸　壱通　代一匁八分
同日　　一分引
一長二間　杢五寸かく　六通　代六分
二日
一長三間　松七寸かく　壱通　代五分
（第五丁オ）
同日　　三分五厘引
一長三間　松六寸かく　四通　代一匁四分
同日　　二分引
一長二間　ひの木六寸　四通　代八分
同日　　一匁五厘引
一長壱間半　ひの木六寸　五通　代七分五厘
同日　　一分引
一長二間　杢五寸かく　拾五通　代一匁五分
五日　　一分引
一長二間　杢五寸かく　拾弐通　代一匁二分

六日　　　　　一分三厘引
一長弐間　松六寸かく　九通　代一匁一分七厘
(第五丁ウ)
二月六日　　　一分引
一長二間　松五寸　三通　代三分
同日
一長三間　檜六寸かく　壱通　代三分五厘
八日　　　　　一分三厘引
一長二間　松六寸かく　弐通　代二分六厘
同日　　　　　一分引
一長二間　松五寸かく　五十一通　代五匁一分
同日　　　　　一分八厘引
一壱両　ひの木　いたわり　弐通　代三分五厘
十日
一長二間半　同七寸　壱通　代三分七厘
同日　　　　　二分引
一長二間　松五寸　拾四通　代一匁四分
(第六丁オ)
同日　　　　　一分三厘引
一長二間　六寸かく　杦　五通　代六分五厘
十一日　　　　一分三厘引
一長二間　杦六寸　拾八通　代二匁三分廿厘

同日　　　　　二分引
一長二間　ひの木六寸　弐通　代四分
同日
一長二間　杦六[五]寸　壱通　代一分
十二日　　　　一分三厘引
一長二間　杦六寸　廿四通　代三匁一分二厘
同日　　　　　二分引
一長二間　ひの木六寸　弐通　代四分
十三日　　　　二分引
一長二間　同六寸　六通　代一匁二分
(第六丁ウ)
二月十三日　　一分二厘引
一壱両　正わり　三通　代三分六厘
同日　　　　　一分三厘引
一長二間　杦六寸　四通　代五分二厘
十四日　　　　一分三厘引
一長二間　杦六寸　廿通　代二匁六分
同日　　　　　一分二厘引
一壱両　正わり　三通　代三分六厘
十五日　　　　二分引
一長二間　檜六寸　四通　代二匁六分
同日　　　　　一分引

一長二間　松五寸　弐通　代二分
同日　三分七厘引
一長二間半　檜七寸　三通　代一匁一分一厘
（第七丁オ）
十六日　一分二厘引
一壱両　正わり　三通　代三分六厘
同日　一分三厘引
一長二間　枩六寸　二通　代二分六厘
同日
一長二間　枩五寸　壱通　代一分
同日
一長二間　ひの木六寸　壱通　代二分
十七日　一分引
一長二間　枩五寸　五通　代五分
同日　一分二厘引
一壱両　正わり　四通　代四分八厘
同日
一長二間　枩五寸　壱通　代一分
（第七丁ウ）
二月十七日　二分引
一長二間　檜六寸　三通　代六分
同日

一長二間半　同七寸　壱通　代三分七厘
廿八日　二分引
一長二間　同六寸　七通　代一匁四分
同日　五分引
一長三間　同七寸　四通　代二匁
同日
一長三間　同五寸　壱通　代二分
同日
一長二間半　同六寸　壱通　代二分
同日　一分八厘引
一壱枚　いたわり　弐通　代三分六厘
（第八丁オ）
廿九日
一壱枚　壱両　いたわり　壱通　代一分八厘
同日　五分引
一長二間半　七寸檜　三通　代一匁五分
同日　二分引
一長二間　檜六寸　三通　代六分
同日　一分二厘引
一壱両　正わり　八通　代九分六厘
同日
一長二間　枩五寸　壱通　代一分

卅日　二分九厘引
一長二間半　檜六寸　四通半　代一匁三分
同日　五分引
一長三間　檜七寸　弐通　代壱匁
（第八丁ウ）
二月卅日　二分引
一長二間　檜六寸　八通半　代一匁七分
三月二日　一分三厘引
一長二間　松六寸　四通　代五分二厘
同日
一長二間　檜五寸　壱通　代一分五厘
五日　一分八厘引
一壱両　いたわり　拾四通　代二匁五分六厘
同日　一分三厘引
一長二間　杢六寸　弐通　代二分六厘
同日
一長三間　檜五寸　壱通　代二分二厘
同日
一長二間半　檜七寸　壱通　代三分七厘
（第九丁オ）
同日
一長三間　檜七寸　壱通　代五分

同日　二分引
一長二間　同六寸　弐通　代四分
七日　五分引
一長三間　同七寸　三通半　代一匁七分五厘
同日　二分引
一長二間　同六寸　三通　代六分
同日
一長二間　杢五寸　壱通　代一分
九日
一長三間　檜七寸　壱通　代五分
同日　一分三厘引
一長二間　松六寸　四通　代五分六厘
（第九丁ウ）
三月九日　二分引
一長二間　檜六寸　三通　代六分
同日
一長二間　松五寸　壱通　代一分
同日　一分二厘引
一壱両　正わり　弐通　代二分四厘
十五日　一分八厘引
一壱両　いたわり　六通　代一匁八厘
十六日　一分八厘引

一壱両　いたわり　八通　代一匁四分四厘
十七日　一分二厘引
一壱両　正わり　六通　代七分二厘
同日
一長三間　檜七寸　壱通　代五分
（第一〇丁オ）
十八日　一分八厘引
一壱両　いたわり　九通　代一匁六分二厘
同日
一長三間　檜七寸　壱通　代五分
同日　一分引
一長二間　松五寸　弐通　代二分
十九日　一分二厘引
一壱両　正わり　拾六通　代一匁九分二厘
同日
一長三間　檜平物　壱通　代一匁二分
　は、一尺四寸
廿六日　一分八厘引
一壱両　いたわり　五通　代九分
（第一〇丁ウ）
三月廿六日　一分引
一長二間　杢五寸　弐通　代二分

同日
一長三間　檜五寸角　壱通　代二分二厘
廿七日
一長三間　檜六寸　壱通　代三分五厘
同日
一長二間　同　六寸　壱通　代二分
同日　一分二厘引
一壱両　正わり　九通半　代一匁一分四厘
廿八日　一分八厘引
一壱両　いたわり　弐通　代三分六厘
（第一一丁オ）
同日　一分二厘引
一壱両　正わり　三通半　代四分二厘
四月六日　一分八厘引
一壱両　いたわり　四通　代七分六厘
七日　一分八厘引
一壱両　いたわり　六通　代一匁八厘
十五日　一分三厘引
一長二間　杢六寸　弐通　代二分六厘
同日　五分引
一長三間　檜　六寸　壱通半　代七分五厘
同日　一分二厘引

一壱両　正わり　四通　代四分八厘
（第一一丁ウ）
四月廿九日
一枚壱両　いたわり　拾七通　一分八厘引　代三匁六厘
同日
一壱両　正わり　壱通　代一分二厘
五月一日
一壱両　正わり　八通　一分二厘引　代九分六厘
同日
一壱両　正わり　拾二通　一分八厘引　代一匁四分四厘
三日
一壱両　いたわり　拾壱通　一分八厘引　代一匁九分八厘
二日
一長三間　ひの木七寸　壱通　代五分
（第一二丁オ）
八日
一壱両　いたわり　三通　一分八厘引　代五分四厘
九日
一壱両　いたわり　弐通　一分八厘引　代三分六厘
六月十五日
一壱両　いたわり　七通　一分八厘引　代一匁二分六厘
廿八日

一壱両　いたわり　二通　一分八厘引　代三分六厘
同日
一壱両　正わり　九通　一分二厘引　代一匁八厘
是ゟ治兵衛分才木町にてかい引ふん
申後十二月廿一日
一壱枚　檜壱両　板わり　弐通　一分八厘引　代三分六厘
（第一二丁ウ）
申後十二月廿一日
一右壱両　正わり　廿七通半　一分二厘引　代三匁三分
廿六日
一檜壱両　壱枚　正わり　拾壱通　一分二厘引　代一匁三分二厘
酉正月十五日
一壱枚　檜壱両　いたわり　拾弐通　一分八厘引　代二匁一分六厘
同日
一壱枚　同壱両　いたわり　拾壱通　一分八厘引　代一匁九分八厘
同日
一壱枚　同壱両　いたわり　拾弐通　一分八厘引　代二匁一分六厘
同日
一壱枚　同壱両　板わり　五通　一分八厘引　代九分
（第一三丁オ）
同日
一壱枚　同壱両　いたわり　弐通　一分八厘引　代三分六厘

同日
一右壱両　正わり　　一分二厘引
　　　　　拾壱通　　代一匁三分二厘
廿五日
一壱枚　壱両　いたわり　一分八厘引
　　　　　拾弐通　　代二匁一分六厘
廿五日
一壱枚　壱両　いたわり　一分八厘引
　　　　　九通　　代一匁六分二厘
同日
一壱枚　同壱両　いたわり　一分八厘引
　　　　　七通　　代一匁二分六厘
二月八日
一壱枚　同壱両　板わり　一分八厘引
　　　　　八通　　代一匁四分四厘
（第一三丁ウ）
二月八日
一壱枚　檜壱両　いたわり　一分八厘引
　　　　　拾壱通　代一匁九分八厘
十一日
一弐枚　同壱両　いたわり　一分八厘引
　　　　　弐拾四通　　代四匁三分二厘
十五日
一弐枚　同壱両　いたわり　一分八厘引
　　　　　弐拾四通　　代四匁三分二厘
十七日
一壱枚　同壱両　板わり　九通　代一匁六分二厘
同日
一壱枚　同壱両　板わり　拾通　代一匁八分
正月十八日
　　　　三分七厘引　是ゟ大通庵にて引申候

一長二間半　檜七寸　六通　代二匁二分二厘
（第一四丁オ）
十九日　　三分五厘引
一長三間同六寸　三通　代一匁五厘
同日　　二分引
一長二間同六寸　弐通　代四分
同日　　一分三厘引
一長二間松六寸　四通　代五分二厘
同日　　二分引
一長二間檜六寸　弐通　代四分
廿日　　二分引
一長二間同六寸　四通　代八分
同日　　三分七厘引
一長二間半　同七寸　三通　代一匁一分一厘
（第一四丁ウ）
正月廿日
一長三間檜七寸　壱通　代五分
廿一日　　三分七厘引
一長二間半　同七寸　四通　代一匁四分八厘
同日　　三分七厘引
一長三間　同六寸　弐通　代七分
同日　　二分引

一長二間　同六寸　弐通　代四分
廿四日　三分五厘引
一長三間　杢六寸　四通　代一匁四分
同日　一匁三分引
一長二間　杢六寸　三通　代三分九厘
（第一五丁オ）
同日　四分引
一長二間五尺　檜七寸　弐通　代八分
同日
一長三間　檜七寸　壱通　代五分
同日
一長二間半　檜七寸　壱通　代三分七厘
同日
一長二間　同六寸　壱通　代二分
同日
一長二間半　檜六寸　壱通　代二分九厘
同日　一分八厘引
一壱両　いたわり　四通　代七分二厘
（第一五丁ウ）
正月廿四日　一分二厘引
一壱両　正わり　三通　代三分六厘
廿五日　三分七厘引

一長二間半　檜七寸　六通　代二匁二分二厘
同日
一長二間半　同六寸　壱通　代二分九厘
同日　二分引
一長二間　同六寸　三通　代六分
同日　一分八厘引
一壱両　いたわり　弐通　代三分六厘
同日　一分二厘引
一壱両　正わり　五通　代六厘
（第一六丁オ）
廿六日　一分八厘引
一壱両　いたわり　弐通　代三分六厘
同日　一分二厘引
一壱両　正わり　弐通　代二分四厘
同日
一長三間　檜六寸　壱通　代三分五厘
同日
一長二間　同六寸　六通　代一匁二分
同日
一長二間　同六寸　壱通　代二分
廿七日
一壱両　いたわり　壱通　代一分八厘

（第一六丁ウ）
正月廿七日　　　　　　一分二厘引
一壱両　正わり　拾通　代三分五厘
同日
一長三間　檜六寸　壱通　代三分五厘
同日
一長二間半　同六寸　壱通　代二分九厘
同日　　　　　　三分七厘引
一長二間半　同七寸　三通　代一匁一分一厘
同日　　　　　　二分引
一長二間　同六寸　五通　代壱匁
廿八日　　　　　　五分引
一長三間　同七寸　弐通　代壱匁
（第一七丁オ）
同日　　　　　　三分五厘引
一長三間　杢六寸　四通　代一匁四分
同日
一長三間　同七寸　壱通　代五分
同日　　　　　　二分引
一長二間　檜六寸　弐通　代四分
二月一日　　　　　　一分二厘引
一長三間　同はゝ　一尺五寸　壱通　代一匁八分

同日　　　　　　二分引
一長二間　同六寸　四通　代八分
同日
一長壱間半　同八寸　壱通　代三分
（第一七丁ウ）
二月一日　　　　　　一分引
一長二間　松五寸　六通　代六分
二日　　　　　　二分引
一長二間　檜六寸　六通　代一匁二分
同日
一壱両　正わり　壱通　代一分二厘
四日　　　　　　一分引
一長二間　松五寸　拾五通　代一匁五分
同日　　　　　　一分三厘引
一長二間　同六寸　七通　代九分一厘
五日　　　　　　一分引
一長二間　同五寸　拾七通　代一匁七分
（第一八丁オ）
六日　　　　　　一分三厘引
一長二間　松六寸　拾通　代一匁三分
同日　　　　　　一分引
一長二間　同五寸　三通　代三分

同日
一長二間半　檜六寸　壱通　代二分九厘
　　　　　　　　一分三厘引
八日
一長二間　松六寸　四通　代五分二厘
　　　　　　　一分引
同日
一長二間　同五寸　四拾通　代四匁
　　　　一分八厘
同日
一壱両　いたわり　四通　代七分二厘
(第一八丁ウ)
二月十日
　　　　　　一分引
一長二間　松五寸　九通　代九分
　　　　　　一分三厘引
同日
一長二間　同六寸　七通　代九分一厘
同日
一長二間　檜六寸　壱通　代二分
　　　　　　一分三厘引
十一日
一長二間　松六寸　拾八通　代二匁三分四厘
同日
一長二間　松五寸　壱通　代一分
　　　　　　二分引
十二日
一長二間　檜六寸　八通　代一匁六分
(第一九丁オ)

同日
　　　　　　　　一分三厘引
一長二間　松六寸　拾四通　代一匁八分二厘
　　　　　　一分三厘引
十三日
一長二間　松六寸　八通　代一匁四厘
　　　　　三分五厘引
同日
一長三間　檜六寸　弐通　代七分
　　　　　二分引
同日
一長二間　同六寸　三通　代六分
　　　　　一分二厘引
同日
一壱両　正わり　三通　代三分六厘
　　　　　一分三厘引
十四日
一長二間　松六寸　八通　代一匁四分
(第一九丁ウ)
二月十四日
　　　　　　　　三分五厘引
一長三間　檜六寸　三通　代一匁五厘
　　　　　一分二厘引
同日
一壱両　正わり　六通　代七分二厘
　　　　一分八厘引
同日
一壱両　いたわり　弐通　代三分六厘
　　　　　二分引
同日
一長二間　檜六寸　弐通　代四分
　　　　　　一分三厘引
十五日

一長二間　松六寸　拾弐通　代一匁五分六厘
同日　　三分五厘引
一長三間　檜六寸　三通　代一匁五厘
（第二〇丁オ）
同日　　二分引
一長二間　檜六寸　五通　代壱匁
同日　　一分二厘引
一壱両　正わり　弐拾通　代二匁四分
十六日　　二分引
一長二間　檜六寸　拾五通　代三匁
同日　　三分五厘引
一長三間　同六寸　三通　代一匁五厘
同日　　一分引
一長二間　松五寸　二通　代二分
同日　　一分二厘引
一壱両　正わり　八通　代九分六厘
（第二〇丁ウ）
二月十七日　　五分引
一長三間　檜七寸　四通　代二匁
同日　　一分八厘（引脱カ）
一壱両　いたわり　弐通　代三分六厘
同日　　一分二厘引

一壱両　正わり　拾七通　代二匁四厘
同日
一長二間　檜六寸　壱通　代二分
廿八日　　五分引
一長三間　同七寸　四通　代二匁
同日　　二分引
一長二間　同六寸　八通　代一匁六分
（第二一丁オ）
同日　　二分九厘引
一長二間半　同六寸　弐通　代五分八厘
廿九日　　五分引
一長三間　檜七寸　四通　代二匁
同日　　二分引
一長二間　同六寸　弐通　代一匁六分
同日　　一分二厘引
一壱両　正わり　弐通　代二分四厘
卅日　　二分引
一長二間　檜六寸　八通　代一匁六分
同日
一長二間　同五寸　壱通　代一分五厘
（第二一丁ウ）
二月卅日

一長三間　檜五寸　壱通　代七分四厘
同日　三分七厘引
一長二間半　同七寸　弐通　代七分四厘
同日
一長二間　同　は丶一尺　壱通　代三分五厘
同日　一分引
一長二間　松五寸　弐通　代二分
同日　一分二厘引
一壱両　正わり　弐通　代二分四厘
三月二日　三分四厘引
一長二間半　檜七寸　二通　代七分四厘
（第二二丁オ）
同日　二分引
一長二間　檜六寸　弐通　代四分
同日　一分三厘引
一長二間　松六寸　弐通　代二分六厘
五日　五分引
一長三間　檜七寸　三通　代一匁五分
同日　二分引
一長二間　同六寸　三通　代六分
同日
一壱両　正わり　壱通　代一分二厘

同日
一長三間　檜五寸　壱通　代二分二厘
（第二二丁ウ）
三月六日　三分七厘引
一長二間半　檜七寸　弐通　代七分四厘
七日　一分八厘引
一壱両　いたわり　拾六通　代二匁八分八厘
同日　一分二厘引
一壱両　正わり　八通　代九分六厘
同日　一分二厘引
一長三間　檜五寸　壱通　代二分二厘
十日　五分引
一長三間　同七寸　四通　代二匁
同日　一分引
一長二間　杢五寸　三通　代三分
（第二三丁オ）
十五日　一分八厘引
一壱両　いたわり　弐通　代三分六厘
同日　一分二厘引
一壱両　正わり　五通　代六分
十六日　一分八厘引
一壱両　板わり　拾八通　代三匁二分四厘

同日　　五分引
一長三間　檜七寸　弐通　代壱匁
同日　　一分二厘引
一壱両　正わり　弐通　代二分四厘
十七日　　一分二厘引
一壱両　正わり　卅八通　代四匁五分六厘
（第二三丁ウ）
三月十八日　　一分八厘引
一壱両　いたわり　八通　代一匁四分四厘
同日
一長二間　檜六寸　壱通　代二分
同日　　一分二厘引
一壱両　正わり　弐通　代二分四厘
同日
一長三間　はゝ一尺五寸　平物檜　壱通　代一匁三分
同日
一長三間　檜七寸　壱通　代五分
同日　　一分引
一長二間　松五寸　四通　代四分
（第二四丁オ）
同日　　一分三厘引
一長二間　六寸松　弐通　代二分六厘

十九日　　一分引
一長二間　松六〔五〕寸　弐通　代二分
廿日　　一分三厘引
一長二間　同六寸　弐通　代二分六厘
同日　　一分八厘引
一壱両　杦　いたわり　拾五通　代二匁七分
廿六日　　二分引
一長二間　檜六寸　弐通半　代五分
同日　　一分二厘引
一壱両　正わり　五通　代六分
（第二四丁ウ）
三月廿七日　　五分引
一長三間　檜七寸　弐通　代一匁
同日
一長二間　平物檜　はゝ一尺二寸　壱通　代四分
同日　　一分二厘引
一壱両　正わり　三通　代三分六厘
四月二日　　二分引
一長二間　檜六寸　六通　代一匁二分
四日　　五分引
一長三間　同七寸　三通　代一匁五分
同日　　一分二厘引

一壱両　正わり　六通半　代七分八厘
（第二五丁オ）
五日　　　　　　一分八厘引
一壱両　いたわり　五通　代九分
同日　　　　　　一分二厘引
一壱両　正わり　廿二通半　代二匁七分
同日　　　　　　一分二厘引
一壱両　正わり　九通　代一匁八厘
同日　　　　　　一分八厘引
一壱両　いたわり　九通　代一匁六分二厘
同日
一長二間　杢五寸　壱通　　代一分
七日　　　　　　一分八厘引
一壱両　いたわり　弐通　代三分六厘
（第二五丁ウ）
四月七日　　　　　一分二厘引
一壱両　正わり　弐拾八通　代三匁三分六厘
十五日　　　　　三分五厘引
一長三間　檜六寸　弐通　　代七分
同日
一長三間　同七寸　　壱通　　代五分
同日

一長二間　同五寸　壱通　　代一匁五分
同日　　　　　　一分二厘引
一壱両　正わり　弐通　代二分四厘
同日　　　　　　一分八厘引
一壱両　いたわり　弐通　代三分六厘
（第二六丁オ）
十六日　　　　　一分引
一長壱間半　檜五寸　弐通　　代二分
同日　　　　　　一分二厘引
一壱両　正わり　弐通　代二分四厘
十七日　　　　　一分二厘引
一壱両　正わり　弐通　代二分四厘
十八日　　　　　一分二厘引
一壱両　正わり　五通　代六分
廿日　　　　　　一分五厘引
一長二間　檜五寸　弐通　　代三分
廿一日　　　　　一分二厘引
一壱両　正わり　四通　　代四分八厘
（第二六丁ウ）
四月廿八日　　　　一分二厘引
一壱両　正わり　拾壱通　　代一匁三分二厘
同日　　　　　　一分三厘引

一長二間　松六寸　弐通　代二分六厘
同日　一分三厘引
一長二[弐]間　同五寸　壱通　代一分
廿九日　一分二厘引
一壱両　正わり　九通半　代一匁一分四厘
五月一日　一分二厘引
一壱両　正わり　壱通半　代一分八厘
同日
一長三間　檜七寸　壱通　代五分
（第二七丁オ）
同日
一長二間　松六寸　壱通　代一分三厘
二日
一長二間半　檜八寸　壱通　代五分
同日　一分三厘引
一長二間　松六寸　弐通　代二分六厘
同日　一分二厘引
一壱両　正わり　七通　代八分四厘
同日　一分八厘引
一壱両　いたわり　拾九通　代三匁四分二厘
同日　一分二厘引
一壱両　正わり　拾八通　代二匁一分六厘

（第二七丁ウ）
五月三日　一分三厘引
一長二間　松六寸　弐通　代二分六厘
八日　一分八厘引
一壱両　いたわり　八通　代一匁四分四厘
同日　一分二厘引
一壱両　正わり　四通　代四分八厘
同日　一分二厘引
一長二間　檜六寸　六通　代一匁二分
九日　一分八厘引
一壱両　いたわり　四通　代七分二厘
同日　一分三厘引
一長二間　杢六寸　壱通半　代一分九厘
（第二八丁オ）
十五日　一分二厘引
一壱両　正わり　七通　代八分四厘
同日　四厘引
一枚けた　五通　代二分
十六日
一壱両　いたわり　壱通　代一分八厘
同日
一壱両　正わり　壱通　代一分二厘

申
後十二月廿五日是ゟ重右衛門才木町にて引ふん
　　　　　　　　　　　　一分八厘引
一壱枚　檜壱両　いたわり　三通　代五分四厘
同日　　　　　　一分二厘引
一右壱両　正わり　卅通　代三匁六分
（第二八丁ウ）
とり
正月十五日　　　　一分八厘引
一壱枚　檜壱両　いたわり　五通　代九分
廿五日　　　一分八厘引
一壱枚　同壱両　いたわり　拾三通　代二匁三分四厘
同日　　　一分八厘引
一壱枚　同壱両　板わり　六通　代一匁八分
同日　　　一分八厘引
一壱枚　同壱両　いたわり　拾弐通　代弐匁一分六厘
同日　　　一分八厘引
一壱枚　同壱両　いたわり　拾三通　代二匁三分四厘
二月八日
一壱枚　同壱両　いたわり　拾通　代一匁八分
（第二九丁オ）
同日　　　一分八厘引

一壱枚　壱両　いたわり　五通　代九分
十一日
一壱枚　壱両　板わり　拾通　代一匁八分
十七日　　　一分八厘引
一壱枚　壱両　板わり　九通　代一匁六分二厘
同日
一壱枚　壱両　板わり　拾通　代一匁八分
正月十八日　是ゟ大通庵ヨリ引申候　二分九厘引
一長二間半　檜六寸　六通　代一匁七分四厘
同日　　　二分九厘引
一長二間半　同六寸　弐通　代五分八厘
（第二九丁ウ）
正月十九日　　　二分九厘引
一長二間半　ひの木六寸　六通　代一匁七分四厘
同日　　　二分九厘引
一長二間半　同六寸　七通　代二匁三厘
同日
一長二間半　同六寸　壱通　代二分九厘
同日　　　一分三厘引
一長二間　杦六寸　弐通　代二分六厘
同日　　　一分三厘引
一長二間　同六寸　五通　代六分五厘

廿日
一長二間半　檜六寸　壱通　代二分九厘
（第三〇丁オ）
同日　一分三厘引
一長二間　松六寸　拾八通　代二匁三分四厘
二月廿一日　二分引
一長二間　檜六寸　五通　代一匁
同日　三分七厘引
一長二間半　檜七寸　五通　代一匁八分五厘
同日　一分三厘引
一長二間　杢六寸　四通　代五分二厘
廿二日　三分七厘引
一長二間半　檜七寸　七通　代二匁五分九厘
同日　一分二厘引
一壱両　正わり　九通　代一匁八厘
（第三〇丁ウ）
二月廿四日　二分九厘引
一長二間半　檜六寸　四通　代一匁一分六厘
同日
一長二間　檜六寸　壱通　代二分
同日　一分三厘引
一長二間　杢六寸　弐通　代二分六厘

同日　一分三厘引
一長二間　同六寸　五通　代六分五厘
同日　一分二厘引
一壱両　正わり　四通　代四分八厘
廿五日　一分二厘引
一壱両　正わり　六通　代七分二厘
（第三一丁オ）
同日　二分引
一長二間　檜六寸　弐通　代四分
廿六日
一長二間　松八寸　壱通　代三分
同日　三分七厘引
一長二間半　檜七寸　五通　代一匁八分五厘
同日　三分七厘引
一長二間半　同六寸　壱通　代二分九厘
廿七日　三分七厘引
一長二間半　同七寸　四通　代一匁四分八厘
同日　一分二厘引
一壱両　正わり　拾弐通　代一匁四分四厘
（第三一丁ウ）
二月廿九日　一分二厘引
一壱両　正わり　五通　代六分

三月一日　一分二厘引
一壱両　正わり　四通　代四分八厘
同日
一長二間　枩六寸　壱通　代一分三厘
同日
一長三間　同七寸　壱通　代五分
同日　一分八厘引
一壱両　いたわり　廿四通　代四匁三分二厘
二日
一長三間　枩七寸　壱通　代五分
（第三二丁オ）
同日　一分三厘引
一長二間　枩六寸　弐通　代二分六厘
同日　二分九厘引
一長二間半　槇六寸　弐通　代五分八厘
三日　六分引
一長三間　檜八寸　四通　代二匁四分
同日
一壱両　いたわり　壱通　代一分八厘
同日　一分三厘引
一長二間　松六寸　六通　代七分八厘
四日　五分引

一長二間半　檜八寸　弐通　代壱匁
（第三二丁ウ）
四日　三分七厘引
一長二間半　檜七寸　弐通　代七分四厘
同日　三分五厘引
一長三間　檜六寸　弐通　代七分
同日　二分引
一長三間　同五寸　三通　代六分
五日　二分引
一長二間　檜六寸　拾壱通　代二匁二分
同日　一分二厘引
一壱両　正わり　弐通　代二分四厘
同日
一長三間　檜六寸　壱通　代三分五厘
（第三三丁オ）
同日
一長二間　枚はゝ一尺物　壱通　代四分
六日　五分引
一長三間　檜七寸　弐通　代壱匁
同日　三分七厘引
一長二間半　檜七寸　弐通　代七分四厘
同日

一長二間半　同六寸　壱通　代二分九厘
同日　二分引
一長二間　同六寸　九通　代一匁八分
同日
一壱両　正わり　壱通　代一分二厘
（第三三丁ウ）
七日　三分五厘引
一長三間　檜六寸　五通　代一匁七分五厘
同日
一長二間　同五寸　壱通　代一分五厘
八日　一分三厘引
一長二間　枩六寸　五通　代六分五厘
同日
一長二間　檜六寸　弐通　代四分
同日　三分七厘引
一長二間半　松七寸　六通　代二匁二分二厘
同日
一長二間半　檜七寸　壱通　代三分七厘
（第三四丁オ）
十日　三分引
一長二間　松七寸　三通　代九分
同日　一分引

一長二間　同五寸　拾四通　代一匁四分
十一日　二分引
一長二間　檜六寸　三通　代六分
同日　一分引
一長二間　枩五寸　九通　代九分
同日　一分二厘引
一壱両　正わり　五通　代六分
同日　一分八厘引
一壱両　いたわり　拾二通　代二匁一分六厘
（第三四丁ウ）
十二日　一分八厘引
一壱両　いたわり　拾二通　代二匁一分六厘
同日　一分引
一長二間半　枩六寸　九通　代五分八厘
同日　一分三厘引
一長二間　松六寸　四通　代五分二厘
同日　一分引
一長二間　枩五寸　廿通　代二匁
同日　一分二厘引
一壱両　正わり　五通　代六分
十三日　一分引
一長二間　枩五寸　八通　代八分

（第三五丁オ）
十四日　　　一分八厘引
一壱両　いたわり　廿三通　代四匁一分四厘
同日　　　一分引
一長二間　杢五寸　三通　代三分
同日　　　一分二厘引
一壱両　正わり　十三通　代一匁五分六厘
十五日　　　一分八厘引
一壱両　いたわり　三通　代五分四厘
同日　　　一分二厘引
一壱両　正わり　拾四通　代一匁六分八厘
同日　　　一分引
一長二間　杢五寸　四通　代四分
（第三五丁ウ）
十六日　　　一分三厘引
一長二間　杢六寸　十三通　代一匁六分九厘
同日　　　一分二厘引
壱両　正わり　九通　代一匁八厘
十七日　　　一分三厘引
一長二間　松六寸　四通　代五分二厘
廿六日　　　一分三厘引
一長二間　同六寸　五通　代六分五厘

同日　　　一分引
一長二間　同五寸　拾通　代壱匁
廿八日　　　一分三厘引
一長二間　松六寸　八通　代壱匁四厘
（第三六丁オ）
同日　　　一分引
一長二間　松五寸　拾九通　代壱匁九分
廿九日　　　一分引
一長二間　同五寸　十三通　代一匁三分
同日　　　一分三厘引
一長二間　同六寸　八通　代一匁四厘
同日　　　一分三厘引
一長二間　松六寸　三通　代三分九厘
卅日　　　一分八厘引
一壱両　いたわり　三通　代五分四厘
同日　　　一分二厘引
一壱両　正わり　弐通　代二分四厘
（第三六丁ウ）
卅日　　　一分三厘引
一長二間　松六寸　三通　代三分九厘
三月五日　　　一分三厘引
一長二間　同六寸　弐通　代二分六厘

同日　　　　　　　　　二分引
一長二間　檜六寸　四通　代八分
同日　　　　　　　　一分三厘引
一長二間　松六寸　六通　代七分八厘
同日　　　　　　　　一分二厘引
一壱両　正わり　三通　代三分六厘
六日　　　　　　　　一分三厘引
一長二間　松六寸　三通　　代三分九厘
（第三七丁オ）
同日
一長二間　檜はゝ一尺物　壱通　　代三分
同日　　　　　　　　一分二厘引
一壱両　正わり　五通　代六分
同日　　　　　　　　二分九厘引
一長二間半　檜六寸　弐通　　代五分八厘
同日　　　　　　　　一分三厘引
一長二間　杢六寸　弐通　　代二分六厘
同日　　　　　　　　二分九厘引
一長二間半　檜六寸　三通　　代八分七厘
同日　　　　　　　　一分引
一長二間　松五寸　弐通半　　代二分五厘
（第三七丁ウ）

七日
一長二間半　六寸檜　壱通　代二分九厘
同日　　　　　　　　一分二厘引
一し丶料　正わり　弐通　代二分四厘
八日　　　　　　　　三分引
一長二間　檜七寸　弐通　　代六分
同日　　　　　　　　三分引
一長壱間半ノ壱尺　弐通　　代六分
同日
一長二間半　檜七寸　壱通　　代三分七厘
九日　　　　　　　　一分八厘引
一壱両　いたわり　四通　代七分二厘
（第三八丁オ）
同日　　　　　　　　一分二厘引
一壱両　正わり　四通　代四分八厘
十日
一長二間　松六寸　壱通　　代一分三厘
同日　　　　　　　　二分引
一長二間　松七寸　弐通　　代四分
同日　　　　　　　　一分二厘引
一壱両　正わり　三通　代三分六厘
十一日　　　　　　　一分二厘引

一壱両　正わり　五通　代六分
同日　　　　一分八厘引
一壱両　いたわり　拾三通　代二匁三分四厘
(第三八丁ウ)
十一日
一長二間半　檜一尺五寸　壱通　代七分五厘
十二日　　　　一分二厘引
一壱両　正わり　拾壱通　代一匁三分二厘
同日
一長二間半　檜六寸　壱通　　代二分九厘
十五日　　　　一分八厘引
一壱両　いたわり　七通　代一匁二分六厘
同日　　　　　　　三分七厘引
一長二間半　檜七寸　三通　　代一匁一分一厘
同日
一壱両　正わり　壱通　代一分二厘
(第三九丁オ)
同日
一長二間　檜七寸　壱通　　代二分五厘
十六日
一長三間　同平物は、　壱尺八寸　一通　　代二匁
同日　　　　三分五厘引

一長二間　檜六寸　弐通　　代七分
同日　　　　一分二厘引
一壱両　正わり　三通　代三分六厘
同日　　　　一分八厘引
一壱両　いたわり　七通半　代一匁三分五厘
同日　　　　二分九厘引
一長二間半　檜六寸　三通　　代八分七厘
(第三九丁ウ)
十六日
一壱両　正わり　壱通　代一分二厘
十七日　　　　一分二厘引
一壱両　正わり　四通　代四分八厘
同日
一長二間　松五寸　壱通　　代一分
同日　　　　一分三厘引
一枚壱両　正いた　八通　壱匁四厘
同日　　　　一分三厘引
一壱両枚　正いた　六通　七分八厘
十八日　　　　二分九厘引
一長二間半　檜六寸　弐通　　代五分八厘
(第四〇丁オ)
同日　　　　一分二厘引

一壱両　正わり　四通　代四分八厘
十九日　一分八厘引
一壱両　いたわり　拾壱通　代一匁九分八厘
同日
一壱両　正わり　壱通　代一分二厘
廿日　一分八厘引
一壱両　いたわり　拾壱通　代一匁九分八厘
同日　一分引
一長壱間半　檜五寸　五通　代五分
同日
一長二間　松五寸　壱通　代一分
（第四〇丁ウ）
廿六日　二分引
一長二間　檜六寸　三通　代六分
同日
一長二間　杢大六寸　壱通　代二分
同日　一分二厘引
一壱両　正わり　壱通半　代一分八厘
廿七日　二分引
一長二間　杢大六寸　四通　代八分
同日
一長二間　杢五寸　壱通　代一分

同日　一分八厘引
一壱両　いたわり　十七通　代三匁六厘
（第四一丁オ）
同日　一分二厘引
一壱両　正わり　弐通　代二分四厘
廿九日　一分二厘引
一壱両　正わり　廿一通　代二匁三分二厘
同日　一分八厘引
一壱両　いたわり　三通　代五分四厘
同日
一長二間　杢五寸　壱通　代一分
四月一日　一分二厘引
一壱両　正わり　弐通　代二分四厘
同日
一長二間半　檜七寸　壱通　代二分九厘
（第四一丁ウ）
四月一日　一分二厘引
一壱両　正わり　弐通半　代三分
同日　一分二厘引
一壱両　正わり　九通　代一匁八厘
同日　一分二厘引
一壱両　正わり　壱通半　代一■（ふん）八厘

同日　三分五厘引

一長二間　松七寸　二通　代七分

同日

一長二間　松六寸　壱通　代一分三厘

同日　一分八厘引

一壱両　いたわり　八通　代一匁四分四厘

(第四二丁オ)

同日　一分二厘引

一壱両　正わり　四通　代四分八厘

三日　一分五厘引

一長二間　檜五寸　五通　代七分五厘

同日

一長二間　杢大六寸　壱通　代二分

同日　一分二厘引

一壱両　正わり　六通　代七分二厘

同日

一あわ壱両　正わり　六通　代二分

同日

一長三間　檜平物　は丶壱尺五寸五分　壱通　代壱匁

(第四二丁ウ)

同日

一長二間　松五寸　壱通　代一分

同日

一長二間　檜五寸　壱通　代一分五厘

同日　一分二厘引

一壱両　正わり　弐通　代二分四厘

廿三日　一分八厘引

一壱両　いたわり　拾壱通　代一匁九分八厘

是ハ才木町にて引申候

卅日

一壱両　いたわり　拾通　代一匁八分

五月一日　七分五厘引

一長二間二尺　は丶一尺(ママ)一尺四寸　弐通　代一匁五分

(第四三丁オ)

七日

一長二間半　檜七寸　壱通　代三分七厘

同日　一分二厘引

一壱両　正わり　七通　代八分四厘

同日

一長二間　杢六寸角　壱通　代一分三厘

同日

一長二間　平物　壱通　代四分

八日　一分三厘引

一長二間　杢六寸　拾三通　代一匁六分九厘

九日　一分二厘引
一壱両　正わり　拾壱通　代一匁三分二厘
（第四三丁ウ）
九日　一分三厘引
一長二間　杢六寸　三通半　代四分五厘
同日　一分八厘引
一壱両　いたわり　弐通　代三分六厘
十一日　一分三厘引
一長二間　松六寸　弐通半　代三分二厘
同日　一分二厘引
一壱両　正わり　弐通　代二分四厘
十五日
一長二間　ひの木　七寸　壱通　代二分五厘
同日　一分二厘引
一壱両　正わり　三通　代三ふん六りん
（第四四丁オ）
同日　一分八厘引
一壱両　いたわり　二通　代三分六厘
十六日
一長二間　松六寸　三通　代三分九厘
同日
一壱両　正わり　壱通　代一分二厘

六月三日　一分八厘引
一壱両　いたわり　二通　代三分六厘
同日
一長二間　檜七寸　壱通　代三分四厘
六日　一分八厘引
一壱両　いたわり　弐通　代三分六厘
（第四四丁ウ）
四月十八日　一分一厘引
一長壱間半　檜五寸　弐通　代二分二厘
一分一厘引
一長壱間半　槙五寸　弐通　代二分二厘
一分三厘引
一長二間　杢六寸　四通　代五分二厘
一まきのいたわり　半通　代九厘
十五日　一分八厘引
一壱両　いたわり　三通　代五分四厘
十五日　一分八厘引
一壱両　いたわり　三通　代五分四厘
廿一日　三分七厘引
一長二間半　槙七寸　二通　代七分四厘
（第四五丁オ）
廿二日

一長二間半　槇七寸　壱通　代三分七厘
同日
一壱両　正わり　壱通　代一分二厘
同日
一長二間　槇六寸　壱通　代二分
同日
一壱両　いたわり　壱通　代一分八厘
廿四日　一分三厘引
一長二間　松六寸　弐通　代二分六厘
廿九日　一分八厘引
一壱両　いたわり　四通　代七分二厘
（第四五丁ウ）
一匁七分引
一長二間二尺　平物　弐通　代三匁七分
三厘引
一けた六丁　六通　代一分八厘
一壱両　正わり　壱通　代一分二厘
七月八日　一分八厘引
一壱両　いたわり　三通　代五分四厘
同日　一分二厘引
一壱両　正わり　廿四通　代二匁八分八厘
二月廿日ニ　一分六厘引

一枚壱両二枚　卅二通　代五匁一分二厘
是ハオ木丁にて長右衛門ひかせにて進之候
（第四六丁オ）
堺木引ふん
銀以上合五百八匁五厘
内二匁八分六厘まけ申し候
右大坂ノ引ちんこめて
惣以上合五百弐拾九匁一厘也
元和八年戌
三月廿八日　つほや道味
かわや善左衛門
（第四六丁ウ）「墨付ナシ」
（裏表紙）
右紙数合四拾七枚有　但上カミ共ニ

大通庵御材木船賃持賃帳

（表表紙）

庚　元和六年
大通庵御材木船賃持賃帳
申　霜月吉日

（第一丁オ）

舟ちん持ちんのふん　孫左衛門・喜兵衛両人ニ渡申候

酉正月十九日

一ひらた　拾そう　代三拾五匁
　　壱そうニ付五匁つゝ
一堺ふね六そう　代弐拾八匁　六介・与七郎両人済申候
　内二そうハ四匁つゝの也（ふん脱）
　右二口ハさる年のふん也

酉ノ正月十九日

一四本　長二間半　檜　　一壱枚　長三間　檜
　八寸かく　　　　　　　は丶一尺四寸
　　　　　　　　　　　　あつさ七寸
一三本　長二間半　檜　　一十三本　長二間半　檜
　七寸かく　　　　　　　七寸かく
一壱本　長三間一尺　引物　　一三本　長三間　松
　末口一尺一寸　　　　　　　六寸かく

（第一丁ウ）

右六口之舟ちん　代七匁　ひらた孫左衛門・市蔵両人わたし申候

廿四日

一三百四拾本　松五寸　舟賃代十四匁
　なみかえ
　但四そうふん

廿五日

一六枚　長三間一尺　　一壱枚　長三間一尺　檜
　平物檜　　　　　　　七寸角
一拾五枚　長二間一尺　　一四本　長二間半　ひの木
　六寸角　　　　　　　七寸角
一二枚　長三間一尺　檜　　一四枚　長二間一尺　ひの木
　ひの木　　　　　　　六寸かく
　ひら物

（第二丁オ）

一壱枚　長二間半　　一壱枚　長二間半
　は丶一尺　檜　　　は丶四尺四寸　ひの木
　あつ七寸　　　　　あつさ六寸
一壱枚　長二間一尺　　一二本　長三間一尺　松

は丶一尺四寸　檜　　壱尺壱寸角
あつ六寸
一二本　長二間半　松　　一四本　長二間一尺
壱尺　　は丶一尺四寸　檜
あつ七寸
一壱本　長四間引物　　一七本　長二間半　ひの木
末口一尺二寸　　七寸角
一七枚　長七尺
し丶料
弥兵衛・孫左衛門済
右十五ヶ分此舟ふん　代拾四匁
（第二丁ウ）
廿八日
一十三本　長二間半　檜　　一壱本　長三間一尺
七寸角　　七寸角　ひの木
一百本　長二間　松　　一拾本　長二間一尺　杢
六寸かく　　たり六寸
一壱枚　長二間半　檜　　一拾枚　長七尺　ひの木
は丶一尺四寸　　し丶両
あつ六寸
弥兵衛・孫左衛門済
右六口舟ちん　代十三匁五分

二月三日
一拾本　長二間一尺　ひの木　　一拾本　長二間一尺　ひの木
たか六寸　　たか六寸
一拾四本　長三間　はね木　　一二本　長三間半
二間半　　末口一尺四寸
末口八寸六寸　　引物
四寸
（第三丁オ）
一七本　長二間一尺　杢　　一壱枚　長三間一尺　檜
八寸角　　は丶　一尺二寸
あつ六寸五分
右六口舟賃七匁五分　弥兵衛・孫左衛門渡申候
四日
一二本　長三間一尺　引物　　一壱枚　長四間半　松
末口一尺一寸　　は丶一尺二寸
二寸　　あつ六寸五分
右二口舟賃四匁五分　孫左衛門渡申候
（第三丁ウ）
五日
一拾本　長三間一尺　檜　　一五本　長弐間半　ひの木
七寸角　　七寸角
一壱本　長三間一尺　杢　　一六本　長二間半　ひの木

　　　壱尺一寸角　　　　　七寸角
右四口舟賃五匁　　　孫兵衛ニ済
六日
一四拾弐本　上々の　厺　　一拾六本　長四間半四方
　　五寸角　　　　　　　はし柱
一壱枚　長三間弐尺　檜　一
　は丶一尺八寸
　あつ七寸五ふ
（第四丁オ）
右三口舟［船］賃六匁　孫兵衛　渡
　　孫左衛門
七日
一三百枚　天井正
　三十真ゆい
右舟ちん一匁三分　ちやふね
十三日
一拾本　長三間
　末口六寸六寸五分
　はね木
右舟ちん三匁　弥兵衛渡
（第四丁ウ）
廿日

一廿本　長三間末口六寸　一三枚　長弐間一尺　ひの木
　はね木　　六寸二丁かけ
一二枚　長三間一尺　檜　一壱本　長二間一尺　檜
　七寸角　　壱尺角
右六口舟賃七匁五分　孫兵衛・嘉兵衛渡
一拾本　長二間　檜　一壱本　二間一尺　檜
　五寸角　　壱尺角
（第五丁オ）
一卅間引角厺板いたかす百四十枚
右舟ちん一匁六分　茶ふね渡
一八拾間こまつしま
右舟ちん一匁六分　茶ふねニわたし
一百五十四まい　とま
右舟ちん一匁六分　茶ふね渡申候
（第五丁ウ）
三月九日
一四本　長三間一尺檜　一壱枚　長三間一尺　檜
　七寸角　　七寸ノ二丁かけ
一三枚　長二間一尺檜　一拾枚　長七尺ノ檜
　六寸二かけ　　壱両
一八枚　めとをりの　一
　枚せらし

右五口の船賃三匁　　茶ふねわたし
四月四日
一百五拾枚　天井正　　一拾五枚　長七尺　檜
　弐枚ゆい　　壱両
（第六丁オ）
一壱枚　長弐間半　　ひの木
　六寸二りかけ
右三口の舟ちん一匁八分　　茶ふね渡
大坂舟ちんのふん
　銀以上合百五拾五匁九分
右是迄ハ大坂ゟ堺への舟ちんのふん也
（第六丁ウ）
　堺はまゟ大通庵へ持ちん
さる
後十二月八日
一大し丶両　廿枚　此あけちん　四分
十一日
一大し丶両　拾壱枚　此あけちん　四分
　七尺十二枚
十三日
一枚板　六十間　此上ちん　廿七文
十六日

一とひ　正　十弐(二)束　一杢平物　二枚
一杢八寸角　二分　此三口あけちん　四分
（第七丁オ）
十八日
一杢　三間八寸九分　一杢三間七寸　五本
一杢長二間　八寸角　一
　八本
右三口持ちん　荷かす百十六か　七匁五分
　十荷付六分五厘
廿八日
一六寸二丁かけ十八枚　一八寸かく　十本
一なよ竹　九十束
　右三口　荷かす百卅か　七匁三分
　内四十五かハ五か持
　又八十五かハ六か持
（第七丁ウ）
後十二月廿日
一松平物　二本　一六寸かく　七十二本
一壱両卅四枚
　右三口　荷かす八十四か　六匁
　内十二かハ五か持
　又七十五かハ六か持

残所ハ右壱両ニあけニ成申候、銭や作右衛門様のかた迄
廿五日
一長二間　檜六寸十五本　一二間七寸角　八本
一三間七寸　二本　一二間六寸　壱本
一二間半　七寸ノ　壱本　一三間　ぬくいいた　拾壱枚
　二厘かけ
（第八丁オ）
右六口　荷数百廿五か　六匁八分四厘
　内六十六かハ五か持
　残五十九かハ六か持
廿六日
一四枚　長二間一尺　一壱本　長三尺
　は、一尺二寸　は、一尺
　あつ六寸　あつ六寸
一壱本　長三間半　一壱本　長二間半
　四寸六寸ノ　九寸七寸ノ物
一四本　長二間半　一五枚　長二間半
　七寸かく　ぬくいいた
一十六本　長二間　檜　一三本長三間一尺
　六寸かく　なけし
一弐本　長三間一尺　一二枚　長三間一尺
　六寸かく　はふいた

わり木
（第八丁ウ）
一壱本　長三間一尺　一二本　長二間
　けし　六寸かく
一二本　長二間半
　角木
右十三口荷かす　百荷
　五厘ツ、内五分夜ゟの　五匁五分
　にあけ
廿六〔五〕日
一弐本　長三間一尺五寸　ひの木
　あつ九寸
　右荷かす卅二荷　二匁五分六厘
　八厘持
廿五日
一宮丸た　四十本
　右之持ちん　一分二厘
（第九丁オ）
廿九日
一十六本　檜　長二間半　一十五本　長二間半
　七寸かく　六寸七寸角
一十七本　長二間半　一壱本　長二間半

七寸角　　　　壱尺角
一一本　長二間一尺　　一四枚　長二間六寸
六寸角　　　　二厘かけ
一百束　ひろそ木
右七口荷かす　　五厘持　　八匁五分
百七十か
西正月八日
一五十本　すぬけ　　一百本宮丸た
右二口荷かす廿か六厘持　　壱匁二分
（第九丁ウ）
西正月八日
一壱枚　壱両板にて八枚　　一分二厘
右持ちん　　荷かす
二か六り持
九日
一六本　はね木　　七分
右荷かす七か
下二厘持北ゟ
十日
一七十五本　六寸角
荷かす七十五か　六厘持　四匁五分
十三日

一廿丁　　　一八十本宮丸た
右二口荷かす六厘　　三分六厘
（第一〇丁オ）
十五日
一壱両拾壱枚ふん　但いたまへり
さんかまち
右荷かす廿か　六厘持　　一匁二分
十七日
一卅本六寸かく
右荷かす卅か　七厘持　　二匁一分
十八日
一壱両十三枚　　一小杢嶋六十九間
右二口数四十八か　六厘持　　二匁八分八厘
十九日
一引角杢いた　百四十枚
右荷かす廿四か　六厘持　　一匁四分四厘
（第一〇丁ウ）
正月廿一日
一四本長二間半　　一壱枚長三間
八寸檜　　は丶一尺四寸　　同
あつ七寸
一三本長二間半　同　　一十三本　同角

七寸
一壱本長三間一尺　　一三本　長三間ノ枩
　末口一尺一寸　　　　六寸
　引物
　右六口荷数百間　五厘持　五匁五厘
同日
一拾四枚壱両
　右荷かす廿八間　六厘持　一匁六分八厘
（第一一オ）
廿二日
一二本長二間半大丸た
　右荷かす一か　　六厘
同日
一五寸かく百本
　右荷かす五十か　五厘持　二匁五分
廿四日
一五寸かく二百四十本
　右荷かす百廿か　二厘持　二匁四分
　但大小路ゟ才木町へもち申候、但大小路におかれすに
　　　　　　　　　　　　　　　　　　　てとり申候
廿五日
一壱両八拾ふん但いた引候ヲ

　右荷かす十七か　六厘持　　一匁二厘
（第一一丁ウ）
正月廿五日
一ひら物二枚ふん　　但いた＝引申候ヲ
　右荷かす拾六か　六厘持　　九分六厘
廿六日
一大小木数五十八本
　右持ちん　十五匁
廿七日
一五寸かく　廿八本　　一こまつしま廿五間
一長二間半　六寸　三本　　一長三間平物　一枚
右四口荷かす　五十三か　七厘持　　三匁七分
（第一二丁オ）
廿八日
一五寸かく百十二本
　右荷六十一か　　六厘持　三匁六分六厘
同日
一檜長壱間半平物一本
　右荷かす拾か　　七分
同日
一大丸た二本
右之もちちん一か　六厘

二月一日
一壱両二枚
　右荷かす　四か　六厘持　　二分四厘
(第一二丁ウ)
二月一日
一六寸かく二本
　右荷かす二か　六厘持　一分二厘
二日
一川上二本
　右荷かす二か　六厘持　一分二厘
三日
一檜長三間一尺七寸　　一檜長三間　　壱本
　　十三本　　七寸かく
一杢六寸百本　　一杢たり六寸十本
一同弐間半平物　　一檜七尺壱両
(第一三丁オ)
　右六口荷持ちん十八匁六分
　　右之もちと又ハ大坂ゟ参候時風吹候て北にて
　　なくしまつへおき大小路迄いかた仕候こめて
四日
一十本檜長二間一尺　　一十本檜長三間一尺
　たか六寸　　たか五寸

一十四本はね木　　一七本　松八寸角
　長三間二間半
　いろいろ
一壱枚檜長三間
　平物
　右五口荷かす百五十か　五厘持　七匁五分
(第一三丁ウ)
二月四日
一五寸かく四十五本
　右荷かす廿三か　六厘持　壱匁三分八厘
二日ニ
一とひ正十二束
　右荷かす十二か持　四分
　　是ハとくらせ分迄参候
五日
一引物　四本　一平物　壱枚
右之持ちん十一匁
(第一四丁オ)
五日
一平物壱枚ふん
　いたにひかせにて
右之持ちん　　八分

六日
一はね木八本
　右荷五十四か　六厘持　三匁二分四厘
同日
　一ひの木　平物　一枚
　右荷かす八か　六厘持　四分八厘
(第一四丁ウ)
二月六日
一ひの木　長三間　十本　一檜　長二間半七寸
　七寸　五本
一檜　長三間半　六本　一杢　長三間　一本
　七寸かく　壱尺一寸角
　右四口荷か寸九十六か　五分持　四匁八分
同日
一大丸た　二本
　右壱か　六分
同日
一五寸　四十本
　右荷廿か　六分持　一匁二分
(第一五丁オ)
同日
一六寸かく　五十本

　右五十か　六分持　三匁
七日
一川上　六寸三分
　右荷かす　三か　六分持　一分二厘
同日
一宮丸た　十五本
　右荷か　六厘持　一分二厘
(第一五丁ウ)
二月七日
一檜丸物　十七[六]本
　右荷か寸五十か　五分持　二匁五分
同日
一はふいた　三枚　長三間二尺
　右之持　六分
同日
とゆ正　十束
　右持とくりせら也　一　二分五厘
同日
一ひの木壱両八枚
右荷かす十六か　六分持　九分六厘
(第一六丁オ)
十一日

一六寸角　五十本　　　　一　五寸卅本
一小丸た　十本　　　　一　ひの木壱両四枚
　右四口荷かす七十四か　六か持　四匁四分四厘
同日
一五すんかく　四十二本
　　大小路ゟ一かツ、
右荷かす廿荷　ナル用也　　　　三分五厘
十四日
一こまつしま　　拾四間一まい
右荷かす　五[七]荷　　六厘持　　　　四分
（第一六丁ウ）
二月十四日
一杢六寸壱かけ　一本
　右もち二か六か持　　一分二厘
十五日
一壱両六枚ふん但いた引にて　一丸物一本　　七分二厘
　右二口荷かす十二か六か持
同日
一上六寸廿六本
　右荷かす廿六か　六か持　一匁五分六厘
十六日
一杢五寸八十六本

　右荷かす四十三か　六か持　二匁五分八厘
（第一七丁オ）
同日
一三間はね木　拾本
　右荷六十か　五か持　三匁
同日
一三間はね木　拾本
　右大小路ゟ才木町へ廻し候ちん　五分
十七日
一引角杢いた　いたかす百廿三枚　一匁二分六厘
　右二口荷かす廿一か　六か持
同日
一壱両　五枚　　　　六分
　右荷かす十か
（第一七丁ウ）
二月十七日
一中丸太大小廿本　　　　一分八厘
　右荷三か　　六か持
同日
一四間石はう　二本　　　　八分廿厘
　右荷かす　十四か　六か持
廿一日

一こまつしま　五十六間　　　　一匁一分四厘
　右荷かす十九か　六か持
同日
一はね木　廿本　　　　　七匁五分
　右荷百五十か　五か持
（第一八丁オ）
同日
一檜たり六寸　長二間　　　一長二間　六寸かく
　　　六かけ　　　　　　　　　　　壱本
　　　三枚
一長二間五寸かく　十本　　一長三間七寸かく　二本
一長二間一尺角一本
　右五口荷かす卅六か五か持　　一匁八分
一枚壱両弐枚ふん板　いたニひかせにて
十七日
　右荷かす四荷　てらへ持にて　　　　四分
　　それから又候大工宿へ持申候
廿三日
一引角枩いた　いたか寸　八十四枚　　　八分四厘
　右荷かす十四か　六か持
（第一八丁ウ）
二月廿三日

一右之枩いた　にあけちん　　　　二分
廿九日
一小枩嶋　八十間　　　　　一匁三分五厘
　右荷かす廿七か　五か持
同日
一五寸　五十八本　　　　　一匁七分四厘
　右荷かす廿九か　六か持
三月二日
一長山　二百丁
　荷一か　　六厘
（第一九丁オ）
同日
一やるせ　百間　　　　　　二分四厘
　右荷四か　　六か持
同日
一月やく　　二百丁　　　　一分二厘
　右荷かす二か
四日
一同　二百五十丁　　　　　一分八厘
　右荷三か　　　六か持
七日
一枚引板　　廿四枚　　　　二分四厘

右荷かす四か　　六か持
（第一九丁ウ）
三月七日
一さゝいた二間　一ヤなセ　三束
右荷壱か　　六厘
八日
一大しゝ料　三枚
右荷かす八か　六か持　　四分八厘
同日
一ひの木七寸長二間木
右荷二か　六か持　　一分二厘
同日
一平い桁　廿丁
荷一か　　六厘
（第二〇丁オ）
十日
一土間はふ板　四間　又おくりいた　卅まい
右之もちちん　五分
同日
一枚　正いたミセニ参候
もちちん　　六厘
十一日

一とひ　五百卅九まい
右荷かす九厘　六厘持　　五分四厘
同日
一杢いた　おくり五十四枚
右もちちん　　三分
（第二〇丁ウ）
三月十一日
一石桁十丁
右もちちん　　一荷　　六厘
十二日
一ひの木大壱両　壱枚
右二か　六厘持　　一分二厘
同日
一檜長二間　一本
七寸角
右二か　六厘持　　一分二厘
同日
一同長三間　四本　一同二丁かけ壱本
七寸かく
一長二間　六寸二丁かけ　一壱両十枚
三枚
（第二一丁オ）

一枚せうし八枚
　右五口　三匁[持賃]　三匁
同日
一四間しはう二本　もとか申時の持
　右十四日　六厘持　四分五厘
十四日
一枚正打わり四枚　二分四厘
　右荷四か　六厘持
同日
一大丸た　五十七本　五分四厘
　右荷九か　六厘持
（第二二丁ウ）
三月十四日
一枚あついた　五枚　六厘
同日　壱か
一上々　三寸かく十二本　壱分二厘
　二か　六厘持
十八日
一うすき桁　廿丁　一分二厘
　二か　六厘持
同日
一枚壱両大小三枚　六分

　右荷かす　十か
同日
一枚七尺五寸引いた十六枚
　右二か　六厘持　一分二厘
（第二三丁オ）
同日
一かいふ柱二本　一分二厘
　右二か　六厘持
同日
一上々三寸かく十二本　一分二厘
　右二か　六厘持
廿日
一まき柱　十本　六分
同日
一上々■■[十カ]桁廿丁　六厘
　一か
同日
一枚引いた十四枚
　二か　六厘持　一分二厘
（第二三丁ウ）
三月廿日
一ひの木壱両一枚　一分二厘

二か　　六厘持
廿一日
一檜長二間たか六寸　一本
二か　　六厘持　　一分二厘
同日
一檜大壱両壱枚
右荷四か　六厘持　二分四厘
廿三日
一檜壱両一枚　但いた引十二枚有
右二か　　六厘持　　一分二厘
（第二三丁オ）
廿六日
一枚六寸かく二本　　一松川上六寸　三本
一上々　五寸かく一本　　一松あついた七枚
右四口荷かす八か　六厘持　四分八厘
二七日
一檜　壱両壱枚
壱か　　　　　　　　六厘
四月三日
一かいふ柱三本
右荷三か　六厘持　　　一分八厘
同日

一枚引いた十二枚
右二か　　六厘持　　一分二厘
（第二三丁ウ）
四月三日
一まき柱　壱本
壱か　　　　六厘
同日
一あわ壱枚　壱枚
壱か　　　　六厘
四日
一平い桁　廿丁
壱か　　　六厘
同日
一檜壱両拾五枚　　一とひ正　百五十枚
一檜六寸二丁かけ一枚
右三口荷かす廿三か　五厘持　一匁六分五厘
（第二四丁オ）
六日
一枚引板六枚　　　六厘
壱か
九日
一御寺ゟおくり申材木いろ〻持

右荷かす二百八十か　六厘持　　十六匁八分
五月三日
一杢六寸廿一本　　　一杢五寸七本
一檜七寸ノ三間　一本　　一檜八寸ノ二間半　壱本
一同七寸二間半　二本
右五口荷かす四十一か　六厘持　二匁四分六厘
（第二四丁ウ）
五月八日
一檜七寸ノ二間半　一本　　一杢六寸十二本
一同壱両壱枚
右三口荷かす　十七か　六か持　一匁二厘
九月廿一日
一しい丸太九本　一くり丸た　壱本
一大しし　壱丁
右三口懸ちん　　二分
銀以上合弐百拾九匁六分七厘
是ハさかい浜ゟ大通へ持ちん也
（第二五丁オ）
右ハ大坂ノ舟ちんこめて
惣以上二口合三百七拾五匁五分七厘か
又壱匁五分わりつな一ツ
但引物共持申候時ニかい申候

元和八戌
三月廿八日　つほや
道味
かわや
善左衛門
（第二五丁ウ）「墨付ナシ」
（裏表紙）
右紙数合弐拾七枚有　但上かミ共ニ

大通庵御作事日記

（表表紙）

辛
元和七年
大通庵御作事日記
酉　正月吉日

（第一丁オ）

京ゟ御下シ被成候銀子覚

申閏十二月八日

一銀弐貫目　高石屋長三郎御持下

同日

一同四百五拾目　預り銀

酉正月廿七日

一同三貫目　つほや道味御持下

三月一日

一同三貫目　文宗坊御持下

同廿日

一同四百五拾目　請取

卯月十三日

一同三貫目　江月様御下向之時請取

（第一丁ウ）

五月二日

一弐貫目　閑首座御持下

八月廿日

一壱貫目　不蔵主御持下

以上拾四貫九百目度々請取

（第二丁オ）

銀子之払方

一丁銀七百目　くりのてま

一同八拾六匁　門のさくれう

一同百九拾三匁　色々まし仕事
大工書出し在之

三口合九百七拾九匁　清左衛門尉へ渡し
手形在之

（第二丁ウ）

一壱貫六百目　方丈作料

一百廿九匁　まし仕事大工
書出し在之

一弐百目　けんくわんノ作料

三口合壱貫九百廿九匁　大工市右衛門へ渡

手形在之

大工分合銀弐貫九百八匁

（第三丁オ）

一弐百目　地つき申候じやりノ代

一四匁五分　井弐ツノうめちん

一六拾五匁五分　ついぢノ下じやりノ代
宗味へ渡し
手形あり

一三百卅八匁　ついぢ廿六間
一間ニ付十三匁宛

一五百五拾目　新兵衛人そく　くり
方丈
てま手形在之

一八匁六分　同人　ゆどのせつちん
人そくちんノ手形あり

以上五百六拾六匁六分

（第三丁ウ）

一拾三匁　すゑ石の下ぼうつきちん

一卅二匁　井弐ツノてつだい
人そくちん

一七匁　ついぢ入口あけかへ申候ちん

右三色宗味三介てかたあり

右合壱貫弐百拾八匁六分新兵衛分

（第四丁オ）

一三百廿五匁　庫司・方丈・ついぢの下
石の分二郎兵衛へ渡
てかたあり

一百九拾四匁五分　切石ノ代善兵衛ニ渡し
但玄関又方丈切石てま
又ハにしぬ所ノ石てかたあり

一六匁三分　切石壱ツノ代渡し
但茶堂ノしきいの下ニ入申候

以上三口五百廿五匁八分

（第四丁ウ）

一八匁　切石弐ツノ代　使久右衛門
但たたミ石ノ内ニ入申候

一三匁　みぞのふた石ノ代渡し
使久太

一拾六匁九分　石五十八　大石三ツ持ちんともニ
石や二郎兵衛ニ渡手形あり
たたミ石の分

一三匁六分　大石壱ツノ代
けんくわんの前ふまゑ石

（第五丁オ）

一拾八匁　切石ノ代渡し
　但くりのまへあを石代
　てかたあり
一四拾匁六分　石ノ代二郎兵衛ニ渡シ
　但みぞの石　てかたあり
一三匁　大石弐ツノ代
　但門ノ用
一七匁五分　石百ノ代但やねの石
　又た丶ミ石ノあいニつかい申候
　以上八口九十九匁七分九厘
（第五丁ウ）
一壱匁弐分　石百ノ持ちん
　合六百廿六匁七分九厘　石ノ分
一三百七拾八匁　釘六百把　宗味・三介ニ渡
　宗味・三介てかたあり
一六拾匁　つりかすがい弐千
　目釘迄宗味・三介ニ渡シ
　てかたあり
一百目　大かすがい大釘卅六貫六百
　四十目宗味・三介・八左衛門へ渡
　てかたあり
（第六丁オ）
一七拾五匁　たる木つり四十四
　大引物ノかな物八ツ
　宗味・三介ニわたし手形あり
一七拾匁　といもたせ卅へ　ひやう九十三
　宗味・三介ニ渡シ　てかたあり
一七拾五匁　かぢやへわたし
　宗味・三介へ渡手形あり
一拾七匁五分　かぢやへ渡し　てかたあり
　但天井ノあいノ釘　又ひぢかきかね
　ゑんノふき板　あいのくき
（第六丁ウ）
一百弐拾目　かぢやニわたし
一百四拾匁九分　唐戸かな物玄関弐ツ大門かな物
　釘かな物いろいろ　道にあり
一弐匁　かぢやニ渡し　宗味てかたあり
　合壱貫卅八匁四分かぢや分
（第七丁オ）
一壱貫弐百拾二匁二分　かわら弐万六千九百
　卅七枚千枚ニ付四十五匁ツ、　宗味ニ渡し
　手形在之
一五拾一匁弐分五厘　井ノかわら四百拾枚
　但一匁ニ八まいツ、

一拾弐匁七分五厘　上、ノへいかわら七間半
一七匁五分　中ノへいかわら五百
（第七丁ウ）
一弐匁八分　なミかわら弐百
一四拾三匁　鬼かわら又かわらふき
　めしの代
一弐拾一匁四分　門ノかわらノ代渡し
　但千三百四十枚　千ニ付十六匁ツヽ
一一匁八分　ひがわら弐間
　右二左衛門・宗味てかたあり
一四拾一匁六分　かわら弐千六百九十枚
　玄関ノ用　千ニ付十五匁五分ツヽ
　内八分まけ
（第八丁オ）
一卅六匁六分五厘　しきかわら六百枚
　内六分五厘まけさせ　内三百枚ハ一匁ニ十八枚ツヽ
　同三百枚ハ一匁ニ十五まいツヽ
一一匁五分　へいかわら一間
一五匁　しきかわらノ作料
　右二左衛門・宗味てかたあり
合壱貫四百卅六匁七分かわらの分
（第八丁ウ）

一弐拾目　くり井ノほりちん
一弐匁八分　茶堂井ノほりちん
一拾一匁弐分　小かわら弐ツ手桶弐ツヽ
　三介ニわたし
　右三左衛門・三介ニわたし
一弐匁四分　ひかわら三間半ノ代
　三介ニわたし
一四拾壱匁　竹屋ニわたし使三介手形あり
　但方丈　使わたし大竹ノ代
（第九丁オ）
一拾六匁八分　竹ニ渡し　但使三介
一拾七匁　大がま壱ツ
一弐拾九匁五分　なべかま大小七ツ
一八拾八匁六分五厘　宗味・三介へわたし
　小日記くわしく在之
一百廿九匁九分六厘　同人へわたし
　小日記あり
此面以上三百七拾七匁三分一厘
（第九丁ウ）
一七匁　材木ノまわしちん
　又はまゟノ持ちん
　宗味・三介てかたあり

一拾弐匁四分五厘（つな百八十八荷
　　　　　　　　　はたけ土五十二荷ノ代
　　　　　　　　　宗味・三介てかたあり
一百四拾二匁五分　さくわん市右衛門へ渡シ
　　　　　　　　　但白土九十五坪ノ代
　　　　　　　　　一坪ニ付一匁五分ツ、
一七拾六匁八分　同人へ渡し、但四十八日作料、めしとも一匁六
　　　　　　　　分ツ、
（第一〇丁オ）
一五匁　　　すきやいろり
一弐匁　　　すきや作料
　右四口合弐百廿六匁三分てかたひとつニ在之
一一匁四分　じやう弐ツノ代　三介ニわたし
一一匁三分　くるまきノ代
此面以上弐百四拾八匁四分五厘
（第一〇丁ウ）
一四匁三分　はしり壱ツ代
一四匁五分　枌戸弐まい
一七分　　　つるべ弐ツ
一九匁　　　しゆろうほうき三本
一弐匁　　　同一本
一弐匁五分　ぬりちり取壱ツ

（第一一丁オ）
一五分　　　　こやひしやく一本
一弐拾一匁二分　たるやへわたし
　　　　　　　　但し桶たらい水たご
　　　　　　　　手桶いろいろちうもんてかたあり
一弐匁八分　　枌戸一まい納所れう
　　　　　　　二階の下ノ戸
一弐匁九分　　あげこたつふちとも
此面以上五拾匁四分
（第一一丁ウ）
一六分　　　こて壱ツ
一三匁　　　大束ノ代
　　　　　　内一匁ハ和尚様御下向之船へ入申候
一弐匁四分五厘　なよ竹ノ代
　右二いろてかた　ひとつニ在之
一四匁八分　ちりむしろ廿まい代
　　　　　　但ゑんノおおいノ用　てかたあり
一七匁五分　金箱一具、とうさん壱ツ
　　　　　　てかたあり
（第一二丁オ）
一八分　　　金ばりノ代　てかたあり
　　　　　　但　釘かぐしだみ申候

一百六拾九匁五分　宗味へわたし
　てかたくわしくあり
一百弐匁四分五厘　同人へわたし
　てかた委あり
一百八匁八分五厘　同人へわたし
　但和尚様筑前へ御下向之時食物
　くわしくありてかた
一六拾七匁二分　同人へわたし　委ハてかたあり
此面以上四百六十七匁一分五厘
（第一二丁ウ）
一拾弐匁二分　宗味へわたし　委てかたあり
一四匁六分　なよ竹十束
　ゑんノ用玄関の前かき
一五匁　なよ竹ノ代　三介ニ渡し
一三匁六分　竹ノ代　但すきやノ用
　てかたあり
一二匁　大竹四本ノ代
　玄関まわたし
（第一三丁オ）
一百七拾匁　かたミや宗円へわたし
　てかたくわしく在之
一七拾六匁二分　同五郎左衛門へわたし

　てかたくわしく在之
一八拾八匁　材木ノ代天満やへ渡し
　委通てかたあり
一六拾六匁　同ノ代のとやへ与兵衛渡
　委通てかたあり
一拾五匁八分　同ノ代くまのやへ渡
　委通てかたあり
此面以上四百四拾三匁四分
（第一三丁ウ）
一拾九匁五分　紙ノ代ごまや作右衛門渡し
　てかたあり
一拾八匁　檜木はしら一本
　但唐戸の建具ニつかい
　てかたハ大工市右衛門はらいノ内ニあり
一百三匁五分　はりつけ太郎兵衛ニ渡し
　但四十五坪下はりのちん
　ほうぐとも一坪ニ付二匁三分ツヽ
一拾匁二分　同人六日ノ作料
　右二色てかたひとつニあり
（第一四丁オ）
一四匁　門ノ材木大坂ゟ之船賃
一一匁八分五厘　同浜ゟ之持ちん

右ニいろ三介ニわたし

一匁五分　しし両持ちん

つかい久兵衛ニわたし

一弐匁四分　炭弐俵ノ代てかたあり

但けんくわんノ戸板あぶり申用

一拾一匁三分　小引与右衛門ニ渡し

門ノ道具通てかたあり

此面以上百七拾二匁二分あり

（第一四丁ウ）

一八匁七分八厘　小引　二右衛門ニわたし

但門ノ道具てかたあり

一一匁四分　小引　与右衛門ニ渡し

てかたあり

一卅七匁八分五厘　小引　二右衛門ニわたし

但けんくわんノ用てかたあり

一六分　小引　ちん渡し

但門ノかさ木引ちん

（第一五丁オ）

一弐百四拾九匁　わん折敷ノ代

ぬし屋小右衛門へ渡し

てかたあり

一九匁六分　わん箱三ツ

おし箱三ツノ代

てかたあり

此面以上三百七匁二分三厘

（第一五丁ウ）

一九拾六匁　東ノへいせいさへもん二渡

一二匁五分　あらそ

但ふとんノ中いろいろニ遣

一三匁　人足やといちん

材木用心ニ付置

一一匁五分　いかき井ほり候時

一一匁三分　どうづきのわノてま

たるやへわたし

（第一六丁オ）

一弐拾五匁二分　すミ拾石五斗

板ともあぶりし用

一七匁二分　紙の代ごまやへ渡し

天井うらはり又はり付

一廿七匁三分　布拾たん

かたミのへり

一五匁　同そめちん

一三匁　打栗　筑前様

此面以上百七拾二匁

（第一六丁ウ）
一弐匁五分　いりかや　筑前様へ
一四分　しやくし　宗味へ渡し
一五分　馬毛ふるい
一八分　すりこばち
一一匁七分　くりのふれん
一八分　布ざうきん
（第一七丁オ）
一六拾匁　本尊つかい文字
一拾匁　本尊そこね申候
　つくろいてま
一卅匁　かねのらいそくたて
一八匁六分　いろりぬりふち
一弐百八拾弐匁五分八厘　玄関材木ノ代
　大工市右衛門つかいへ
　此面以上三百九拾七匁八分八厘
（第一七丁ウ）
一弐匁五分　けんくわんノ材木大坂ゟ
　まわし候舩ちん
一卅六匁五分　米壱石
　但　和尚様筑前へ御下向之時
　御蔵米

一弐匁五分　折敷拾枚
　宗味へわたし
一四拾五匁　米壱石四斗
　ふしんの間中間一人
（第一八丁オ）
一拾五匁　普請の間中間
　きりふ
一卅八匁　米一石ふしんの間
　孫左衛門
一五匁　同きりふ
一百卅一匁五分　たたミのおもて
一百六拾四匁二分　玄関しゝれうの代
　此面以上四百四拾匁二分
（第一八丁ウ）
一弐拾三匁二分　諸白樽四ツノ代
　但柱立祝儀ニ大工衆へ遣
一四拾三匁　むねあけいわいニ
　大工一やうへ遣
一四拾三匁　同清左衛門へ遣
一拾匁　同日用かしら
　新兵衛遣
（第一九丁オ）

一五匁　むねあけいわいニ
一八匁　かわらやへ遣
　同大工中ノ惣代
　四人ニ遣
一弐匁　同小引へ遣
一三匁　同かぢやへ遣
一六匁八分五厘　じやりノ代わたし
　但そとのたゝミ石ノ用
此面以上百四拾四匁五厘
(第一九丁ウ)
一拾六匁二分　石ノ代二郎兵衛へ渡し
　但そとのたゝミ石ノ用
一八匁三分五厘　さくわんへ渡し
　但げんくわんぬり　白土まで
一三二匁　もちの米
　但むねあげの時振舞
一拾七匁　うるち米　同
一弐拾四匁　酒六斗　同
(第二〇丁オ)
一弐匁　あづき　同
一八分　たうふ　同
一五分　こんにやく　同

一弐匁五分　うるめ　同
一拾匁　鯛　同
一八匁　さざい二ぐしの物　同
　いろいろ
此面以上百廿一匁三分五厘
(第二〇丁ウ)
一五分　おねば　いろいろ
　むねあけの時振舞
一五分　す　同
一一匁七分　ごぼう　同
一一匁三分　かわらけ　同
一弐百五拾目　町代半右衛門居申候
　五間口屋しき　かい
一三百四拾匁　五間口屋しき　かい
(第二一丁オ)
一卅四匁　五間口屋しき分一ニ渡
一四匁　同町年寄二人へ樽代
一弐匁　同町代へ樽代
一弐百弐匁七分　ぬし屋へ渡し
　但くろぶち万たて具
　ぬり物通いあり
此面以上八百卅六匁七分

（第二一丁ウ）
　　これ𠮷植木ノ分
一六分　　杁の木
一一匁　　椿の木
一二分　　ひら木
一一匁七分　山枡の木
一二匁　　つげの木
一拾匁　　松十本
一一匁五分　いぬつばき
（第二二丁オ）
一一匁一分　山枡の木
一一匁六分　ひらぎ
一二匁七分　くわすき三丁
一二匁二分　同　ゑほろ（柄風呂）
一二拾四匁八分　松の木卅一本
一拾八匁九分　　同廿七本
一一匁　　　かしの木
　　此面以上七拾一匁一分
（第二二丁ウ）
一一匁二分　松の木

一卅五匁　　松百本
一一匁五分　竹ノ代　松のかき
　　以上卅七匁七分
惣合拾壱貫五百拾五匁六分六厘遣方
又六貫七百目つほや道味へ度々ニ渡シ
都合銀拾八貫弐百拾五匁六分六厘
（第二三丁オ）
右之内銀拾四貫九百目
　　京𠮷度々御下シ分
指引残而銀三貫三百拾五匁六分六厘
　　　　此方𠮷取替
元和八壬戌年　三月廿八日
　　　　　　　　卜養（花押）
　　　　　　　　道忻（花押）
　　　　　　　　作右衛門（花押）
閑首座様　御下
（第二三丁ウ）「墨付ナシ」

（裏表紙）
　　「紙数墨付弐拾五枚」

おわりに

中世都市堺の終焉から近世都市堺の誕生について大徳寺龍光院から発見された新しい史料を紹介しながら考察をした。天王寺屋津田一族にとって、故郷の菩提寺大通庵を復興することは、先祖代々の旧跡を護るために、優先すべきことであった。大火で焼失後、幕府によって宛がわれた敷地に一〇年以内に新たな寺を建築、落慶にまで漕ぎ着けたことに、堺復興にかけた天王寺屋津田一族の強い意志を感じることができよう。

豊臣宗家滅亡の前哨戦で発生した慶長二〇年（一六一五）四月二八日の大火は、中世都市堺を終わらせたが、同時に近世都市堺を誕生させたともいえる。近世都市堺の成立期の事情については、現時点では新たな史料を得ることが難しく『堺市史』の記述を超えることができなかった。しかし、大徳寺龍光院が所蔵する元和六・七年大通庵普請記録を研究することで、これまで知られていなかった堺寺町の一寺院の復興事情を明らかにすることができたことは、幸いであった。近世都市堺研究を前進するためには、このような良質の史料の発見と研究が欠かせないといえよう。

注

（1）日珖の「己行記」は、堺の町を基本的に「津」と表現している。
（2）一五八四年のジョルジョ／オルテリウスの中国図には「Sacai」の標記が、一五九五年のテイセラ／オルテリウスの「日本図」には「Sacay」の標記が見られる。
（3）松田毅一監訳『十六・七世紀イエズス会日本報告集　第Ⅱ期第2巻』（同朋舎、一九九六年）二〇九頁。
（4）芳澤勝弘編著『江月宗玩欠伸稿訳注　乾』（思文閣出版、二〇〇九年）二八四頁。
（5）『本光国師日記』第一七、慶長二〇年六月五日条。

(6)『本光国師日記』第一七、慶長二〇年六月六日条。
(7)福島雅藏「寺町と金地院崇伝」(『堺の町探訪―寺町の文化財―』堺市博物館、二〇〇六年)。
(8)『本光国師日記』第一七、慶長二〇年六月八日条。
(9)『本光国師日記』第一九、慶長二〇年一二月二八日条。
(10)『本光国師日記』第一九、慶長二〇年一二月二九日条。
(11)『本光国師日記』第一九、慶長二〇年一二月二七日条。
(12)『本光国師日記』第二〇、元和二年正月一八日条。
(13)『本光国師日記』第二〇、元和二年正月一八日条。
(14)『本光国師日記』第二〇、元和二年正月二六日条。
(15)現在、北十万に秀吉の領地宛行の朱印状が残されている。
(16)『本光国師日記』第二二、元和二年八月一七日条。
(17)『本光国師日記』第二二、元和二年九月一六日条。
(18)石川県金沢市の犀川の氾濫原に設けられた寺町寺院群など。
(19)本章に関しては、拙著『一休派の結衆と史的展開の研究』(思文閣出版、二〇一〇年)第二部第四章第四節「近世堺寺町の形成と展開」をあわせて参照されたい。
(20)注(19)前掲書第二部付論参照。
(21)ここでは触れないが『天王寺屋会記』(淡交社、一九八九年)を繙くことで知ることができる。
(22)注(19)前掲書第二部第四章参照。
(23)注(4)前掲書二〇三頁。
(24)江月が暮らす洛北・大徳寺では潮の遠鳴りが聞こえず、浜風も吹かない。故郷堺の懐かしい自然は、江月の気持ちをどれほど癒したであろうか。
(25)『天王寺屋拾遺』(龍光院、二〇一五年)参照。

(26)　大小路は堺でもっとも古くからある道である。大小路より北の堺北荘は摂津国の、南の堺南荘は和泉国の範囲となる。まさに「国境の道」であった。そして、西は堺の浜へつながり、東は町を出て長尾街道となり奈良へ向かう。内陸部の奈良にとっては堺は「海の玄関」のひとつであった。

(27)　跡地は現在の堺市堺区熊野町東五丁、堺市立熊野小学校敷地と市道（大小路シンボルロード）の敷地の一部になっている。そこには堺市によって、「大通庵跡」の標柱石と文化財説明板が建てられている。なお、大通庵にあった墓碑のうち半井家の墓碑は南宗寺境内に、その他の墓碑は堺市南区鉢ヶ峰の墓地へと移されている。

(28)　平成二八年（二〇一六）夏、堺市立熊野小学校敷地内で発掘調査が行われた。調査場所は大通庵跡地からわずか五m前後東の隣地で、中世の濠跡や近世の塀と思われる杭を検出した。土壌は多く水を含んでおり、大通庵もまた、同様の湿地に建てられたことが想像される。

(29)　拙稿「堺寺町探訪」（『堺の町探訪—寺町の文化財—』堺市博物館、二〇〇六年）参照。なお、寺町の範囲から外れた開口神社・菅原神社・宿院頓宮の三社、寺町以外の町中に点在する寺院を加えた寺社の面積は、都市全体の面積のおよそ七分の一に達する。

(30)　平成二三年（二〇一一）二月に始まった東京大学史料編纂所教授（当時）保立道久氏を主幹とする龍光院文書調査により、発見された資料である。
　なお、四冊の古文書については、二〇一五年一〇～一二月、堺市博物館の特別展「堺復興—元禄の堺大絵図を読み解く—」で初公開された。

(31)　竹下弘基氏のご教示による。なお、同氏と伊藤太氏には龍光院の普請文書全般にわたってご教示をえた。感謝申し上げる。

〔付記〕　今回、龍光院が所蔵する元和六・七年大通庵普請記録を小堀月浦ご住職のご高配により、ここに紹介をすることができた。また、東京大学史料編纂所のご高配に記して感謝をいたします。

補説　三種類の元禄の堺大絵図について

はじめに

先に近世都市堺の草創期である元和の堺について述べた。ここでは、それから約七〇年後の元禄時代について取り上げ、第一章の近世都市の誕生の主題を補うものとする。

江戸時代にはさまざまな政策意図によって、数多くの都市図が制作された[1]。幕府直轄都市である堺においても、元禄二年（一六八九）に国内屈指の巨大な都市絵図が作成されている。ここで取り上げる、畳三〇畳大の元禄の堺大絵図がそれである。元禄の堺大絵図は江戸時代の堺を説明するさいに頻繁に使用されるため、その知名度は高い[2]。また、堺には元禄の堺大絵図以前の都市図が伝来しない。そのため、堺の町について説明する際には、必ず元禄の堺大絵図が引用され、本図を基本に都市の歴史が語られることになる[3]。ところが、元禄の堺大絵図には三種類のものが伝来することについては、意外に知られていない。史料研究の題材として、三種類の元禄堺大絵図を取り上げたい。

元禄の堺大絵図については、小葉田淳・織田武雄監修、朝尾直弘・山澄元執筆『元禄二己巳歳堺大絵図』（前田書店、一九七七年）に、「図版」「個別位置番号図」「解説」が収録されており、それによって全体像を知ることができる。『堺市史続編』の編纂主任を務め、近世の堺市域に関して優れた研究業績をあげた朝尾直弘氏は、元禄の堺大絵図について、くわしい考察をしている[4]。朝尾氏によると元来堺大絵図は、堺市中の南北本郷と南北端郷の会所に置かれた。当然、複数の堺大絵図が存在することになる。今に伝わる堺大絵図が、どこの会所に置かれていたものかはわかっていない。

これだけ大きな絵図を画いた人物が誰かについては、興味深いところである。

大絵図の絵柄を見ると同じ人が画いたものではないという印象を得る。堺の南と北の町組織がそれぞれ独立に行ったという見解が、地理学者の故山澄元氏によって示されている。[5] 地図の凡例が、北の部分と南の部分にそれぞれ付けられていることからもそれが窺える。巨大な絵図の作成であり、当然、統一した基準がつくられ、それに従って作業は進められたと思われるが、その基準書は現在伝わっていない。

堺市模写本を作った時に、原図を写し取った吉田春峰は、「原図、字体ハ楷行草雑多ニシテ、且南北筆者ヲ異ニシ、其間何等ノ統一ナシ」と記している。つまり字体が、楷書・行書・草書とまちまちであり、さらに南側と北側で筆者が異なることを的確に観察している。

現在伝来する三種類の元禄の大絵図については、それぞれ朝尾氏が詳細な研究をされているが、ここではその成果にもとづいてより考察を進め、元禄の堺大絵図についての理解を深めたい。

一　国立歴史民俗博物館所蔵の元禄の堺大絵図

最初に国立歴史民俗博物館が所蔵する元禄の堺大絵図について述べる。以下歴博本と記す。歴博本は、国立歴史民俗博物館が所蔵する以前は大阪の前田書店が所蔵していた。[6] 元禄の堺大絵図のなかではもっとも広く知られ、研究もされている。

歴博本は現在一〇枚一組となっている。①北郷部分の凡例（縦二二八cm、横二六八cm）、②環濠と北半町以南綾之町以北のエリア（縦二二八cm、横二六八cm）、③九間町寺町付近エリア（縦二九五cm、横二二四cm）、④九間町浜付近エリア（縦二五六cm、横三二八cm）、⑤田出井山（反正天皇陵）と妙國寺・奉行所・菅原神社付近エリア（縦二〇〇cm、横二六八cm）、⑥戎島付近エリア（縦二三〇cm、横二六七cm）、⑦開口神社・宿院・顕本寺付近エリア（縦二〇五cm、横二五九cm）、⑧市之町以南中之町以北の大道から海浜のエリア（縦二五二cm、横二九八cm）、⑨南郷部分の凡例、南宗寺を中心とする寺町南部付近エリア（縦二〇七㎝、横二六〇㎝）、⑩環濠と寺地町以南エリア（縦二二五㎝、横二二〇㎝）の一〇枚である。

最初からこの状態であったのではなく、もとは次にとりあげる堺市博物館本のように南北各一枚の一双であり、それをある時期に一〇分割したものであると思われる。[7] 前田書店が所蔵する前に、すでに分割は行われていた。では、なぜ、分割をしたのか。朝尾氏は、大絵図の管理がし易いように、江戸時代においてすでに分割されていた可能性を示唆されている。それは、本図に大量の貼紙が付けられていることに関係がある。貼紙には後世に追加・更新された情報が記されている。[8] これは、元禄二年に絵図が完成をした後も、現役の町政文書の一種として機能をし続けたことを示す証左である。

大絵図の表面は手擦れでかなり劣化している。また、折り目の付近がひどく損傷しており、その部分に関しては文字が判読ができない。[9] これらの劣化や損傷は、長年にわたって絵図を常に使用したことで生じたものであろう。

なお、歴博本は、国立歴史民俗博物館の共同研究「元禄『堺大絵図』に示された堺の都市構造に関する総合的研究」で平成二二～二三年に調査・本格的な修理がされた。修理のさいには、すべての貼紙を一度すべて剝がし、元禄二年の当初の姿を確認、その後、本体・貼紙の修理を行った後、再びもとの姿に戻している。そして、修理後の平成二四年一二月一八日から同二五年一月二七日にかけて国立歴史民俗博物館の特集展示「元禄の堺大絵図―巨大都市図を歩く―」で一般公開をしている。[10]

二　堺市博物館所蔵の元禄の堺大絵図

つぎに堺市博物館が所蔵する元禄の堺大絵図について述べる。以下堺市本とする。堺市本は、戦前から堺市役所に伝来した大絵図であり、大きさは、歴博本とほぼ同じである。この大絵図の特徴は、歴博本のように細かく分割をされておらず、南と北とふたつに大きく分かれていることである。北郷の部分は縦四三五㎝、横五三九㎝、南郷の部分は縦三八三㎝、横四三〇㎝である。

後に追加情報を書き込んだ貼紙は、堺市本にもあるが、元禄五年（一六九二）までであり、歴博本に比べるとわずかである。[11]これは、元禄二年に絵図が完成した後、情報更新をすることなく、成立当初に近い形で保存されていたことを示すと思われる。言い換えれば、歴博本のように現役の都市台帳ではなかったといえよう。そのため、歴博本のような顕著な劣化は認められない。それは、堺市本の特徴で、良好な保存状態は後世に伝えるべきであろう。前述のように二つに分割されているとはいうものの、巨大なものであることは間違いがなく、展示をすることはもちろん、調査をするための開閉すら困難な状態である。さらには開閉のたびに損傷箇所が増えていくため、公開をおこなうには、歴博本同様、内容を調査しつつ詳細な修理をおこなう必要があろう。[12]

堺市本は、堺奉行所が旧蔵したものを、堺市役所が引き継いだものであるとされている。しかしながら、堺奉行所時代の保管の状況に関しては、不明な点が多い。第三章で、近年発見された堺奉行浅野長恒史料の絵図を研究するが、そこでは堺奉行の許で文書・絵図のバックアップが伝来したことの意義を明らかにした。堺奉行の手許で絵図等のバックアップがそのまま保存された事例に鑑みると、堺市本は奉行所において、偶々ではなく、明確な意識をもって保存をされてきたものであると考えていいのではないか。

三　堺市博物館所蔵の元禄の堺大絵図模写本

大正一五年（一九二六）一〇月から昭和二年（一九二七）三月にかけて、吉田春峰が堺市本を忠実に等倍模写・制作したものである。現在は堺市博物館が所蔵する。見開きで四〇枚以上の大作である。以下模写本とする。

昭和五年（一九三〇）に刊行され、日本の自治体史の模範となった『堺市史』の編纂過程で、数多くの絵図の模写作成が行われた。模写図の多くは現在、堺市立中央図書館に収蔵されている。原図の多くが戦災によって失われた現在、模写図は大変重要な史料となっている[13]。しかし、元禄の堺大絵図の場合、原本・模写本ともに今日まで無事に伝来している[14]。大変幸いなことである。

模写本は一・二に比べると後世の模写であるため、評価される機会に恵まれなかった。しかしながら、この模写本は市史編纂のために模写されたということが判明しており、史料の性格がきちんと判明している。さらに、堺市本を念入りに観察したうえで、地図上の記載を実物大で緻密に再現していることは、重要なポイントである。歴博本の分割の理由のひとつに開閉閲覧の不自由があったと想定をされていることを考えれば、模写本を帳面の形態で作成をしたことは、高く評価される。また、二で述べたような理由で堺市本の開閉が難しい現状であるうえは、模写本を積極的に活用をして研究を進展させていくことが、現実的であろう。

なお、地割に人名を記す場合、原本は文字を上揃えにすることが多いが、模写本は読みやすくするため、区画の中心近くに文字を揃えて記すような傾向が見られる。単なる模写作品ということにとどまらない、歴史資料としてより高い価値を有した資料であると評価していい。

おわりに

以上三種類の元禄大絵図について解説をした。堺は慶長二〇年（一六一五）に焼け野原になり、直後、復興にとりかかる。その後、都市の建設の営みが続けられた。約七〇年後に成立した本図は、都市復興が完了した姿を記録したものであると評価できる。さらに、歴博本については、少なくとも寛保二年（一七四二）までは都市台帳として機能したことから、その成立から五三年の間の都市の歩みを記録した史料であるとも評価できる[15]。

日本の都市図のなかでも元禄の堺大絵図は有数の良質な地図史料である。堺地域史研究において、あまりにも傑出した地図史料であるため、比較検討する地図史料がないという欠点があった。また地図を読み解くには、関連資料の研究が欠かせない。元禄の堺大絵図には、それも不足していた。

ところが、第三章で取り上げる兵庫県相生市内で平成二〇年（二〇〇八）に発見された若狭野浅野家資料のなかに、元禄の大絵図からおよそ三〇年程後の享保期の堺奉行史料が大量に含まれており、享保期の堺に関する地図や古文書が残っていたことから、比較研究の途が拓けた。

元禄の堺大絵図と堺奉行浅野長恒史料とを関連させて考えることで、より多くの情報と知見を得ることができよう。

注

（1）高橋康夫・吉田伸之・宮本雅明・伊藤毅編集『図集日本都市史』（東京大学出版会、一九九三年）参照。

（2）近年発見された享保の堺絵図（たつの市立龍野歴史文化資料館蔵）、天保の堺絵図（堺市博物館蔵）などに比べると格段の差がある。

（3）元禄の堺大絵図に描かれた景観を中世都市と混同、錯誤するような残念な例も間々見受けられる。これは、中世都市の発掘事例を統合して、新たな中世都市景観を提示し得ていない状況が原因していると思われる。

（4）『元禄二己巳歳堺大絵図』（前田書店、一九七七年）の朝尾氏執筆部分参照。

（5）注（4）前掲書六七頁。

（6）注（4）前掲書カラー図版や「個別位置番号図」は、この資料をもとに作成されている。

（7）最初は一枚であったものを一〇分割した可能性の否定はできないが、先述の堺の南と北の町組織がそれぞれ独立に行ったという故山澄元氏の見解に則ると、最初は南北二枚一双であったと考える方が妥当である。

（8）確認される最も新しい年記があるものは、延享三年（一七四六）であり、少なくとも成立から五七年後までの付箋があるといえよう。

（9）注（4）前掲書の「個別位置番号図」は判読できない箇所については、堺市博物館所蔵元禄の堺大絵図によって、補っている。

(10)　一連の研究活動の成果は、藤田裕嗣編『国立歴史民俗博物館研究報告第二〇四集〔共同研究〕元禄『堺大絵図』に示された堺の都市構造に関する総合的研究』（国立歴史民俗博物館、二〇一七年二月）に収録されている。

(11)　注(4)前掲書五二頁、ただし一箇所例外として、廃道に関する天明六年（一七八六）の貼紙がある。

(12)　『堺復興　元禄の堺大絵図を読み解く』（堺市博物館、二〇一五年）。

(13)　『堺市史』編纂作業や第二部付論で紹介する戦中の疎開地区記録事業など二〇世紀前半の堺における文化事業の水準の高さは、当時の他都市と比べても傑出している。

(14)　大戦時、原本は家原寺（堺市西区）に疎開をしていた。史料保存に関する関係者の努力は特筆されるべきであろう。

(15)　そうなると、元禄の堺大絵図は、日本でもっとも大きい「都市台帳」であるといえようか。

第二章　西鶴の町人物に描かれた成熟都市・堺について

はじめに

井原西鶴（一六四二〜九三）は、俳諧・浮世草子などに秀でた作品を残した一七世紀の日本を代表する文学者である。西鶴については膨大な研究が積み重ねられ重厚な研究史があり[1]、近年も優れた研究成果が生まれている[2]。西鶴作品研究を多様な角度から進めることは、国文学研究の進展のみならず日本文化研究全般にとっても大切である。本章においてはそれに益するために、西鶴作品から一七世紀後半の都市社会の特性を読み解くことを目指したい。西鶴がもっとも多く取り上げる都市は当然大坂であるが、京都・奈良・伏見・堺などの上方諸都市の世相と市井の情報にも通じていた。経済・文化・風俗などの情報は、とくに『日本永代蔵』『世間胸算用』『西鶴織留』といった町人物の叙述に巧に盛り込まれ、その作品の価値を高めている。

注目すべきは、西鶴が貞享五年（一六八八）に刊行した『日本永代蔵』のなかで「三里違うて」大坂と全く異なると観察した大坂の南に隣接する堺である[3]。西鶴の町人物に描かれる堺は大坂夏の陣で中世都市堺が全焼してからおよそ七〇年後であり、都市復興も完了し、近世都市が展開している時期にあたる。西鶴が観察した堺は、まさに近世都市堺そのものであるといえよう。そこで展開する堺の町人たちの生態は、優れた文学作品における人間模様の描写であると同時に、近世前期の都市社会を知るうえでの資料となる。そのような視点から西鶴の町人物を研究することで、新しい西鶴研究を目指したいと思う(4)。

西鶴作品に描かれた時代の都市堺について、戦前の歴史家坂田吉雄は日本永代蔵を引いて「堺町人の中で富に志ある者は大坂へと移り、九州へ渡り、さらに徳川時代にはいるに及んで、江戸に下った。そして堺にのこったものは保守的退嬰的な、ひたすらに「筋目」のみを重んずるところの無気力な町人貴族であった。元禄時代には堺はもはや完全に「倹約（しまつ）にて立つ」老衰都市になりきっていたのである」と評価した(5)。都市の機能を経済発展第一の視点からみると、そのような見方も成り立つのかもしれない。しかし、都市は人々が安全に暮らす生活の場であることを忘れてはならない。そう考えるならば、治安が安定し、住民の生活が静穏に営まれている都市を、無気力な老衰都市の一言で否定的に評価してしまうことが、妥当であるとは思えない。西鶴作品を読み解くことで、当時の都市堺の生き生きとした姿に迫ることができればと思う。

本章では第一に歴史学の成果をもとに、西鶴時代の都市堺の特徴を簡単に把握する。第二に『日本永代蔵』に書かれる樋口屋と小刀屋を題材に、堺商人の思考様式と金銭感覚に言及する。第三に西鶴が町人物において大坂と全く違うと観察した堺の都市社会の気風を分析する。以上の考察によって西鶴が描いた一七世紀後半の堺が、どのような都市であったのかを明らかにしてきたい。

一　歴史史料にみる一七世紀後半の堺

本節では、西鶴の町人物の分析の前提として、その舞台となる一七世紀後半の都市堺の輪郭を把握する。ここでは、従来の歴史研究の成果をもとに概略を述べる。

元来堺は室町時代に国内外の物資を集積する港湾都市として発達した。堺を当時日本列島第一の経済都市へ成長させたのは、中国大陸や南蛮との貿易がもたらした富であった。堺の町衆たちは貿易や金融で蓄えた富の力を背景に、合議による都市運営を行っている。その都市運営の仕組みは、宣教師によって、「ベニスの如く」とまで形容され、その運営主体となった有力な町衆は会合衆（かいごうしゅう）として知られる。(6) 一大名の意向に左右される都市ではなく、町衆による「商都」であった。また、戦国時代の覇権を決定づける鉄砲の製造・流通にさいしても堺は、もっとも重要な位置を占めていた。戦国大名たちにとって堺の富と鉄砲を独占することが、天下統一に不可欠であったといえよう。それを成し遂げたのが、織田信長・豊臣秀吉・徳川家康といった天下人たちであった。(7)

大坂夏の陣の前哨戦で全焼した堺は、江戸幕府の手により復興を遂げた。西鶴時代の堺は、ほぼ復興が完成し近世都市が誕生した時期に当たる。近世都市堺は、現在の市勢要覧に当たる「堺手鑑」を有している。現在、堺には、一六八一年・一六八三年・一六八八〜一七〇一年・一六九五年・一七〇四年・一七一五年・一七一九年・一七二八年・一七四七年・一七五七年・一七七七年・一八一三年と長期にわたり一二点の手鑑が残されており、そのいずれもが堺に居住する人々の職業職種について精密に記録をしている。(8) 三都をはじめとする幕府直轄都市はもちろん姫路や和歌山などの大名の城下町においても都市のプロフィールを記録した手鑑類は残されている。しかし、他の都市の近世の統計資料には、堺ほど長期にわたり綿密な読み取りをできるようなものは見当たらない。江戸時代の諸都市のなかでなぜ堺のみがこのような統計をもちえたのかは、興味深いところである。(9) このような統計書は奉行所が独自に作成するものではなく、町の側で資料を揃え、それをもとに編纂する史料であることが、問題解決の糸口になるのではないだろうか。すなわち、堺の自治組織である町の側が、町の市勢をきちんと把握するだけの高度な自治能力を有していたことが、この背景にあったのではないかと思われる。さらに、町の面積や規模が、三都はもちろん、他の城下町に比べて小さいこともそれを容易くする理由であったと想像される。先に述べたように元禄二年（一六八九）に堺大絵図が作成された。そして大絵図は住民の名を記す都市台帳の性格を持ち、完成後も住民異動の情報修正を絶えず加えながら数十年にわたって機能をした。そのような史料が存在することを考えるとそれもあながち的外れでもあるまい。もちろん確たることは不明であるが、今後研究を深めるべき問題であろう。

西鶴時代に最も近い一六八八〜一七〇一年頃の市勢を書き上げた「左海鑑」によると、堺は人口六三、一三三人を擁し[10]、窯業・金属、繊維業、飲食嗜好品、建築建材など多岐にわたる業種の職人や僧侶・医師など諸師といわれる人々を抱えた都市であった[11]。他都市にもみられる味噌屋、醤油屋、大工などの業種はもちろん船大工・魚仲買など臨海の都市にふさわしい産業に従事する人々も数多く記される。他都市で全く同じ記録がないため、比較する手立てはないが、ひとつの製品に関して多種の部品の専門業者が存在することは、高品質で大量の製品を生産することが可能な産業都市であったことを意味する[12]。これは、続く元禄八年（一六九五）・元禄一七年（一七〇四）・正徳五年（一七一五）・享保四年（一七一九）・享保一三年（一七二八）の「堺手鑑」においても同様の傾向が読み取れる。大坂夏の陣に際して焦土になったが、長崎貿易の特権・高品質のものづくりを背景に復興、富を蓄えていったのが、一七世紀後半のこの時期の堺の特徴である。

二　『日本永代蔵』に描かれた堺商人の金銭感覚と思考様式

（一）酢屋樋口屋の世渡りと店員教育

『日本永代蔵』の巻四の五「伊勢海老の高買ひ」には、堺大小路の樋口屋という「世渡りに油断ない」酢屋が取り上げられる。堺を東西に通っている大小路は、中世以来、堺のメインストリートであり、そこに店を構えている樋口屋は、ひとかどの堺商人であろう。酢屋については「堺手鑑」に元禄八年（一六九五）一〇軒、元禄一七年（一七〇四）に七二軒の記載がある[13]。また元禄二年（一六八九）の堺大絵図には、北糸屋町に樋口屋了源掛屋敷の記載を見つける事ができる[14]が、西鶴が取り上げた酢屋の樋口屋と同じ家であるかは不明である。

樋口屋は以下のような見事な合理性と工夫を始末の精神を見せる[15]。

「蓬萊は、神代このかたのならはしなればとて、高直なる物を買ひ調へ、これをかざる事何の益なし。天照太神もとがめさせ給ふまじ」と、伊勢海老の代りに車海老、橙の替に九年母をつみて、同じ心の春の色、「才覚男の仕出し」と、その年は堺中に、伊勢海老・橙ひとつ買はずに済ましぬ。

一七世紀後半の社会では、作法に則った年越しと迎春をおこなうことが常識であり、家の存続のために不可欠なことであった。それを実行しないことは家の面子を損なうと同時に、町の共同体や同族に対しての非礼であった。ある年の暮れに、迎春の蓬萊に用いる伊勢海老・橙が品薄になり江戸や大坂で大変に高価になった。人々は無理にでもそれを調達した。堺でもご多分に漏れず品薄になったが、堺の樋口屋は売り手市場になった伊勢海老・橙に手を出さず、その代替に車海老・九年母を購った。蓬萊で春を言祝ぐ精神には、いささかの変わりもないという思想である。車海老と九年母の蓬萊は、「才覚男の仕出し」と好評を得て、その年の堺中の流行となり、伊勢海老・橙は売れなかったという。樋口屋スタイルの蓬萊が堺の町に溢れたのであろうか。

自分の店の店員教育も具体的で示唆に富んでいる。

ある時、夜更けて樋口屋の門をたたきて、酢を買ひにくる人あり。中戸を奥へは幽かに聞こえける。下男目を覚まし、「何程がの」と云ふ。「むつかしながら一文がの」と云ふ。空寝入りして、そののち返事もせねば、ぜひなく帰りぬ。夜明けて、亭主はかの男よび付けて、何の用もなきに、「門口三尺ほれ」と云ふ。御意に任せ久三郎、諸肌ぬぎて鍬を取り、堅地に気をつくし、身汗水なして、やう〳〵堀りける。その深さ三尺と言ふ時、「銭があるはづ、いまだ出ぬか」と云ふ。「小石・貝殻より外に何も見えませぬ」と申す。「それ程にしても銭が一文ない事、よく心得て、かさねては一文商も大事にすべし。むかし、連歌師の宗祇法師のこの所にまし〳〵、歌道のはやりし時、貧しき木薬屋に好ける人ありて、各々を招き、二階座敷にて興行せられしに、そのあるじの句前の時、胡椒を買ひにくる人あり。座中へ断りを申して、一両懸けて三文請け取り、心静かに一句を思案して付けけるを、『さりとはやさしき心ざし』と、宗祇殊の外にほめ給ふとなり。人はみな、このごとくの勤め誡ぞかし。我そも〳〵は少しの物にて、一代にかく分限になる事、内証の手廻しひとつなり。これを聞き覚えてまねなばあしかるまじ。

ある時、酢を買いに来た人が深夜に樋口屋の門を叩いた。店の奥に、かすかに来客の気配が伝わり、目を覚ました店員は、対応の中で、客の求めがわずか一文分の酢であることを面倒くさがり、狸寝入りをして返事をしなくなり、諦めた客は帰ってしまう。

夜が明けて樋口屋の主人は昨日の店員を呼びつけ、いきなり「門口三尺掘れ」と命じる。指示の通り店員の久三郎は必死に身汗垂らしておよそ三尺を掘った。丁度その時主人が「銭が有るはず、いまだ出ぬか」と尋ねると、「小石・貝殻より外に何も見えませぬ」と久三郎が答えた。それほどまでに苦労しても一文も得られない。一文を得ることに労を惜しんではならないと諭した。

さらに樋口屋の教えは続く。室町時代に連歌師の宗祇が堺に滞在していた折、貧しい生薬屋で連歌を好む人が居て、その二階座敷で宗祇や友人を招き連歌の集いをしていた。本人の句前の時、胡椒を買ひに来る人があり座中へ断りをして、客の対応をしてから、気持ちを切り替えて一句を思案したことを、宗祇は「優しき心ざし」とことの外にほめた。

以上のような故事をひいて、商人にはそのような姿勢が大切であることを教える。そして、自分も最初は小さな資本からはじめて、そのような姿勢で一代で大きな身代を築いた。主人の姿勢と精神を間近で学んだら無駄にならないはずだという。

肉体労働をさせて比喩を交えた教育、室町時代の堺商人と宗祇法師の故事を引いての教育、自分がこれまで経験してきたことを踏まえての教育は、あたかも師範が弟子に接するかのようである。商店主による雇用人への接客指導の域を越えているといって間違いあるまい。

（二）長崎商人小刀屋の金銭感覚

『日本永代蔵』の巻六の三「買い置きは世の心のやすい時」には、堺の小刀屋という長崎の貿易品を扱う商人が描かれる。元禄二年（一六八九）の堺大絵図には、小刀屋に関して、喜左衛門掛屋敷（車東大工町）、五郎兵衛屋敷（北糸屋町）、三五郎（櫛屋町東大道）、庄左衛門屋敷・掛屋敷四軒（九間町浜）、宗信屋敷・掛屋敷合計二軒（櫛屋町東大道）、掛屋敷（車之町西大道）・太郎左衛門掛屋敷合計二軒（戎島）、伝左衛門屋敷・掛屋敷合計二軒（櫛屋町東大道）、中浜掛屋敷（櫛屋町）、八右衛門屋敷（両替町）、八兵衛屋敷（弓場町）、彦左衛門屋敷（櫛屋町東大道）、掛屋敷（北材木町浜）、弥右衛門掛屋敷（少林寺町浜）の記載を見いだすことができる。彼らは、全員が小刀屋を名乗っており、海に近い一帯に居住している。西鶴が記録するような貿易に携わる商人集団である印象をうける。そのなかの一家にかんするエピソードであろう。

泉州堺に小刀屋とて長崎商人あり。この津は長者のかくれ里、根のしれぬ大金持その数をしらず。（中略）ただひとりの男子、万事かぎりにわづらひける。身代にかへて養生するに験気なく、さまざま心をつくし嘆くうちに、人かたりけるは、「歩行医者ながら、療治よくせらるる」とて引きあはされ、あぶなき病人を十の物七つばかりも仕立て、この上はかばかしかぬとて、一門の相談にて名医に替てみしに、めためたと悪しくなり、死病に極まる時、夫婦最前の薬師を念に思ひ、あいさつせし人に面目かへりみず頼み、今は世にない物にして又薬をあたへ、半年あまりに鬼のごとく達者になし給ひ、この手柄かくれなし。親の身にして、嬉しさのあまりに、かの医者取次のかたへ行き、「今日吉日なれば、薬代をみやうがのためにつかはしたし。こなたより頼む」とあれば、取次せし夫婦この事をさたして、「これから遣はせとは、一廉の礼銀五枚」とさしづすれば、「それは何として。銀三枚」と論ずるうちに、まづ銀百枚・真綿二十把、斗樽一荷に箱肴、思ひの外なる薬代、くすしも再三のしんしやく、取次の人も力を添へ、銀百枚借して、この医者に家屋敷をもとめさせ、次第に時花り出て、程なく乗物にのられける。申せばわづかの事ながら、四十貫目にたらぬ身代にて銀百枚の薬代せしは、堺はじまって町人にはない事なり、この気、大分仕出し、家さかえしとなり。（傍線筆者）

傍線に沿ってみていくと①小刀屋の家を継ぐべき息子が重病になり町医者の治療で快方に向かう、②もっと良くしたいと名医に変えたところ悪化した、③恥を忍んで最初の医者へ依頼すると見事に治癒した、④紹介者が驚愕する銀を町医者へ謝礼に支払おうとする、⑤関係者で協議のうえ謝礼を町医者に貸す形にして家屋敷を買わせたところ医者のランクが向上した、⑥金銭の使い方が見事であり堺始まって以来前代未聞のことと評判になり家の繁栄へつながった、と内容を要約できる[16]。

西鶴は、家の存続の危機に際しての的確な判断をし、命よりも大切な銀を過分に支払ったという小刀屋の見事な金遣い、すなわち金銭感覚を高く評価する。また小刀屋から出された全財産の一割の金銀は、関係者が知恵を出し合うことで、腕はいいがランクが低い医者のランク向上のために有益に使われ、社会全体に還元された形になった。この点も西鶴は特記することで、高い評価を与えているといえよう。なお、この小刀屋は、貿易商人から職種を変えて長く続いた[17]。堺で現存していることを付言しておく[18]。

三　成熟都市堺の気風

個性的な二軒の堺商人のエピソードだけではなく、西鶴の筆は堺の社会全体にも及んでいる。巻四の五「伊勢海老の高買ひ」の樋口屋の記述の前後に堺の土地柄を観察し、社会全体を評している。

人の身持ちしとやかにして、十露盤現にも忘れず、内証細かに、見かけ奇麗に住みなし、物ごと義理を立てて、随分花車なる所なり。しかれども、年のよる所にて、外より行きて住家はなりがたし。元日より大年までを一度にもり付けて、その外は一銭も化につかはず、諸事の物年々拵へて、慥かなる世帯なり。男は紬縞の羽織ひとつ、三十四五年も洗濯せず、平骨の扇は幾夏か風に合せける。女は又、嫁入り着物そのまま娘に譲り、孫子までも伝へて、折めも違へずありける。三里違うて大坂は各別、今日を暮らして明日をかまはず、当座当座の栄花と極め、思ひ出なる人心、これを思ふに、ほらなる金銀まうくる故なり。女はなほ大気にして、盆・正月・衣替の外、臨時に衣装を拵へ、用捨なく着ぶるし、程なく針箱のつぎ切れとなりて捨りし。堺は始末で立つ、大坂はばつとして世を送り、所々の人の風俗をかし。

堺は人の身持ちが堅実で算盤勘定を夢にも忘れず、暮らし向きは質素にして、みかけはきれいにかまえ、義理立てを欠かさず上品な土地柄である。しかし、なんとなく老け込んでしまうような雰囲気があり、ほかの土地から赴いて住み着くのは難しい。年初から年末までの経費を決めて、そこから逸脱をせず、諸道具を予定通り年々拵えて、きちんとした暮らしをしている。男は紬縞の羽織一枚を三十四、五年も洗濯せず平骨の扇を幾夏も使っているし、女はまた、嫁入りの衣装をそのまま次世代へ送っている。三里はなれた大坂は堺と全く違った土地柄であり、今日を暮らせば明日のことは気にしない。その時々の享楽的な生き方であるが、それも一攫千金ができるからであろう。堺は始末で立つ土地柄であり、対して大坂はぱっと派手な土地柄である。各地で風俗が異なるのが、面白い。

以上のような堺の土地柄の観察であるが、堅実、保守、品格といったイメージが浮かぶ。それは、西鶴が指摘するように長所であると同時に短所であった。活気に乏しく外から来る者にとっては居心地が良くないというのは、攻撃性をもった排他の思想ではないが、結果的には閉鎖社会を作り上げてしまっているともいえよう。それに対し、大坂は一攫千金の機会があるが、破産や没落が日常茶飯事の社会である。活気があり、外来者を吸収しながら、どんどん膨張していく開放社会であるが、身代がいつ四散してもおかしくないリスクもある。

また、西鶴は次のような観察もしている。

堺といふ所は、俄分限者稀なり。親より二代三代つづきて、古代の買置物、今に売らずして時節を待つは根づよき所なり。朱座落ち着き、鉄砲屋は御用人、薬屋仲間は、慥かに長崎へ取りやり銀、余所より借る事なし。世間うちばにかまへ、又ある時は、ならぬ事をもするなり。南宗寺の本堂・庫裏に至るまで、一人しての建立、殊勝なる事なり。心はともあれ、風俗は都めきたり。この前京の北野七本松にて、観世太夫一世一代の勧進能ありしに、金子一枚づつの桟敷を、京・大坂に続きては、堺へ取りける。至り穿鑿もこれにてしれぬる。奈良・大津・伏見も人は替らねど、この桟敷一軒も取らず。申せば安き事ながら、町人心に判金一枚にて借桟敷論じて、所せきなく見物する事、千秋万歳の御代にぞ住みける。

堺の町にはにわか成金が、滅多にいない。代々の金持ちで、資金繰りのため、財産を売ることがない。昔、買い置きをした物を安易に売らずに、売り時を見定めて手放すようなところがある。朱座は専売制で安定し、鉄砲屋は公儀御用、薬屋仲間は、長崎貿易と手堅い処を摑んでおり、他から借りることをしない。世間体は派手にはしないが、ここぞという時には他所の人にできない見事な金遣いをする。南宗寺の伽藍を一人で建立した奇特な人がいた。風俗は都めいている。以前、京都の北野七本松で観世太夫一世一代の勧進能があったが、大判一枚の桟敷席を京・大坂につづいて買ったのは堺だけであった。風俗が都めいているのもそのようなところにあらわれている。上方でも奈良・大津・伏見からの桟敷席購入者はいなかった。始末を重んじる気風である堺の町人が大判一枚を出して、ここぞと言うときは、能を楽しむ。これは、泰平の世ならではのことである。

西鶴は堺商人たちが一代の成り上がりでなく、代々の資産をきちんと守ることで、手堅く資産を守ってきたことを観察、叙述する。そして堺商人の安定経営の秘密が、公儀からの特権や御用によって裏付けられた商法であることを指摘している。これは慧眼であろう。

三好長慶が開基となり、数多くの禅僧を輩出した大徳寺派の名刹である堺南宗寺は、大坂夏の陣で全焼したが、その伽藍を一人で建立した堺商人が居たことを評価する。また、京都の北野七本松で観世太夫が一世一代の勧進能を興行したさいに、高額の桟敷席を購ったのは京・大坂と堺の商人であったことを取り上げる。

具体例が提示されるが、西鶴の観察眼は、的確に堺の都市社会の風俗を摘出、批評している。堺の始末の気風は、金遣いをむやみにけちる吝嗇ではない。いざというときには寺社建立や芸能鑑賞といった文化的な部分に驚くような金額を惜しむことなく支払うのである。これは、さきの小刀屋が全財産の一割を医者に支払おうとした行為と軌を一にするものであろう。また、樋口屋が車海老と九年母の蓬萊という斬新な工夫が発案すると、それを堺中が真似たというエピソードから保守的ではあるが、実は始末には進歩的な気風をよみとることもできよう。

ここで、西鶴のもうひとつの町人物の傑作で元禄五年（一六九二）に刊行された『世間胸算用』に描かれた堺の姿にも言及する。

泉州の堺は、朝夕身の上大事にかけ、胸算用にゆだんなく、万事の商売うちばにかまへ、表面は格子作りに、しまうた屋と見せて、内証を奥ぶかう、年中入帳の銀高つもりて、世帯まかなふ事なり。たとへば、娘の子持つては、疱瘡して後形を見極め、十人並に人がましう、当世女房に生れ付くと思へば、はや三歳、五歳より毎年に嫁入衣装をこしらへける。又形おもはしからぬ娘は、男只は請けとらぬ事を分別して、敷銀を心当てに、利銀商ひ事外にいたし置き、縁付の時分さのみ大儀になきやうに、覚悟よろしき仕方なり。これによつて、棟に棟次第にたちつづき、こけら葺きの屋根もそこねうちにさし枋したり、柱もくちぬ時より根つぎをして、軒の銅樋数年心がけて、徳を見すましていたせし。手紬の不断着、立ち居せはしからねば、これきるる事なく、風俗しとやかに見えて、身の勝手よし。道具代々持伝へければ、年わすれの茶の湯振舞、世間へは花車に聞えて、さのみ物の入るにもあらず、年々世渡りをかしこうしつけたる所なり。よきくらしの人さへかくあれば、まして身代かるき家々は、そろばん枕に、寝た間ものびちぢみの大節季を忘るる事もなく、台碓の赤米を栬の色と詠め、目のまへの桜鯛は、見たがる京の者に見せよと、毎夜魚荷にのぼし、客なしには、江鮒も土くさいとて買わぬ所ぞかし。山ばかりの京には真鰹も食ひ海近きここには磯ものにて埒を明ける。

堺は日常生活を大事にする保守的な土地柄で、胸算用を怠ることなく、あらゆる商いで投機的なことをしない。表の店構えは、格子造りにして仕舞屋にみせかけるが、内部に奥行きがあり、部屋数も多く、一年の収支簿の金額もしっかりとして、世帯を維持している。

西鶴は、以下のような喩えを用いる。女の子がいた場合、疱瘡に罹ってからの容貌を見極めて現代風の美人になりそうだと判断をしたら、三歳、五歳という幼い頃から計画的に嫁入り衣装を拵えて、準備をしておく。一方でそうではない娘を得たときは、男が簡単には貰ってくれないことを想定し、持参金をつくる計画を立て、家業のほかに金融業をしておく。そうして、家から娘を出すときに、厄介にならないようにしておくというのである。

堺の町人たちはそのような金銭感覚でいるからこそ、棟に棟が建ち並ぶ。それもこけら葺の屋根も腐らないうちから榑木を差し替え、柱も根本が腐らないうちに石で根継ぎをする。軒の銅の樋は数年間気をつけて、銅の相場が安い時を見計らって交換する。手織りの紬の普段着も商人らしく実用的である。茶の湯道具も先祖伝来の品なので、年忘れの茶の湯の振る舞いも世間には上品にみえるが、それほど高価なものではない。大晦日の年越しも騒ぎ立てることはない。

裕福な家でさえそのような倹約ぶりであるのだから、資産の乏しい家では算盤を枕にして、大晦日を忘れることはない。粗末な台臼の粗悪な赤米を秋の紅葉のようであると喜び、目の前の堺の浦から上がる縁起のいい桜鯛はそれを欲しがる京の者にくれてやれと魚荷にして送り、自分たちだけでは、江鮒でさえ買わない。そのような倹約ぶりであるのだから、山ばかりの京で真鰹を食べ、海のそばの堺では浜の小魚をたべるという調子である。

以上は『世間胸算用』巻三の四「神さへ御目違ひ」中、「堺は内証のよい所」の前半に当たる部分である。後半は、手堅い堺にも稀な貧者が居り、その家へ入った年徳の神がさんざんな目にあうという話であるが、本章の筋とは関係ないので割愛する。ここでも西鶴の鋭い観察眼と筆力によって、一七世紀後半の都市堺の社会風俗の成熟ぶりがみごとに描かれているといえよう。京は着倒れ、大坂は食い倒れ、堺は建て倒れといわれ、第二次世界大戦で焼き払われる迄みごとな町屋普請が随所に残っていた。それらは、西鶴が記すような地道な管理によって、維持されていたのである。

おわりに

一七世紀後半の都市堺について、西鶴の町人物の記述をみてきた。

西鶴の描いた堺の町をどのように評価すべきであろうか。

「はじめに」で触れた坂田吉雄がいうごとく「老衰都市」だったのであろうか。農村・漁村・山村から人と富を吸いこみ、経済発展を永続的に行うこと、高度な経済の成長こそが都市の使命であると考えるならば、そのような評価も成り立つかもしれない。実際、巨大都市大阪はそのように歴史を重ねてきた。その経済成長が、近世近代の日本を牽引してきた要素のひとつであることは間違いない。

しかしながら、都市は産業の中心であると同時に町衆の生活の場である。大坂夏の陣からの戦災復興が完成し経済面や治安面が安定した都市空間が完成していた一七世紀後半の堺に対して「老衰都市」と否定的に評価することは肯けない。都市は人間が安心して社会生活を営む空間であることを忘れてはなるまい。西鶴が描いた堺は、全国からの富と物資を呑み込み一攫千金の夢と一夜にして破綻する悪夢が表裏一体となって経済成長を展開する大坂と対極的な安定した成熟都市の姿と考えてよい(19)。

室町時代の堺は、遣明貿易・南蛮貿易・国内貿易などで莫大な富を集め、戦国乱世に覇をとなえるのに不可欠な鉄砲を一手に握るなど文字通りの国内最大の経済都市であった。豊臣秀吉は自らの築く城下町大坂へ堺の豪商の一部を移住させるなど、大坂へ豊臣政権の経済機能を集中する方針を取った。つぎの徳川政権においても、大坂を経済拠点として重視する姿勢は変わらなかった。そういったなかで、堺の立ち位置は和泉国一国に経済基盤を置く成熟都市となっていったのであろう(20)。しかしながら、室町時代に海外へ活躍の場を探し、積極的に経済成長を目指す気風は堺の社会文化の底流にしっかりと残っていた。明治以降の堺はその気風が再び表出した。

堺の都市の気風は室町時代においては、積極的な経済成長が主旋律に、西鶴の時代には、成熟した安定成長が主旋律に、明治以降は再び積極的な経済成長が主旋律となったといえようか。しかしながら、いずれの時代においても副旋律として相反する気風が都市のなかにあったと思われる。その二つの気風は、優劣を論じるものではない。異なる気風が併存し、交互に影響し合って堺の都市の文化を醸成していったのである。

このように、都市に生きた人間の姿と都市の気風を的確に描き取った西鶴の観察眼と筆力は、国文学研究や社会文化史研究においてもっと注目されてよいと思う。

本章では、西鶴の町人物のテクストのなかで、堺に題材を絞り込み、社会文化史の視点も入れた解析を行うことで、新しい西鶴研究の成果を積み上げることを志した。今後期待されるのは、西鶴が取り上げた堺以外の諸都市についても、同様の手法で研究の成果を積み上げることである。当時の堺に関しては大坂との対比でクリアーに都市の個性を把握することができた。西鶴は京都・奈良・伏見といった上方の主要都市や長崎のような幕府直轄の重要都市についても西鶴得意の人間観察を糸口にして的確な観察と叙述をおこなっている。西鶴の町人物は、それらの都市の気風を読み取るさいにも有益であると考える[21]。

一七世紀後半の都市の個性や気風を読み解くテクストとして町人物を読み込むような新しい試みが、優れた研究成果を蓄積しつつある二一世紀の西鶴研究の一石として積み上げられたらと思う[22]。

注

（1）西鶴については膨大な研究が積み重ねられており、ここですべてに触れることは、到底叶わない。そこで、本稿の視点にも関わるユニークな研究に触れておく。それは日本近世史研究者高尾一彦の「西鶴論」（『近世の庶民文化』岩波書店、一九六八年）である。高尾は、西鶴の町人物・好色物・武家物を幅広く取り上げ、そこに描かれた江戸時代の都市の社会経済の発達とそこで育まれた文化について言及している。しかしながら、西鶴が描いた三都以外の諸都市の個性について言及していないことが、惜しまれる。

（2）とくに注目すべき最近の研究成果として、『文学・語学』二一五（全国大学国語国文学会、二〇一六年四月）の〈近世文学小特集〉西鶴再考がある。

小特集にあたっての扉（同号九一頁）にかかれるごとく、近年の西鶴研究はおよそ二〇年前に始まった西鶴研究会によって牽引されてきた面が大きい。西鶴研究会は、作家研究よりもテクストの解析に対峙することによって優れた研究成果を積み上げ、西鶴研究を近世文学研究の一潮流とした。と同時に小特集にあたっての扉は、「近時の論文が西鶴作品の面白みの真髄である韜晦性に翻弄されてしまい、（中略）措定、反措定を繰り返すうちに、本人も知らずして先行研究に安静を求めているとも指摘されかねない論文も見受けられるようになってきています」と現代の西鶴研究の問題点も指摘する。

西鶴再考は、そのような現代の西鶴研究の問題点と到達点を踏まえての企画であり、木越治・篠原進・有働裕・大久保順子・杉本好伸の各氏によって書かれた五編の論攷からなる特集である。

扉の著者は、最近の西鶴研究が武家物中心の傾向があるなかで、好色物が中心となったことも佳い結果となったと自己評価をしている。

（3）堺は、大坂の南に位置し歴史的には大坂より古く中世以前からの伝統を有する都市であるが、昭和時代の高度成長期にあっては、大阪の衛星都市であるかのように認識されることもあった。

（4）かつて谷脇理史氏は『経済小説の原点『日本永代蔵』（西鶴を楽しむ2）』（清文堂出版、二〇〇四年）で、『日本永代蔵』が町人社会の教訓（主張）を面白く適確な表現で具体化すること、その常識を突き破って成功、時に失敗する人間のありようをさまざまな側面から形象化することに力点を置き、読者を摑んだことを指摘された。

すなわち『日本永代蔵』を致富への教訓書ではなく、文学的表現の方法と人間形象の描写にすぐれた文芸作品として楽しむ視点を提示されたといえよう。それは、近世上方の町人の経済社会を主題とした経済小説として、『日本永代蔵』を捉える見方であった。本章は、西鶴が谷脇氏のいう人間形象にとどまらず、都市の気風を文学作品で描き出していたのではないかという視点を提起していきたいと思う。

また、先述の『文学・語学』二一五号の西鶴再考では、近年の西鶴研究が武家物中心の傾向があるとされるが、ここでは、上方の町人社会を描いた町人物を題材に取り上げる。西鶴研究の多様化に裨益すれば幸いである。

（5）坂田吉雄『町人』（弘文堂、一九三九年）一八三頁。なお、坂田の研究については、吉田豊「堺のまちの歴史像――名著堺市史から75年」（『堺市博物館報』二三、二〇〇四年三月）から知った。

（6）『堺市史』、朝尾直弘・栄原永遠男・仁木宏・小路田泰直『堺の歴史―都市自治の源流―』（角川書店、一九九九年）。

（7）朝尾直弘他注（6）前掲書。

（8）吉田豊「近世堺の工人と『諸工商諸師』」（『館報』Ⅷ、堺市博物館、一九八八年）と同「江戸時代の堺の産業一覧」（『堺市博物館報』二四、二〇〇五年三月）の詳細な一覧表を参照。
（9）筆者の全国大学国語国文学会冬季大会（一一四回）研究発表の質疑応答での佐伯孝弘氏のご発言は、まさにこの問題を質問されたものであった。
（10）同時期の大坂三郷の人口は三三〜三四万人であった。なお、ここでとりあげた「左海鑑」は、衣笠一閑による地誌『堺鑑』とは異なる史料である。
（11）注（8）前掲吉田豊「江戸時代の堺の産業一覧」の詳細な一覧表を参照。
（12）高度な専門技術をもった技能者が高品質のものづくりを行うという特徴は、二〇・二一世紀の堺においても見受けられる。
（13）吉田前掲注（8）を参照。
（14）樋口屋了源はその名から家督を譲りすでに出家隠居し、掛屋敷（貸家）を持っている人物と思われる。
（15）以下、引用は『日本古典文学全集38　井原西鶴集二』（小学館、一九七一年）をテキストとして用いた。
（16）小刀屋が常識外れの銀を薬代として用意した背景に、売名の意図はなかっただろうか。すなわち、この美談が堺全体に広がることで、小刀屋の評判があがると見込んでそのような行動に出た可能性である。売名の意図があったことは完全には否定できないが、売名の下心があった場合、西鶴は何らかの批判のコメントを加えると思われる。
（17）嘉永期には、すでに金物商に転身していることが判明している。
（18）幕末には貿易に従事した海浜からやや離れた堺の中心部の開口神社門前に移り、現在もその地で金物商（小久商店）を営んでいる。
（19）こうしてみるならば、堺は欧州の伝統を重んじるベルギーのアントワープのような成熟都市、大坂はアメリカのニューヨークのような革新を好む高度経済成長都市といった正反対のイメージでとらえることができようか。
（20）堺の市勢を衰えさせた二つの歴史的事件として、元禄九年（一六九六）の堺奉行の廃止と宝永元年（一七〇四）の新大和川の付け替えをあげる向きがある。

都市堺と和泉国を統治した堺奉行は、幕府によって廃止され、大坂町奉行に統合となった。これは、幕府の遠国奉行再編施策の一環であり、同時に伏見奉行も廃止され、京都町奉行に統合されている。堺奉行自体に問題があったのではないことが、村田路人氏によって、明らかにされている（村田路人「元禄期における伏見・堺両奉行の一時廃止と幕府の遠国奉行政策」『大阪大学大学院文学研究科紀要』四三、二〇〇三年三月）。また、この統合政策には無理があったようである。伏見奉行は、元禄一一年（一六九八）に三年足らずで再設置され、堺奉行も同一五年（一七〇二）に再設置されている。奉行所の人員の削減はすぐには元通りにはならなかったものの、わずか六年で再設置となった理由であるが、大坂と堺では、都市の気風が異なるため、同一の支配では不都合があったと解されている。

また、新大和川の付け替えに関しては堺港へ付け替えられた大和川から土砂が流入・堆積し、海上交通を担う港湾機能を著しく低下させ堺が衰退したとの見解がある。しかしながら、江戸や堺の商人資本によって新たな港が造成されたこと、新地が開発されたこと、流入した土砂によって河口付近に新たな土地ができ新田が開発されたことなどを考えると付け替えによって、港湾機能が低下したのは事実であるが、付け替えが堺の衰退に直結したと結論づけるのは、早計に過ぎると思われる。

(21)　数値を積み上げる社会科学的手法ではたどり着くことがおぼつかない歴史上の都市の姿に迫ることができるのではないか。

(22)　二〇一六年一二月五日に大阪樟蔭女子大学で開催された全国大学国語国文学会冬季大会（一一四回）研究発表「西鶴の町人物に描かれた成熟都市・堺—『日本永代蔵』を中心に—」の質疑応答での佐伯孝弘氏による筆者への複数のご質問と問題提起に感謝したい。

第三章　堺市立中央図書館蔵享保一三年「堺手鑑」の原本と付図の発見について――堺奉行浅野長恒史料より――

はじめに

平成一八年（二〇〇六）一一月。たつの市立龍野歴史文化資料館（以下本章では、基本的に龍野歴史文化資料館と表記する）の学芸員が、雛人形の寄贈の申し出をうけて兵庫県相生市の民家を訪問、他の民具とともに唐櫃に収納された古文書をたまたま発見した。発見段階では江戸時代の絵図や帳面類が入っていること、「浅野」の文字が見えること以外、詳細な内容は判らなかったが、雛人形とともに龍野歴史文化資料館が一括で寄贈をうけた(1)。これが、二八〇年ぶりに姿を現した若狭野浅野家文書の発見の端緒である(2)。

発見された若狭野浅野家文書は、龍野歴史文化資料館と江戸東京博物館・徳川林政史研究所によって、調査研究がおこなわれた。さらに兵庫県内の古文書研究会によって、史料翻刻が進められた。それらの調査研究成果をもとに、平成二一年（二〇〇九）一〇月一七日～一二月六日の龍野歴史文化資料館の特別展「新発見！忠臣蔵と旗本浅野家―旗本の職務と川海の役割―」で初めて史料が一般公開された。また、平成二二年一二月一二日～同二三年（二〇一〇）二月七日、東京都江戸東京博物館で企画展「旗本がみた忠臣蔵―若狭野浅野家三千石の軌跡―」が開催されている。いずれも忠臣蔵に関連しての展覧会であったが、若狭野浅野家文書の存在は広く知られることになった。

そして、平成二五年（二〇一三）一〇月二六日～一二月一五日まで、堺市博物館において、特別企画展「堺奉行の新資料―いま描かれる豊かな都市像―」が開催された。長恒が支配をした由緒のある地での展覧会は、それが初めてであった。(3)

新発見の膨大な若狭野浅野家文書のうちの堺奉行浅野長恒史料のすべてを徹底して研究することは、近世の堺都市研究における喫緊の課題である。この方向性に鑑み、本章においては堺奉行浅野長恒史料のうち享保一三年（一七二八）「堺手鑑」と付図を取り上げる。「堺手鑑」とはいわゆる町鑑であり、公儀が職務を行うさいに、前例や事物に関するあらゆる町の情報を的確に得るために手許に備えていた支配地域の百科事典的な書物である。すなわち都市の履歴や現況を書き上げた書物であり、村方の履歴や現況を記した村鑑と同じ種類の文書といえよう。支配地域から公儀に対して差し出されるため、通常、町方に控えが残される。そして、重層的な近世の公務の一端を担う町方年寄たちが、町鑑に記録されている都市の履歴と現況を把握して奉行所の意向に齟齬をきたさないように工夫をしていく。近世の堺は、人口動態や居住者の職業調査まで精査・収録した詳細な町鑑が残っている都市である。それについては同時期の同規模の諸都市に例を探すことができない。(4)

堺都市史研究を進める上で、欠くことができない珠玉の史料が揃う堺奉行浅野長恒史料のなかでも、この史料は、とくに重要性が高いと考えられる。近世の堺都市研究を進める中で、堺手鑑が基礎資料となることは間違いない。次節以下でその内容を紹介する。

以下に本章の構成を示す。第一節では、堺奉行史料研究の見地から浅野長恒と若狭野浅野家文書について述べる。本章での史料研究の前提と捉えていただければと思う。続く第二・三節の理解を助けるための節としたい。第二節では、若狭野浅野家文書から原本が発見された享保一三年「堺手鑑」について述べる。すでに知られている堺市立中央図書館蔵『堺市史史料』の享保一三年「堺手鑑」との差異に注意を払いたい。第三節では、新発見の享保一三年「堺手鑑」の付図について、その発見の意義を明らかにする。おわりにでは、若狭野浅野家文書の堺奉行浅野長恒史料が、今後の堺地域史研究をどのように切り拓いていくのかについての展望を示したいと思う。

一　浅野長恒と若狭野浅野家文書──堺奉行史料を中心に──

浅野長恒は万治元年（一六五八）に播磨国赤穂で誕生した。浅野長矩や大石良雄ら元禄赤穂事件の中心人物は親戚にあたる（表1「若狭野浅野家系図」参照）。赤穂浅野家から寛文一一年（一六七一）に分家し三千石の領地を貰い矢野川に面した若狭野の集落（現在の兵庫県相生市）に、陣屋を構えた。

幕府の旗本家として江戸に屋敷を構え、伊勢山田奉行を勤め、赤穂浅野本家の刃傷事件と大石良雄らが起こした吉良邸襲撃事件に縁坐して公儀の勤めを二回にわたって遠慮をさせられたものの、最後は堺奉行の要職を勤めている（表2「浅野長恒年譜」参照）。長恒の堺奉行の在任期間は正徳元年から享保一四年までのじつに一八年二ヶ月にわたった。在任期間は、歴代堺奉行の六四人のなかでも二番目に長い（表3「歴代堺奉行一覧」参照）。二度の困難に遭いながらも、幕藩制下の重要都市堺の奉行を長期間勤め上げたことは、長恒の行政能力によるところが大であると思われる。(5)

今回、発見された若狭野浅野家の文書群は、長恒のこのような経歴を反映して、多様な内容の史料を含んでいる。

第一に播磨での自らの知行所の支配に関するものである。若狭野浅野家当主は、江戸に常駐しており、若狭野陣屋に住むことはおろか、戻ることもなかった。知行所の支配は、家臣によって行われ、陣屋絵図や領地絵図などがおもなものとして残されている。

第二に江戸詰めの旗本としての活動に関するものである。江戸市中で頻繁に発生する火災は、都市の安全の大きな障害となっており、消火活動を全体的に統括する火事場見廻りは重要な職務であった。赤穂浅野家二代当主浅野長直

表1　若狭野浅野家系図（○内の数字は当主の順を表す）

『忠臣蔵と旗本浅野家』龍野歴史文化資料館、二〇〇九年一〇月、98頁に拠った。

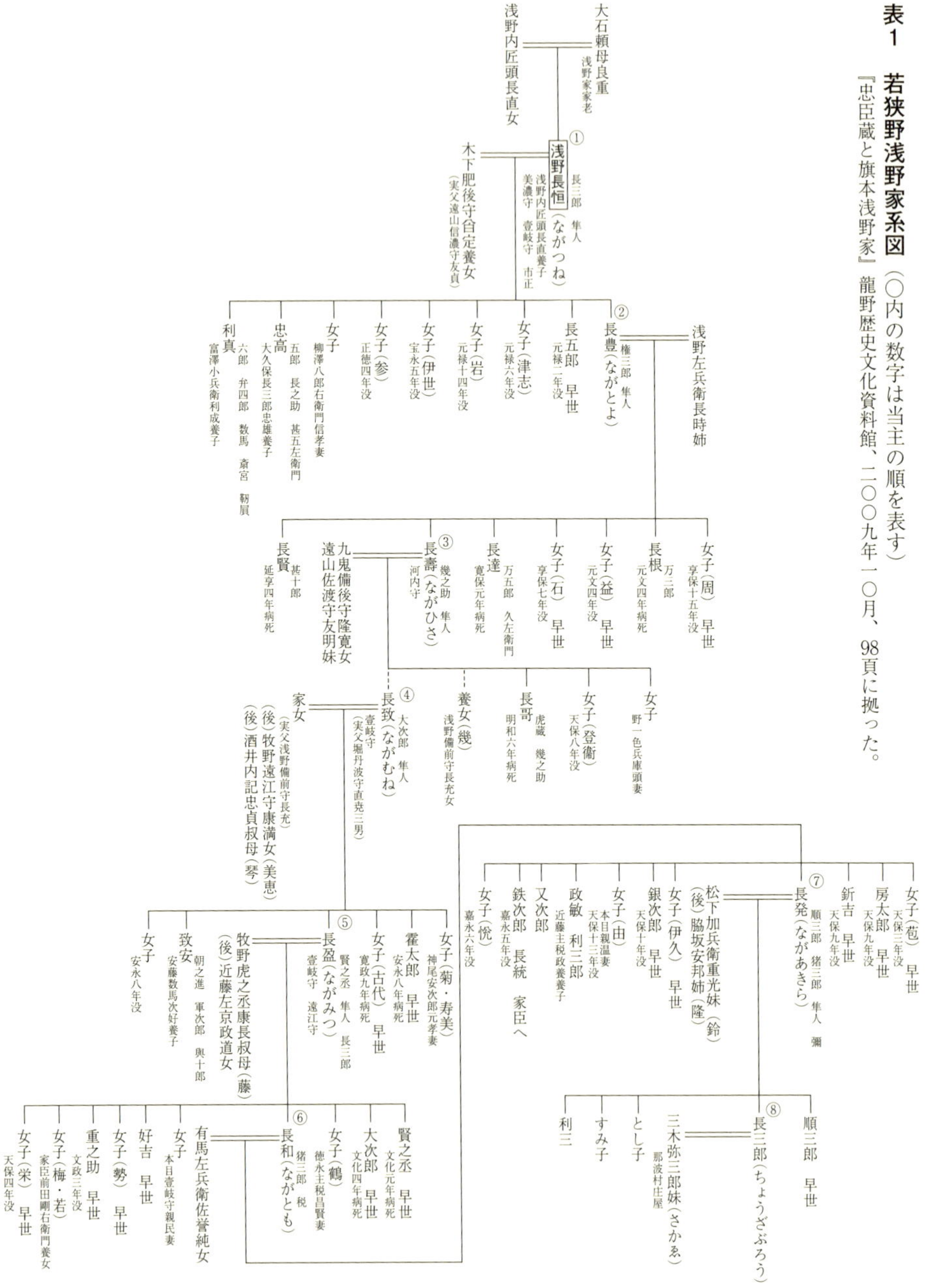

- 大石頼母良重（浅野家家老）＝ 浅野内匠頭長直女
  - ① 浅野長恒（ながつね）　長三郎　隼人　浅野内匠頭長直養子　美濃守　壹岐守　市正 ＝ 木下肥後守㕝定養女（実父遠山信濃守友貞）
    - ② 長豊（ながとよ）　権三郎　隼人 ＝ 浅野左兵衛長時姉
      - 女子（周）　早世　享保十五年没
      - 長根　万三郎　元文四年病死
      - 女子（益）　早世　元文四年没
      - 女子（石）　早世　享保七年没
      - 長達　万五郎　久左衛門　寛保元年病死
      - ③ 長壽（ながひさ）　幾之助　隼人　河内守 ＝ 九鬼備後守隆寛女　遠山佐渡守友明妹
        - 女子　野一色兵庫頭妻
        - 女子（登衛）　天保八年没
        - 長哥　虎蔵　幾之助　明和六年病死
        - 養女（幾）　浅野備前守長充女
        - ④ 長致（ながむね）　大次郎　隼人　壹岐守（実父堀丹波守直堯三男）＝ 家女（実父浅野備前守長充）／（後）牧野遠江守康満女（美恵）／（後）酒井内記忠貞叔母（琴）
          - 女子（菊・寿美）　神尾安次郎元孝妻
          - 藿太郎　早世　安永八年病死
          - 女子（古代）　早世　寛政九年病死
          - ⑤ 長盈（ながみつ）　賢之丞　隼人　長三郎　壹岐守　遠江守 ＝ 牧野虎之丞康長叔母（藤）／（後）近藤左京政道女
            - 賢之丞　早世　文化元年病死
            - 大次郎　早世　文化四年病死
            - 女子（鶴）　徳永主税昌賢妻
            - ⑥ 長和（ながとも）　猪三郎　税 ＝ 有馬左兵衛佐誉純女
              - 女子（苞）　早世　天保三年没
              - 房太郎　早世　天保九年没
              - 釿吉　早世　天保九年没
              - ⑦ 長発（ながあきら）　順三郎　猪三郎　隼人　彌 ＝ 松下加兵衛重光妹（鈴）／（後）脇坂安邦姉（隆）
                - 順三郎　早世
                - ⑧ 長三郎（ちょうざぶろう）＝ 三木弥三郎妹（さかゑ）　那波村庄屋
                - とし子
                - すみ子
                - 利三
              - 女子（伊久）　早世
              - 銀次郎　早世　天保十年没
              - 女子（由）　本目親温妻　天保十三年没
              - 政敏　利三郎　近藤主税政養養子
              - 又次郎
              - 鉄次郎　長統　家臣へ　嘉永五年没
              - 女子（悦）　嘉永六年没
            - 女子　本目壹岐守親民妻
            - 好吉　早世
            - 女子（勢）　早世
            - 重之助　早世　文政三年没
            - 女子（梅・若）　家臣前田﨑右衛門養女
            - 女子（栄）　早世　天保四年没
          - 致安　朝之進　軍次郎　典十郎　安藤数馬次好養子
          - 女子　安永八年没
      - 長賢　甚十郎　延享四年病死
    - 長五郎　早世　元禄二年没
    - 女子（津志）　元禄六年没
    - 女子（岩）　元禄十四年没
    - 女子（伊世）　宝永五年没
    - 女子（参）　正徳四年没
    - 女子　柳澤八郎右衛門信孝妻
    - 忠高　五郎　長之助　甚五左衛門　大久保長三郎忠雄養子
    - 利真　六郎　弁四郎　数馬　斎宮　靭負　富澤小兵衛利成養子

表2　浅野長恒年譜（『忠臣蔵と旗本浅野家』99頁に拠った）

万治元(1658)年		赤穂で誕生
寛文 9(1669)年		浅野長直の養子
寛文10(1670)年		徳川家綱に御目見
寛文11(1671)年	3月 5日	新墾田3千石分知され寄合に列する
元禄 6(1693)年	5月10日	御使番
	11月17日	日光御目付代
	12月26日	布衣
元禄 7(1694)年	6月 6日	大坂御目付代
	11月 7日	大和松山、織田伊豆守自滅の検使
元禄 8(1695)年	3月28日	帰府
	8月17日	日光御目付代(年月不詳の1回と計3回)
元禄11(1698)年	7月 7日	喜知姫(綱吉養女)逝去につき尾張中納言へ上使
元禄12(1699)年	2月28日	伊勢山田奉行　伊勢神宮の遷宮の御用掛
元禄13(1700)年	12月21日	従五位下、美濃守
元禄14(1701)年	3月14日	内匠頭長矩の事で出仕を止められる
	5月 6日	出仕を許される　山田奉行罷免
	6月25日	拝謁のはばかりを許される
	12月ごろ	壹岐守に変わる
元禄15(1702)年	12月15日	長矩の旧臣大石の事により出仕をはばかる
元禄16(1703)年	3月 8日	出仕を許される
正徳元(1711)年	5月 1日	堺奉行
享保 3(1718)年	7月 9日	大和川・新大和川・石川筋も堺奉行支配地となる
享保 6(1721)年	10月17日	紀州東照宮、外神社へ太刀、御馬代神納の使
享保13(1728)年	4月	日光社参(吉宗)お供
享保14(1729)年	7月25日	堺奉行を免じ寄合へ
享保17(1732)年	9月 7日	死去75歳

表 3　歴代堺奉行一覧（『堺市史　第3巻』187～190頁に拠る。堺市博物館編『堺奉行の新資料』2013年より転載）

歴代	人　名	任命年月日	退任年月日	在任期間	備　考
1	成瀬隼人正正成	慶長 5(1600)年 9月	慶長12(1607)年	7年	
2	米津清右衛門親勝	慶長 5(1600)年 9月	慶長18(1613)年 5月 2日	12年 8ヶ月	
3	米津清三郎春親	慶長 5(1600)年 9月	慶長18(1613)年 5月 2日	12年 8ヶ月	
4	細井喜三郎正成	慶長 5(1600)年 9月	慶長18(1613)年11月28日	13年 2ヶ月	
5	朝倉藤十郎宣正	慶長18(1613)年11月	慶長19(1614)年 3月 5日	4ヶ月	
6	芝山小兵衛正親	慶長19(1614)年 3月 5日	慶長19(1614)年12月	9ヶ月	
7	長谷川左兵衛藤廣	慶長19(1614)年12月24日	元和 3(1617)年 1月11日	3年	
8	喜多見若狭守勝忠	元和 3(1617)年 1月11日	寛永 4(1627)年12月26日	10年11ヶ月	
9	嶋田越前守直時	寛永 4(1627)年12月	寛永 5(1628)年10月 7日	10ヶ月	
10	水野河内守守信	寛永 6(1629)年 2月 6日	寛永 9(1632)年12月17日	3年10ヶ月	
11	石河土佐守勝政	寛永10(1633)年 1月12日	承応元(1652)年 4月26日	19年 3ヶ月	
12	石河土佐守利政	承応元(1652)年 4月26日	寛文 4(1664)年 9月22日	12年 4ヶ月	
13	水野伊予守元重	寛文 4(1664)年11月 1日	天和元(1681)年 3月29日	16年 4ヶ月	
14	稲垣淡路守重氏	天和元(1681)年 5月21日	元禄元(1688)年 7月27日	7年 2ヶ月	
15	佐久間丹後守信就	元禄元(1688)年 8月23日	元禄 9(1696)年 2月 2日	7年 6ヶ月	堺奉行廃止
16	松平玄蕃頭忠周	元禄 9(1696)年 2月 2日	元禄13(1700)年10月26日	4年 8ヶ月	大坂町奉行(東)　堺奉行を兼務
17	永見甲斐守重直	元禄 9(1696)年 2月 2日	元禄14(1701)年 8月18日	5年 6ヶ月	大坂町奉行(西)　堺奉行を兼務
18	保田美濃守宗郷	元禄 9(1696)年 2月 2日	元禄11(1698)年12月 1日	2年10ヶ月	大坂町奉行(向屋敷)　堺奉行を兼務
19	中山出雲守時春	元禄12(1699)年 4月14日	元禄15(1702)年11月28日	3年 7ヶ月	大坂町奉行(向屋敷)　堺奉行を兼務
20	太田和泉守好敬	元禄13(1700)年10月28日	元禄15(1702)年11月28日	2年 1ヶ月	大坂町奉行(東)　堺奉行を兼務
21	松野河内守助義	元禄14(1701)年 8月18日	元禄15(1702)年11月28日	1年 3ヶ月	大坂町奉行(西)　堺奉行を兼務
22	天野伝四郎富重	元禄15(1702)年11月28日	宝永 2(1705)年12月19日	3年	堺奉行再設置
23	桑山甲斐守一慶	宝永 3(1706)年 1月11日	正徳元(1711)年 5月 1日	5年 3ヶ月	
24	浅野壹岐守長恒	正徳元(1711)年 5月 1日	享保14(1729)年 7月25日	18年 2ヶ月	
25	水谷信濃守勝比	享保14(1729)年 8月11日	寛保 2(1742)年 9月28日	13年 1ヶ月	
26	山田肥後守利延	寛保 2(1742)年 9月28日	延享 4(1747)年 3月11日	4年 5ヶ月	
27	稲生安房守正甫	延享 4(1747)年 3月11日	宝暦 6(1756)年 8月24日	9年 5ヶ月	
28	池田筑後守正倫	宝暦 6(1756)年 9月15日	宝暦 8(1758)年12月20日	2年 3ヶ月	
29	小笠原伊豆守信用	宝暦 8(1758)年12月 7日	宝暦10(1760)年 7月15日	1年 7ヶ月	
30	坂部飛騨守明之	宝暦10(1760)年 8月 6日	安永元(1772)年 5月28日	11年 9ヶ月	
31	石野筑前守範至	安永元(1772)年 5月28日	安永 6(1777)年 7月 1日	5年 1ヶ月	

32	佐野備後守政親	安永 6(1777)年 7月26日	天明元(1781)年 5月26日	3年10ヶ月	
33	山崎大隅守正導	天明元(1781)年 5月26日	天明 4(1784)年 7月26日	3年 2ヶ月	
34	贄安芸守正寿	天明 4(1784)年 7月26日	寛政 7(1795)年11月19日	11年 3ヶ月	
35	成瀬因幡守正定	寛政 8(1796)年 4月29日	寛政 9(1797)年 4月 4日	11ヶ月	
36	仙石淡路守政寅	寛政 9(1797)年 6月17日	寛政11(1799)年10月 5日	2年 4ヶ月	
37	矢部駿河守定令	寛政12(1800)年 1月20日	文化 4(1807)年 1月23日	7年 1ヶ月	
38	土屋紀伊守廉直	文化 4(1807)年 1月23日	文化 6(1809)年 3月 5日	2年 1ヶ月	
39	黒川伊賀守盛匡	文化 6(1809)年 4月 8日	文化 8(1811)年 8月 5日	2年 4ヶ月	
40	依田豊前守政明	文化 8(1811)年 8月23日	文化10(1813)年 7月12日	1年10ヶ月	
41	松浦伊勢守忠	文化10(1813)年 7月12日	文化12(1815)年 3月 8日	1年 8ヶ月	
42	小菅備後守政芳	文化12(1815)年 3月 8日	文化13(1816)年11月 9日	1年 9ヶ月	
43	三宅長門守康哉	文化14(1817)年 1月15日	文政 3(1820)年 2月 5日	3年 1ヶ月	
44	松平石見守正卜	文政 3(1820)年 2月26日	文政 6(1823)年 2月18日	2年11ヶ月	
45	水野遠江守信行	文政 6(1823)年 3月 8日	文政12(1829)年12月11日	6年 9ヶ月	
46	久世伊勢守廣政	文政12(1829)年12月24日	天保 2(1831)年10月 5日	1年 9ヶ月	
47	矢部駿河守定謙	天保 2(1831)年10月28日	天保 4(1833)年 7月 8日	1年 8ヶ月	
48	跡部山城守良弼	天保 4(1833)年 8月12日	天保 7(1836)年 4月24日	2年 8ヶ月	
49	曲淵甲斐守景山	天保 7(1836)年 4月24日	天保12(1841)年 6月18日	5年 1ヶ月	
50	水野若狭守忠一	天保12(1841)年 6月20日	天保13(1842)年 8月 6日	1年 1ヶ月	
51	伊奈遠江守忠告	天保13(1842)年 9月23日	天保14(1843)年 6月28日	9ヶ月	
52	永井能登守尚徳	天保14(1843)年 7月28日	弘化元(1844)年12月27日	1年 5ヶ月	
53	牧野駿河守成鋼	弘化 2(1845)年 2月 8日	弘化 2(1845)年 3月20日	1ヶ月	
54	柴田日向守康直	弘化 2(1845)年 3月20日	弘化 4(1847)年 9月20日	2年 7ヶ月	
55	中野石見守長風	弘化 4(1847)年 9月20日	嘉永 2(1849)年12月 7日	2年 3ヶ月	
56	石谷因幡守穆清	嘉永 2(1849)年12月24日	嘉永 5(1852)年 5月19日	2年 5ヶ月	
57	川村対馬守修就	嘉永 5(1852)年 5月30日	嘉永 7(1854)年 5月29日	2年	
58	関出雲守行篤	嘉永 7(1854)年 7月24日	安政 5(1858)年 1月22日	3年 7ヶ月	
59	一色山城守直温	安政 5(1858)年 2月15日	安政 5(1858)年 9月15日	7ヶ月	
60	駒井相模守信義	安政 5(1858)年11月26日	文久 3(1863)年 1月13日	4年 3ヶ月	
61	鳥居越前守忠善	文久 3(1863)年 5月 2日	元治元(1864)年 3月20日	10ヶ月	
62	瀧川讃岐守元義	元治元(1864)年 4月 4日	元治元(1864)年10月22日	6ヶ月	
63	長井筑前守昌言	元治元(1864)年11月10日	慶応元(1865)年11月10日	1年	
64	池野山城守好謙	慶応元(1865)年11月16日	慶応 3(1867)年 8月21日	1年 9ヶ月	

は、「火防の上手」として知られていたが、若狭野浅野家にも江戸の火事場見廻りに関する手順書や勤務心得が数多く残されていた(6)。

第三に断絶した浅野長矩家に旧蔵されていた文書・絵図類である。おもなものとしては、赤穂浅野家の鉄炮洲上屋敷図がある(7)。

第四に伊勢山田奉行に関するものである。おもなものとしては、伊勢神宮の遷宮に必要な用材を木曽地方から調達するさいの関係文書と絵図である(8)。

第五に堺奉行に関するものである。龍野歴史文化資料館図録『忠臣蔵と旗本浅野家』の巻末文書目録から、堺奉行関係を抜粋し、一覧にして本章の最後に掲げておいた（二六六頁表4「堺奉行史料目録」参照）。

右に掲げた以外にも目付代として大和国宇陀郡松山城主織田伊豆守信武の自刃事件を検察した際の記録などさまざまな文書・絵図があり、総点数は九四二点にも達する。幕府の要職を勤めた浅野長恒のような旗本家の史料が、このように系統的に残っている事例は珍しく上方地域の旗本史料の研究の見地からも興味深い。

堺奉行は元禄年間に一時廃止と再設置を経験している。浅野長恒は、一八年二ヶ月にわたる長期在任によって、江戸時代中後期以降の堺の本格的な都市行政の出発点を築いた。その治世の期間に成立した堺奉行に関する文書は、江戸時代中期の堺に関する第一等の良質の史料であるといえよう。

しかしながら、さきに述べた状況から若狭野浅野家文書の史料の性格を、たんに堺奉行関係文書と断じてしまうことは避けなければならない。文書群全体を見渡したうえで、史料の性格を論じることが大切である。

二　享保一三年「堺手鑑」について

(一) 堺市立中央図書館蔵『堺市史史料』の享保一三年「堺手鑑」について

最初に、堺市立中央図書館蔵『堺市史史料』の享保一三年「堺手鑑」について紹介する。『堺市史史料』は『堺市史』編纂事業のために集積された史料の写しであり、万年筆で縦二四字×横一三字の専用原稿用紙に書かれている。現在のように写真による記録ではなく、筆写専門員による原史料を手許においての一字一字の万年筆による緻密な筆耕であり、大変な集中力を要した作業であることがうかがえる。このような作業によって堺の貴重な古文書が書写され、『堺市史』編纂の基礎資料になったとともに、堺空襲の災禍によって古文書原本が失われた後においてもその内容を保存することができたことは、堺の文化にとって幸いであった。

享保一三年「堺手鑑」は総頁数三一四頁、史料の冒頭に記される正式名称は、「戊申改　堺幷泉州御手鑑案」である[9]。最後の頁に「右原本壱冊市之町三木龍哉蔵、昭和三年六月十三日謄写」と記されていることから、町方伝来と思われる系統の史料から『堺市史』の編纂のために、昭和三年に謄写をされたものであると判明する[10]。堺市立中央図書館の「堺手鑑」が奉行ではなく、町方の記録の系譜をひくことに注意を払っておきたい。

手鑑に記された内容については、冒頭に手鑑目録覚として記載内容が紹介されている。一「堺初リ年数」から一〇八「当時同心役付」まで、一〇八項目に達する。項目の記載はそれぞれに長短があるが、いずれも当時の堺の概要を知るために貴重な内容である。堺市立中央図書館蔵本に記載される項目と新発見の若狭野浅野家文書本に記載される項目とを対校したところ、奉行所と町という異なる機関に伝来した二つの手鑑であるが、項目、記載の順ともに全く同一であることが判明した。これは、二つの史料が、同一の親本から生まれたことを示すものであろう。

堺市立中央図書館蔵の史料で重要なことは、七六～七八までの項目が原本から欠落しており、『堺市史史料』の謄写の段階でもすでに確認がされており、筆録のさいに注意喚起がされていることである。この欠落になんらかの理由があるのか、偶発的なものであるのかは、現時点においては判明しない。しかしながら、堺奉行浅野長恒史料により、欠落分を補うことができたのは、今回の発見の成果であるといえよう。左に該当部分を翻刻し、掲げておく。ただし、原文では朱字の番号に錯誤が見られるので、正しい番号を横に括弧で補っておいた。

六十六（七十六）　堺造酒屋数幷造石高

一堺酒株米高千九百五拾九石三斗八合
　株数八拾七株

六十七（七十七）　先年酒運上之事

一諸国造酒売銀高ニ五割之積リ御運上銀上納仕候ニと元禄十丁亥年被仰出、年々差上候処、右御運上御料私領共
　宝永六年己丑年三月御免被仰成候事

六十八（七十八）　先年御上洛之事

一台徳院様
　大猷院様　　元和九癸戌年七月御上洛
　但　台徳院様　同七月
　大猷院様　同八月　堺御役屋敷江御成
　南宗寺江茂御参詣被遊候由
一大猷院様　寛永三丙寅年九月
　同十一甲戌年七月　　御上洛

ところで、手鑑目録覚には、絵図を伴う項目については朱丸印を付すと但し書きがつけられている。堺市立中央図書館蔵で、朱丸があるものは、以下のとおりである。三「今有町数」・一〇「御役屋敷」・一一「組屋敷」・一二「北元藪屋敷」・二〇「鎰町芝居」・二一「戎嶋芝居」・二三「戎嶋燈籠堂」・二四「牢屋敷幷獄屋」・二七「泉州四郡村数幷高分ケ」・三二「北並松長幅　内大和橋南ノ橋北ノ橋」である。しかしながら、昭和三年六月一三日の原本筆写採録時点において既にすべての絵図は失われており、朱丸印はかつて絵図を伴っていたことを示す印に過ぎない状態になっていた。ところが、次に詳しく述べるように、失われた絵図と同じものが、堺奉行浅野長恒史料から発見された(11)。いずれの絵図も享保年間の堺を知る上で、貴重な情報を提供してくれる価値が高い史料である。以下、それについても可能なかぎり丁寧に述べていくことにしたい。

(二) 堺奉行浅野長恒史料の享保一三年「堺手鑑」について

龍野歴史文化資料館蔵の堺奉行浅野長恒史料の享保一三年「堺手鑑」の特徴について述べる。本資料は折本四帖・絵図一九舗一括の合計五点の文書の括りのなかに入っている。

五点の資料とは①享保三〜六年「覚書」(龍野歴史文化資料館目録・文書類一五七)、②享保一二年「覚書」(同目録・文書類一五八)、③享保一三年「寺社」(同目録・文書類一五九)、④「堺幷泉州」(同目録・文書類一五九)、⑤「手鑑弐冊之内絵図一九舗」(同目録・文書類一六一)である。

①享保三〜六年「覚書」は、「浄円院様紀州より江戸へ御下向之事・自分紀州へ上使仰付られ候節之事」と記される。徳川吉宗生母・浄円院が、堺奉行の支配地域を通過して江戸へ下向するさいの記録である。②享保一二年「覚書」は、泉州大念仏弥陀絵像一件に関する記録である。以上の①と②は浅野長恒が堺奉行に在任中におきた特定の出来事に関する記録である。支配領域の様々な事象を丁寧にまとめて編集・作成をした堺奉行の支配心得的なものであ

るといえよう。いずれも堺市立中央図書館蔵『堺市史史料』には採録されていない貴重な新出史料である。③享保一三年「寺社」は、堺奉行支配下の泉州の寺社に関する手鑑である。堺奉行にとって、地方・町方・川方とともに、寺社に係わる支配行政は重要な仕事であった。この史料も堺市立中央図書館蔵『堺市史史料』には採録されていない新出史料である。④「堺幷泉州」は、ここで取り上げる史料である。先述のごとく正式な名称を「戊申改　堺幷泉州御手鑑案」とする史料である。(12)⑤は、包紙に一九枚の絵図が一括で入ったもので、包紙うわ書きに「手鑑弐冊之内絵図一九舗」と記されるように、手鑑③と④の付図となっている。③の項目の中には、また、④の冒頭部分には朱丸印が付けられ、絵図が付属する項目であると明示をされているものもある。

さて、享保一三年の二冊の手鑑に考察を戻す。「寺社」「堺幷泉州」いずれもが、折本の仕立てになっており、それぞれ丁寧に筆写をしている印象をうける。「寺社」についての研究は別の機会に譲りたいが、堺の寺町の寺院や寺町の外の大小の寺社、和泉国内の大寺社について触れており、この時期の寺社の状況や行政を知るための貴重な情報をしることができる。さらに、寺院組合や組寺といった江戸時代の寺社行政固有の仕組みが、堺市中と和泉国の寺社においてどのように機能をしていたのかを、この史料から読み取ることができる。今後の検討が楽しみである。

手鑑「堺幷泉州」に記載される堺の町についての一〇八の項目を分類すると以下のごとくである。A「堺初り年数」「今有町数」など堺の町の概要に関すること。B「御役屋鋪」「堺奉行代々」など堺の奉行と奉行所に関すること。C「今井屋敷」「北条屋敷」など武家に関するもの。D「惣年寄代々」「堺廻り四ヶ村庄屋」など町の機構や民政に関するもの。E「四ヶ所山間詰（古墳）」「戎嶋初り年数」など管理地に関するもの。F「諸工商諸師之内可入分」「御鉄砲師五鍛冶一件」など商業に関するもの。G「堺先奉行之時公事訴訟日」「堺当時公事訴訟日」など訴訟に関するもの。Hその他に関するもの。以上は、大変大雑把な分類であるが、各項目は、それぞれの歴史を詳細に書いている。一見して気がつくことは、歴史を書くことで、おのおのの由緒を明らかにして、拠って立つ正統性を強調したものである。

とであるが、この手鑑には寺社に関する項目が一切ない。これは、「寺社」という一書を別に立てて、記載をそれに譲ったためであろう。これは、寺社関連が堺奉行の支配のなかで独立した一書が必要なほど重要であり、他の項目と一線を画す位置にあることを示唆するものではないだろうか。

一〇八の項目について、すべてを説明することは紙幅の制約で到底かなうことではない。ここでは絵図を伴う項目についての説明にとどめておきたいと思う。

三　「手鑑弐冊之内絵図一九舗」について

絵図が収められていた包紙にはうわ書きが、以下のように記される。

「享保十三戊申年改
　手鑑弐冊之内
　　絵図　拾八枚」

そして、包紙の内側には、次のように記される。

「堺
一堺町絵図　　一戎嶋芝居
一御役屋敷（此内組屋敷有）　　一鎰町芝居
一北馬屋町絵図（此内藪屋敷有）　　一牢屋敷
一大和橋

一袋町同心屋敷　　一南之橋
一戎嶋　　一北之橋」
「寺社
一住吉御造営所　　一泉州松尾寺
一泉州槙尾山　　一泉州久米多寺
一泉州貝塚　　一和泉国絵図
一泉州牛瀧山　」

この包紙から得られる情報は、本来、この一括には一八枚の絵図が収められていたということである。現在は、当初よりも一枚多い一九枚。増えた一枚は、堺奉行による大和川支配流域を記した絵図である。なぜか「堺町絵図」の題簽が付けられており、結果、「堺町絵図」の題簽が付けられた絵図が、二枚になってしまうという結果になっている。これについては、個々の絵図について説明するなかで、詳しく触れたい。

ところで絵図の研究をする場合、どうしても絵図に描かれた景観を注視・分析することに精力を注ぐことになる。これは、当然のことである。しかし、絵図がそれ単体で成立することはなく、何らかの文書の説明図・付図として成立していることを忘れてはならない。それを怠ると、絵図の史料的性格を見誤ることになる。そのような意識から、先ずは本体である手鑑「堺幷泉州」と「寺社」の項目のうち、絵図を伴う朱丸印が付けられている事項を説明する。それとともに、対応する絵図をみていく。

「堺幷泉州」においては、三「今有町数」・一〇「御役屋敷」・一一「組屋敷」・一二「北元藪屋敷」・二〇「鎰町芝居」・二二「戎嶋芝居」・二三「戎嶋燈籠堂」・二四「牢屋敷幷獄屋」・二七「泉州四郡村数幷高分ケ」・三二「北並松

長幅　内大和橋南ノ橋北ノ橋」の一〇件に絵図を伴う印の朱丸が付けられる[13]。「堺幷泉州」の場合、文書冒頭の頭書と本文の両方に朱丸印が付けられている。つぎに「寺社」においては一六「和泉国大社其外面立たる寺社境内並に開基」、二三「住吉先年御造替宝永五子年御修復之事」の二件に絵図を伴う印の朱丸が付けられる[14]。「寺社」の場合、文書冒頭の頭書には朱丸印は付けられず、本文のみに朱丸印が付けられている。以下、件数が多い「堺幷泉州」からみていく。

三「今有町数」は、現時点での堺の個別町の数を記す。それによると町の数は四四四町に達する。この項目に対応する絵図は、「堺町絵図」（縦三〇・八㎝、横四三・九㎝）の題簽がつけられた堺の町の惣絵図である（図1）。一般に絵図研究を行う場合、絵図の作成の目的を明確にすることが、その第一歩である。ところが、手鑑には、この惣絵図は、享保一三年（一七二八）当時の町数をピックアップすることを目的に作成されたと明確に書かれている。それ以外にも、本図は、堺奉行が所持した原本であること、享保一三年以降の手が加えられていないこと、この図の約四〇年前に作成された元禄二年（一六八九）の堺大絵図と比較検討することが可能なことなど、資料的価値が高い。今後の研究によって、より優れた知見が導き出されることが期待される。

一〇「御役屋敷」は、堺奉行の役屋敷についての記録である。対応する絵図は「御役屋敷」（題簽では、堺御役屋敷絵図　此内組屋敷図有）（縦六〇・四㎝、横九〇・〇㎝）である（図2）。本図によると役屋敷は公務を執り行ういわゆる奉行所の空間と奉行の私的空間に分けられており、その様子が書き込みから読み取れる。また、次の「組屋敷」の項目で述べるように本図は、奉行屋敷の北側と東側にある与力・同心屋敷を描いた図でもある。この当時の奉行配下の与力・同心の氏名がすべて書かれている点でも貴重である。なお、本図は堺市立中央図書館蔵の年未詳堺奉行所絵図と類似しているが、六名の与力、三九名の同心のうち、二名の名前が異なっている。また、両者を比較にすると小規模ながら建替をしている部分や部屋を用途変更している様子がみうけられる[15]。

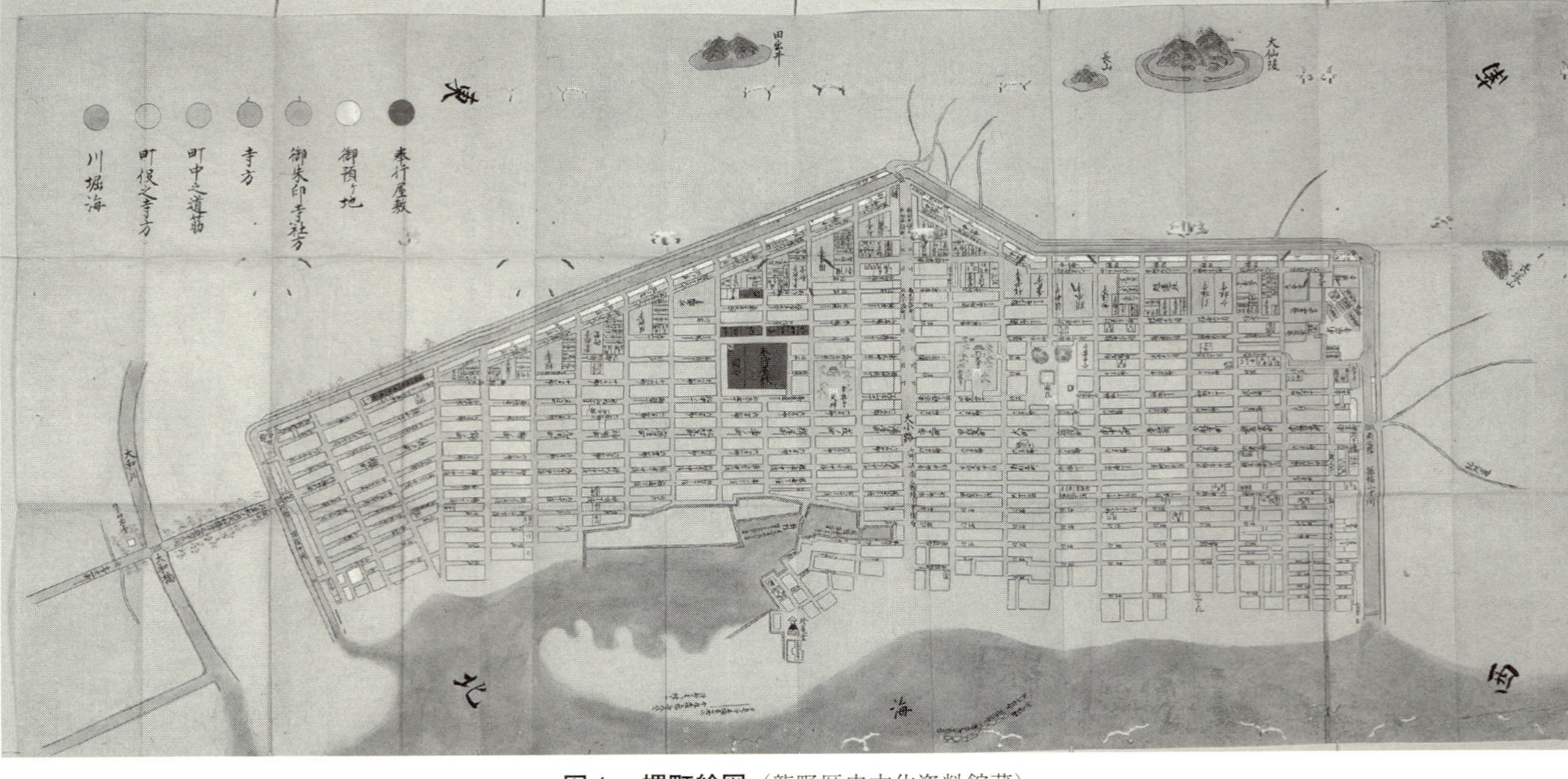

図１　堺町絵図（龍野歴史文化資料館蔵）

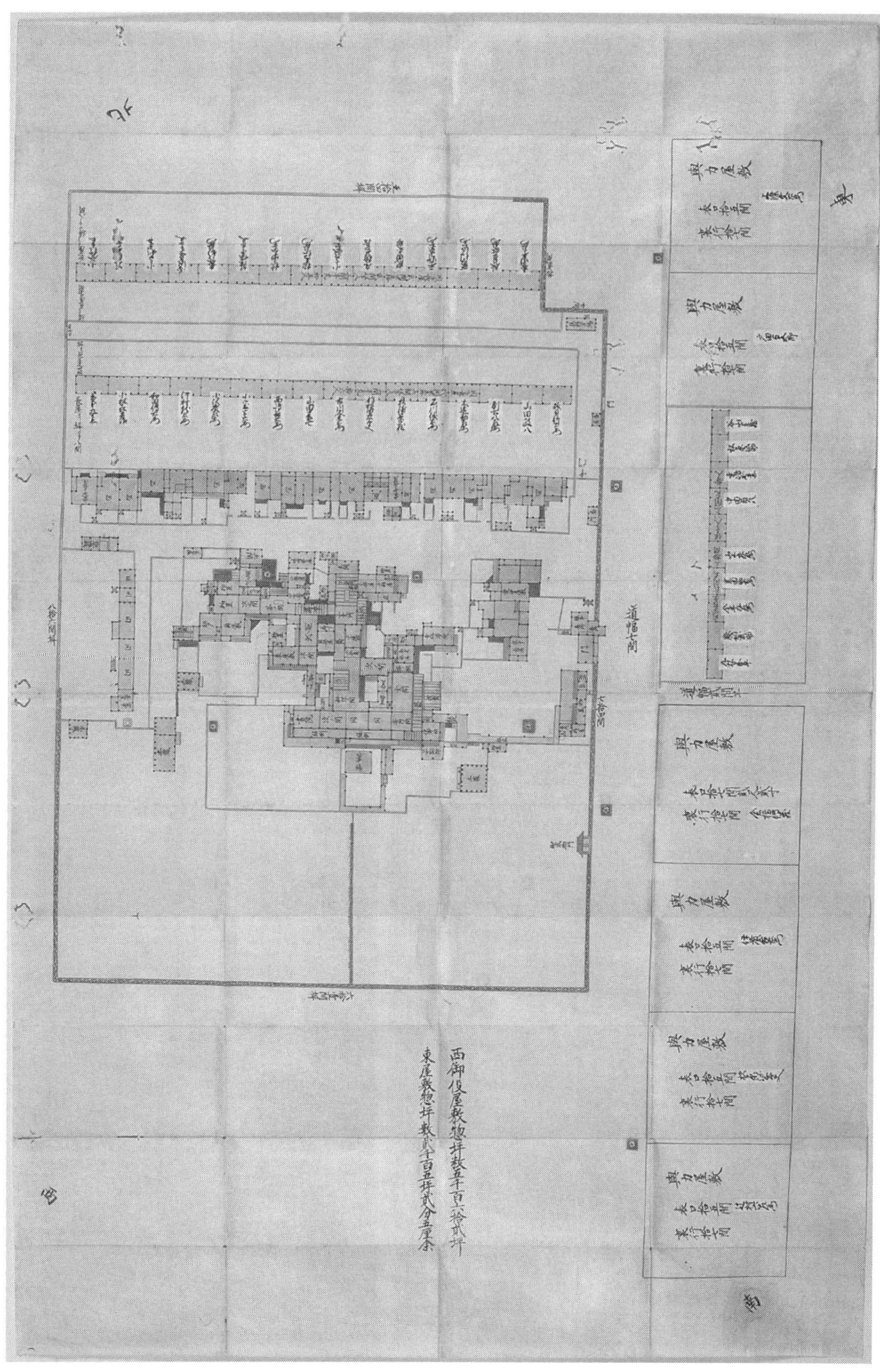

図 2　堺奉行所絵図（龍野歴史文化資料館蔵）

一一「組屋敷」は、堺奉行配下の与力・同心の屋敷の記録であり、対応する絵図は先に紹介した「御役屋敷」（題簽では、堺御役屋敷絵図　此内組屋敷図有）と「堺北馬屋町与力屋敷絵図此内藪屋敷有」と「堺袋町同心屋敷絵図」の三舗である。「御役屋敷」には奉行の役屋敷の北側と七間の道を挟んだ東側にそれぞれ屋敷地が描かれている。題簽に「此内組屋敷図有」とあるのは、本図が奉行の役屋敷の図であるのみならず、組屋敷の図でもあることを意味している。「堺北馬屋町与力屋敷絵図此内藪屋敷有」については、次の「組屋敷」の項目で述べる。「堺袋町同心屋敷絵図」（縦六〇・二cm、横三〇・一cm）は堺奉行の役屋敷からみて東にあり、西側は車大工町、東側は車之町寺町に接する。同心の役屋敷で、丁度牢屋敷の南側に立地している。当館にも本図と全く同じ同心屋敷図が所蔵されている。

一二「北元藪屋敷」に対応する絵図は「堺北馬屋町与力屋敷絵図此内藪屋敷有」（縦八九・九cm、横二九・九cm）である。堺の寺町の最北端の北十万の北側で環濠のすぐ内側にある北馬屋町にある与力屋敷絵図の図である。本来は、隣接する北組郷中屋敷の敷地を含んだ藪屋敷の由緒を説明する手鑑の記述に付属した図である。

二〇「鎰町芝居」は堺の最南端の南半町舞台町（南半町西三丁土居堀に面した場所）にあった芝居小屋である。長方形の敷地に設置されており、建物も敷地の形状を反映していた。現在は、鎰町芝居址の標柱石のみが建っている。対応する絵図は「鎰町芝居絵図」（題簽では、堺鎰町芝居絵図）（縦五九・八cm、横一五・〇cm）である。堺市立中央図書館も鎰町の芝居小屋を描いた本図よりやや後の時代の絵図を収蔵するが、間取りは変わっていない。

二一「戎嶋芝居」は江戸時代前期より新地として繁栄した戎島にあった芝居小屋である。対応する絵図は「戎嶋芝居絵図」（題簽では、堺戎嶋芝居絵図）（縦三〇・〇cm、横二九・九cm）である（図3）。堺市立中央図書館も戎嶋の芝居小屋を描いた本図よりやや後の時代の絵図を収蔵しており、浅野長恒史料の絵図と比べると、芝居入口の太鼓櫓と札売場・札取場が撤去され、やぐらは入口に向かって左の半畳部屋へ移されていることがわかる（図4）。小さな変化はあるものの、享保図とほとんど変わってはいない。

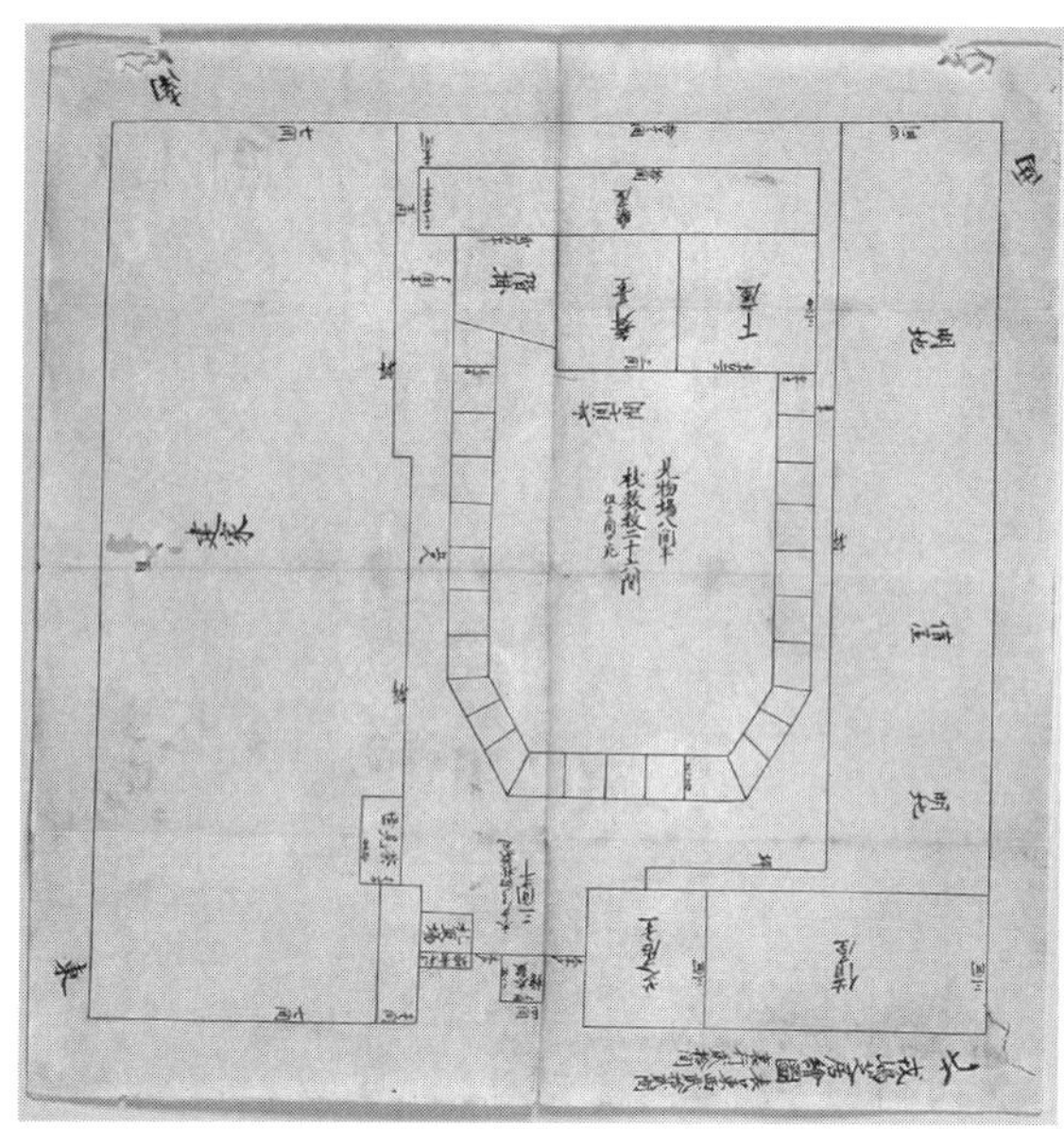

図３　戎嶋芝居絵図（龍野歴史文化資料館蔵）

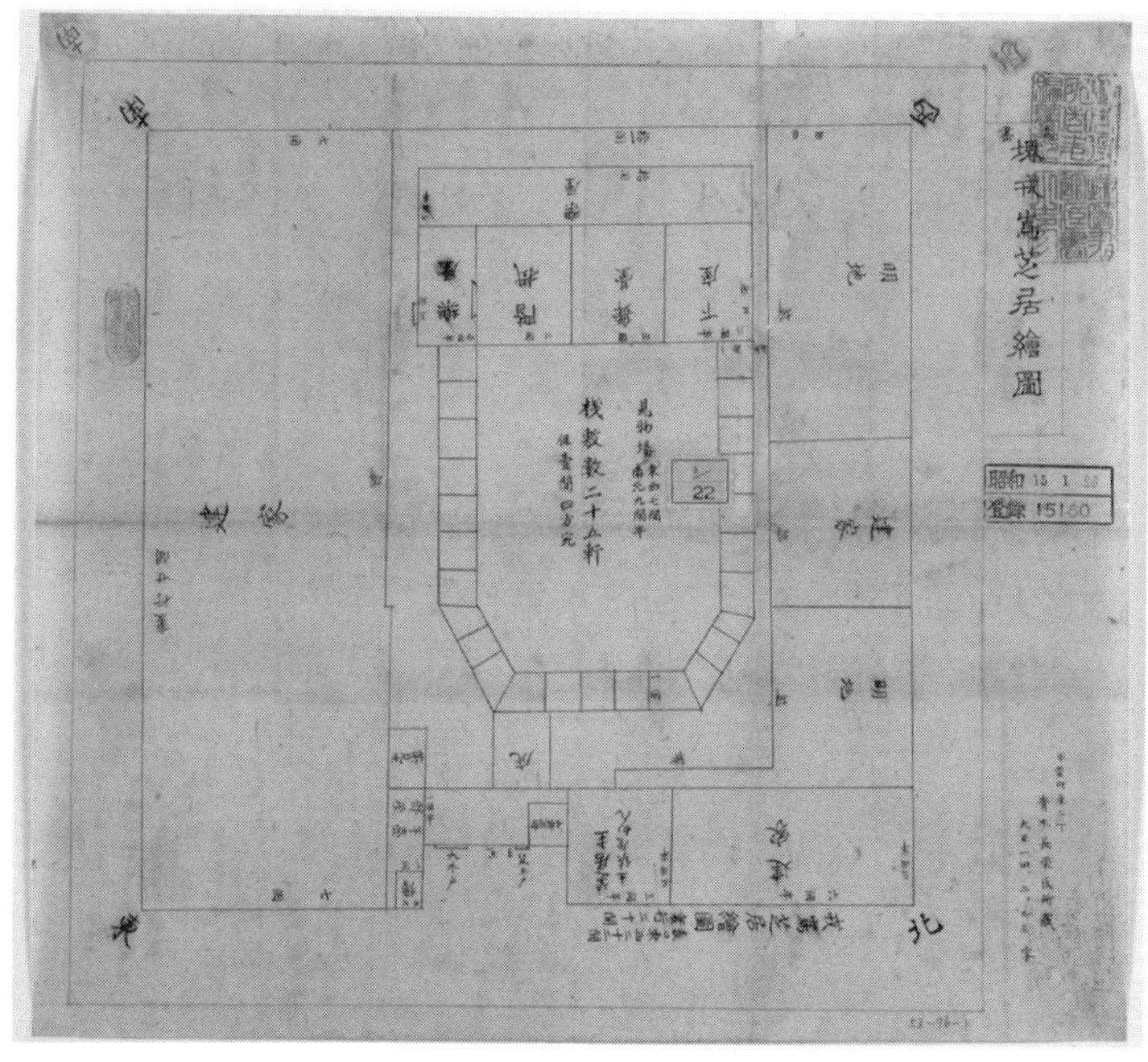

図４　堺戎嶌芝居絵図（堺市立中央図書館蔵）

二三「戎嶋燈籠堂」に対応する絵図は、「戎嶋」（題簽では、堺戎嶋絵図）（縦三〇・〇cm、横二九・九cm）である。手鑑には、元禄二年に石銭を取り集めて建設をした港の灯台である戎嶋燈籠堂について、灯を管理する役人の給料や油・灯心代や障子張替の経費を書き上げ、それらを堺に出入港する船が負担することを書いている。絵図には築港されつつある戎嶋と対岸の湯屋町浜から錦町浜までの浜地を描いている。決して、燈籠堂のみを描いた図ではない。

二四「牢屋敷幷獄屋」に対応する絵図は、「堺牢屋敷絵図」（縦四五・三cm、横三〇・一cm）である。車之町寺町に設けられた牢屋敷と獄舎が描かれている。手鑑によると牢屋敷は元禄三年（一六九〇）六月に建て直され、宝永元年（一七〇四）に修復された。詮議場は正徳六年（一七一六）に牢屋敷が修復されたときに、新たに建てられた。堺市立中央図書館にも牢屋敷図の写しが所蔵されているが、本図とはやや異なっている。

二七「泉州四郡村数幷高分ケ」に対応する絵図は、「和泉国絵図」（縦四五・五cm、横六〇・二cm）である。大鳥・泉・南・日根の四郡の村数と村高の合計を書き上げたものである。この図は、元禄一五年三月に岡部美濃守が江戸に出した国絵図であると記されている。国絵図が和泉国郡の村の数と高の説明に使用されている点に留意をしておきたい。

三二「北並松長幅　内大和橋南ノ橋北ノ橋」に対応する絵図は、「公儀御普請大和橋絵図」（題簽では、堺大和絵図）（図5）・「公儀御普請堺往還町口南之橋絵図」（題簽では、堺南之橋絵図）・「堺往還町口北之橋絵図」（題簽では、堺北之橋絵図）の三舗である。この三基は公儀普請橋で、紀州徳川家が往還する紀州街道に架けられている。橋の管理は堺奉行が担っており、橋の構造についての細かな図面や架橋の経費が三舗には記されている。破損や落橋のさいには、堺奉行所が修復をしないとならないため、詳細な情報が記録されたと思われる。なおこれらと同じ図が、堺市立中央図書館にもあり、巻末に大和橋のものを掲げた（図6）。

以上の絵図のなかで、堺市立中央図書館が収蔵する類似のものがあると指摘をしたものについて、補足をしておく。

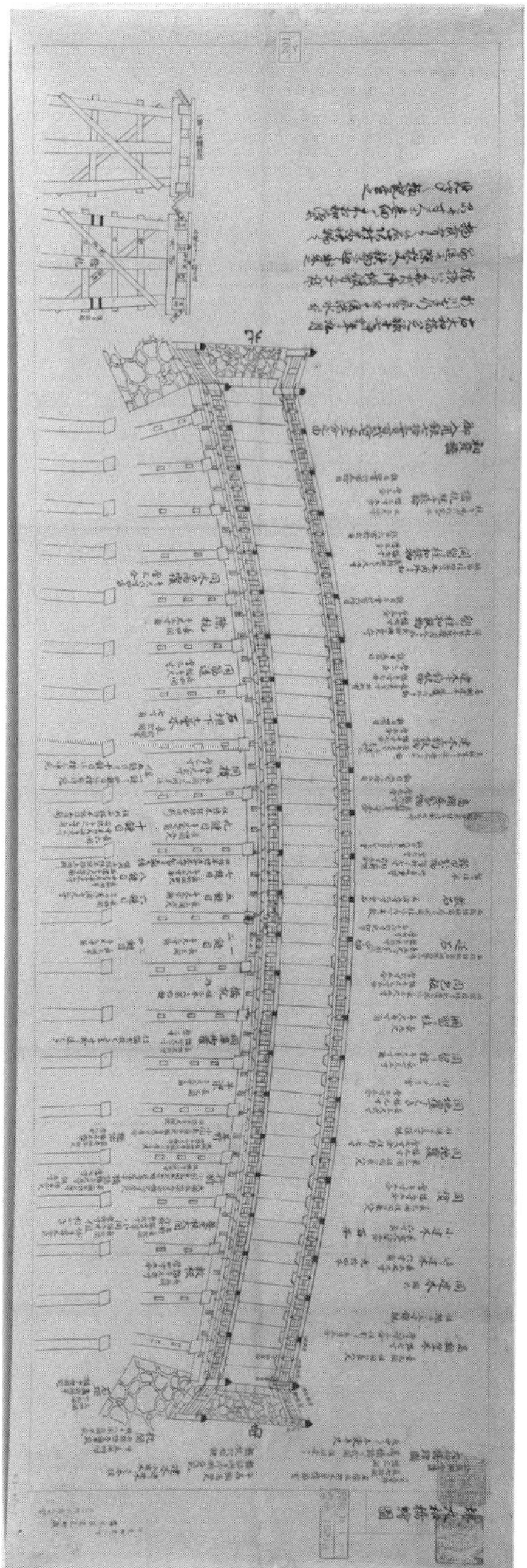

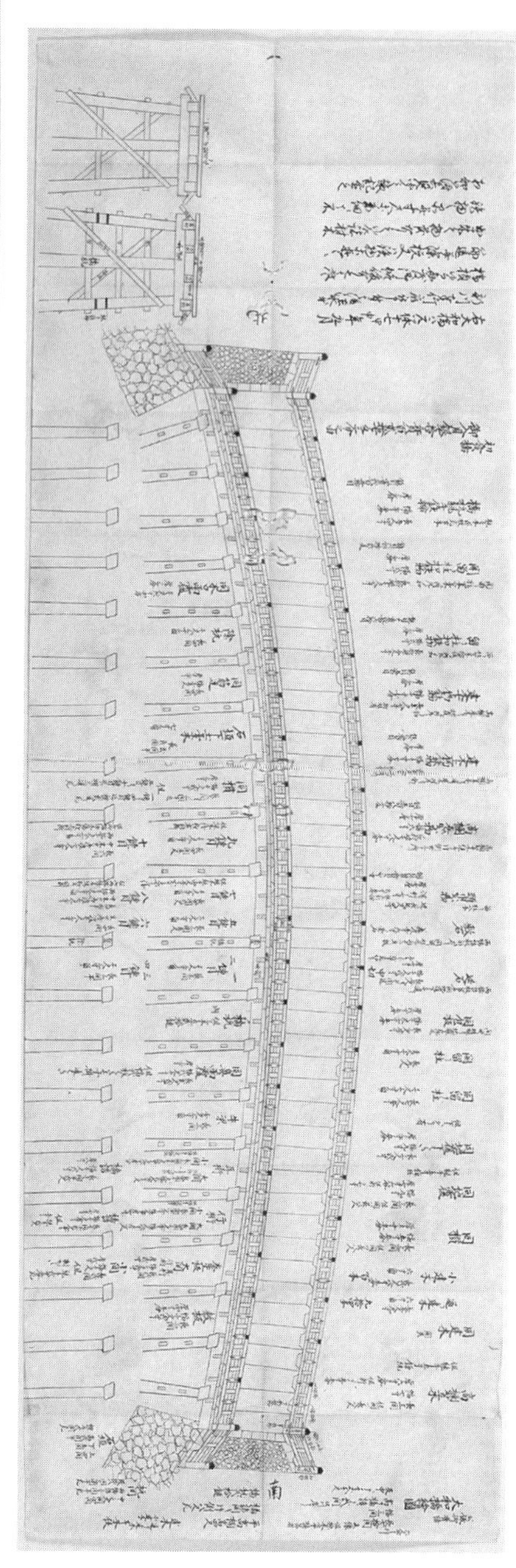

上：図5　大和橋絵図（龍野歴史文化資料館蔵）　下：図6　大和橋絵図（堺市立中央図書館蔵）

堺市立中央図書館が収蔵する図は昭和六年刊行の『堺市史』編纂のため、大正一四年頃に模写されたものである。所蔵先はそれぞれ異なっており、当時の堺の町をひろく探訪して蒐集している。原本は堺空襲によって、失われていると思われる。浅野長恒史料が堺奉行史料であるのに対して、堺市立中央図書館が収蔵をする模写図は堺の町の側に伝来した別系統の図である。原本に描かれた景観年代は、判明しない。しかし、一〇「御役屋敷」の部分で述べたように、変更箇所が少ないことから浅野長恒史料の絵図からそれほど下らない時期の景観であると考えてよいと思われる。これまで、堺市立中央図書館の大正一四年模写本に描かれた景観の年代は、年代がはっきりした対照可能な図がなかったため、推定することが困難であった。今後は、堺市立中央図書館蔵の絵図の景観比定作業が進捗すると思われる。

「寺社」のうち朱丸印が付けられた一六「和泉国大社其外面立たる寺社境内並に開基」と二三「住吉先年御造替宝永五子年御修復之事」をみていこう。一六には大鳥大明神をはじめとする泉州の大寺社があげられているが、槇尾山施福寺・阿弥陀山松尾寺・願泉寺貝塚卜半・龍臥山久米田寺・牛滝山大威徳寺の五箇寺のみに朱丸印が付けられており、絵図を伴う。それ以外の寺社の概要は「寺社」の記載のなかでは説明がされているが、絵図は伴わない。

槇尾山施福寺に対応するものは、「泉州槇尾山絵図」の題簽がつけられた絵図（縦五九・七㎝、横四五・一㎝）である。この図には、内題にあたるものはつけられてはいない。

施福寺は寛永寺末の一山寺院であり、現在の大阪府和泉市槇尾山町に所在する。本図と近い年代の施福寺の絵図としては、享保四年（一七一九）「槇尾山絵図」（池辺家蔵）が現存する。[16] 享保四年図は、堺奉行所持の図と比べてみると、山内の子院の描写がより精密にされているなどの特徴が目立つ。今後は、両図の比較検討による研究の進展が期待される。

阿弥陀山松尾寺に対応するものは、「泉州松尾寺絵図」の題簽がつけられた絵図（縦四五・〇㎝、横一二九・九㎝）である（図7）。この図には、内題にあたるものはつけられてはいない。松尾寺は現在の和泉市松尾寺町にある天台宗の仏教寺院である。役小角を開山とし、古代には「松尾の山寺」と呼ばれる山林修行の山であった。のち、顕教と密教を修行する顕密兼修の寺院として、歴史を刻んでいる。江戸時代には門前の百姓が、松尾寺を支えるような仕組みであった。なお、本図では松尾寺蔵の松尾寺境内図[17]に描かれている山頂付近の拝殿・一切経蔵・灌頂堂・阿弥陀堂・泰澄大師堂・塔などの諸伽藍は、すべて跡として記載されている。江戸時代中期の松尾寺境内の伽藍配置を正確に知ることができる貴重な絵図といえる。

願泉寺貝塚卜半に対応するものは、「泉州貝塚絵図」の題簽がつけられた絵図（縦四五・〇cm、横三〇・三cm）である。この図には、内題にあたるものはつけられてはいない。願泉寺は浄土真宗本願寺派の大寺院であり、貝塚寺内町の領主でもあった。他の寺社図に比べると、寺院の景観描写の詳細さは劣るものの、貝塚寺内町全体を描いており、一見すると寺内町を目的にした作図と取り違える可能性も考えられる絵図である。

龍臥山久米田寺に対応するものは、「泉州久米多寺絵図」の題簽がつけられた絵図（縦四四・二cm、横四五・一cm）である。この図には、内題にあたるものはつけられてはいない。久米田寺は現在の岸和田市池尻町にあり行基を開山に仰ぐ真言宗の寺院である。天平一〇年（七三八）行基が開削指導したため池である久米田池を維持管理するため行基によって創建されたと伝えられており、本図にも大阪府最大の水面積のため池である久米田池が大きく印象的に描かれている。諸伽藍以外にも三好実休の塚や聖武天皇らの石塔などの興味深い由緒地が描かれており、当時の様子を窺うことができる。

牛滝山大威徳寺に対応するものは、「泉州牛瀧山絵図」の題簽がつけられた絵図（縦四五・一cm、横三〇・〇cm）である（図8）。この図にも、内題にあたるものはつけられてはいない。現在の大阪府岸和田市域にある牛滝山大威徳寺（だいいとくじ）は修験道の開祖役小角を開山とする天台宗の寺院である。山号と寺名は比叡山の学僧であった恵亮が、境内にある

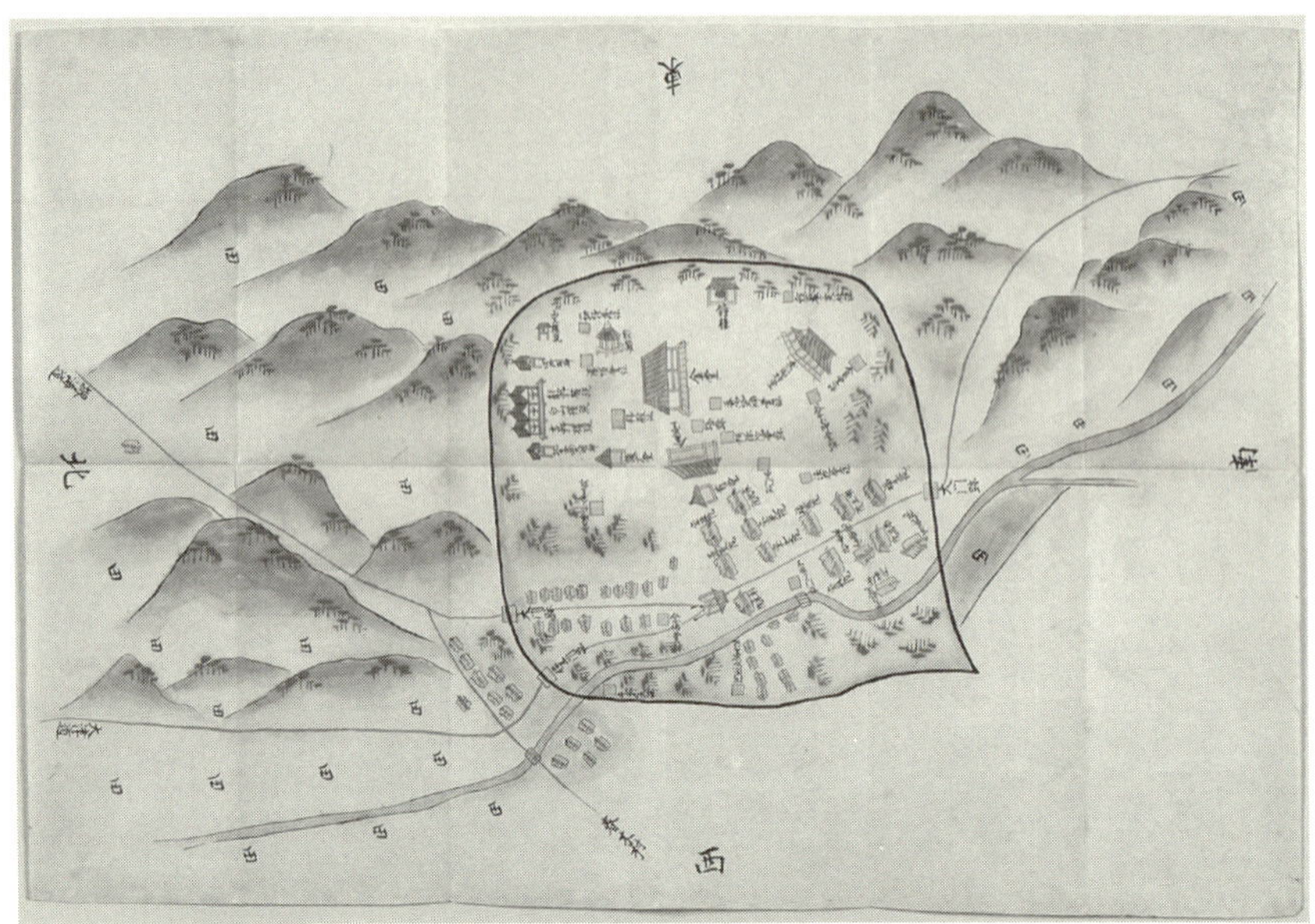

図７　阿弥陀山松尾寺絵図（龍野歴史文化資料館蔵）

図８　牛滝山大威徳寺絵図（同上）

「二の滝」での修行中に滝の中から牛に乗った大威徳明王が現れたのを感得し、その姿を彫って本尊として祀ったことが、その由緒とされている。大威徳寺は真言宗と天台宗の兼学で、二つの宗派が併存する山林修行の山として歴史を刻んできた。

本図には本堂・多宝塔・役行者堂・大師堂の諸伽藍と山号と寺名の由来となった滝が描かれている。なお、本坊横の穀屋坊については、古家魯岳筆・田能村直入画「牛瀧紀行図巻」（堺市博物館蔵）に記述がみられる[18]。それによると、天保一四年（一八四三）閏九月二四日に古家魯岳と田能村直入は牛滝山に遊び、宿坊・穀屋坊に泊まっている。牛滝山では滝や牛石などの風景を愛で、途中では松尾寺にも立ち寄っており、牛滝山大威徳寺や阿弥陀山松尾寺などが当時の泉州の文人たちが遊ぶ風雅の舞台となっていることがうかがえる。

二三「住吉先年御造替宝永五子年御修復之事」に対応する図は、「住吉御造営所絵図」の題簽がつけられた絵図（縦六〇・〇㎝、横四五・五㎝）である。この図が支配寺社ではなく、住吉先年御造替宝永五子年御修復之事の項目の付図であることに注意をしておきたい。本図には、先年（明暦・承応）と宝永の遷宮普請が記載されている。それによると明暦元年（一六五五）の遷宮のための普請は、石河土佐守利正を惣奉行とし、宝永六年（一七〇九）の大社の遷宮に伴う宝永五年の修復造営事業は、桑山甲斐守一慶を惣奉行とし、その指揮のもと行われた。石河は第一二代、桑山は第二三代の堺奉行である。堺奉行の支配地の外・摂津国にあった住吉大社であるが堺奉行の手鑑「寺社」に記載されたのは、過去の堺奉行が造営普請の惣奉行という重要な役割を担ったことによる。なお、住吉大社の伽藍だけではなく大和川を渡った堺奉行支配下の堺三村宮（開口神社）と堺旅所宿院の位置も図示されていることは、住吉大社・開口神社・宿院御旅所を一体として把握しようとする意識の反映と思われる。

以上、一八枚の図について検討をしてきたが、最後に一九枚目の図について考えたい。「堺町絵図」の題簽がつけられた絵図（縦三〇・八㎝、横四三・九㎝）（図9）である。先述したように、この絵図を一括した包紙のうわ書きには、一八枚の絵図を収納したと明記されている。本図については付図包紙の裏側の収納絵図の目録に記載がない。また、「堺町絵図」の題簽は他の一八枚の絵図の題簽と明らかに筆跡が異なっている。そのような特徴から考えて、後になって本図は、手鑑絵図の括りに入れられたものであると考えられる。

観察する限り、新大和川流域と狭山池水下地域の支配関係を表した内容であり、本図を「堺町絵図」と名付けた意図は理解できない。なお、堺市立中央図書館が所蔵する「大和川沿村支配絵図」（大村宗七原蔵・大正一四年模写）（図10）が本図とほぼ同じ内容であるが、その名称のほうが、大和川流域を対象とした本図の内容に即していると考えられる（なお、村田路人大阪大学大学院教授から、本図も堺市立中央図書館蔵図も、内容からみて、「大和川・石川狭山東西除川支配絵図写」としたほうが、より正確であるとのご教示をえた。記して感謝します）。以下、堺市立中央図書館の図と堺奉行の図を対照しながら、それぞれの特徴を摘出していく。

堺市立中央図書館の図では、堺奉行が支配する河川流域である「川懸堺御支配」は赤色で、大坂町奉行が支配する「地方大坂御支配地」は黄土色で示されている。また堺奉行所の高札場が、大和川上流の峠村と青谷村の間と石川流域の富田林村と新堂村の間に、赤く塗った三角屋根と柵を描くスタイルで標示をされている（図10の○囲み）。他方、堺奉行の所持図においては堺奉行が支配する河川流域である「川懸堺御支配」は赤色で、大坂町奉行が支配する「地方大坂御支配地」は白色で示されている。堺奉行所の高札場が、大和川上流の峠村と青谷村の間と石川流域の富田林村と新堂村の間に、白塗りで標示（三角屋根と柵の表示は堺市立中央図書館蔵と同一である）されている（図9の○囲み）。

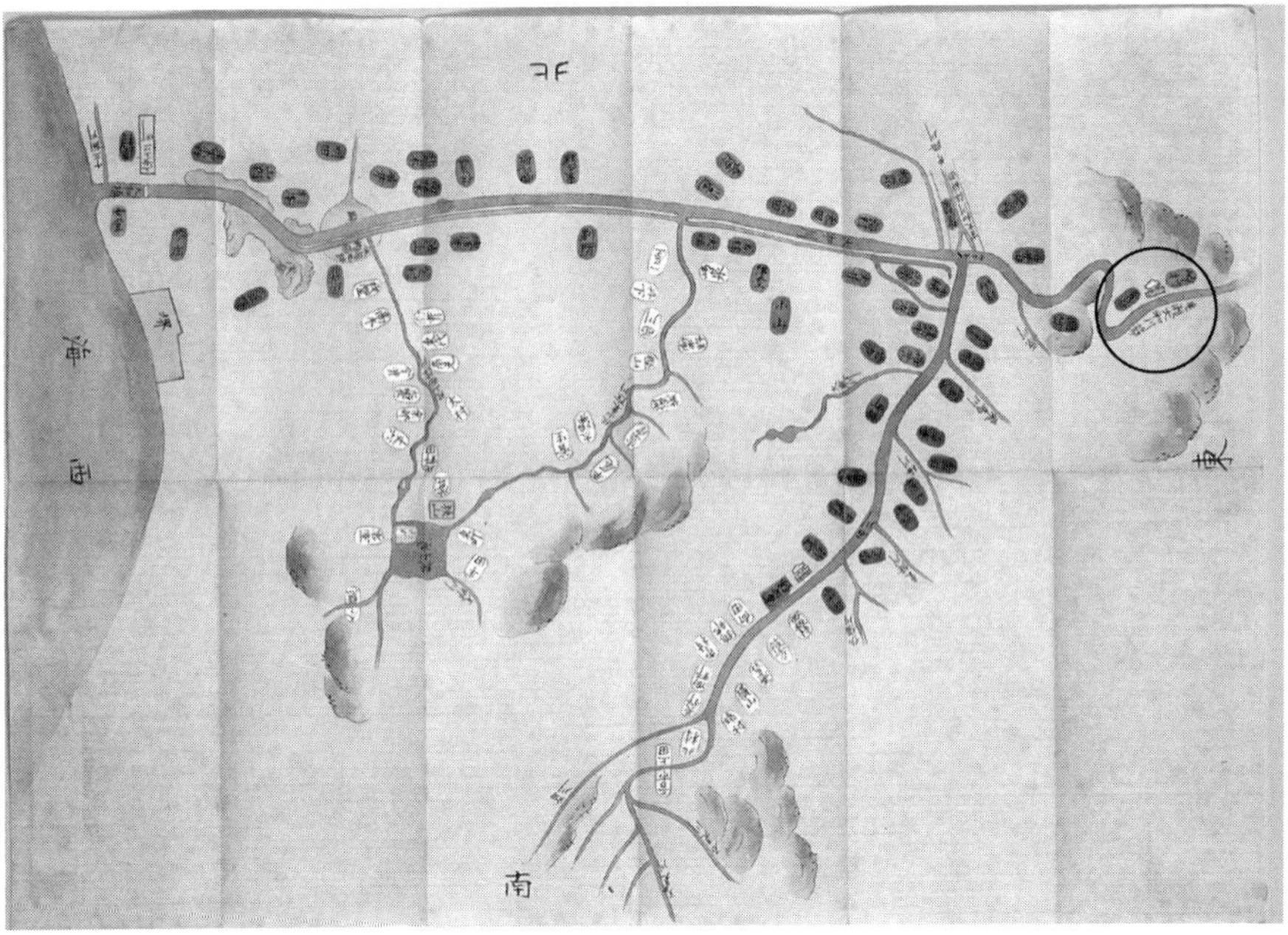

図９　堺町絵図（龍野歴史文化資料館蔵）

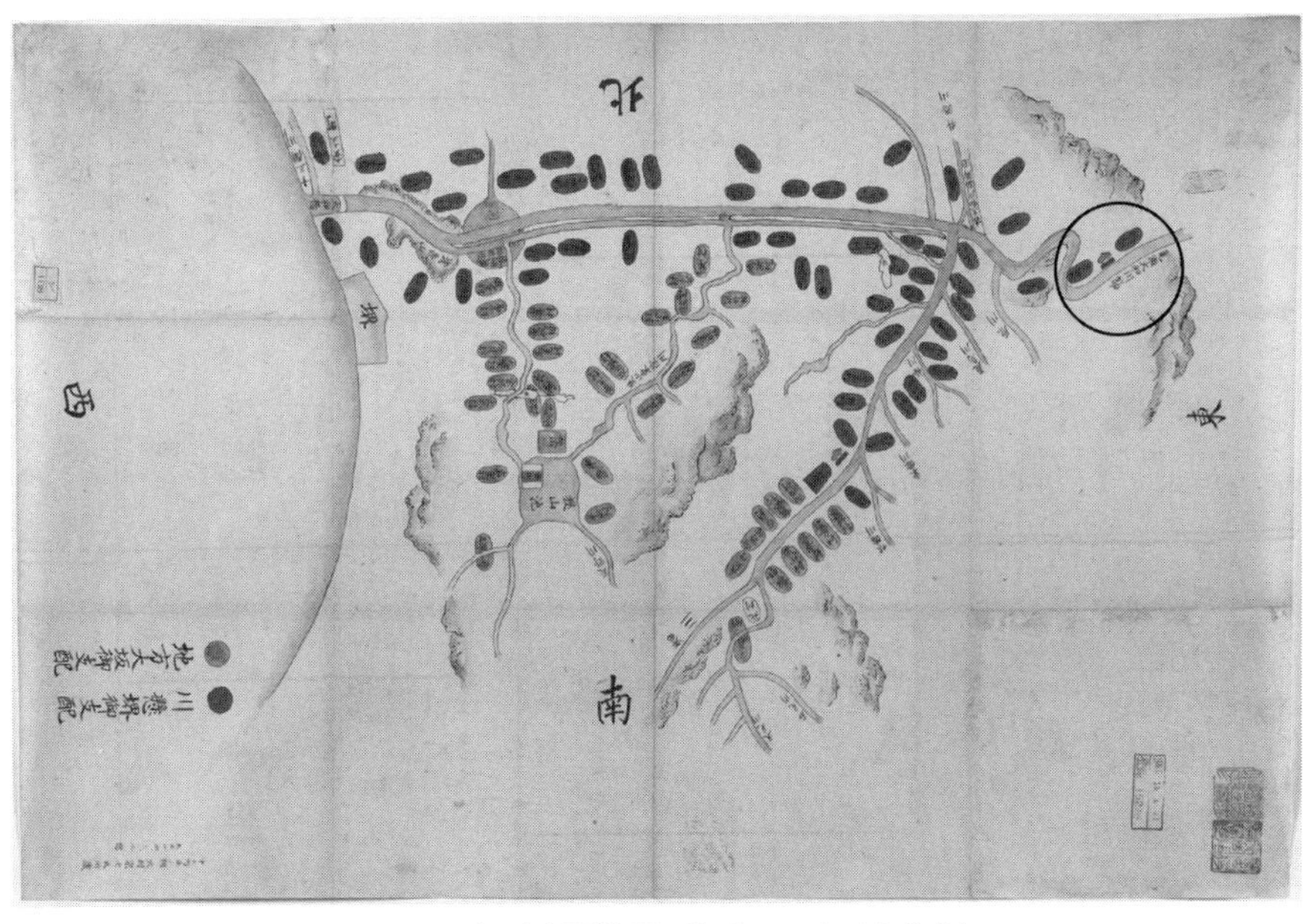

図10　大和川支配絵図（堺市立中央図書館蔵）

おわりに

堺市立中央図書館が所蔵する『堺市史史料』収録の享保一三年「堺手鑑」の原本と付図の発見の意義をまとめておく。

第一に堺奉行浅野長恒史料の手鑑と付属絵図の発見により、堺奉行による手鑑の所持が完全に証明されたことである。公儀と町方がそれぞれに同じ文書記録を備えておけば、都市行政はより円滑に進んでいく。堺市立中央図書館が現在所蔵する『堺市史史料』は、町方に伝来した手鑑を筆写して作成されたことは、既に明らかになっている。しかしながら、これまでは堺奉行が所持していた手鑑が見つかっていなかったため、公儀による手鑑所持は完全には証明ができなかった。堺から切り離され、後の時代の情報が書き加えられていないこともこの手鑑の史料的価値を高めている。

第二に江戸中期の堺についての良質の絵図を得たことである。しかも模写ではなく、原本であり、第三節で述べたように、これまでの堺地域史研究が渇望していた内容が、付図には記載されている。しかも、その絵図が手鑑の内容を補う付図であることが、明確になった。絵図の史料的性格は常に議論されるところであるが、手鑑の付図であるという回答がすでに用意されており議論の余地はない。また、堺奉行浅野長恒史料には、付図のほかにも長恒奉行時代の堺の寺社絵図一〇舗が含まれている。これらの図とともに、研究を進めることで、より明確な堺の都市像が得られるのではないか。

第三に「堺幷泉州」以外に新発見の手鑑を得たことである。享保一三年「寺社」は良質の寺社手鑑であるが、堺市立中央図書館の市史史料は採録していない。堺奉行の寺社支配は、これまで研究が進んでいなかった領域であり、この文書の翻刻とそれに基づいた研究が期待される。また、「堺幷泉州」が含まれていた折本四帖・絵図一九舗一括の合計五点の括りのうち、享保三〜六年「覚書」と享保一二年「覚書」の二帖も新発見未翻刻である。いずれも享保時代の堺奉行の支配を考える上で、重要な史料である。堺地域史を研究する者の手によって、翻刻する必要があろう。(19)

以上、発見の意義について、まとめた。

なお、本章をむすぶにあたり、この研究成果が、故福島雅藏先生による研究蓄積に多くを拠っていることに触れておく。日本近世史の優れた研究者であった福島先生は、生粋の堺人であり『堺市史続編』に携わられたほか、花園大学をご退職後も終生堺地域史研究に打ち込まれた。堺市立中央図書館が発行する『堺研究』においても、数々の有用な史料を紹介されるとともに、同館の古文書整理にも意欲的に取り組まれた。

堺奉行浅野長恒史料の発見の事実をお伝えしたところ、先生が、驚きと喜びの感情を露わされ、「長生きして良かった」と呟かれたことは忘れられない。そのような先生のお姿は、二七年間にわたって謦咳に接してきたなかで初めてのことであった。先生は平成二三年（二〇一一）三月に急逝された。『堺研究』三三（堺市立中央図書館、二〇一一年三月）の「幕末維新期における宗門帳からみた堺のまちと職業渡世」が、先生の七〇年近い研究生活における最後の論文となった。

筆者は亡くなられる三日前の夜に先生からお電話を頂戴した。ここで取り上げた堺奉行浅野長恒史料の研究文献に関する照会のお電話であった。福島先生は、浅野長恒史料を活用した堺地域史研究の前進を心から願っておられた。先生が願われた内容であるかどうかについては心許ないが、本章が堺地域史研究の前進に裨益することを切望して擱筆する。

注

（1）　発見の経緯については、『忠臣蔵と旗本浅野家』（たつの市立龍野歴史文化資料館、二〇〇九年一〇月）の「はじめに」および、市村高規「堺奉行所資料の発見―旗本若狭野浅野家資料より―」（『ヒストリア』二二〇、二〇一〇年六月）を参照。堺の歴史を解明するために欠かせないこの貴重な史料群が、市村高規氏をはじめとする、たつの市の学芸員によって散逸の危機を回避し保護されたことが明らかである。

（2）この史料群は、浅野家ではなく、浅野家と姻戚関係によって結ばれた相生市の三木家に伝来をした。今回の発見は三木家からの発見ということになる。なお、浅野長恒は赤穂本家より所領を得て分家し、若狭野（現在の兵庫県相生市若狭野）に陣屋を構えた。そのため、浅野長恒の系譜を若狭野浅野家と呼ぶ。

（3）約二八〇年ぶりの堺奉行資料の里帰り展であった。

（4）吉田豊「江戸時代堺の産業一覧」（『堺市博物館報』二四、二〇〇五年三月）参照。これ以前にも、吉田氏は堺の町鑑や堺の産業統計に関する史料を紹介・研究をし、『堺市博物館報』等に発表をしている。この時期に、諸都市においては、そもそも堺のような町鑑の作成がおこなわれなかったのか、堺と同様の町鑑が作成されたが、現在、それらが伝来していないのかは、判明をしていない。しかし、史料の伝来の状況をかんがえると前者ではないかと思われる。ただし、その場合、なぜ近世の堺だけが豊富な町鑑を有することができたのかについては不明であり、研究の余地がある。

（5）『旗本がみた忠臣蔵―若狭野浅野家三千石の軌跡―』（東京都江戸東京博物館、二〇〇九年）参照。

（6）注（5）前掲書所収、浦井祥子氏「浅野家資料から見た火事場見廻りの職務」を参照。

（7）注（5）前掲書所収、渋谷葉子氏『赤穂浅野家「鉄炮洲上屋敷図」について』を参照。

（8）注（5）前掲書所収、太田尚宏氏「伊勢遷宮用材と山田奉行浅野長恒」を参照。

（9）堺市立中央図書館蔵『堺市史史料』十二・幕政十。現在、閲覧請求によってみることができる。なお、書かれた情報によると、この本は冊子であったようである。

（10）相生市で発見された浅野長恒史料の所蔵者が、同姓の三木氏であるが、その関連は不明である。

（11）厳密には今回堺奉行浅野長恒史料の絵図は、『堺市史史料』が採録した町方伝来の史料とは、異なる系統のものである。しかしながら、まったく同時期に成立したという史料の性格を考えるとあたかも「双子」のような関係であり、「失われた絵図史料の発見」と考えて間違いはない。

(12)　ところで、堺奉行浅野長恒史料のなかには、享保四年正月「泉州堺寺社方手鑑」と「堺幷泉州手鑑目録覚」とがある。「泉州堺寺社方手鑑」は③の、「堺幷泉州手鑑目録覚」は④の九年前の手鑑である。今後は、享保四年手鑑類と享保一三年手鑑類の比較考証をする作業も必要になることを指摘しておく。

(13)　絵図は一二枚。

(14)　絵図は六枚。

(15)　これは、市村高規氏が注(1)前掲論文で述べるように小規模な変更である。それからすると堺市立中央図書館蔵の奉行所絵図は、浅野長恒の次の代の第二五代堺奉行水谷信濃守勝比の在任中の享保一四年（一七二九）八月から寛保二年（一七四二）九月の一三年一ヶ月の間の景観を描いたものである可能性が高い。また、堺奉行浅野長恒史料のなかには、本図のほかにも大判の堺奉行所屋敷図や原図にあたるものがあり、複数の堺奉行の役屋敷図を総合的に検討する必要があると思われる。

(16)　和泉市史編さん委員会編『横山と槇尾山の歴史』（和泉市、二〇〇五年三月）一七一頁に掲載。

(17)　和泉市史編さん委員会編『松尾谷の歴史と松尾寺』（和泉市、二〇〇八年三月）一五〇頁に掲載。

(18)　古家魯岳（一七八六～一八五五）は、本名を古家太郎兵衛といい、堺の魚問屋で詩文に優れた文化人。田能村直入（一八一四～一九〇七）は、豊後国岡藩出身の文人画家。魯岳は、直入の堺での後援者として、その画業を支えた。

(19)　和泉市史編さん委員会『和泉市史紀要第二四集　和泉の寺社改帳Ⅰ』（和泉市教育委員会、二〇一六年九月）において、享保四年「泉州堺寺社方手鑑」が翻刻され、山下聡一氏によって解説がつけられた。また、大阪市史編纂所『享保期新大和川支配替　関係史料』（大阪市史料調査会、二〇一六年九月）において、「川方御用目録」が翻刻され、松本望氏によって解説がつけられた。このように、新たに発見された本文書群を用いた史料研究が、進展している。

〔付記〕　本章を成すにあたり、たつの市立龍野歴史文化資料館、同館学芸員市村高規氏に大変お世話になりました。記して感謝します。

表4　堺奉行史料目録（『忠臣蔵と旗本浅野家』の巻末文書目録より抜粋・加筆作成）

古文書							
番号	年月日	文書名	発信人	受取人	形態	たつの目録番号	備考
1	寛永13年～元禄11年	古来御高札写			1冊	131	寛永13年～元禄11年の記録
2	貞享5年5月3日	転切支丹類族在命覚	堺奉行稲垣淡路守	宗門改戸田美作守他1名	1冊	133	
3	元禄8年10月改正	堺大概心覚			1冊	134	
4	正徳元年5月	御高札写	奉行		1冊	132	正徳元年5月～4年12月
5	正徳元年9月15日	堺奉行心得	老中阿部豊後守外4名	浅野壹岐守	1通	135	
6	(正徳元～4年)	従卯年午年迄言上幷御請控			堺奉行時代か確認	136	正徳元～4年
7	(正徳3～享保4年)	公事留帳			1冊	138	
8	(正徳)	寺社諸事覚書			1冊	142	
9	(正徳)	寺社訴状控			1冊	143	
10	享保2年2月	親類書	浅野壹岐守		1通	137	
11	享保2年4月	請取申銀子之事(大和橋破損御掛継御入用借請に付)	浅野壹岐守	大久保長三郎外3名	1通	145	
12	(享保3年7月9日)	(大和川・新大和川・石川支配被仰付に付書付)			1通	146	
13	享保3年	堺御朱印寺覚			1冊	141	
14	(享保3～10年頃)	川方御用目録			1冊	147	
15	(享保3～6年頃)	覚書(徳川吉宗生母江戸往還)			1冊	157	
16	享保4年正月	堺幷泉州手鑑目録覚			1冊	139	
17	享保4年正月	堺泉州寺社方手鑑			1冊	140	28と同様のもの
18	享保7年	新川違大和橋幷築留切所普請一件			1冊	148	
19	享保8年2月5日	久岳院位牌石塔修復料の寄附及請取	泉岳寺	浅野壹岐守	4通	150	
20	享保8年8月改	泉州一国寺社数			1冊	151	
21	享保11年5月	親類書	浅野壹岐守長恒		1通	153	
22	享保11年8月	武具一色控帳	清水八郎右衛門		1冊	152	
23	享保12年9月	未之年免帳奥〆幷村々引米覚	井上友右衛門	都築彦右衛門・奥田角兵衛	2通	155	
24	享保12～13年5月27日	日光御社参被御出ヨリ相済候迄諸書留	御勝手御用部屋		1冊	154	
25	享保12年	覚書(泉州大念仏…)			1冊	158	
26	享保13年7月改	堺幷泉州(堺手鑑)			1冊	160	
27	(享保13年)10月	申之年免帳奥〆幷検見引米覚	井上友右衛門		2通	156	
28	(享保13年)	寺社(泉州堺寺社方手鑑)			1冊	159	
29	享保13年改	手鑑弐冊之内絵図			19枚	161	
30	(享保14年)	壹州様御名御改之書付	太田備中守内藤田宇兵衛外	浅野壹岐守様御用人中	3通	162	
31	年未詳7月18日	覚(長崎表御法度之趣につき)				166	
32	年月日未詳	堺御見分道程之覚			1冊	144	
33	年月日未詳	大和川水上之事			1通	149	

書　状						
番号	年月日	文書名	発信人	受取人	形態	たつの目録番号
1	(宝永3～正徳4年)正月3日	書状(改年之御慶ニ付)	町奉行坪内能登守外2人	浅野壹岐守	1通	17
2	(宝永2～享保7年)正月14日	書状(土用中御見廻りニ付)	老中井上河内守正岑	浅野壹岐守	1通	45
3	(宝永2～享保7年)12月28日	書状(歳暮祝儀ニ付)	老中井上河内守正岑	浅野壹岐守	1通	46
4	(宝永3～享保7年)正月13日	書状(改年之慶賀ニ付)	老中井上河内守正岑	浅野壹岐守	1通	43
5	(宝永3～享保7年)正月13日	書状(改年之慶賀ニ付)	老中井上河内守正岑	浅野壹岐守	1通	44
6	(宝永5～正徳5年)正月13日	書状(宗門改証文請取ニ付)	柳沢備後守・横田備中守	浅野壹岐守	1通	20
7	(宝永6～享保5年)正月15日	書状(改年之御慶ニ付)	御側衆青山備前守	浅野壹岐守	1通	31
8	(宝永7～享保8年)6月26日	書状(土用御見舞返礼ニ付)	若年寄大久保長門守教重	浅野壹岐守	1通	48
9	(宝永7～享保8年)7月6日	書状(堺着之段貴意ヲ得候ニ付)	若年寄大久保長門守教重	浅野壹岐守	1通	49
10	(正徳元～享保元年)10月16日	書状(此度屋敷替引移恐悦ニ付)	老中阿部豊後守	浅野壹岐守	1通	24
11	(正徳元～3年)11月9日	書状(上様御安全之儀ニ付)	大老井伊掃部頭	浅野壹岐守	1通	16
12	(正徳元年)11月21日	書状(朝鮮通信使御礼相済ニ付)	老中阿部豊後守	浅野壹岐守	1通	14
13	(正徳元～享保4年)11月21日	書状(私宅への移住ニ付)	壹岐守	隼人	1通	28
14	(正徳元～5年)12月12日	書状(寒中御見舞ニ付)	御側衆米津周防守田賢	浅野壹岐守	1通	21
15	(正徳2年)3月7日	書状(其表御役屋敷修復等承知之旨)	若年寄久世大和守重之	浅野壹岐守	1通	15
16	(正徳2年)10月18日	書状(公方様御薨御ニ付乍陰御奉公申上候覚悟ニ付)	壹岐守	浅野隼人	1通	57
17	(正徳2年)10月20日	書状(被遊薨御残念成儀ニ付)	壹岐守	浅野隼人		58
18	(正徳2年)10月28日	書状(公方様御出棺之儀ニ付)	壹岐守	浅野隼人	1通	59
19	(正徳3～享保4年)正月18日	書状(改年之慶ニ付)	御側衆北条対馬守氏澄	浅野壹岐守	1通	29
20	(正徳3～享保2年カ)5月18日	書状(知行所郷村高辻帳等請取ニ付)	奏者番松平備前守正久	浅野壹岐守	1通	25
21	(正徳3～享保17年)7月14日	書状(金子百両江戸表江差越可申旨)	壹岐	都筑彦右衛門・奥田角兵衛	1通	54
22	(正徳3～5年)12月13日	書状(寒中見舞ニ付)	若年寄鳥居伊賀守忠英	浅野壹岐守	1通	22
23	(正徳3～享保2年)12月25日	書状(寒中御見廻ニ付)	老中土屋相模守政直	浅野壹岐守	1通	27
24	(正徳4年)8月29日	書状(秋元但馬守死去ニ付)	老中久世大和守重之	浅野壹岐守	1通	18
25	(正徳4～享保4年)12月28日	書状(歳暮御祝儀落手ニ付)	老中久世大和守重之	浅野壹岐守	1通	19
26	(正徳5年)12月7日	書状(同氏遠江守御申聞之趣ニ付)	老中井上河内守	浅野壹岐守	1通	23
27	(正徳6～享保4年)正月16日	書状(新年之御慶ニ付)	御側衆阿部志摩守	浅野壹岐守	1通	30
28	(享保2～12年)7月2日	書状(堺着之貴札拝見ニ付)	御側衆有馬兵庫頭氏倫	浅野壹岐守	1通	52
29	(享保2年)11月6日	書状(宗門改之証文請取ニ付)	駒木根肥後守・横田備中守	浅野壹岐守	1通	26
30	(享保3～8年)8月23日	書状(公方様御機嫌恐悦ニ付)	若年寄石川近江守外2名	浅野壹岐守	1通	50
31	(享保3～6年)11月11日	書状(寺院田畑町歩人数帳請取ニ付)	寺社奉行土井伊予守外2人	浅野壹岐守	1通	39
32	(享保5年)11月5日	書状(真御太刀他御進献ニ付)	留守居役松前伊豆守嘉広	浅野壹岐守	2通	32

33	(享保5～7年)11月24日	書状(寒中御見舞返礼ニ付)	勘定奉行筧播磨守外3名	浅野壹岐守	1通	47
34	(享保6年)9月3日	書状(紀州御宮へ御納物有之候儀ニ付)	井上河内守外2人	浅野壹岐守	2通	33
35	(享保6年)9月23日	書状(紀州江御納物可有持参候儀ニ付)	井上河内守外2人	浅野壹岐守	1通	34
36	(享保6年)9月23日	覚(紀州御宮江被遊御納物候御太刀・馬代等之儀ニ付)	井上河内守外2人	浅野壹岐守	2通	35
37	(享保6年)9月28日	(紀州神社江被遊御納物候真御太刀・馬代等之儀ニ付書付)	井上河内守外2人	浅野壹岐守	1通	36
38	(享保6年)9月	紀州御宮江御納物ニ付両度之御奉書并御徒目付持参之御奉書	井上河内守外2人	浅野壹岐守	3通	37
39	(享保6年)11月3日	書状(紀州神社江御進納物之御用相勤候ニ付而時服被下候ニ付)	井上河内守外2人	浅野壹岐守	1通	38
40	(享保7年)寅8月16日	書状(泉州久米田寺寺僧吟味方ニ付)	寺社奉行土井伊予守外2人	浅野壹岐守	1通	40
41	(享保7年)10月晦日	書状(泉州久米田寺寺僧女難之儀ニ付)	寺社奉行牧野因幡守外2人	浅野壹岐守	1通	41
42	(享保7年)11月晦日	書状(堺町人此元江罷下候儀ニ付)	寺社奉行日下部丹波守	浅野壹岐守	1通	42
43	(享保8～16年)12月29日	書状(歳暮之御祝儀ニ付)	若年寄水野壱岐守忠定	浅野壹岐守	1通	53
44	(享保9年)4月21日	書状(摂州住吉郡新大和川四附洲新開場等開発ニ付)	勘定奉行駒木根肥後守外3人	浅野壹岐守	1通	51
45	(享保16～17年)10月10日	書状(御法事中上野相候御見廻ニ付)	老中松平右京大夫輝貞	浅野壹岐守	1通	55

第四章　道明寺天満宮と幕末の堺商人
――「菅梅講名記」――

一　堺商人の記録について

　堺商人の研究において、豪商を相撲番付に見立てて分類した見立て番付が引用されることが多い。幕末の堺商人については、安政二年（一八五五）「励之魁」、同五年（一八五八）「界府商家繁栄鑑」などの見立て番付から名前や居住した町名、職業を知ることができる。このような見立て番付は、江戸時代後期に大いに流行り(1)、当時の人々の広範な知識の向上に寄与したと思われる。これらの見立て番付は、書肆から出版されて普及していく一種の「商家・職人名鑑」であるが、娯楽性の強い面も否めず当時の正確な記録として捉えるには、問題がないとはいえない。

　見立て番付以外の史料で幕末の堺商人の消長を知るための記録としては、明治元年（一八六八）に太政官会計局から課された御用金を堺商人が負担したときの記録「御基金調達元帳(2)」が有効である。御用金賦課という公的な仕事に伴って、作成された記録であり、史料的価値は高いといえよう。

　しかしながら、明治政府による御用金賦課を請けた商人のみを論じるのはやや一面的な感を拭えない。したがって、本章では、堺商人の結成した講組織に関する史料を取り上げて、幕末の堺商人の結衆の様相を見ていきたい。

二　道明寺天満宮と堺の菅梅講

ここで紹介する史料は、慶応二年（一八六六）正月に作成された道明寺天満宮（現大阪府藤井寺市所在）の参詣親睦講の講員名簿「菅梅講名記」（縦三〇㎝、横二三㎝）である。道明寺天満宮は、江戸時代には浄瑠璃や歌舞伎の『菅原伝授手習鑑』道明寺の段の舞台となったことから広く民衆の信仰をあつめ、数多くの信者の参詣を得た。同書には出入りはあるものの、総計で四〇〇人余りの講員が記されている。講員は、堺商人が大部分であるが、堺商人によって紹介を受けて講に加わった堺市中以外の商人や堺に居住した武士たちも含まれる。この講に結衆した堺の人々の名前には、いずれも町名が書かれることから居住した町を知るうえで貴重な資料にもなる。

同書には、二〇人余りの講元（発起人）、一〇人余りの世話人の名前がみられる。講元には、指吸善兵衛や具足屋孫兵衛といった当時の堺の豪商とともに本資料が伝来した酒造家鳥井一族が名を連ねている。また、世話人には帯屋長兵衛や和泉屋治助らの名が見られる。いずれも菅梅講の組織を支えた人々と思われるが、活動の実態については、不明である。また、講元や世話人の活動のみならず、菅梅講の活動自体についても不明な点が多い。

ただ、講の規定については、その冒頭に記されているのでその内容を知ることができる。内容を紹介しておこう。

「菅梅講名記」に書かれた講の規定によると、

①毎月二五日（天満宮の祭日）に道明寺天満宮の神前で大般若経読経を執行をしてもらうための講組織であること。

②毎年正月一八日に集会を持ち、その年の毎月の参詣者を籤で選ぶこと。

③一回の参詣者は講員一〇〇人につき一〇人と定め、参詣に行く者に対して代参料として一人銀五匁を講の会計から支払うこと。

④講の会計を支えるため、一人につき銀二〇〇目を奉納すること。
⑤講員の姓名は、道明寺天満宮の旧記録に記して、家内安全と商売繁盛を祈禱してもらうこと。

が定められている。

堺商人たちは講の一員になり参詣をすることで家内安全を祈願し、講の親睦を通じて商いの幅を拡げていったのではないだろうか。

三　史料の伝来について

つぎに本史料の伝来にふれておきたい。「菅梅講名記」は、豊中市在住の鳥井登喜雄氏から、二〇〇三年に堺市博物館へ寄贈された。

鳥井登喜雄氏は、近代堺の酒造業界の中心人物であった鳥井駒吉（一八五三～一九〇九）の妹の孫にあたる方である。鳥井登喜雄氏の談によると、鳥井氏一族は約二〇〇年前に堺の中心部の宿院鳥居前で酒造業を開業、その後、一族で各種の醸造を行った。登喜雄氏の祖母は、婿養子を迎えて酒造を行う商店（駒吉の鳥井本家に対して鳥井南店と呼ばれた）を開業、鳥井南店では小売りをせずに販売はすべて鳥井本家を通じていたとのことである。なお、鳥井南店は祖母の夫の早逝もあって早い時期に鳥井本家に統合されたらしい。その後は、登喜雄氏の父にあたる方が祖母の娘に入婿し、鳥井本家の副支配人として活躍した。このほか一族が経営する鳥井西店があったが、そこでは酒造は行わず醬油製造を行っていたとのことである。清酒「春駒」は駒吉が製造販売した製品である。なお、鳥井駒吉は明治二〇年（一八八七）に有限責任大阪麦酒会社を設立し、阪堺鉄道株式会社（現在の南海電鉄）も創設した(3)。

駒吉をはじめとする鳥井氏一族が講元として、講の差配をしていたことから、「菅梅講名記」が鳥井登喜雄氏の許に伝来したのであろうか。

注

（1）『堺と三都』（堺市博物館、一九九五年）一〇五頁。

（2）『堺市史　第六巻』五四七～六〇六頁。

（3）鳥井洋『大阪・堺一人の人間　鳥井駒吉』（鳥井洋、二〇一六年）三一頁に、明治二二年（一八八九）一一月一五日有限責任大阪麦酒会社を設立、明治二六年（一八九三）商法改正で大阪麦酒株式会社に、同書二五頁に明治三七年（一九〇四）六月に南海鉄道株式会社の二代目社長に就任とある。

表　菅梅講名記記載一覧

番号	住　所	人　名	備　考
1	紺屋町	指吸善兵衛	以下菅梅講発起、講元
2	宿院町	具足屋孫兵衛	
3	宿院町	布屋源三郎	抹消
4	中之町	河内屋利兵衛	
5	中之町	河内屋仁兵衛	
6	川端町	和泉屋長兵衛	抹消
7	湊	綿屋三郎兵衛	
8	市之町浜	海部屋甚兵衛	
9	鑓屋町	河内屋利助	
10	材木町	田中屋正助	抹消
11	九間町中浜	宅徳兵衛	
12	目口	金田屋吉兵衛	
13	宿屋町中浜	柴屋三郎兵衛	
14	南本在家町	末吉屋平兵衛	
15	柳中浜	石割七左衛門	
16	少林寺町	平野屋利兵衛	
17	錦町中浜	柏利右衛門	喜兵衛を訂正
18	記載なし	鳥井伊八	
19	記載なし	鳥井駒吉	
20	記載なし	鳥井伊助	
21	市之町	具足屋半兵衛	
22	市之町	櫛屋八兵衛	
23	灰屋町	帯屋長兵衛	以下世話人
24	少林寺町	和泉屋治助	
25	塗師屋町	米屋嘉助	
26	目口	和泉屋清兵衛	
27	戎之町上六間筋	和泉屋惣助	惣兵衛を訂正
28	戎之町浜	帯屋源治郎	
29	記載なし	鳥井店弥七	
30	大寺片原町	沢田岩蔵	
31	善通寺筋	河合治助	
32	櫛屋町上六間筋角	高槻平治郎	
33	記載なし	河内屋弥助	
34	紀州御屋敷	岩瀬清六郎	以下講員
35	川端町	金田治右衛門	
36	紺屋町	指吸長左衛門	
37	川尻筋	松屋武兵衛	
38	川尻筋	松屋作右衛門	
39	川尻筋	大和屋徳兵衛	
40	川尻筋	具足屋文兵衛	

83	中町下浜	淡路屋太兵衛	
84	南中之町下浜	柏久右衛門	
85	新在家町浜	竹科源吉	
86	江川町	鹿喰善助	
87	新在家五貫屋町	高田弥兵衛	
88	新在家五貫屋町	助松屋伊右衛門	
89	寺地町中浜	細屋佐兵衛	
90	寺地町中浜	土庵卯兵衛	
91	南中之町上浜	大和屋儀助	
92	灰屋町	内原屋吉兵衛	吉太郎を訂正
93	大町浜	金田屋勝三郎	
94	大小路浜	大和屋市次郎	
95	戎島	斗々屋甚之助	
96	戎島	金田屋勘七	
97	戎島	日野屋安兵衛	
98	櫛屋町浜	和泉屋理助	
99	戎之町浜	河内屋利兵衛	
100	湯中浜	銭屋五郎兵衛	
101	湯屋町大道	釘屋五兵衛	
102	北中之町	柴屋宇三郎	
103	宿屋町大道	阿波屋清兵衛	
104	神明町大道	大和屋金次郎	
105	御幸道	金屋庄右衛門	
106	錦之町山之口	綛屋清兵衛	
107	錦之町山之口	土佐屋清兵衛	
108	稲荷町	嶋屋五郎兵衛	
109	南櫓屋町	松本屋佐右衛門	
110	荒神堂東	茜屋清右衛門	
111	少林寺町寺町	八百屋善兵衛	
112	中之町浜	和泉屋吉兵衛	
113	中之町山之口	稲葉松之助	
114	大町山之口	長井利右衛門	大和屋利右衛門を訂正
115	中之町五貫屋町	米屋五郎兵衛	
116	寺地町大道	池田屋喜兵衛	
117	寺地町大道	経屋庄兵衛	
118	寺地町山之口	俵屋彦兵衛	
119	中之町山之口	八百屋宗兵衛	
120	宿院町	仁井屋吉兵衛	宿院町大道を訂正
121	宿院町魚の店	記載なし	堺屋政治郎を抹消
122	記載なし	播磨屋新兵衛	石屋町を抹消
123	櫛屋町	大和屋長兵衛	
124	川尻	綿屋利兵衛	

41	川尻筋	松屋彦兵衛	
42	川尻筋	松屋元助	
43	中之町五貫屋町	指吸藤兵衛	
44	甲斐町浜	指吸市兵衛	
45	紺屋町	指吸源助	
46	宿院町浜	大和屋庄助	
47	大町	上野藤三郎	
48	甲斐山口町	住吉屋藤七	
49	上野町	和泉屋庄兵衛	
50	目口	和泉屋清兵衛	世話方名前之処へ付替
51	目口	北居屋利兵衛	
52	芽口	くけや久四郎	
53	目口新町	難波屋利三郎	
54	目口新町	花屋太兵衛	
55	目口新町	河内屋伊三郎	
56	宿院南半町	辻埜忠兵衛	
57	寺地町	大和屋安兵衛	
58	少林寺町	帯屋善兵衛	
59	少林寺町	茶屋万蔵	
60	新在家町	河内屋又兵衛	
61	新在家町	河辺吉右衛門	
62	東湊	八田屋清兵衛	
63	舞台町	米屋五郎兵衛	
64	芦原町	米屋国松	
65	芦原町	日根野屋源助	
66	灰屋町	糸屋六蔵	
67	灰屋町	大和屋たみ	
68	甲斐町浜	具足屋五兵衛	
69	大町	具足屋治助	
70	大町浜	具足屋良助	
71	大町中浜	白木屋勘助	
72	宿院町	具孫店中	
73	中之町浜	具足屋定七	
74	宿院町	布屋五兵衛	
75	宿院町	布屋為助	
76	寺地町寺町	布屋万助	
77	甲斐中浜	布屋豊助	
78	甲斐中浜	河内屋平助	
79	甲斐町浜	魚屋久三郎	
80	甲斐町浜	高石屋源八	
81	大町浜	具足屋市兵衛	
82	宿院町浜	石仁兵衛	

165	寺地町	紀伊国屋吉兵衛	寺地町大道を訂正
166	寺地町	紀伊国屋玄三郎	
167	宿院町	柳屋九兵衛	
168	中之町上浜	岸和田屋平兵衛	
169	中之町下浜	河内屋庄兵衛	
170	新地	具足屋弥三郎	
171	寺地大道	具足屋忠兵衛	
172	新地	西田屋平右衛門	
173	新地	松屋兵蔵	
174	新地	土佐屋理之祐	
175	新地	山本屋久兵衛	
176	新地	姫路屋文助	
177	市之町浜	大坂屋喜兵衛	
178	市之町浜	大和屋清三郎	
179	宿院鳥居前	金屋善兵衛	
180	寺地町山之口	石津屋久兵衛	
181	中嶋町	和泉屋儀兵衛	禅通寺筋石屋多吉を訂正、鳥井取次
182	材木町山之口	福田屋松兵衛	
183	新在家町	米屋長治郎	長兵衛を訂正
184	湊中筋	綿屋久助	
185	大町	河内屋弥三郎	大町大道を訂正
186	黒土	植木屋長兵衛	鳥井取次
187	大町	河内屋平兵衛	
188	市之町	嶋屋安兵衛	市之町大道を訂正
189	北大小路町	斗々屋三十郎	
190	甲斐町横手	喰満屋藤兵衛	
191	東矢蔵下町	河内屋忠兵衛	
192	東矢蔵下町	平野屋清兵衛	
193	鑓屋町	河内屋利之助	
194	中之店	紀伊国屋宗兵衛	
195	中之店	大和屋庄兵衛	
196	黒門	山家屋喜兵衛	
197	櫛屋町	帯屋三郎兵衛	
198	宿院町	灰屋佐兵衛	
199	住吉橋南一丁目	和泉屋与三郎	
200	住吉橋南一丁目	和泉屋和助	
201	綾ノ町	道具屋弥助	綾之町大道を訂正
202	大小路町	片屋九兵衛	鳥井取次
203	中之町	奈良屋弥助	抹消
204	宿院魚ノ棚	淡路屋善兵衛	鳥井取次
205	寺地町	竹屋作兵衛	寺地町横手を訂正

125	川尻	大和屋平兵衛	
126	大町	松屋吉兵衛	大町大道を訂正
127	横小路	大和屋仁兵衛	
128	栄橋壱丁目	姫路屋治助	材木町中浜和泉屋治助を訂正
129	目口新町	野尻屋庄兵衛	
130	瓦屋町	和泉屋嘉兵衛	
131	寺地町中浜	細屋伊之助	伊三郎を訂正
132	大小路	大和屋伊兵衛	
133	中之町五貫屋町	阿波屋新兵衛	
134	戎寺町	なだ屋藤兵衛	抹消
135	目口新町	美濃屋弥兵衛	
136	目口新町	住吉屋宇兵衛	
137	火鉢屋町	和泉屋平兵衛	
138	新地住吉橋	綿屋伊兵衛	鳥井取次
139	北大小路町	高石屋長三郎	
140	市之町山之口	高石屋新兵衛	
141	宿院魚之店	和泉屋平兵衛	
142	目口筋	和泉屋佐兵衛	
143	目口筋	和泉屋仁兵衛	
144	本在家町	和泉屋半兵衛	
145	宿院山之口	大和屋長兵衛	
146	宿院南半町	茶屋久兵衛	
147	宿院南半町	山家屋喜兵衛	
148	大町鳥井前	松屋卯兵衛	
149	川端町	松屋市治郎	抹消
150	火鉢屋町	池田屋喜平治	
151	火鉢屋町	池田屋喜七	
152	大町農人町	綿屋安兵衛	
153	少林寺農人丁	酢屋利右衛門	少林寺町農人町を訂正
154	寺地町山之口	油屋彦兵衛	
155	寺地町山之口	綿屋長七	
156	少林寺町山之口	小山屋豊七	
157	灰屋町	魚屋仙吉	抹消
158	新在家町大道	大和屋庄次郎	抹消
159	中之町大道	平野屋喜兵衛	抹消、二重付のため
160	新在家町	柳屋善兵衛	新在家町大道を訂正
161	新在家町	和泉屋嘉助	新在家町大道を訂正
162	新在家町	赤尾卯兵衛	人名を抹消、新在家町大道を訂正
163	新在家町	和泉屋元治郎	新在家町大道を訂正
164	新在家町五貫屋町	橘屋半助	抹消

206	住吉安立町	蔦屋嘉兵衛	
207	柳町上六軒筋	和泉屋重兵衛	石黒町蔦屋嘉兵衛を訂正
208	東湊	河内屋佐兵衛	
209	中大工町	河内屋四郎兵衛	鳥井取次、吉兵衛事
210	中大工町	日野屋源兵衛	鳥井取次、抹消
211	戎之町	小間物屋徳助	戎之町大道を訂正
212	戎之町浜	伏見屋伊兵衛	
213	戎之町浜	帯屋源次郎	世話方名前之処へ付替、抹消
214	戎之町上六間筋	和泉屋惣助	世話方名前之処へ付替、抹消
215	川尻	米屋甚兵衛	
216	宿院五貫屋町	阿波屋茂助	
217	櫛屋町中浜	和泉屋五郎兵衛	
218	車之町浜	苫屋平助	
219	戎之町大道	和泉屋与兵衛	抹消
220	宿屋町大道	魚屋久兵衛	抹消
221	宿屋町中浜	播摩(磨)屋重助	
222	神明町中浜	米屋楠之祐	
223	神明町浜	和泉屋太三郎	
224	神明町浜	和泉屋清兵衛	
225	綾ノ中浜	石割作左衛門	
226	桜ノ中浜	綾井重三郎	
227	大町五貫屋町	姫路屋佐兵衛	
228	紺屋之町浜	阿波屋嘉兵衛	
229	紺屋町浜	指吸治兵衛	
230	紺屋町浜	北之馬長兵衛	
231	南大工壱町目	阿波屋儀兵衛	
232	少林寺町中浜	阿波屋清助	
233	本在家町	平野屋佐助	
234	南大小路町	播摩(磨)屋久兵衛	
235	市之町中浜	具足屋清助	
236	湯屋町中浜	井谷祐三郎	
237	車之町	袴屋平三郎	車之町大道を訂正
238	柳之町中浜	小西屋幸十郎	
239	櫛屋中浜	米屋茂平	
240	戎之町浜	和泉屋安兵衛	
241	寺地町	天埜屋源兵衛	
242	寺地町	万屋甚三郎	
243	南大工壱町目	金屋直三郎	
244	近江住人	後藤喜平治	花田口近清取次
245	水落町	大和屋仁兵衛	
246	水落町	高石屋甚蔵	
247	大小路町	荒物屋伝右衛門	
248	新地住吉橋	大和屋平兵衛	鳥井取次
249	甲斐山之口	河内屋長三郎	
250	河州石川郡春日村	吉村久兵衛	鳥井取次、油屋を訂正
251	和州葛下郡竹之内村	植田喜兵衛	鳥井取次
252	和州葛下郡竹之内村	植田利右衛門	鳥井取次
253	和州葛下郡竹之内村	小峠要助	鳥井取次
254	和州葛下郡竹之内村	米屋弥七	鳥井取次
255	和州葛下郡竹之内村	米屋弥八	鳥井取次
256	河州石川郡山田村	田中伊右衛門	鳥井取次、油屋を訂正
257	河州石川郡山田村	田中伊兵衛	鳥井取次、油屋を訂正
258	河州石川郡山田村	矢野伝右衛門	鳥井取次、油屋を訂正
259	河州石川郡森屋村	東條栄助	鳥井取次
260	丹後与佐郡野室村	前野常七	鳥井取次
261	丹後与佐郡大道村	助五郎	鳥井取次
262	和州宇田松山町	松尾七郎兵衛	鳥井取次、白粉屋を訂正
263	和州葛下郡当麻村	小橋庄兵衛	鳥井取次、抹消
264	材木町	魚屋平兵衛	鳥井取次、鳥井店清七を訂正
265	糸屋町	鰯屋藤兵衛	
266	中之町	平野屋嘉兵衛	中之町大道を訂正
267	中筋村瓦町	和泉屋仁蔵	鳥井取次
268	本在家町	津国屋勘兵衛	
269	少林寺町浜	万代屋宇兵衛	
270	少林寺町浜	万代屋藤兵衛	
271	少林寺町浜	きや吉兵衛	抹消
272	妙覚寺町	紀伊国屋善兵衛	抹消
273	市之町中浜	具足屋五平	
274	南大工町	大和屋万助	
275	甲斐町浜	具足屋治兵衛	
276	目口	和泉屋喜兵衛	
277	九間町	岩本屋藤治良	九間町大道を訂正
278	神明山之口	小西屋三良兵衛	
279	両替町	中嶋屋卯八	
280	米市浜	大津屋次兵衛	
281	山伏町	難波屋源兵衛	

321	北材木町	田中屋儀助	
322	河州石川郡山田村	田中かの	亀三郎を訂正、鳥井取次
323	河州石川郡山田村	矢野重兵衛	抹消、鳥井取次
324	湯屋町山之口	稲葉伊兵衛	
325	甲斐町	戎屋弥蔵	
326	新地住吉橋壱丁目	和泉屋嘉七	抹消、鳥井取次
327	新櫛屋町	江戸屋好兵衛	鳥井取次
328	北大小路町	八百屋徳三郎	
329	南馬場町	笠屋喜兵衛	
330	戎しま	斗々屋半兵衛	
331	戎しま	斗々屋儀助	
332	目口新町	阿波屋孫三郎	
333	和州俵本	油屋助右衛門	帯長取次
334	少林寺町中浜	龍野屋源兵衛	
335	市之町浜	米屋平兵衛	鳥井取次
336	善宝寺境内	大和屋よね	
337	大町浜	金田屋藤兵衛	
338	火鉢屋町	金田屋平兵衛	
339	南向井領町	和泉屋与兵衛	抹消
340	北向井領町	和泉屋作兵衛	
341	目口	和泉屋三郎右衛門	
342	目口新町	尾張屋治助	
343	河州石川郡山田村	田中うの	抹消、鳥井取次
344	寺地丁山之口	稲葉屋利兵衛	抹消
345	吾妻橋通壱丁目	万代屋清七	栄橋と清兵衛を訂正
346	宿屋町	酢屋清兵衛	
347	大町西六間筋	河内屋吉兵衛	
348	大町南横手	河内屋安兵衛	抹消、二重付
349	善宝寺下	河内屋林助	林兵衛を訂正
350	川尻筋	河内屋安兵衛	
351	甲斐山ノ口町	松田実之助	
352	甲斐山ノ口町	平野屋和助	
353	新地栄橋通弐丁目	熊野屋善兵衛	
354	錦町	丹波屋仁助	
355	同町	葛籠屋為助	
356	綾町横手	紀伊国屋佐兵衛	
357	湯屋町浜	高砂屋荘兵衛	
358	中之町寺町	阿波屋賢助	
359	泉州貝塚	和泉屋茂兵衛	河仁取次
360	目口新町	米屋喜兵衛	
361	宿院魚之店	深井屋甚兵衛	あわ善取次
362	宿院魚之店	鹿喰利兵衛	あわ善取次

282	宿屋町	沈香屋和助	宿屋町大道を訂正
283	柳寺町	表屋三郎兵衛	
284	寺地	万代屋庄兵衛	寺地町道を訂正
285	目口	松屋太郎兵衛	
286	和州葛下郡 竹之内村	植田清三郎	鳥井取次、抹消
287	和州葛下郡 竹之内村	植田利八郎	鳥井取次、抹消
288	和州葛下郡 竹之内村	米屋五兵衛	鳥井取次
289	少林寺五貫屋町	米屋源兵衛	
290	大黒町	木地屋安兵衛	
291	中之町浜	灰屋弥七	鳥井取次、抹消
292	中之町山之口	和泉屋彦兵衛	
293	高須町	中村屋こと	
294	材木町中浜	田中屋伊助	
295	北向井領町	紀伊国屋清助	金田屋を訂正
296	寺地町	河辺宇兵衛	大道を訂正
297	川端町	日野屋又七	
298	鑓屋町	河内屋嘉兵衛	
299	北大小路町	柳屋徳兵衛	
300	南大小路町	八尾屋九八	
301	南旅籠町	土佐屋弥兵衛	弥助を訂正
302	江川町	池田屋卯八	
303	北永橋町	播磨屋庄兵衛	
304	今井屋敷	川崎守人	
305	紀州御屋敷	内田安太夫	
306	東湊	堀田九兵衛	
307	大寺片原町	沢田岩蔵	世話方名前処へ付替
308	西湊	米屋弥七	利右衛門を訂正
309	寺地町大工町	大和屋善兵衛	河仁取次
310	南中之町	阿波屋弥助	河仁取次
311	南中之町	河内屋弥助	河仁取次、 世話方口へ加入
312	南中之町	河内屋治助	河仁取次
313	河内丹南郡小寺村	新兵衛	河仁取次
314	河内丹南郡阿弥村	林右衛門	河仁取次
315	泉州我孫子豊中村	利平治	河仁取次
316	大坂北堀江四丁目	橘屋良助	鳥井取次
317	甲斐町	播磨屋彦兵衛	
318	殿馬場	柿沢屋	
319	新地	姫路産物会所	
320	旦過町	田中屋　幸	

385	南馬場町	野里屋弥兵衛	
386	山本町	木屋吉兵衛	
387	大町	油屋長三郎	
388	北上之町	薬屋六兵衛	
389	大坂八軒屋	和泉屋新重郎	
390	河州三宅村	妻屋新兵衛	
391	湯屋町大道	淡路屋宗兵衛	抹消、阿波屋を訂正
392	神明之町	沈香屋嘉兵衛	
393	南高須町	住吉屋たけ	
394	川尻	松屋熊七	
395	南向井領	末吉屋辰之助	
396	目口新町	河内屋利兵衛	
397	南大小路町	紀伊国屋長兵衛	
398	甲斐山口町	和泉屋清兵衛	
399	大浜中町	柴屋兵助	
400	大町	河内屋藤兵衛	
401	栄橋通壱丁目	染水吉蔵	
402	宿院南半町	古坊屋長兵衛	
403	中之町下浜	灰屋徳兵衛	
404	湊町	忠岡屋弥助	
405	中之町下六軒筋	境屋源助	
406	大坂	高見平七	

363	山本町	山本茂兵衛	河仁取次、 戎しま穀物町を訂正
364	北材木農人町	帯屋栄治郎	
365	寺地山之口町	稲葉利助	
366	川端町	植下久兵衛	抹消
367	中之町魚之店	大崎屋弥三郎	あわ善取次
368	住吉橋壱丁目	和泉屋勘兵衛	あわ善取次
369	市之町浜	阿波屋新助	
370	川尻	大和屋重兵衛	
371	永福町	和泉屋吉兵衛	
372	龍神町	尼崎屋いち	
373	龍神町	広屋むめ	源助を訂正
374	材木町	茜屋新兵衛	
375	桜之丁	嶋屋利助	
376	南高須町	和泉屋すま	
377	深坂村	政治郎	あわ善取次
378	南蛇ケ谷	金屋藤七	
379	中之町魚之棚	魚屋喜兵衛	
381	西湊	忠岡屋宗助	
382	瓦屋町	阿波屋清兵衛	
383	荒神堂	河内屋喜兵衛	
384	宿院町	荒本屋六兵衛	

第五章　幕末の大地震と泉州堺
――堺真宗寺蔵「地震記」をよむ――

はじめに

本章では、泉州堺で記録された地震史料の紹介を通じて、堺における嘉永安政の大地震の様相を考察する。

平成七年（一九九五）一月一七日の兵庫県南部地震（阪神淡路大震災）は、数万人の死傷者と莫大な物的被害をもたらした。筆者は、兵庫県南部地震が起こる以前から、近畿各地の古文書調査に従事するなかで地震史料に頻繁に出会い、畿内の歴史地震には少なからず関心を持っていた。当時住んでいた大阪府堺市堺区の旧市街も震度四と発表されたが強い揺れを感じた。真冬の早朝の縦揺れ・地鳴り・横揺れは、本当に恐ろしく感じた。

ところで、地震直後に周囲の多くの人が異口同音に「関東は地震が多いけれども、関西には地震が無い。そう思っていたのに、ひどい事になった」と言っていたことが強く印象に残っている。関西には地震が無い（もしくは地震が少ない）というのは、有史以来の記録をみると全くの誤りであることは、言うまでもない(1)。

ここで取り上げる嘉永・安政年間に間を置かずに発生した大地震、すなわち嘉永七年（安政元年・一八五四）一一月四日の東海地震、五日の南海地震、安政二年（一八五五）一〇月二日の江戸地震は、いずれもが大きな揺れを記録し、東海・近畿・関東と広範囲に大被害をもたらした(2)。これらの大地震は、幕末の日本を文字通り揺るがした。とくに首都江戸を襲った地震は、大量の鯰絵の出版にみられるように民衆の間に深刻な社会不安を巻き起こし、一一年後

▼

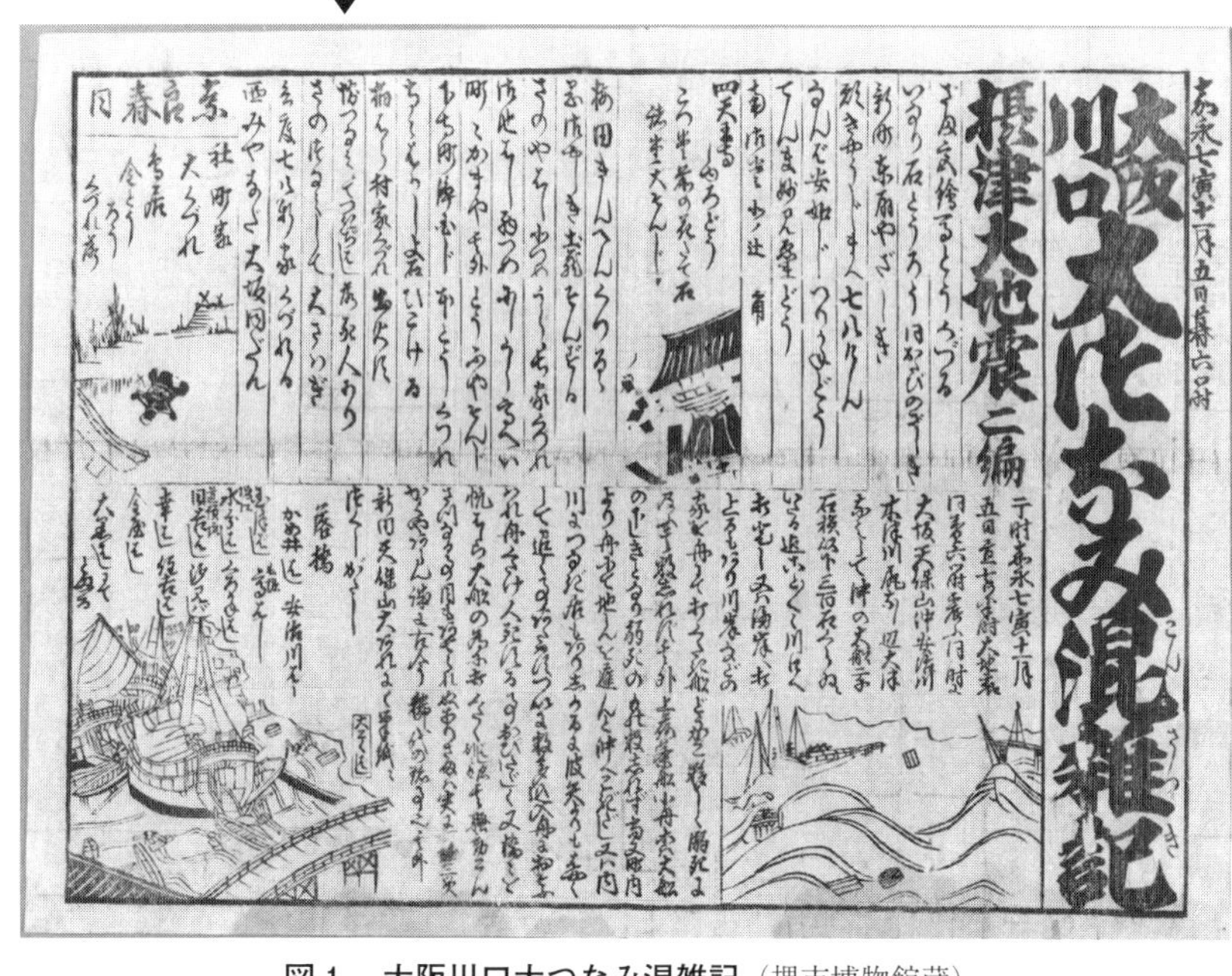

図1　大阪川口大つなみ混雑記（堺市博物館蔵）

の江戸幕府倒潰へとつながっていった(3)。

大坂の都市部における嘉永安政の大地震の被害は、すでに『大阪市史』などで詳しく紹介されている(4)。とくに、嘉永七年（安政元年・一八五四）一一月の南海地震での大坂市中の津波被害は甚大であった(5)。当時の瓦版の一つには、大坂の津波被害など近畿諸都市の被害がかなり詳しく報じられている(6)（図1）。

では、大坂に近接する上方の主要都市である堺の被災状況はどのようなものであったのだろうか。この瓦版には、わずか一行「堺つなミニてつきぢはし落死人あり」と記されるのみである（上段▼の行）。

堺の被災状況については、『堺市史』の市中の地震記録(7)、『堺市史続編』の周辺農村の地震史料の翻刻(8)などがあげられる。しかしながら、当時の堺市中の記録は部分的なものしか発見されておらず、これまでは地震のさいの市中の状況を詳細に追うことができなかった(9)。

先年行われた堺市内の古文書調査で、幕末の大地震の状況を細かく記録した文書が発見された(10)。

本史料には「地震記」の表題が付けられ、泉州堺での嘉永七年一一月の大地震を中心に、被害の状況や堺の町の様相などについても細かく記録をしている。記録は嘉永七年六月一四日から安政三年（一八五六）三月二〇日までの一年九ヶ月にわたっている。本史料を研究しつつ他の史料を併せて考察することで、幕末に集中して発生した複数の大地震のさいの堺市中の被災状況をより詳しく知ることができると思われる。

一　堺真宗寺について

最初に「地震記」の作者である朗含と本記録を所蔵する堺の真宗寺について紹介しておく。浄土真宗僧侶朗含の生没年や経歴などついては、その詳細は不明であるが、大地震が日本を襲った嘉永安政年間に真宗寺の住職を勤めていた人物である。(11)

真宗寺（真宗大谷派）は堺市堺区神明町東三丁に所在する（図2）。寺伝や所蔵の「系図」によると足利義氏の四男祐氏が当地に来住し出家して道祐と称し、天台僧であったが本願寺第三世覚如に帰依し、延元二年（一三三七）一宇を建立したのにはじまるという。しかし、事実上は真宗寺第五世道顕（道見とも書く）が本願寺第八世蓮如（一四一五～九九）に帰依し、有力門弟として活動したことから隆盛していった。道顕は堺における本願寺教線の中心人物で、蓮如と緊密な関係をもっていたのである。それ故、蓮如時代に関する文書が最も古いものとして所蔵される。また、真宗寺は大坂本願寺時代（一五三二～八〇）の本願寺第一〇世証如・同第一一世顕如に近習して活躍した。それは証如の「天文日記」に頻出することからも明確である。

織田信長が戦国乱世を統一する過程で本願寺・一向一揆と対決した大坂本願寺合戦では真宗寺を中心とする堺門徒集団は重要な役割を果たしたと考えられる。特に天正八年（一五八〇）の講和の際、あくまでも徹底抗戦を主張した

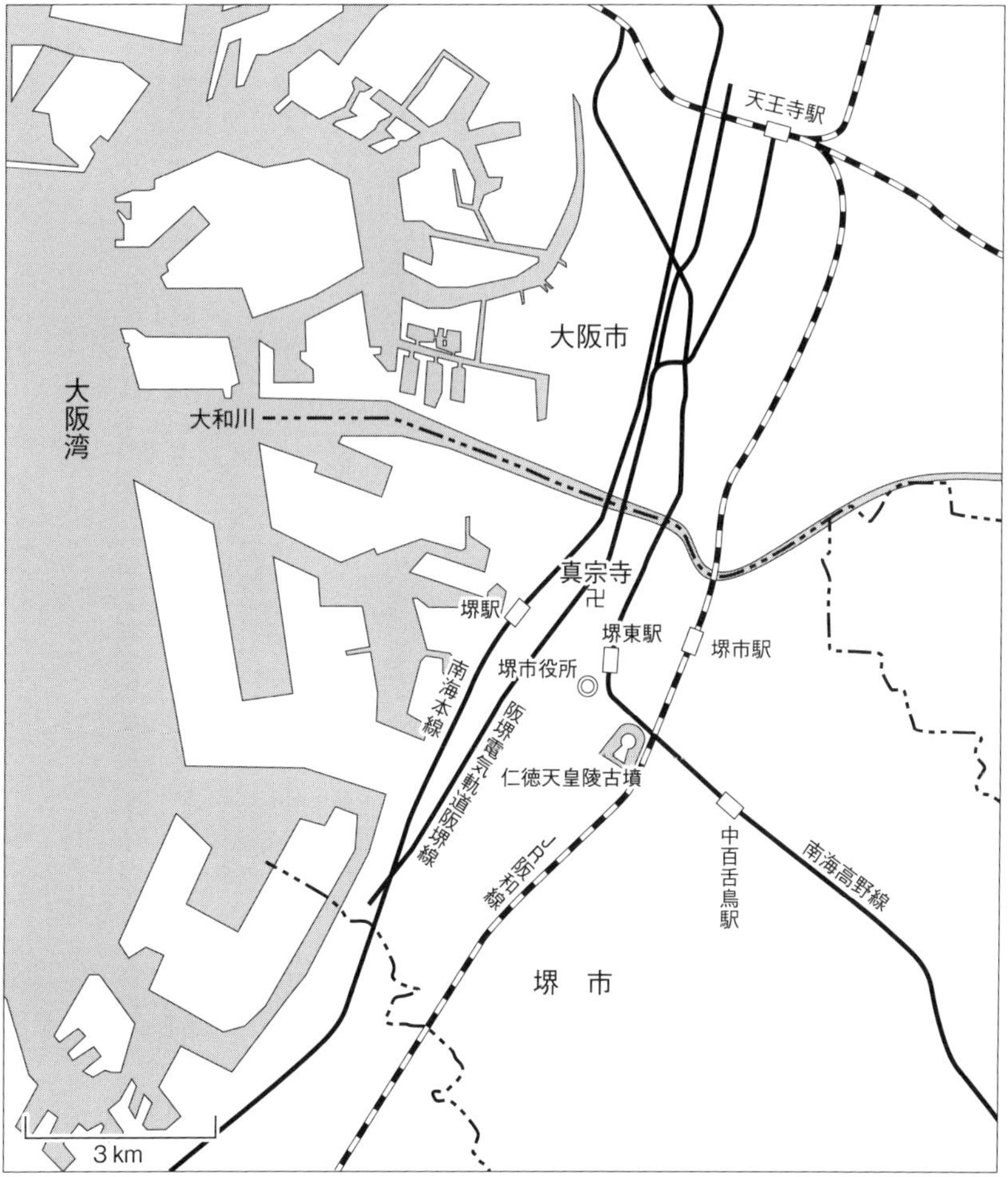

図2　大阪府堺市堺区神明町東の真宗寺位置図
（国土地理院ウェブサイトの地理院地図よりトレース）

本願寺教如（第一一世顕如の長男）を支持したのが真宗寺であった。これら大坂本願寺合戦に関する文書も蔵されている。

また近世に入って真宗寺は東本願寺門主と親戚関係になり、「五カ寺衆」という別格の寺院のひとつになった。五カ寺衆は特別な寺格であるとともに、東本願寺法主に近習し、主として本山の法要・行事・声明作法を司ることを任務とする性格を持っていた。(12)

「地震記」は、僧侶による記録である。奉行所の役人や町人が作成した災害記録とは、異なる部分もある。検討にあたっては、史料的性格の特徴に注意する必要がある。寺町に住む住職ならではの通常の町方記録では期待できない情報も盛り込まれており、当時の知識人である僧侶が持つ独自の情報網を利用した、貴重な史料であるといえよう。(13)

二　「地震記」の翻刻

本章では、「地震記」の全文を翻刻するとともに、翻刻に従って内容を読んでいく。「地震記」は従来知られておらず、翻刻もされていなかった。全文を通して読む必要がある。

翻　刻

（表表紙）
「嘉永七甲寅年六月十四日十一月四日」同五日

地震記

含華台」

（第一丁オ）

嘉永七甲寅年六月十四日夜九ツ時大地震

此夜常通寺入来有之、薄暮頃ゟ一盃相傾候、」此夜者別而月色涼敷書院椽(縁)先ニ而、納涼旁盃」を廻し候、然ル処月光も各別ニ宜候得共空中星幷月も」手ニ取様ニ近く相見、ケ様之節者地震も有之物ニ互申、」左衛門督義も二階ニて寝入候得共、今宵者心持不宜杯」申、居間ニて常通寺・予・督三人寝入申候、酒気相」加候間、忽ニ熟睡申候処、九ツ時大地震、大ニ驚、玄関」

（第一丁ウ）

逃出候処、漸地震治リ申候、暁六ツ時又々前ゟ者小」く候得共震動申候、夫ゟ岡勝次郎へ家内一統罷越候、」御本尊様始長持ニ奉収、庭上ニ御安置為申候、円柳」承之守護申候、十六日夜ゟ小震度々有之候得共、追々」治り候様子故、翌日ゟ一統帰院申候、乍併昼夜其後」小震十五六度も有之候、半月斗震申候、此砌御本山」表御別条無之哉、伺書在京教行寺迄差出申候処、」京都も同様之様子御殿廻少し御損し地震之砌者、」

（第二丁オ）

天保年地震之通り御真影様奉始不残本堂庭上へ」御動座、翌日御鎮座候旨申来候、教行寺・本徳寺ゟ」尋之書到来申候、両御連枝珍重院・能満院両方ゟ」御見舞書到来申候、当所市町家々損申候、六条之町」広小路故仮屋出来、奉行所前も与力同心之仮屋出来」申候、然ル処役所ゟ地震ニ付諸寺院損処有無書」付差出候様申来候、組合も少々宛損処有之候得共」表立候ケ処も無之間、損書無之旨、申認め候事、拙寺も此度」

（第二丁ウ）

地震損処者壁等少し破裂候処も候得共差当り見ニ立程」之損も無之、台処棟木虫喰有之処、此度動候砌五寸」斗南之端ニて下リ候間、早速ニ控柱入置申付候事、」此度之地震者、伊勢・四日市杯者甚敷様子諸国共少しツ、震動申候、其内震之大小ニ御座候事、」

一同年十一月四日五ツ時過大地震

当寺報恩講御講座御日中前大地震、早速ニ玄関」

（第三丁オ）

前へ奔出候処、震益烈敷相成、立居〆(カ)難成六月之節」ゟ者、又々甚敷震殊震も長く西御坊・当御堂之鳴動」申音中々厳敷、無拠六条之町へ皆々奔リ出候処、漸」ニ治リ申候間、一旦帰寺申御堂其外見分申候処、御花」者倒れ其節同時ニ御華束(足)も倒れ申候、輪燈油等も傾き」こぼれ申候、夫々掃除申付候、御堂簾之間、鴨幷ニ」蔀戸弐枚はづれ申候、是者先年蓮師御遠忌之節」ニはめ込候間落候物と存候、其外壁廻り書院其外」

（第三丁ウ）

台所向、柱等余程傾き申候、西御坊処も御堂も」大ニ損じ、御満座日中御広間ニて勤り候様子、当寺」者掃除後文類偈行次第三尊五□ニて略式」ニ可相勤申候、装束も道服五条也、役寺始参勤」申し居、各驚申し候而我寺坊之損所案居候様子、」早々御堂日中相勤申候、其後各々退散申候、」此夜又々震候哉ニ存居候処、一向ニ動不申、翌日も」穏ニ有之候処、又々五日申刻前日同様ニ」

（第四丁オ）

震動、此度ニ又々厳敷様子ニ相見へ候得共、前々ゟ震候」て家々も大ニ損有之事故、各別ニ此時ニ損申候哉、」甚以驚入、同玄関前へ差出候処、中々震止ミ不申、」六条町へ罷出候、然ル処南西海中ニ而大筒之」如く五六声相聞、諸人驚申号泣之声」甚敷、是者全津浪等ニ相違無之存、又々岡勝次郎」方へ罷越候様支度申候、御本尊始不残、長持へ入」円柳ニ申付、家内一統岡方へ罷越、仮屋ニて一宿申候、」

（第四丁ウ）

然ル処其夜ハ戌之刻又々前ゟも小く候得共震動」致候、夫よりハ追々小震ニて数しれず震申候、」翌日一旦帰寺申候処御堂之表書院之取合之」屋根落入、其外柱廻り等者又々傾き申候、見分」中度々小震申候、前代未聞之変事候、余り震も」度々候間六条之町ニて大藤世話ニて仮屋出来申、」其夜者又々此処ニて一宿申候、善教寺も同様、仮屋出来等」申候、御本殿其外魂意之物へ見舞書」

（第五丁オ）

差出申候、然ル処六日夜戌之刻頃当所浜新地辺」江津浪押来舩等突上ケ候間、橋之落申候、併し」新地限ニ候て浪も不参、農人町内堀へ潮満来候間、」奔出候用意申候内引取申候、此時大坂川口へ」大浪打来、当夏地震之節舟ニて相凌候振合」大坂表之者多分舩ニのり候処、此津浪ニて悉」く溺死申候人死凡三千人斗有之、誠ニ〳〵」気之毒成事共、死人之山を築き申候、当所之人」

（第五丁ウ）

者無之様子、全津浪者大坂へ向ケ突上ケ当所者聊」新地浜へ入候事相喜候事也、追々諸国之様子聞」合候処、中々国ニよりてハ大ニ荒処も沢山ニ有之、」当所杯者誠ニ結構之事にて京師も同様地震之」様子者変り不申候、六月之通り両御連枝ゟ御見」書到来、夫々御受差出申候、」

一　三州佐々木上宮寺事、昨冬ゟ御朱印御改ニ付出府」罷在、十一月頃ニ者彼地出立可申哉之処、此度地震頃」

（第六丁オ）

帰寺無之、当所ゟ地震見舞旁手帋差遣候処、上宮寺」後室□代殿ゟも早速ニ以飛使申来、三州上宮寺も庫」裏等破損之旨、且又六日地震之節、海中ニ而大」筒之如く聞申候、全紀州辺ニ相当り其後大坂」津浪之様子承之、其地も海続故如何候哉と」大ニ案し申候旨申来候、左候得者、南海中ニて之」音此処ニて聞受候音も同様ニ三州ニて相聞候趣、」是又不思議なる事候、其後上宮寺事無恙帰寺」

（第六丁ウ）

道中ニて地震ニ出合野宿申処、一両度有之、」宿々大破損荒井番処等も津浪ニて流候趣也、」諸国大地震之絵図売出候間、夫々魂意之処へ」遣申候、壱枚三分ゟ五分迄ニ候、」

一　役所ゟ又々損処書上ケ候旨申来候、此度者夫々」組合へ書付差出申候、自然右損処書出見分等」有之節者迷惑故、夫々書出候処、全左様之義も無之」旨ニ付荒々書付差出申候哉、寺惣代大野貞介見舞」

（第七丁オ）

差越候事、」

一　同月十四日夜大風、墓処塀倒申候、是者」控柱無之故也、早速ニ繕申付候事、其外目隠」等も損申候事、」右風者当所斗ニ而も無之、北国も甚以厳敷」様子越中滑川養照寺使之僧参り物語候、」地震者五十位震候様子、後々之小震も当所」ことに少く併し折々小震申候旨也、」

（第七丁ウ）

一　十一月六日已来追々地震鎮り候得者、一日ニ両三」度ツ、昼夜震ひ申候、一向夜陰者安心難成候、」本□□町種々風説有之、何日何時又々震候」杯種々申立候得共、追々小震ニ相成候、併し一日ニ」両度又者三度夜分も同様ニて一向ニ極り無之候、」然ルニ小震ニ上斗震候時も有之、又下□しく、」震或者どうど〳〵と申、少し震候時、又どうなし」ニ震候時、又行当り候様ニ震候節、種々有之候

（第八丁オ）

得共、一日も不震日者無之候、極天気宜穏成日ニ座敷」廻り御堂等柱筋よりミチト申音致し是等も」矢張極々小震動候哉、右之事者日々時々有之候も、」一向ニ不分候、併卯正月八日ゟ頓与小震も無之其」後壱両度も昼夜ニ極々小震有之義」相覚申候、今正月十八日迄先ツ何事も無之候、此分ニて相治り候ハヽ、重畳之義ニ存候、乍」去前々申通り極晴天之節等者折々柱廻りミチ〳〵」と壱弐ケ処申処有之、毎々聞受申候、是者地震」やら柱のゆるみやら分り兼候、先ツ正月八日ゟ者」□□八日迄者治り有之候、前代未聞之変事」荒々書記し置申候事、」

（第八丁ウ）

一　霜月四日地震前折々夜分在家報恩講ニ拙寺参詣申候、」夜分天色見申候処、暗候夜星も近く相見へ常よりも大く相見へ申候、乍序記し置候事、」

安政弐卯ノ年

一　二月朔日八ツ半頃、小極震三ツ四ツ間もなく震候事、同三日、同五日五ツ時小震有之

安政弐卯ノ年

（第九丁オ）

一　九月廿八日夕方、此日快晴、中ノ小震尤モ長ク、是迄余震致」減少申候、然ル処（カ）今夕又々震申候、

一　卯十月二日夜四ツ時同中ノ小震是も長ク震可申候、此節者江戸」大地震、地壱尺斗上り候旨、浅草御坊内八人怪我人「欠　損　」」者即死申候、其外市中死人九万五千人」佐々木上宮寺末寺江戸竜善寺ゟ申来候趣候、無相違無之候、」此日浅草院梵鐘御取上ケニ治定相成、夫々御申渡候」ニ相成候夜之事也、是又一奇事也、委ク江戸之」地震世上之筆記有之略之、此後小震も止ミ可申候、」

一　卯ノ極月廿三日正昼時小震壱ツ

一　卯極月廿五日暮過大之小震尤モ長ク震ひ申候、此日天気」曇又晴、風無之、各々玄関前へ逃出申候、近辺之」人往来之人者六条町江逃来申候、御堂様之」喚鐘自然と一声鳴り申候儀、以之可知也、」

（第九丁ウ）

安政三辰年

正月七日暮六ツ前極小震　此日晴雨考ニ能々付合ス

同月十五日　八ツ時過小震　又続小震

同月晦日　八ツ時小震

二月朔日　夜七ツ過小震

二月二日　晴暖日光帯赤気　五ツ時過小震八ツ時小ノ大震

二月五日　晴風　八ツ時小震ノ中

三月廿日　晴　五ツ時小震

訳　文

嘉永七年六月一四日九ツ時に大地震が発生した(14)。この夜は寺院組合組下の常通寺がやって来た、暮れ前から盃を傾け、月光がすずやかなので書院の縁先に出て納涼を兼ねて、宴を持った。月の光はきれいだが、月や星が手に取るように近く見えるため、このような時は地震があるものだと互いにいい、左衛門督は二階で寝入ったが、今夜は気持ちが良くないなどといって下りて来て、居間で常通寺、私（朗含）、左衛門督の三人が寝た。酒も手伝ってたちまち熟睡した所、九ツ時に大地震がおきた。ひどく驚いて玄関に逃れたところ次第に治まり、暁六ツ時にまた小さいが震動があった。家族は岡勝次郎方へ避難させて、本尊は長持ちに収めて庭に安置し円柳に守らせた。一六日夜より小震が度々あったが、追々に治まる様子なので、翌日から全員が寺へ戻った。半月余り余震が続いた。

東本願寺の様子を京都滞在中の教行寺を通じて窺ったところ京都も堺と同様に揺れて御殿まわりが少し損傷したとのことである。天保の地震の先例の通り、御影を始め仏像を残らず庭へ避難させ、翌日もとに戻した旨の連絡があった。教行寺・本徳寺より真宗寺の被害を尋ねる手紙が来た。連枝の珍重院・能満院(15)から地震見舞が来た。

堺の町の家々は損壊し、六条の町の広小路(16)に避難の仮屋ができた。奉行所の前にも与力同心の仮屋ができた。また、役所から地震の被害を尋ねる通達がきた。寺院組合の諸寺院(17)も小さな破損はあったが目立った被害はなかったようであり、その旨をしたためて報告した。真宗寺の被害は壁などに少し破裂が見られるが、目立った被害はなかった。ただ、台所の棟木の虫喰箇所が地震で五寸ほど南の端で下がっていたので、控柱を入れる緊急の補修を指示した。今回の地震では、伊勢や四日市の揺れがひどかったこと、諸国でもそれぞれ揺れがあったことが伝わってきた。

嘉永七年の報恩講（親鸞遠忌）の御日中前の一一月四日五ツ時に大地震が発生した。玄関前へ逃げたが、きつく長い揺れが続き、真宗寺の建物と隣の西本願寺堺別院の建物の揺れる音が激しかった。やむをえず、六条の町々へ向かいみな避難した。ようやくに地震がおさまってきたので、いったん寺へ戻り建物の被害状況を調べたところ、御堂内部は花が倒れ同時に御華束も倒れていた。輪燈油等も傾いてこぼれていたので、汚損箇所の掃除をさせた。御堂の蔀戸が二枚外れていたほか、外壁周りや書院、台所などの柱がかなり傾いていた。

隣の西本願寺堺別院の被害も大きく、広間で報恩講の行事をした様子である。真宗寺では掃除をした後、報恩講のお勤めを略式でおこなった。役寺の僧侶が参勤して来て、地震被害に驚くとともに自らの寺の破損を懸念している様子で、お勤めを早々に済ませて退散していった。

今晩もまた地震が来るだろうかと心配していたが、一向に地震は来ず、翌日もおだやかだったが、五日の申の刻に四日のように激しい揺れがきた。前々からの揺れのために家々も大きく損なわれているので、とりわけ今度の揺れで破損するのであろうか。非常に驚き玄関先に出たが、なかなか揺れが止らず、六条の町へと避難した。すると南西の海中のほうから、大筒のような音が五・六回聞こえた。町の人たちは驚き恐れ、号泣する声は甚だしいものがあった。これは、きっと津波などに違いないと思い、岡勝次郎宅へ避難する支度を指示し、御本尊を始め残らず長持へ入れるよう、下のものに申し付け、寺の者はすべて岡宅へ避難して仮屋で一夜を過ごした。ところが、その夜は戌の刻に又々前よりも小さいながらも目立った揺れがあった。それ以来、追々に小さな揺れが数知れずあった。いったん寺に様子を見に帰ったところ、御堂の表書院の取合の屋根が落ち入り、その他に柱廻り等が又々傾いていた、点検中に度々、小さく揺れた。前代未聞の変事である。あまりにも地震が度々なので、六条の町に大藤の世話で仮屋を営んだ。その夜は又々ここで一宿を過ごした。善教寺も同様に仮屋を営んだ。御本殿や方々の懇意にしている者へ地震見舞を出した。

ところで、六日の夜戌の刻ごろ堺の浜の新地周辺へ津波が押し寄せて船などを突き上げ、橋が落ちた[18]。しかし津波の被害は新地のみで、六条あたりには津波は来ず、農人町の内堀へ潮が満ちて来たので、避難する用意をしている内に潮は引いた。この時、大坂川口へ大津波が押し寄せた。夏（六月一四日）の地震のさいに舟で、地震を凌いだ大坂の人間が、おおぜい舟に乗っていたところ、この津波でことごとく溺死し、水死者がおよそ三千人ばかり出た。まことにまことに気の毒なことで、死人の山が築かれた。堺には、このようなことはなかった。全て津波は大坂へ向けて突き上げた。堺は津波がいささか新地浜へ入った程度で、喜ばしいことである。

追々に諸国の様子を聞き合せたところ、国によってはひどく荒れたところもたくさんあり、堺などは被害が軽かった方である。京都も同じで、地震の様子は変わらなかった。六月の地震同様に、本願寺の連枝たちから見舞いがきたので、夫々へ受け状を差し出した。

三河の佐々木の上宮寺[19]は、昨年の冬から朱印の改のため江戸へ行き、一一月ころには江戸を出立するかどうかといった時に、今回の地震で寺には帰れず三河へ地震見舞を兼ねて手紙を差し出したところ、三河からも早速に返事がきた。「三河の上宮寺も庫裏等が破損し、そしてまた、六日地震のときは、海中で大筒のような音が聞えた。津波は、紀州の辺に当りその後大坂を襲った様子に聞いている。堺も海続きなのでどうだろうかと非常に心配している」との旨を言ってきた。そうであるならば、堺で聞き取った南海中の音と同じ音が三河でも聞こえたということである。これは不思議な事である。

その後、上宮寺はつつがなく寺へ帰った。道中で地震に会い野宿することが、一、二度あったということである。街道の宿々は大きな被害を受け、新居関[20]なども津波で流されたとのことである。諸国大地震の絵図が売り出されたので、それぞれ懇意にしている先へ遣わした。一枚が三分から五分までの値であった。

堺奉行所から今回の地震についても、破損の場所を書き上げるように言ってきた。今回はそれぞれ寺院組合へ書付を差し出すのである。しかしながら、書き出した破損の場所の検分などがあったら、厄介なので細かく書き出したのだが、検分などは全くないとのことなので、あらかたを書き出して差し出したものだろうか。寺惣代の大野貞介からの地震見舞があった。

一一月一四日夜に大風があった。墓場の塀が倒れたが、控柱が無かったためである。早速に修繕を申し付けた。其の外に目隠なども破損した。この大風は堺だけではなく、北国もはなはだもって激しかったと越中の滑川養照寺[21]の使の僧がやって来て話していった。地震は五〇回くらい揺れた様子である。後々の小さな余震は滑川は少なかったが、折々に小さく揺れたとのことである。

一一月六日以来、段々と地震は鎮静化したというものの、一日に二、三度ずつは昼夜揺れる。とくに夜は油断ならない。町方では、いろいろな風説があり、何日何時にまた地震が来るなどと言っているが、段々と揺れは小さくなっている。しかし一日に二度もしくは三度、夜分も同様で一向に揺れ自体は終息しない。ところが、小さな揺れで地面は震えずに建物だけが揺れる時が有る。「どうどうどうどう」と音がして少し震える時、「どう」いう音なく震える時、突然に揺れる時など、色々あるが一日たりとも揺れがない日はない。ごく快晴のおだやかな日に座敷まわりや御堂などの柱筋から、「ミチミチ」という音がするのもやはり極々小さく揺れているのだろうか。そのような事が日常時々に有るが、さっぱり分らない。

安政二年の正月八日からまったく小さな揺れも無く、その後、一、二度も昼夜に極々小さな揺れがあるだけになった。今年の正月一八日迄先ず何事も無かった。この調子でおさまってくれたら、結構な事であると思う。しかしながら前々にいった通りごく快晴の日には、時々、「ミチミチ」と音を立てる一、二か所の柱があり毎度音が聞こえてくる。これは、地震か柱のゆるみか分らない。取り敢えず正月八日から一八日迄はおさまっている。前代未聞の事件をだいたい書き記して置いた。

一一月四日の地震前の夜分に、在家の報恩講へのお参りのおりに夜空を見ると、空が暗く星も近くに見え、常よりも大きく見えた。ついでであるが、記しておく。

安政二年

二月朔日八ツ半、ごく小さな揺れが間をおかず三つ四つあった。

二月三日、五日五ツ時に小さな揺れがあった。

安政二ノ年

九月二四日の夕方、快晴、中位の小さな地震が非常に長くおこった。これまで余震は少なくなっていたが今夕、又々揺れた。

卯

一〇月二日の夜四ツ時、中位の小さな地震が非常に長くおこった。この時は、江戸で大地震となり、地面が一尺ばかり隆起したとのこと、浅草御坊内で八人の怪我人が出てその内二人は亡くなった。そのほか江戸市中で死者九万五千人に昇ったと上宮寺の末寺竜善寺（江戸）から申して来たので間違い無い。この日、浅草院の梵鐘を御取上げと決まり、申渡しに成る夜の事であった。詳しい事は、江戸の地震についての世間の記録に書かれているので省略する。この後は小さな揺れもやんだ。

卯

極月二三日の正昼時に小さな地震が一回あった。

卯

極月二五日暮過ぎに「大之小震」があった。とりわけ長く揺れた。この日天気は曇または晴で風は無かった。各々が玄関前へ逃げ出した。近辺の人や往来の人は六条の町へ逃げてきた。西本願寺堺別院の喚鐘が、地震で自然に一声鳴った。これで、地震と知った。

安政三辰年

正月七日暮六ツ前にごく小さな地震があった。「晴雨考」によくよく付き合わせた。

正月一五日　八ツ時過に小さな地震があり、また続いて小さな地震があった。

正月晦日　八ツ時小さな地震があった。

二月朔日　夜七ツ過に小さな地震があった。

二月二日　晴で暖かく、日光は赤気を帯びていた。五ツ時過に小さな地震、八ツ時に「小ノ大震」があった。

二月五日　晴で風があった。八ツ時に「小震ノ中」があった。

三月二〇日　晴。五ツ時に小さな地震があった。

三　地震時の堺市中の状況

本節では、朗含が実際に体験見聞した地震被害の様相、地震のさいの堺奉行所や堺の町の動向、朗含が自らの情報網を通じて収集した各地の地震状況の記録などを『地震記』にそって検討したい。

嘉永七年六月一四日の地震では、大きな揺れへの驚きや玄関への避難、本尊を長持に収めて庭に避難させたことなどが記される。東本願寺と被災の状況について連絡を取り合っているほか、東本願寺の一族の連枝から見舞いが来るなど真宗寺の宗派内での高い位置付けがうかがえる。また、六条成就寺の広場に避難の仮屋が設けられたこと、奉行所から真宗寺と寺院組合に被害の尋ねが来たことなど堺の町と奉行所の地震への対応が記される。この時の地震では真宗寺の被害は軽微で、弱い箇所にすぐ補修を加える対応をしている。

幕末におきたいくつかの地震のなかでも、一一月四日の東海地震、五日の南海地震が上方地域にもたらした被害は甚大であった。朗含の体験見聞のなかでも、とくにこの二つの地震は大きな比重を占めている。

一一月四日の大地震（東海地震）の時は、真宗寺と隣の西本願寺堺別院が激しく音を立てて揺れたこと、前回の地震の時同様に六条へ避難したことが記される。この地震では御堂内部の荘厳が倒れ、蔀戸が外れていたほか多くの柱が傾いている。報恩講の行事を略式であっても終えたこと、地震に驚くとともに、自坊の被害を案ずる役僧たちの様子にも触れられている。

一一月五日の大地震（南海地震）の発生時には、前々からの地震で傷んでいる建物の倒潰を心配しながら玄関前へ、そして六条へと避難をしている。大阪湾の方角からの大筒のような音が五～六回聞こえたこと、その音で町の人々がパニック状態になり号泣するさまが激しかったことが書かれている。朗含らはこれを津波と考え避難の準備をする。

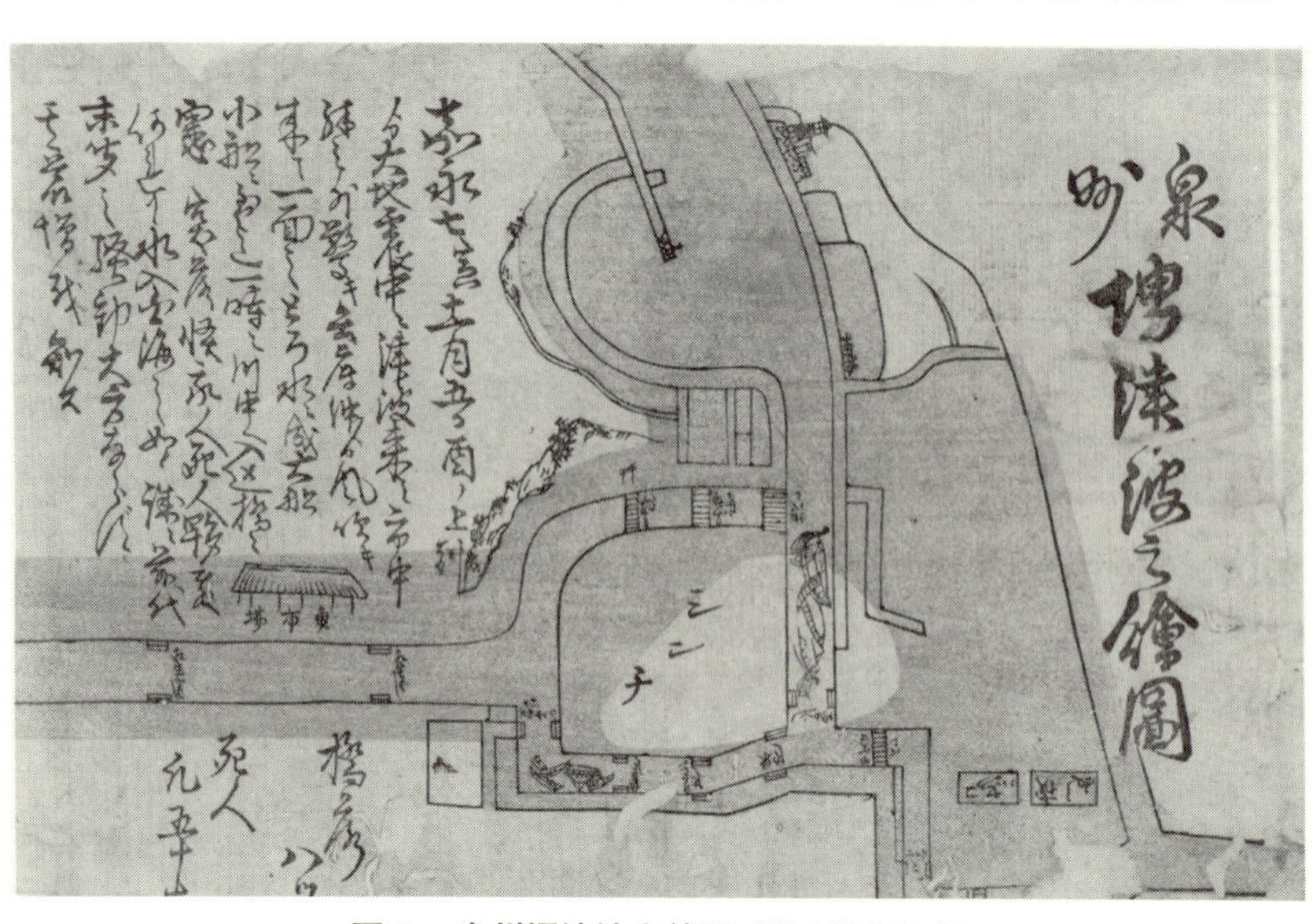

図3　泉州堺津波之絵図（堺市博物館蔵）

このときの津波については、「泉州堺津波之絵図」（図3）がくわしく報じている。それには堺の港と新地付近一帯の津波による被災状況が描かれ「嘉永七寅十一月五日酉ノ上刻ゟ大地震中ニ津波来テ市中殊之外驚キ兵庫沖ゟ風吹キ来テ一面之とろ水ニ成、大船小船ニ至迄一時ニ川中ヘ入込橋ゝ悉突落怪我人死人夥敷何れも水入白海之如候、殊ニ前代未聞之騒動大方ならず其荒増を知ス」「橋落八ッ、死人凡五十七人」との説明が付けられている。「泉州堺津波之絵図」と時間に少し差があるが、朗含は戌の刻ごろに堺の新地が津波に襲われ橋が落ちたとしている。

津波被害は、堺の場合は浜に面した地域だけで、朗含たちの避難していた六条を襲わなかった。ただ津波が土居川を逆流し、農人町の内堀へ潮が満ちてきたこと、避難の用意をしているうちに潮が引いたことが記録されている。これらの一連の事態について、朗含は「前代未聞の変事」という感想を述べている。ところで「はじめに」でも触れたように、南海地震に伴う津波は大坂を直撃した。朗含は大坂川口での津波による大惨事と船上への地震避難がそれを招いたことに触れ同情するとともに、堺の被害が彼の地に比べて軽微であったことを喜んでいる。

朗舎は自らの真宗寺住職の情報網を活用して、一一月四日、五日の各地の地震状況を収集して書き留めている。三河の上宮寺からの情報として、三河でも地震によって寺の庫裏が破損したこと、また、六日には海中からの大筒のような音がしたことをあげている。堺で聞こえた大筒のような音が三河でも聞こえたことについて、朗舎は「不思議なる事」と感想を書いている。朱印改めを済ませた上宮寺の住職が江戸から帰郷する道中で、地震のため野宿したこと、街道の宿場の被害の大きさ、新居関が津波で流されたことについても書き記している。

堺奉行所は六月一四日の地震の時に続いて、今回も寺院組合単位の地震による破損場所の書き上げをするように言ってきている。朗舎の心配した建物の実地検分は行われていない。ところで泉州の在方、たとえば清水領の村々については、地震損所の書き上げが六月、一一月とも村ごとに行われ、和泉国大鳥郡赤畑村高林氏などの泉州取締役を通じて、川口役所への届け出がされている。なお、一一月については清水家家臣による村々の実地検分が行われている。田安領についても同様である(22)。

大地震の後、一四日には大風が吹いて、墓場の塀や目隠しなどが破損した。越中国滑川の養照寺の使僧から、越中でも大風が吹いた、地震は五〇回くらいあったとの情報がもたらされている。

一一月の四日、五日の大地震後、六日以後は大きな地震は来ていないが、昼夜を問わない余震は続いている。堺市中では何日の何時に地震が来るといった、根拠のない噂が流れており、重なる地震に民心が動揺している様子が記録されている。大地震で強く揺さぶられた真宗寺の建物は、余震による小さな揺れでも、「どうどうどう」というような音を立て、朗舎は倒潰の不安を感じている。

安政三年（一八五六）の正月八日から堺で感じる揺れは、次第に治まりをみせ、一八日までは何事もなかった。しかし、快晴の日には柱まわりから地震のためか、柱が自然にゆるむためか「ミチミチ」と音がして心配をしている。

安政二年一〇月二日の江戸地震についても『地震記』は、堺でも中位の小さな地震を非常に長く感じたことを記録している。朗含は上宮寺の江戸掛所竜善寺(23)からの情報として、江戸が大地震に襲われ、地面が一尺ほど隆起したこと、浅草御坊で死傷者が出たこと、市中での死者が九万五千人に昇ったことを記しているが、詳しいことは世間の記録に書かれているので省略するとしている。

この後も『地震記』は安政三年（一八五六）三月二〇日まで、堺で感じた地震について天体の異常や町の様子を含めて記録している。

『地震記』は堺市中で朗含が自ら体験見聞した情報に加えて、真宗寺住職の情報網を活用して収集した情報を積極的に記録しており、歴史地震の研究にとってよい史料となる。東本願寺と関係の深い有力寺院であったことから、管下に末寺を多く有していたほか、三河の上宮寺や越中の養照寺など他の地域の真宗大谷派の著名な寺院ともつながりを持っており、いろいろな情報を迅速に入手することができた。朗含が自分自身で見聞した以外に、他の地域の被災状況を『地震記』に記録できたことは、このような事情によるものである。

幕末の堺市中の地震については、これまでに本史料以外にも『堺市史　第一巻』の「地震と津波」の記述のなかで、「嘉永七年大地震記録」（真木甚之輔蔵）が詳しい記録として紹介されている。しかしながら、資料編には収録されておらず、本編の記述のなかで触れられているに過ぎない。

「嘉永七年大地震記録(24)」は、幕末の大地震を本震はもちろんのこと、微小な余震にいたるまで、発生日時を順を追って実に詳細に書き上げた史料である。記録者は堺市中の熊野町に在住した町人の真木甚之輔である。真木氏の江戸時代の役職は不明であるが、明治以降には市議会議員を勤めている。真宗寺の朗含と同様に、未曽有の天災に遭った経験を克明に後世に伝えようとする意識を感じ取ることができる。幕末の大地震の堺市中での様相を多面的に考察するために、「嘉永七年大地震記録」についても次頁以下に表にまとめて紹介する。

表　熊野町西三丁　真木甚之輔所蔵「嘉永七年大地震記録」にみる堺市中の地震状況

月　日	発生時刻	地震の状況	備　　考
6月13日	昼9つ時	小地震	
	昼8つ時	小地震	2度
14日	夜8つ時	大地震	昼より記録開始
	夜8つ半時	中地震	
	夜7つ時	小地震	2度
	夜7つ半時	小地震	2度
	夜6つ時	小地震	2度
	夜半時	小地震	2度　合計10度
15日	朝5つ時	大地震	昼より記録開始
	朝5つ半時	小地震	2度
	朝4つ時	小地震	
	朝4つ半時	小地震	2度
	昼9つ時	中地震	2度
	昼9つ半時	小地震	2度
	昼8つ時	小地震	2度
	昼7つ時	小地震	2度合計14度*1
	夜9つ時	中地震	西風
	夜8つ時	大地震	
	夜8つ半時	小地震	
	夜6つ時		
	夜6つ時半	小地震	夜合計5度
16日	朝5つ時	小地震	昼より記録開始
	朝5つ半時	小地震	
	朝4つ時		
	昼9つ時		2度
	昼9つ半時	小地震	
	昼8つ時	小地震	2度
	昼8つ半時		
	昼7つ時	小地震	2度
	昼7つ半時	小地震	合計12度市中衆15日夜同所
17日	朝5つ時	小地震	
	昼9つ時	小地震	
	昼7つ時	小地震	
	夜4つ時	中地震	
	夜8つ時	小地震	
	夜7つ時	小地震	合計6度
18日	朝4つ時	小地震	北風
	昼8つ時	小地震	
	昼7つ時	小地震	合計3度*2
19日	朝5つ時	小地震	朝7つ時雨
	昼4つ時	小地震	
	昼7つ時	小地震	
	夜9つ時	小地震	
	夜5つ時	小地震	
	夜7つ時	小地震	合計6度
20日	夜7つ時	小地震	雨
	夜6つ時	小地震	
	夜9つ時	小地震	合計3度
	朝5つ時	小地震	
	昼8つ時	小地震	合計2度
21日	夜5つ時	小地震	
22日	夜5つ時	小地震	雨
	夜4つ時		かみなり
	夜9つ時	小地震	
	夜7つ時	小地震	合計3度
23日	昼7つ時	小地震	8月ころまでおりに小地震あり合計63度
11月4日	朝4つ半時	大地震	
	昼8つ時	小地震	
	夜4つ時	小地震	
	夜9つ時	小地震	
11月5日	朝5つ時	大地震	
	昼7つ時	大地震	
	暮れ6つ半時	つなみ	
	夜5つ時	中地震（ママ）	
	夜4つ時	小地震	
	夜8つ時	小地震	市中小屋昼夜おり候
6日	昼9つ時	小地震	
	昼7つ時	小地震	
	夜5つ時	小地震	
	夜9つ時	小地震	
	夜8つ時	小地震	
7日	昼5つ時	小地震	
	昼9つ時	小地震	
8日	夜4つ時	小地震	
	夜9つ時	小地震	
	夜7つ時	小地震	
9日	夜5つ時	小地震	西風
	同7つ時	小地震	
	同6つ時	小地震	
10日	暮6つ時	小地震	
	夜9つ時	小地震	
	夜8つ時	小地震	
11日	夜5つ時	小地震	

5日	夜8つ時	小地震	
6日	夜8つ時	小地震	
7日	夜9つ時8分	中地震	
8日	夜7つ時8分	小地震	
10日	夜4つ時	小地震	
11日	暮6つ時	中地震	
	朝5つ時	小地震	
	昼9つ時	小地震	
	夜7つ時	小地震	
12日	夜7つ時	小地震	
	夜6つ時	小地震	
13日	昼5つ時	小地震	
	昼8つ時	小地震	
14日	昼5つ時	小地震	
	昼4つ時	小地震	
	昼8つ時	小地震	
	夜8つ時	中地震	
15日	昼4つ時	小地震	
17日	暮6つ時	小地震	
20日	夜4つ時	小地震	
21日	夜4つ時	小地震	
	夜7つ時	小地震	
	夜8つ時	小地震	
23日	夜4つ時	小地震	
30日	朝5つ時	小地震	合計75度

	夜7つ時	小地震	
12日	昼7つ時	小地震	
	夜5つ時	小地震	
13日	昼8つ時	小地震	
14日	夜4つ時	小地震	
15日	夜4つ時	小地震	
	夜8つ時	小地震	
16日	夜5つ時	小地震	
	夜7つ時	小地震	
17日	夜5つ時	小地震	
	夜7つ時	小地震	
18日	夜5つ時	小地震	
	夜7つ時	小地震	
19日	夜7つ時	小地震	
20日	夜8つ時	小地震	
21日	夜6つ時	小地震	
23日	夜5つ時	小地震	
	夜7つ時	小地震	
26日	昼8つ時	小地震	
27日	夜7つ時	小地震	
28日	暮6つ半時	小地震	
12月1日	夜4つ時	小地震	
	夜7つ時	小地震	
2日	昼8つ時	小地震	
3日	夜4つ時	小地震	

＊1「市中衆おおさわき候、茶船行内有、大浜へ行内者、宿院大寺天神神明行□内表へこやたてをり候」
＊2「今夜より内でねる人有、浜宿院ねる人有之候、」

おわりに

堺真宗寺蔵「地震記」の記述を素材に、嘉永七年（安政元年・一八五四）一一月四日の東海地震、五日の南海地震の際の堺の町の状況について考察した。また、真宗寺住職朗含の持つ情報収集力に注目して、『地震記』に記録された各地の被災状況についても言及した。

第三節で紹介した「嘉永七年大地震記録」など他の記録も総合して検討すると、幕末の大地震の際の堺の被害は、津波による大きな被害を受けた大坂などに比べると比較的軽かったと考えられる。しかしながら、屋外に避難し度重なる余震を恐れる当時の都市民衆の姿は、『地震記』の記述からも十分に読み取れる。

従来、堺の歴史地震については、史料がないとの理由から論及されることが少なく、歴史的に空白であるとされてきた傾向にあったが、それを若干でも補えたら幸いである。

注

（1）震災予防調査会編『大日本地震史料』（一九〇四年、思文閣出版、一九七三年復刻）は、有史以来の近畿地方の地震史料についても綿密に収録をしている。
　阪神淡路大震災が起こる前に、多くの人々にあった「関西には地震が無い」という誤解（迷信？）が、地震に対する日常の備えを疎かにして、結果的に被害を大きくしたことは否めないのではないか。天変地異については歴史的事実を正確に把握し、現代社会の教訓にする姿勢を改めて認識する必要があると思われる。

（2）東京大学地震研究所編『新収日本地震史料』（社団法人日本電気協会、一九八七年）は、歴史文献の地震史料を網羅的に収録した大部の地震史料集であり、東海地震・南海地震・江戸地震の各地の被害状況の史料を大量の紙幅を費やして掲載している。この史料集により、嘉永・安政の大地震の被害がいかに深刻で、かつ広域にまたがっていたかを知ることができる。

（3）野口武彦『安政江戸地震――災害と政治権力』（筑摩書房、一九九七年）第一章参照。

（4）『大阪市史　第二巻』（大阪市役所、一九一四年初版、清文堂出版、一九七八年復刻）第四編参照。

（5）『大阪府史　第七巻』（大阪府、一九八九年）第八章の二「嘉永・安政の大坂」を参照。

（6）堺市博物館蔵「嘉永七寅十一月五日暮六ツ時　大坂川口大つなみ混雑記」は、大坂川口を襲った大津波の有様を絵入りで詳しく報じている。

（7）『堺市史　第一巻』第一編第一第八章の「地震と津波」、同第三巻の第四編第一一章第四節の「天変地異」、嘉永の大震を参照。

（8）『堺市史続編　第四巻』の二二六「高林誠一文書」の四二嘉永七年一一月「地震につき潰家其外損所書上帳」、「高林誠一文書」四六の安政二年二月「大地震につき赤畑村救下金請書」、『堺市史続編　第四巻』五六「中条芳忠文書」の三嘉永七年一二月二六日「地震のため建家普請料貸付帳」参照のこと。

（9）この地震に限らず、堺の歴史地震についての研究蓄積は非常に少ない。わずかに例外として、八木伸二郎「泉州堺に残る地震の記録」（『歴史地震』六、一九九〇年）などがあげられるが、皆無に近いのが実情である。

（10）堺市教育委員会社会教育課編『堺市古文書調査報告書　第一集―真宗寺文書調査報告書―』（以下『真宗寺文書調査報告書』とする）（一九九六年）の二一〇八一（一〇五頁）参照。なお、真宗寺の歴史については、真宗寺発行の寺史『真宗の興隆―真宗寺史と堺―』（同朋舎出版、一九九五年）が詳しい。

（11）「真宗寺朗含誓詞」（『真宗寺文書調査報告書』二一―〇八〇）から、嘉永七年当時の真宗寺住職が朗含であることが判明する。

（12）『真宗寺文書調査報告書』の二一五七、二一五八頁の解説を参照。

（13）田中万里子「北摂池田における地震記録―『伊居太神社日記』と『稲束家日記』を中心に―」（大阪大学文学部日本史研究室編『近世近代の地域と権力』清文堂出版、一九九八年）は摂津国豊島郡池田村の社家と商家の日記を元に近世北摂地域の地震記録を紹介している。田中氏は、社家で村役人を兼ねる「伊居太神社日記」に比べて、酒造業、問屋業、金融業、農業などを営む「稲束家日記」の記載内容が豊富であることを指摘し、商家の持つ地域の被災情報の収集力に注目している。ここで取り上げる真宗の有力寺院住職の情報収集力にも、村役人や町方役人に見られない性格のものがある。

(14) この地震については、注(1)前掲の『大日本地震史料』は、「安政元年六月十五日壬午、山城、大和、河内、和泉、摂津、伊賀、伊勢、丹波、近江、越前、紀伊、尾張ノ諸国、地大ニ震フ、就中、伊賀、伊勢、大和、夥シク災害ヲ被レリ、」と綱文を立て、三一九頁から三六〇頁の間に、各地の地震史料を収録している。

(15) 能満院は、本願寺二〇世達如の九番目の子で達位（一八三六〜六二）のこと。能満院朗高と号した（上場顕雄大谷大学講師のご教示による）。なお、珍重院については不詳である。上場氏にはこのほかにも史料解読にあたって、多くのご教示を賜った。

(16) 六条は、真宗寺の南に近接する宿屋寺町の成就寺を指す。成就寺は、天文年間に京都六条本圀寺の日助が、法難を避けて住したことから俗に六条と呼ばれ、江戸時代には広い境内地を有していた。成就寺の前に広場があったことから、避難所が設けられたのであろう。

町の広小路については、安国良一住友史料館副館長にご教示を賜った。安国氏にはこのほかにも史料解読にあたって、多くのご教示を賜った。なお山中浩之大阪府立大学名誉教授にもご教示をえた。

(17) この時期の真宗寺組下の寺院には、浄得寺、専妙寺、常通寺などがあげられる（『真宗寺文書調査報告書』一六一、一六二頁参照）。

(18) 新地の津波被害については、中井正弘「堺・大浜の安政大地震碑とカワラ版」（『大阪春秋』七八、一九九五年三月）参照。

(19) 上宮寺は、現在の愛知県岡崎市佐々木町に所在する親鸞門弟蓮行の遺跡で、通称「三河三カ寺」といわれる真宗の大寺院の一つである。文明一六年（一四八四）段階には、末寺一〇五寺を有したことが知られる（上場顕雄氏のご教示による）。

(20) 東海道のほぼ中央に設けられた関所の一つで、現在の静岡県浜名郡新居町にあった。慶長六年（一六〇一）に創設され明治二年（一八六九）に廃関されるまで、諸国と江戸とを往来する旅人を厳しく取り締まった。

(21) 養照寺は、現在の富山県滑川市領家町の真宗寺院である。

(22) 清水領については前掲『堺市史続編　第四巻』の二六「高林誠一文書」の四二嘉永七年一一月「地震につき潰家其外損所書上帳」参照。また田安領については「和泉国大鳥郡大庄屋日誌」（和泉文化研究会『和泉史料叢書』第五輯　一九七六年）を参照。田安領関係は、奥田豊氏のご教示による。

(23) 上場顕雄氏のご教示による。早稲田に所在する真宗寺院である。

(24) 真木甚之輔蔵「嘉永七年大地震記録」（堺市立中央図書館蔵『堺市史史料』五八　土木　七）。なお、この文書は記録のみが取られ原本は現存していない。『堺市史』の編纂過程で蒐集された文書の多くと同様に、記録のみが取られ原本は所有者に返されたと思われる。第二次世界大戦の空襲による火災で堺市内の多くの文書が焼失したが、この文書も同様の運命を辿ったと思われる。

〔付記〕史料の翻刻と紹介をご承諾いただいた足利佐真宗寺ご住職に感謝します。

〔補遺〕最近、地元住民を主体とした地域調査で、堺市南区美木多の地震記録が新たに発見され、報告がなされた。『みんなで調べる美木多の歴史Ⅱ』（美多彌神社流鏑馬保存会美木多地域歴史資料調査会、二〇一七年）に掲載の「牛頭天王宮拝殿棟札写」によると、同地区上村・檜尾村・大森村三ヶ村の氏神である牛頭天王宮の拝殿が嘉永七年（一八五四）一一月五日の大地震で屋根が崩れたこと、翌年の安政二年（一八五五）五月に建て替えられたことが判明する。さらには、その拝殿は、宝永四年（一七〇七）の大地震でも被害を受け桁行二間を継ぎ足して建て替えたことも判明する。南区美木多はこれまで歴史地震史料の報告がなかった地域であり、この報告は貴重である。

なお、この調査会は地元住民が主体となり、地域・行政・研究者と一丸となって、地域の歴史を調査されている。これからの堺の地域史料研究にとって、模範となる取り組みであると評価できよう。

第六章　安政地震と堺地域
――金岡光念寺の被災記録――

はじめに

一八五四年に発生した伊賀上野地震・安政東海地震・安政南海地震は、文字通り幕末の日本を揺るがした。暦上では嘉永七年の出来事であるが、一連の地震後に安政元年に改元されたため、一般に安政大地震と説明されている大地震である。

比較的近年に発生したこの地震については、各地で記録が残されており歴史地震研究の進展に伴って数多くの研究成果が発表されている。東海地震・南海地震については、発生の危険が叫ばれている。安政大地震における各地の被災状況を明らかにすることは、減災をおこなう観点から焦眉の急である。

筆者は、大阪府堺市域の歴史地震史料を探訪して、その成果を公表するとともに、地震についての市民啓発に努めてきた(1)。本章においては、平成二六年に新たに発見した大阪府堺市北区金岡町に所在する真宗佛光寺派の寺院光念寺に伝来する安政大地震の地震記録を紹介する。光念寺の位置については、図1を参照されたい。本史料は表紙に「日記」と書かれた冊子記録（縦二四・三㎝、横一六・〇㎝）であり、光念寺納戸の公の日記である（以下「光念寺納戸日記」とする）。「光念寺納戸日記」は、寺内の日々の出来事を淡々と記録した文書である。日々の天候、寺の年中行事、金銭の出納などが淡々と几帳面に記される「光念寺納戸日記」であるが、ここに詳細な地震記録が残されていた。

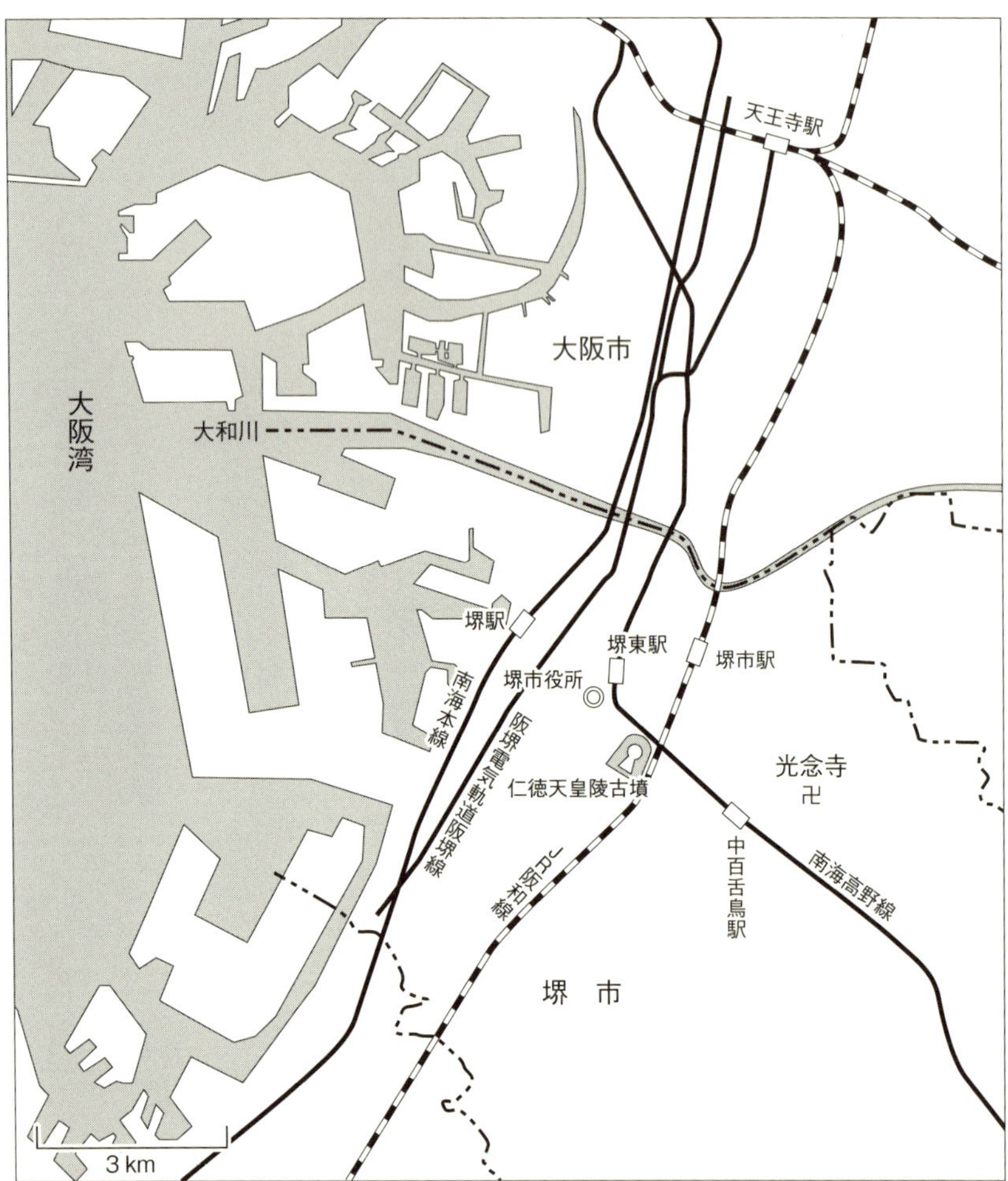

図1　大阪府堺市北区金岡町の光念寺位置図（地図は第5章図2に同じ）

史料を使う場合には、史料批判が欠かせないことが史学の常識であることはいうまでもない。地震記録についても同様である。平成二六年九月二〇日に第三一回歴史地震研究会（名古屋大会）で西山昭仁氏が「文禄五年（一五九六）伏見地震における京都盆地での被害評価」と題してご発表をされ、歴史地震の史料評価について、A地震発生と同時期もしくは、三〇年以内に被災地で採られた史料、B地震発生から三〇年以降に被災地で採られた史料、C地震発生から三〇年以降に被災地以外で採られた史料という三つのランクを提示された。そして、Aランクの史料の利用を推奨された。また、地震の発生事実だけではなく、揺れの方向や建物の損壊の程度についても詳細な検討が必要であることも強調された。地震史料の特性に基づいたランクの提示と研究の深化の方向を示されたものであり、筆者もその見解に賛同するものである。

翻ってこの「光念寺納戸日記」の史料性を考えると、以下のような史料的特徴が指摘できる。

第一に「光念寺納戸日記」が通年日記の記述の一部として、地震発生当時のことを記録していることである。発生から時間をおくことなく、記録がとられていることを示しており、西山氏のいうAランクの要件を満たしているといえよう。

第二に観測地と記録者が判明しており、しかも記録者は次節の「観測地と記録者について」で述べるが、自然科学の見識を有した人物であるということである。記録者が同一の観測地で記録していることは、記録の価値を高めている。

第三に被災した建築物が現存することである。現在も当時の場所に建築物は残っており、検証が可能な状態にある。

第四に地震発生の事実の記録のみではなく、揺れ方向について詳細な記述を有することである。上記以外にも、優れた史料性を数多く備えており、ここで紹介をすることによって、歴史地震研究に裨益すること大であると考える。

一　観測地と記録者について

（一）観測地

この記録の舞台。すなわち安政大地震の観測地となった光念寺が所在する金岡町について、紹介する。金岡町は、中世においては金太郷（かなたごう）・金太庄（かなたのしょう）の名で呼ばれていた。江戸時代においては河内国八上郡金田（かなた）村と称している。難波地域と飛鳥地域を結ぶ日本最古の官道である竹内（たけのうち）街道が、金田村の中心部を東西に通っており、古くから交通の要衝にあったことを窺うことができる。また、特筆すべきは室町時代において金田が寺内町として発展したことである。一五世紀中頃に本願寺を支えた近江門徒の中心となった堅田本福寺門徒のひとりに「アヲト彦衛門」がいた。その子孫である二郎左衛門の後妻は和泉塩穴の人であり、夫の死後はここ金田の人と再婚。前夫所持の本福寺下付の本尊をもらいうけて、金田に移っている。以上の経過は『堺市史続編　第一巻』四三一・四三二頁に詳しい。現在、金岡に所在する真宗大谷派光照寺・蓮開寺、真宗佛光寺派光念寺・高照寺・西光寺・長光寺・佛源寺、融通念佛宗金林寺の八ヶ寺の念仏系寺院は、かつての金田寺内を構成した諸寺の系譜を引いている。なお、光念寺の縁起については、松野聖意が弘化元年（一八四四）に記した『実録系譜』によれば、保延四年（一一三八）源光信が大津よりこの地に移住、その後、正中二年（一三二五）光信の子孫である松野久左衛門道輔が仏光寺第七世了源上人から光明本尊と親鸞聖人木像雛形を拝領し、さらに、道輔の孫である資信が応永一四年（一四〇七）光信以来家伝の本尊阿弥陀仏を安置、自ら道恩と名乗り松野道場無量寿光院として開基したとされる。

江戸時代においては、最初は幕府領となっている。元禄以降には部分的に秋元喬知領となり、宝永元年（一七〇四）には一村が所領として与えられている。秋元喬知は老中も経験した有能な経済官僚であった。秋元家は近隣の黒土村に陣屋を置き、蔵前村の観音寺を秋元家の河内国での祈願所とするなど、生産性が高く豊かな知行を得ることができる河内の飛地経営に尽力をしている。

現在、金岡町は堺市北区金岡の範囲に含まれている。戦後の高度経済成長期の昭和三一年（一九五六）には日本住宅公団による公団住宅第一号金岡団地が、それに続く昭和四一年（一九六六）には新金岡団地が建設され、ベッドタウンとして急速に発展した。その後も官民などの事業者による鉄筋団地が建設され、昭和六二年（一九八七）には大阪市営地下鉄御堂筋線が中百舌鳥まで延伸。金岡には新金岡駅が開かれ、大阪市内に通勤する人々のベッドタウンとしての町の性格が加速した。現在も鉄筋団地が建ち並び、大阪府道二号大阪中央環状線沿いに大阪府営大泉緑地や郊外型店舗が見られるなどの典型的なニュータウンの景観が目立つ。しかしながら、金岡は最初に述べたように古代から続く豊かな歴史を持った地域でもあったことを忘れてはなるまい。

（二）記録者

つぎに記録者について述べよう。「光念寺納戸日記」（図2）を綴ったのは、当時の光念寺住職松野聖意（まつのしょうい）（図3）（一八一四〜七九）である。光念寺の第一五代住職にあたる僧である。

松野聖意は、地域史研究においては近世から近代への過渡期の教育者として知られており、福島雅藏による研究がある。福島は研究成果を最初に『堺市史続編』で発表、[2] のちに福島の単著『近代的「学校」の誕生』に、収録することでより広く学界に紹介をした。[3] 以下、福島の研究に依拠して松野聖意のプロフィールについて紹介をする。

聖意は、文化一一年（一八一四）一月二〇日に生まれ、文政五年四月に本山で得度し、本山の学寮で四年修業したという。ついで堺市中の教育機関である郷学所の小川敬斎につき漢籍を学び、さらに梵暦（インド暦学）を普門律師につき修業している。なかでも聖意は梵暦に大いに興味を抱き、その後、梵暦や須弥界暦の解説などの著述を行った。

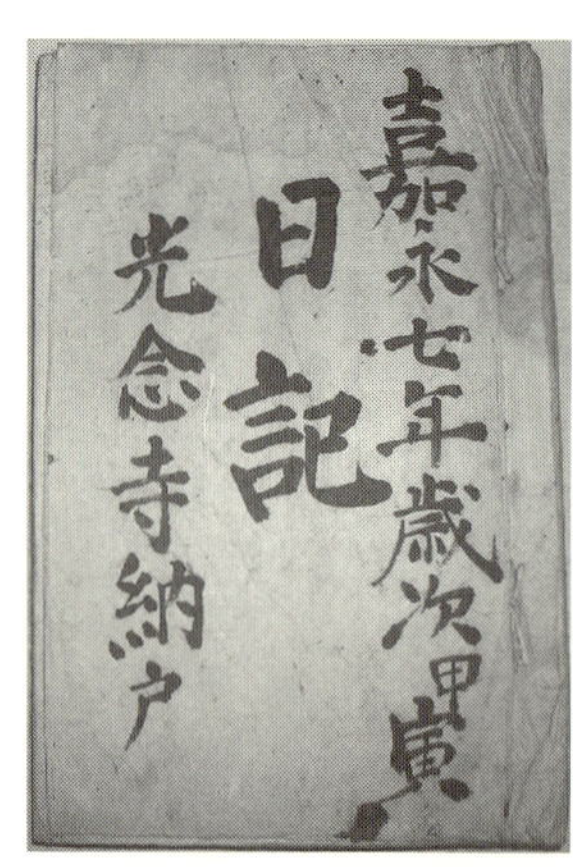

図２　嘉永７年『光念寺納戸日記』（光念寺蔵）

図３　松野聖意肖像
（光念寺提供）

さらには、梵暦を研鑽する結社である梵暦社中を結成し、有志と活動をしている。

聖意は自らの寺の境内に学塾を開設、善学処と名づけている。善学処の創立が何時であるのかは明確にはしがたいが、『日本教育史資料』によると、天保七年（一八三六）に設けられ、皇・漢学のほか天文学および詩文などを教え教師は男子二名であった。その教師はおそらく、聖意とその子松野聖如をさすと思われる。塾生は男子五〇名居たと記されている。善学処は明治四年（一八七一）頃に廃業をしているが、翌五年に堺県の郷学校が光念寺に設置され、聖意はその教師となっている。そして郷学校を基盤にして、同六年に河州第一番小学が発足をしている。同校は現在の堺市立金岡小学校につながっていく。近世近代のこの地域の教育を聖意と光念寺が連続して担ったことは、教育史上においても特筆に値する。

また、仏教天文学や梵暦に深い造詣をもつ聖意は、望遠鏡で天体を観測しており、愛用の物が光念寺に残っている。「須弥山儀銘并序」「須弥山儀十二難」「仏教談天義」「須弥山儀十二難対弁」「日月行品転輪抄」「日月行品再考普門義」など仏教天文学についての著作も多い。自然科学の観察研究や教育について、河内地域において他に並びない見識をもつ人物といってよい。

文久元年（一八六一）一一月に住職を子の聖如に譲った後は、和歌・詩文や点茶・裁花を楽しんでいる。塾生と数回にわたり、大和の月ヶ瀬や山城の笠置山へ観梅旅行に赴き、多くの漢詩をつくっている。後述するが、住職在任中の日記のなかにも、蓮を愛でる記述が多く見られる。

第一六代住職聖如は、弘化二年（一八四五）一二月二七日の生まれで安政元年（一八五四）一〇月二五日に本山で得度し、文久元年（一八六一）一一月に父に継ぎ住職をおそい、本山の学寮で三年修学、その後も父につき従学し、父子相ならび学塾の教壇に立った。

本章においては、「光念寺納戸日記」のなかで、松野聖意が記録をした安政大地震に関わる部分を翻刻し、内容について解釈を加える。一般に納戸は施設の資財の収納場所であるが、それから派生して組織の金銭・物資の管理出納をつかさどる部署名をさす場合にも使われる。したがって「光念寺納戸日記」は、松野聖意の私的な雑記帳ではなく、光念寺の公的な記録と考えてよい。

書き損じはほとんど見られず、何らかの下書きをもとにして清書をしているのではなかろうかと感じる点もある。また、記述の不足を余白に補足として書き加えたような筆跡も間々見受けられる。記録の豊富さや忠実性という点を補強している。さらに異筆でないかと思われる部分もあるが、これは納戸日記が光念寺の公的な記録である以上、聖意以外の人物（たとえば息子の聖如など）が代筆や後の加筆を行う可能性は充分考えられる。ただ、この日記は聖意が光念寺第一五世住職を勤めている時期のものであり、記録の形式・性質は聖意の見識・学識・個性を反映しているものと考えて間違いなかろう。

さて、ここでは伊賀上野地震の二日前にあたる六月一二日の部分から翻刻を開始した。採録期間に入るものは、地震に関係がない記事も、可能な限り翻刻した。「光念寺納戸日記」で綴られる日常の世界が、どのように地震を受けとめているのかを考えることも大切であると考えたからである。地震の記録が見られない部分が続く場合、適宜略している。大きな地震があった六月一四日、一一月四・五日には、特別に紙幅を割いて詳細に記録をしているが、余震の場合、日付・天候の下に、地震と発生時間を書き留める形式が多く見られる。これは、日付・天候とともに地震を日常的に記録すべき事象として、記録者である聖意が意識をしていることによるものであろうか(4)。

二　「光念寺納戸日記」の翻刻

(表表紙)
「嘉永七年歳次甲寅
　日　記
　光念寺納戸」
(嘉永七年六月)
十二日　晴
井源六召連　麦初穂幷夏講施斎米集申候事　酒弐合出ス」幷
七ツ茶出ス
(中略)
今朝寄友人在戸外告曰今朝日輪無レ光シテ而有二八稜一云々、
不レ知二可人一、騒然起見二東方雲気朦々不弁日体一
朝平尾庄屋某出坂平野而見日出　本日之外左右有両日体貌雲
気所映平　奇々

十三日　曇過而妙晴不定
発　尾宿ニ在二異星一、相幷寸許一夜白気見南天今日九時地震、
八時亦再地震」日置氏ゟ山桃壱籠贈来候事」井万右衛門娘き
ぬ当寅五才薨葬式初夜催法名妙衣
西光寺ニ而四ケ寺勘定過六百六十六本配当聞取
十四日　晴　今夜丑上刻大地震翼明六時再大地震
景半堺行幸便万印切手　□牛替取　米買廿七匁ト四百文遣ス
福寿小紅玉紅蓮初放葩
十五日　曇風　大地震ニ候得共寺内無事漸々本堂瓦」壱枚・
屛瓦弐枚落候間也
今暁八ツ時大地震当国ニ而ハ古来如斯大震ハ不存事ニ候、夫
ゟ時ゝ」動揺至明六時又大震、但シ初之時ゟ三分一之動也、
此時堺町家倒ル、ノ数ケ所人死傷

終日終夜動揺不止　四ケ寺仲互ニ見廻候ニ往来致候
十六日　晴曇
福寿小紅蓮玉紅蓮全開　地動時〻有之　日置大八郎入来
新在家藤浪ゟ使来ル地震見舞い旁申候、札壱匁から権兵衛へ
先キがし
十七日　晴曇　地動不止昼夜七八動
玉紅蓮零福寿蓮零余花翼朝散寿花也
十八日　曇微雨西南風
から権江百文先銭かし　井尻万右衛門初七日参詣御経読誦
地震昼夜六七動、就中今夜九半時巨動　右門入来本山ゟ廻状
来十四日夜大地震少々破損有之候得共五尊無難候由也
紅蜀蓮初開
十九日　曇微雨西南風　夜半過頗地動強シ
地震揺時々有之　仏源寺ゟ　嶋鯛壱尾被贈候、右門子息
あら源ニすずき買代壱匁直渡ス
八百伊来　和州ゟ帰候由ニ而、此度大地震　伊賀国上野城第
一大震　南都第一・郡山第二
人家傾倒数百軒人死傷千余人　古来未曽有之珍事也と申す
廿日　曇少雨夜小雷連々在西南
中嶋春庵仏源寺於て御両人様本夕酒出ス　北深井嘉右衛門裏秀道
入来
廿一日　曇晴　朝遠雷在東北曇　今日ゟ地動止ミ申候事今晩初
夜又地震
大八郎入来　伊賀上の城地震最烈敷崩レ落候由、且又江州膳
所城湖中江崩込候由也
西教寺・野村元弥・植木伝兵衛。観蓮遊来
廿二日　曇雨晩雷鳴頗近
廿三日　曇　地動尚不止　但追々軽キ方
中伴外又江参詣、報恩寺へ寄　酒出ル　大青蓮初花全開
廿四日　曇雨午後晴　白縞蓮全開
高照寺入来蓮開寺入来観蓮也　仏源寺ゟ雲龍観蓮花
地動越前第一・美濃第二・伊勢第三・大和伊勢第四・古今無
之大変と聞江候事
平尾浄安寺妻死去ニ付悔状幷白銀弐匁香儀として長光寺へ向
け差出申候事
廿五日　晴曇
町内定久寺・長光寺入来観蓮　紅金蓮初開
廿六日　曇土用ニ入
報恩寺入来酒出ス、上納金弐朱預ル、夜西光寺・長光寺両寺
ゟ」上納金百疋ト弐朱預ル
廿七日　晴
当寺分金弐朱内納外三ケ寺弐部〆弐百五十疋飛脚へ出ス」甲
斐町西六間筋河吉迄」
大八郎蓮花持参　暦判木方井上幸右衛門へあつらへ

左海小間者屋にて蠟燭九十目二匁渡、附日向守百枚代三匁六
分」半帋五帖代壱匁九分〆五匁五分」右かり
廿八日　晴曇
金壱匁弐朱上納取替之内源六ゟ受取、日置ゟ糒之袋小袋被贈
候、暑気見舞也、」来暦写壱枚送ル
百文から権江百文先かし
（略①）
（嘉永七年七月）
六日　曇晴　昼九ツ時地震
喜連ゟ片江偏増寺（※大阪市生野区）へ行、虎屋切手三枚遣、
今夕帰寺
小倉屋□□壱本買、八十文かんてん五本四十八文かんざらし
上、白砂糖住吉□□ニて夕飯酒弐百十四文払」
七日　晴曇小雨
日置大八郎入来、銀壱匁七夕祝儀被贈候事、昼飯出ス
堺井上幸太郎外同壱人観蓮ニ来
八日　晴
今日蓮花十二輪開　全盛白也
九日　晴
蓮花全盛、小刀屋久兵衛入来、ノコギリ壱丁・菓子小半斤
買」〆四匁弐分払
（嘉永七年（安政元年）一一月）

四日　曇晴　朝五ツ半過四ツ前大地震　夫ゟ時々少動有之
辰下刻大地震長屋庇五間落かべ壱間落申候　庫裏西南へ傾キ
壱間ニ壱寸余
御本尊台離レ御指疵付申候事　大工半口入　長屋かた柱入
大坂御堂へ権嘉九兵衛使ニ候　等覚寺行　金十両預申候事
宮戸法満寺入来一宿
五日　曇晴　大地動　夕七ツ半時　又初夜半過大動」朝五八
郎入来
申下刻大地震本堂瓦下ル□数百枚北西檐西かべ落樋合ヒ落
通路仕切落茶所屋根落チ
客殿□西かべ落ち」庫裏西南へ傾ク又五尺ニ付壱寸余台所弐
階離レ落北庭の隅かべ半間落候、西南ノ屋角落襖外レ」散落
候、障子倒レ処々損傷大方ならす、北借屋かべ四間通り落申
候事　戌下刻又大動」酉上刻西南鳴動如雷、初夜頃堺大坂津
波入人家流レ大損傷数不知今夜四ツ時ゟ俄ニ仮屋繕申候
酉上刻五尊御内仏悉乗物ニ奉載白沙ニ而番付
六日　快晴　朝ゟ簞笥長持土蔵へ入
夜新田安兵衛報恩講供景半奉御高好後家とよ初七日三部経
勤」
地動時々有之朝織田太三郎入来
七日　曇今暁七ツ過微雨大地少動時々有之
今夜少動未止、地頭ゟ火用心して戸外ニ居候様触知有之

夜長光・仏源入来、玄関ニて酒出ス、かた柱半日入、北借家
泊候被帰
門下講中六人して本堂屋根瓦ならべ申候事
八日　曇晴暁微雨　少震数度
かた柱入北借家繕右門入来
九日　晴　少震数度
御尊玄関江移奉る
十日　晴寒風烈　少震数度
石津行
十一日　晴寒風烈　少震数度有之
今夜仏源寺行、酒出ル、中尾行、秀道一件申入置事
今日ゟかた柱北西借屋十畳江入込申候事
十二日　晴風　少震猶有之
大八郎入来、かた柱八ツ時ゟ入西借家繕　金壱歩　弐納銀壱
所へ遣ス、」使景半
地震　十三日　晴寒風　微雨霰降
院主出坂　御本尊仏師江御供申候事奉負人井清七」仏師ハ北
久太郎町心斎橋筋南へ入東側京屋久兵衛と申方也
地震　十四日　晴寒風
西光・長光・仏源入来酒出ス　但し惣代上京ニ付相談有之由
ニ候事
地震昼夜両度　十五日　晴寒風　外側本堂片附」秀道家移り
致候事、庭前仮家取払申候事
大坂輪番ゟ書状到来、御法事延引之由告来候
地震両三度　十六日　曇雪　下陣本堂片附
仏源寺入来酒出ス、五日夕御本山両御堂御取払白沙ニ五尊様
御安置
院家御堂衆御番数度外固メ七日、四ツ時又大動猶五尊御遷
座」無之
右之趣等覚寺ゟ申来ル、大坂御堂へ返書遣ス
十七日晴
今朝御若病気大ニ進ミ、昨日ハ血鼻ゟ出ル　寿者余出
十八日晴
院主出欠け、銀弐匁菓子買、田中守逸ニ而清若薬三貼求
秀道大坂京久江遣ス、小使百文也　御内仏後光磨先成仏ニ及
打帰ル
十九日晴
御内仏報恩講拾本御花弐匁花善取、御かさり十五取　数弐百
代百卅七文渡
炭壱俵代三匁渡、油壱斗代五匁渡、外小買物弐百文渡、かう
じ白米壱斗弐升遣ス」かうじ十日数取
金已上六拾八匁四分
田中守逸入来薬六貼取、秀道花善江花取遣ス
廿日　晴暮風

長光寺義物代上京入用十七匁五分渡、此金百疋銭三十九文渡
金弐朱ト五百文かして五兵衛後家ゟ入、金二歩権右衛門ゟ入
廿一日　晴
金三歩良慶師、弐朱源六ゟ入、田中与兵衛六貼取
院主出坂権嘉兵衛召連、御本尊御迎申上候事
花善江七拾文払、四十八文昼飯・二百五十六文夕飯酒肴代う
お久江渡」廿文薬代うゑ藤江遣ス」金百疋拾八匁田鶴ゟう
り」金弐朱銭三十文和田茂兵衛欠払」羽織十重出費
廿二日　晴曇
御本尊御遷座之事　本堂御荘厳如元相調申候也
大経上巻一首請安楽国土ノ荘厳候
廿三日　晴曇　今夜五時地震
院主相廻候　田中守逸ゟ御薬五貼取羊羹壱棹遣ス、上の二而
羊羹天壱棹□断弐十取
廿四文生姜まき買　六十文せんべい買、十弐文茶を買
廿四日　晴陰　暁九時・明六時地震
田中守逸入来薬六貼取
廿五日　曇雨　暁来東北風明六時地震頗大動
（略）
廿六日　曇　夕七ツ時地震大動
（略）
（安政元年一二月）

（略②）
十一日　晴　九ツ時地震七ツ時地震初夜地震」西方大鳴り
十四日　晴早朝地震午後曇少雨夜半ゟ雨雪夜八ツ時地震較大
也
十五日　曇雪霙朝六ツ半地震
十六日　曇晴九ツ半時震
廿九日晴
田中守逸江壱円遣ス、八ケ寺仲帳箱御書弁金壱部銭参百八十
弐文」又三十八文仏源寺へ渡、西光・長光寺へ渡」五百七十
文小刀屋久兵衛渡
大晦日　五ツ時大地震
西念寺ゟ壱貫六百文受取柱喜江壱歩渡、八百伊へ壱部渡
中島へ六匁薬礼遣ス、四百文わん藤三郎家賃之内取」六百文
大利ゟ取、弐貫文権物兵衛九拾文　才八郎拾兵衛酒代渡候」
差引渡九百文食部ゟ受取拾匁小太郎ゟ取、白江物右衛門歳御
礼入来
安政二年乙卯元旦　曇晴
門徒他門礼ニ来ル
五日　曇風
仏源寺入来」中嶋へ院主・一位・両八参る、高林入来、八ツ
頃地震、夜地震四ツ半頃
今夜女講中御法座久兵衛ゟ時米五合志五膳、文ろうそく壱丁

六日　風　大落入来
七日　晴　今夜六ツ半地震
更池中レ田入来年玉銀壱匁今夜秀道　致ス参り六人沙汰致ス
六人猶次郎家内娘同道ニ而」みかん弐十持来ル
八日　雨
九日　曇風
十日　晴
花田源光入来、あを村何某入来、
一位香道左海へ行
十一日　晴
十二日　雪
十三日　風
十四日　風
十五日　晴
今日万代へ一位建具代」香道同道ニ而参る、小遣百文ツ、弐
人へ
十六日　晴
今夜院主帰寺新田安兵衛入用弐匁入
十七日　晴
法満寺ゟ小右衛門持進候
十八日
十九日　晴　院主左海へ行

廿日　雨
院主今日ゟ上京、役僧供半伊大坂迄送る、」たのもし銀惣右
衛門瀬ニ遣ス、銀十七文会所へ
（略③）
梵暦社中加増
旅宿信達南北大坂屋
泉州山中駅〇（〇に二のしるしを墨で）
紀ノ川田井の瀬渡し
紀州狐塚覚円寺　興末末間小屋村正立寺」次郎丸　正覚寺磯
瀬安楽寺」福嶋光源寺　若山湊　小野町南側　貴志忠右衛
門」外ニ高松村正念寺弟紀州岩佐　本勝寺養子ニ参り居候
若山ゟ五里斗り坂越し南也
若山北新御中間町中峯亀太郎
御所ヨリ廿丁斗西南也、長良村続キ宮戸ナリ
和州宮戸村法満寺

◎略①　六月二九日～七月五日まで天候記録がほとんどであるので略する。
略②　一二月一一日～一六日まで他の記載多く、以下に地震の記録のみを抄出。天候の記録と地震記録を併記している部分があるが、この段階では、天候と地震を記録すべき対象としていると考えていい。
略③　次頁以下、二頁にわたり貸家についての記述が見られるが略す。その次の頁に梵暦（仏教暦）に関する記述あり。翻刻する。

三　翻刻史料の内容について

ここでは第二節で翻刻をした「光念寺納戸日記」の地震記事の内容について順を追って紹介をする。大意を把握することを第一とするが、適宜、内容を補足していくことで判りやすさを心がけたい。時刻については現代の時刻に直しておいた。

（一）嘉永七年六月の記録

一二日（晴）の記録。

決まった法会の斎米を門徒から集めるという、年中行事の記録からはじまる。しかし、立ち寄った友人は、今朝の太陽が日輪ではなく、八つの稜がある歪な形であったことを告げる。また、複数の者からやはり異常な日の出の連絡を受けて、その記録を行っている。宏観異常の記録として興味深い。

一三日（曇後晴・安定せず）の記録。

尾宿（さそり座）に奇妙な星と天の白気を観測している。望遠鏡で観測をしたのであろう。天体に造詣が深い聖意らしい。本日から、地震の記録を見いだすことができる。

一四日（晴）の記録。

一時頃に大地震が発生し、六時にも再び大地震が発生した。現在の暦にすると、最初の地震は七月八日一時二〇分、次の明け方の地震は七月八日三時四九分の発生となる。ところで、約四・六㎞西の真宗寺での記録では、この伊賀上野地震については最初の地震を夜九つ時（七月七日二三時三三分）、次の地震を暁六つ時（七月八日四時五四分）とする。夜間であり混乱もあると思われるが、両者に大きな齟齬はあるまい。

一五日（曇・風あり）の記録。

昨日の大地震。寺内は無事であった。本堂の瓦が一枚と塀の瓦が二枚落ちただけであった。一時頃に大地震が発生し、六時にも再び大地震が発生した。一四日の最初の地震は前代未聞の揺れであった。明け方の地震も大きかったが、最初の三分の一程度の揺れであった。今回の地震で、堺では数ヶ所で家が倒壊して多くの死傷者が出たとのこと。

金田村にある四寺は、互いに連絡をとりあった。福寿蓮・小紅蓮・玉紅蓮が、今日初めて開花した。

◎ここに登場する建物の位置については、図4を参照。

一六日（晴・曇）の記録。

余震が時々あった。福寿蓮・小紅蓮・玉紅蓮が、全開となったことも記される。

一七日（晴・曇）の記録。

余震が止むことなく、昼夜七・八回の揺れを感じた。

一八日（曇で微雨、西南の風）の記録。

昼夜六・七回の揺れを感じた。とくに一時の揺れは大きかった。本山（烏丸佛光寺）より、廻状が来た。一四日夜の大地震で本山の伽藍に少々破損があったが、五尊（真宗寺院でもっとも尊ばれる木仏寺号・聖徳太子画像・七高僧画像・前住宗主影像・宗祖影像の五つの信仰対象のこと）は無事であったとのことである。貸銭の記録や井尻万右衛門の初七日の読経などの日常記録、玉紅蓮も福寿蓮も散った。その他の蓮は翌朝に散り終わったと記されている。

一九日（曇で微雨、西南の風）の記録。

夜半過ぎの余震は大きかった。余震時々。

昼夜六・七回の揺れを感じた。とくに一時の揺れは大きかった。大和国から帰ってきた八百伊が言うには、今回の地震被害は伊賀国上野城の被害が最大、大和では南都が第一、郡山が第二の被害であるとのこと。人家の倒壊は数百軒、死傷者は千人余りに達し、古今未曽有の事件となっているとのこと。

二〇日（曇で少雨、夜に小さな雷が東西南より）の記録。

近隣からの来客との交流も記される。

二一日（曇・晴、朝遠雷）の記録。

今日から余震は止まった。近江の大八郎がやって来て、伊賀上野城の被害がひどく崩れ落ちたこと、近江膳所城が地震で琵琶湖に崩れ込んだことを伝えてきた。蓮を観に来客があった。

二二日（曇雨、晩にとても近くで雷が頻繁に）。

二三日（曇）の記録。

地震が止まないが、追々に軽微になっている。外へ参詣に出て、報恩寺へ立ち寄った。大青蓮が初めて全開になった。

二四日（曇雨、午後晴）の記録。

白縞蓮が全開になり、高照寺をはじめとする金田寺内町の諸寺が蓮をみにやってきた。今回の地震については、越前第一・美濃第二・伊勢第三・大和伊勢第四の様相とのことを聞いた。平尾浄安寺妻死去についての対応が記される。

二五日（晴曇）の記録。

町内の寺からの蓮を見にお客さんが来た。紅金蓮が初めて開花。

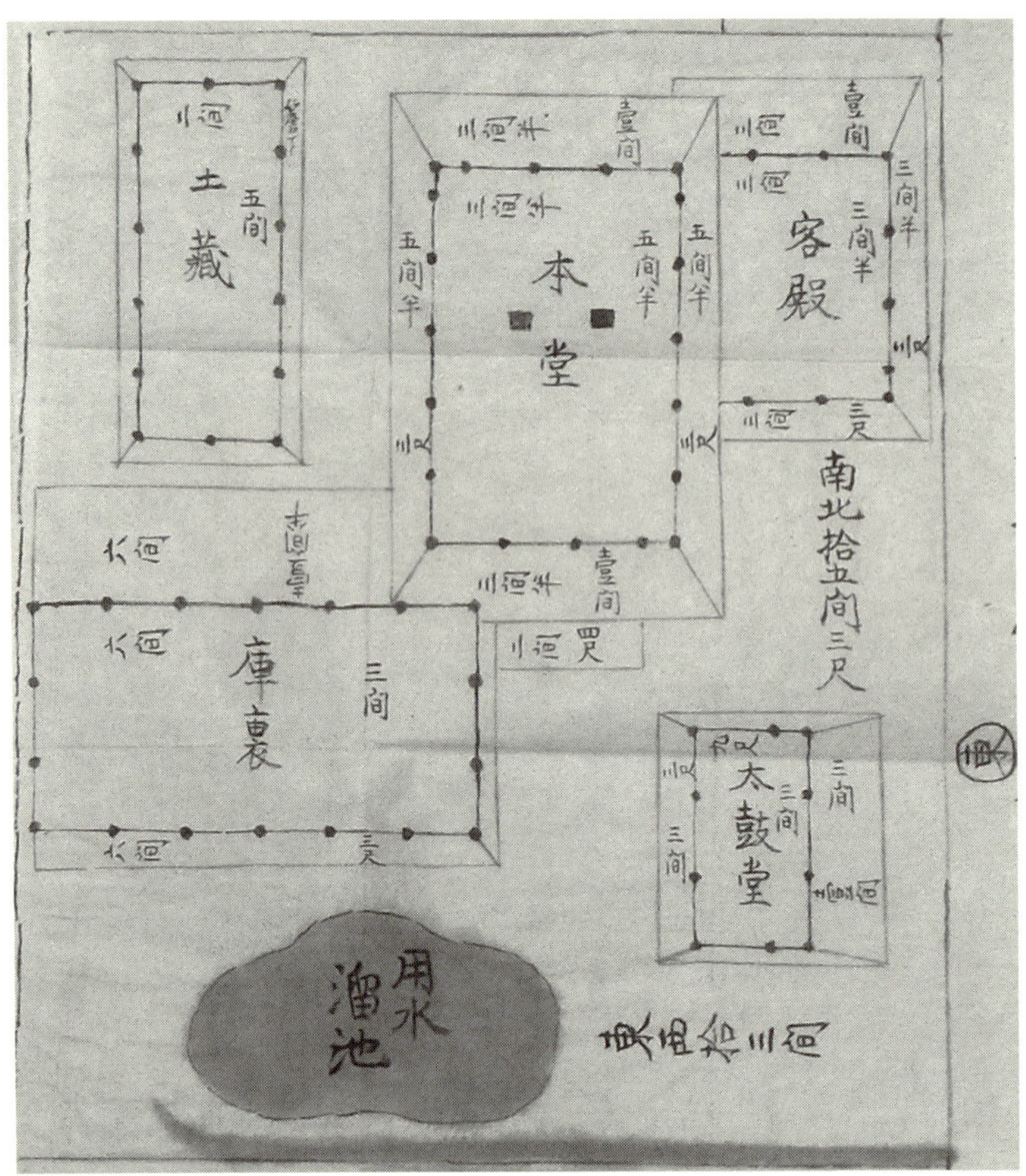

図４　江戸時代後期の光念寺絵図（光念寺蔵）

本図は、江戸時代後期の光念寺絵図より、境内部分を抜き出したものである。本図によって、光念寺の建物の配置、方位が判明する。当時の金田寺内には小さな水路や溝が縦横に通っていた。本図においても、境内地内に用水溜池が見られる外、溜池のすぐ横に水路を認めることができる。

二六日（曇、暦は土用に入）の記録。

　報恩寺・西光寺・長光寺からの本山への上納金を預かった。暦判木（聖意が研究している梵暦の関係）を井上幸右衛門へ注文。堺の小間物屋で蠟燭や半紙を購入。

二八日（晴曇）の記録。

　上納金取替のうち源六より受取、暑気見舞に日置から糯の小袋をもらった。礼に暦を送った。から権へ百文を貸した。

（二）嘉永七年七月の記録

七月六日（曇晴）の記録。

　一二時に地震を観測。喜連から片江の偏増寺へ行き虎屋の切手三枚を渡し、夕方帰った。かんてんなどの食料の購入。

七日（晴）の記録。

　日置大八郎の来訪。七夕の祝儀を頂き、昼の食事を出した。堺の井上幸太郎と連れ一人が蓮を見に来た。

八日（晴）の記録。

　蓮の花一二輪が開花、白色が全盛。

九日（晴）の記録。

　蓮の花が全盛。（堺の開口神社門前の金物商）小刀屋久兵衛がやって来た。のこぎり一丁と菓子小半斤を買い、四匁二分を支払う。

　一〇日以降日々の記録は、天候を初めとして几帳面に点けているが、地震は見られない。記載は、金銭の出納や払い出しのことが大半である。

（三）嘉永七年（安政元年）一一月以降の記録

一一月四日（曇晴）の記録。

　九時、一〇時前に大地震が発生。それから時々小さな振動があった。九時の大地震で長屋の庇が五間にわたって落ちた。同じく壁は一間にわたって落ちてしまった。庫裏は建物が西南方向へ一寸分傾いた。御本尊にも被害が及んだ。台座から離れて、指が疵ついてしまった。大工に半日働いてもらい、長屋にかた柱（建築補修に用いる方柱か）を入れて補強した。権嘉九兵衛、等覚寺へ行き、金一〇両を預けた。聖意と同じく梵暦社中の宮戸法満寺がやって来て、泊まっていった。
◎この地震で被災をした御本尊については、図5と図6を参照。現在は本堂に安置をされている。
一一月五日（曇晴）の記録。

【大地動く。一七時又、初夜半過にも大きく動く】

　朝、日置五八郎が来訪。一六時に大地震が発生。本堂の瓦が数百枚落ちた。北西の檐（ひさし）と西の壁が落ちた、樋・通路仕切が落ちた。茶所屋根が落ち、客殿の西壁が落ちた。

　庫裏が西南に五尺につき一寸あまり（前日の一間につき一寸に比べると、今日の方が小さい）傾いた。台所が二階から

図６　右手部分の損傷（丸印）
大坂の仏師のもとで修理をしたが、堂内で指先の外れた部分が見つからず、そのままになったと思われる。

図５　光念寺本尊無量寿如来像（全身･正面）
像高77.5cm・鎌倉時代。右手と裾の部分が、11月４日地震によって、損傷をした。

離れ落ちた。北庭の隅壁が半間落ちた。

西南の角が落ち、襖が外れ散乱した。障子が倒れ至るところの被害が只事ではない。北借家の壁が四間落ちた。二〇時に大きく揺れた。一七時には西南方向で雷のような鳴動があった。夜の初め頃には堺・大坂を津波が襲い、人や家屋が流され大変な惨事となったようである。二二時からにわかに避難の仮屋を作った。一七時には本堂の五尊・諸仏を悉く乗り物に載せて、白沙の上に避難させた。


六日（快晴）の記録。

朝から簞笥長持を土蔵に入れた。

夜、新田安兵衛報恩講、後家とよの初七日の三部経勤行法要を勤めた。余震が時々ある。朝に織田太三郎が来た。


七日（曇・五時過ぎ頃に微雨）の記録。

今夜は余震が止まらなかった。領主（金田村領主秋元家・光念寺の西にある黒土村に陣屋があった）から「火の用心」をして戸外に居るようにとの触れがあった。夜に長光寺と仏源寺が来たので、玄関で酒を出した。補修のかた柱入れ作業を半日。

聖意の門下生と光念寺の講中が六人で、本堂の屋根瓦を並べた。この日九時に豊予海峡地震が発生しているが、聖意の記録には、小さな余震が時々あるとの記述があるのみで、特記されていない。光念寺では、豊予海峡地震による揺れは感じなかったのであろうか。


八日（曇晴・暁微雨）の記録。

余震数回。北借家にかた柱を入れる補修。


九日（晴）の記録。

余震数回。五日に白沙の上へ避難させていた御尊を今日、玄関へ移した。


一〇日（晴寒風が烈しい）の記録。

小さな余震が数回。堺の南の石津村へ行った。


一一日（晴寒風が烈しい）の記録。

小さな余震が数回。今朝仏源寺へ行った。酒が出た。中尾へ行き、秀道の一件を申し入れておいた。今日からかた柱を北西借屋の一〇畳へ入れ込む作業をした。


一二日（晴風）の記録。

小さな余震有り。大八郎が来た。かた柱を一四時から入れて西の借家を修繕。金の出納。


一三日（晴寒風・微雨と霰が降る）の記録。

地震があった。光念寺住職が大阪へ。四日の地震で損傷をした御本尊を仏師の許で修理するためである。御本尊は「井清七」（箱の墨書に送迎御供人清七・嘉兵衛とある清七である）が、お運びした。修理を頼んだ仏師は北久太郎町心斎橋筋南へ入東側の京屋久兵衛という処である。
◎このさいに、本尊を運搬した箱が、現在も光念寺に保管されている。

箱には、被災した本尊を運搬した経緯に関する墨書があり、歴史地震史料となる。図7参照。

一四日（晴寒風）の記録。

地震があった。西光寺・長光寺・仏源寺が来たので、酒を出した物代は京へ行っている。

一五日（晴寒風）の記録。

昼夜と二度地震があった。本堂の外回りを片づけした。秀道が家を移り、庭の仮屋を撤去した。大坂輪番から、法事を延引するとの手紙が来た。

一六日（曇雪）の記録。

昼夜と二・三度地震があった。本堂の下陣を片付けた。仏源寺が来たので、酒を出した。五日の夕方、御本山では地震のため、五尊を安置した。院家・御堂衆・御番が外固めをした。四ツ時にはまた大きく揺れたので、遷座をしなかった。このことを等覚寺より言ってきた。大坂御堂へは書状を返した。

一七日（晴）の記録。

御若（息子の聖如）の病気が進行、昨日は鼻血を出した。

一八日（晴）の記録。

院主が外出、菓子と薬を購入。秀道を御本尊修理を頼んでいる京屋久兵衛のところへ使いに遣り、先に仕上がっている後光を引き取ってきた。

一九日（晴）の記録。

報恩講の行事の花一〇本の代金二匁を花善へ。かさり代金、炭代金、油代金、かうじ白味（諸味）代金など色々、合計六八匁四分を精算。田中守逸に薬六貼、秀道を花善花を取りに遣わした。

二〇日（晴暮れて風）の記録。

長光寺の惣代の京都行きのお金を渡した。五兵衛後家と権右衛門から入金。

二一日（晴）の記録。

良慶師より金三歩、源六から二朱が入った。田中与兵衛から六貼取った。

院主が大坂へ修理が済んだ御本尊をお迎えにあがった。「権嘉兵衛」（箱の墨書に送迎御供人　清七・嘉兵衛とある嘉兵衛である）が、お伴した。花代・食事代・薬代などをそれぞれ支払った。

二二日（晴曇）の記録。

昨日大坂の仏師の許から還ってきた御本尊が、本堂の元の場所に戻る。本堂の荘厳は地震前の状態にした。大無量寿経の上巻を誦経した。

二三日（晴曇）の記録。

二〇時に地震。院主が外出。田中守逸から薬五貼を受取、羊羹一棹を遣わした。羊羹・生姜まき・せんべい・茶を買っ

【箱蓋内側墨書】
（一段目）
「松野山光念寺
御本尊
無量寿如来
快慶安阿弥作
当山第十五世副講師聖意謹奉事」

（二段目）
「嘉永七年甲寅十一月四月五日
日本惣国大地震之節依
御衣御破損命浪華仏師
法橋新井良慶奉修補之
同月廿一日還安置」

（三段目）
「御箱井御修復料寄附
一金百匹　当院室　侍従
一金百匹　保次良妻　才
一金五十匹　九兵衛妻　鎮
一金五十匹　嘉兵衛妻　秋
一銀壱文目　友七妻　須磨
奉送迎御供人　清七・嘉兵衛」

【箱本体底の貼紙】
御本尊無量寿仏　壱躰
快慶安阿弥作
右此度御破損之処奉修復覆候畢
嘉永七年甲寅十一月　大仏師法橋新井良慶

図７　本尊を修理のため大坂へ運んだ箱の内側の墨書
11月４日の地震によって損傷をした本尊（図５・図６参照）を大坂の仏師の下に修理をするため運搬した際に用いた箱の墨書。仏像の損傷が、地震によるものであることや運搬箱制作料や仏像修復料が光念寺に関わる女性たちによって賄われたこと、運搬した人の名などが読み取れる。光念寺蔵。

た。

二四日（晴陰）の記録。

　一時と六時に地震。田中守逸から薬六貼を受取。

二五日（曇雨）の記録
　六時に地震があり、頻繁に揺れた。

二六日（曇）の記録
　一六時に地震があり、大きく揺れた。

一二月一一日（晴）の記録
　一一時と一五時と一九時に地震があった。西方での地鳴りがあった。

一四日（晴）の記録。

　早朝に地震。午後曇少雨、夜半より雪雨。二時に比較的大きな地震。院主が大和へ。半伊を連れ、祝儀四匁を支出。寛乗が織田の太三郎を同道してやって来た。

一五日（曇雪寞）の記録。

　七時に地震。

一六日（曇晴）の記録。

　一時に地震。

二九日（晴）の記録。

　田中守逸・仏源寺・西光寺・長光寺・小刀屋久兵衛への金支払。

大晦日（この日のみ天候の記録なし）の記録。


　八時に大地震があった。大晦日なので、諸方への支払いが記録される。

安政二年元旦（晴曇）の記録。

　門徒・他門徒が年頭の挨拶にやって来た。
◎二〜四日記録あるが、地震記事なし。
正月五日（曇風）の記録。

　仏源寺がやって来た。中嶋へ院主・一位・両八が参った。高林がやって来た。一四時頃に地震、二三時頃に地震があった。久兵衛（小刀屋久兵衛か）から女講中への寄進があった。

六日（風）の記録。

　大落入来がやって来た。院主は大和へ。供は半伊。祝儀四匁を渡した。寛乗が織田太三郎を同道してやって来た。

七日（晴）の記録。

　一九時に地震があった。松原更池の中レ田がやって来た。歳玉として銀一匁を渡した。今夜秀道が行事にまた六人の組が行事に来た。そのうち、猶次郎は家内・娘を同道のうえ、みかん二〇を持ってきた。
◎八日（雨）と九日（曇風）は天候の記録のみ。
一〇日（晴）の記録。

　花田村源光寺（聖意と同じ梵暦の社中の一員）がやって来た。あを村の何某がやって来た。一位香道が堺へ行った。

一一日（曇）・一二日（雪）・一三日（風）・一四日（風）は

天候の記録のみ。

一五日（晴）の記録。

今日、建具代を万代へ支払い。香道を同道で行った。小遣いを払う。

一六日（晴）の記録。

今夜、院主が寺に帰った。新田安兵衛の入用、二匁必要となる。

一七日（晴）の記録。

法満寺から小右衛門が進物品を持ってきた。


一八日の記録。一切の記載なし。

一九日（晴）の記録。院主が堺へ行った。

二〇日（雨）の記録。

院主が今日から京都へ行った。役僧供は半伊、大坂まで送った。たのもし銀を惣右衛門に渡し、銀一七文を会所へ。
◎この後、三頁にわたって、金子勘定や土地に関する記述がみられる。しかし、地震に関する記録は見られない。その部分に関しては、翻刻を割愛した。

地震の記録ではないが、聖意が活動をしている梵暦の結社である梵暦社中についての記録については、翻刻をした。内容についてはいわゆるメモ書きであり、詳細を知ることはできない。しかし、紀州狐塚覚円寺をはじめとして、興末（興正寺末寺の意か）末間小屋村正立寺など記された寺院は、梵暦の結社員と考えてよいと思われる。今後の梵暦運動の研究の参考のためにここに記しておく。

梵暦社中の記載の後に、貸家についての記述が見られるが、とくに今回の史料研究との関係がないので割愛をした。

おわりに

「光念寺納戸日記」の地震記録が、地震に特化した記録ではなく、発生した天災を日々の記録のなかに留め置いたものであることが、明らかとなった。とくに誇張することなく、金銭の出納や蓮の開花などとともに冷静に地震の状況と被害を留め置く姿勢は、記録の確実さを示しているといえよう。地震のなかで揺れ方向などの事象を観察し、発生時間などの情報を整理し、これだけの記録を残しえた松野聖意の高度な知的能力は、特筆に値するものである。観測地がはっきりしており、しかも一定であることから地震発生時の当該地域での今後の被害想定にも活用が期待される。

また被災した建築物の現存は、被害想定をする場合の重要な助けとなる。堺市北区では第一節第一項観測地で述べたように、周辺で急速な都市化が進行しつつある。古くからの自然環境や建造物が失われていくなかで、光念寺と金田寺内町が歴史地震史料と歴史的環境を保全していることは、今後の歴史地震研究の貴重な財産であるといえよう。

この史料研究が、今後の歴史地震研究に裨益することを期待したい。

注

(1) 拙稿「幕末の大地震と泉州堺―堺真宗寺蔵『地震記』を中心に―」(『堺市博物館報』二一、二〇〇二年三月)、本書第二部第五章に収録。
(2) 『堺市史続編　第一巻』一一二五〜一一三〇頁。
(3) 福島雅藏『近代的「学校」の誕生』(創元社、一九九一年)一八九〜一九四頁。
(4) 本章は、文理の垣根を越えて諸分野の研究者が多く加入する歴史地震研究会の機関誌『歴史地震』に掲載された拙稿をもとにした(本書三五六頁初出一覧参照)。旧稿では、自然科学系の研究者に配慮して、現代語訳は二四時間制で叙述した。本章においてもそれを踏襲した。

〔付記〕　貴重な古文書の公開とご本尊の画像掲載をご許可いただいた光念寺住職松野正剛氏に、記して感謝します。
ご教示やご協力を得た方々のお名前を以下に記して感謝します。越後智雄・杉戸未地子・中村晶子・中川百里香・春本優子・小林初恵(以上敬称略)。

付章　近代都市堺の記憶
――郷土画家岸谷勢蔵の記録画史料――

はじめに

堺市立中央図書館に昭和一九年（一九四四）一〇月に堺の郷土画家岸谷勢蔵（一八九九～一九八〇）によって制作された、堺市中心部の町並みの記録画が収蔵されている。本作は縦一九㎝、横一、五四八㎝にも及ぶ長大な折本画帖であり、第二次世界大戦中に建物疎開[1]によって町並みが失われる前に画巻に残すという全国的に見ても類例が無い貴重な資料となっている[2]。

本章では、郷土画家岸谷勢蔵の事績と「堺市第一次疎開地区記録」の史料的性格について紹介をする。

一　郷土画家岸谷勢蔵について

岸谷勢蔵とつながりがあった堺の著名な文化人に、和泉地域の民俗学者・郷土史家であった小谷方明（一九〇九～九一）があげられる。小谷方明は、堺市豊田の旧家小谷家の三九代にあたる人物である。小谷は和泉地域の歴史民俗に関心を持ち、消え行く文化財・民俗資料の研究に力を注いだ。昭和五年（一九三〇）に「和泉郷土文庫」、昭和四六年（一九七一）に（財）小谷城郷土館の前身である小谷城郷土館を設立している。平成元年（一九八九）一一月に

は地域文化についての貢献が認められ、大阪府から地域文化功労者表彰を受けている。(3)

小谷は岸谷の葬儀で、堺民俗会を代表して告別の辞を述べている。小谷自筆の告別の辞は、「小谷方明ノート」(4)にみることができる。岸谷に対する惜別の想いに溢れた郷土史家小谷ならではの名文であるが、岸谷のプロフィール、業績をしっかり押えている点でも貴重である。岸谷の事績を顧みるために、以下に全文を翻刻する。なお、岸谷のプロフィールの誤記については、岸谷のご長女瀬谷春美氏のご教示をうけて、注によって訂正を加えた。

告別の辞

堺民俗会を代表致しまして先生のご霊前に謹んでお別れの言葉を申し上げます。

私どもは今さらながら、先生の堺民俗会にご貢献いただいたことの、いかに大きかったを思い出しております。先生は明治三二年九月一〇日大町東一丁四番屋敷(5)に故岸谷常七氏の二男として生れ、幼少の頃より絵心があり、陸軍深山重砲隊(6)に入隊中も家に軍隊生活スケッチ葉書を送って、ご家族を安心させられました。（二一歳隊のスケッチ）。大正一二年（一九二三）除隊後天王寺美術専門学校(7)に入学し、卒業後は、画家として精進し、以降六〇年郷土画家としてふるさと堺の風物を書き続けられて来ました。

戦争中堺市の宿院町大道筋が強制疎開になりましたが、その堺市より依頼を受けて、町並の風景をスケッチしたものが、長一〇メートルにも及ぶ大画帳(8)として保存されています。

戦後堺市民会館が開館致しますが、その時、堺絵年表を執筆し、それは今も玄関ウインドに飾られています。著書としては「堺の風物史」が堺青年会議所より出版され、「堺あれこれ」は堺商工会議所より出版成り（ママ）ました。その他堺で出版なり（ママ）ます多くの著書の装幀、さし絵編集は先生の（ママ）手がけられました。堺民俗会でも雑誌左海（ママ）民俗が出版致しましたが、そのさし絵から編集に至るまで先生の手をわずらわしました。

先生は郷土画家として全国的にも知られ、郷土堺の姿を多く中央に提供されていましたが、訃報に接し痛恨にたえません。

今、静かに先生の残された輝かしいご事蹟を振り返ってみまして感慨無量でございます。

左海(ママ)民俗会は謹んで先生に深い感謝をささげ先生のご冥福をお祈り申しあげます。

昭和五五年九月一七日

堺民俗会会長　小谷方明

堺民俗会会長小谷方明の告別の辞には、郷土堺の歴史と文化を愛した岸谷のまじめな人柄と中央に対して堺の文化を発信したその功績が的確に書かれている。また当時の堺の郷土史界での岸谷の存在の大きさを読み取ることができる。

郷土の名士・岸谷の逝去は、堺市民にも広く知らされた。九月一七日の朝日新聞朝刊は、「堺の郷土史画ひと筋岸谷さん死去」の見出しと「古き良き風情淡々と温かく」「惜しむ声の中きょう告別式」の帯を付けて、岸谷の自画像入りでその逝去を報じている。以下に抄出する。(9)

「黄金の日日」ブームに先立って正確な郷土史を広めるきっかけをつくった堺の郷土史画家、岸谷勢蔵（きしたに・せいぞう）さんが十五日午後九時四十四分、市立堺病院で脳血せんのため亡くなった。八十一歳。開発で消えていく堺の町並みや生活を描き続けた特異な画家として、郷土史関係者やかつての堺の風情を愛する人たちの間で、死を惜しむ声が広がっている。

岸谷さんは、（中略）敗戦のころまで小学校の国定教科書さし絵を執筆したが、仕事の合間をぬっては堺の町を歩き回り、風物画を描くことに執念を燃やした。開発で忘れ去られていく堺の産業、歴史、文化――家並み、街路、神社仏閣だけでなく、街角での庶民の生活も含めて――自分の目でじっくりと見つめ、あるいは昔の記憶を呼び起こして、描いた絵はどれもていねいな筆遣いだった。

「堺のど真ん中、宿院に生まれ育った堺っ子として、昔の良き風情が忘れ去られるのがたまらなかったのでしょう。だからといって勢いこむこともなく、淡々と描いておられたが、何ともいえない温かみがあって、それが多くの人をひきつけたのではないでしょうか」。堺市内で本屋の店長をしながら、堺古文化の研究をしている小堀弘さん（四八）＝貝塚市麻生中＝も、岸谷ファンの一人だった。

昭和十八、九年、宿院周辺を中心に、堺の町並みを描いた絵巻物は、戦災で町の大部分を焼いた戦後の堺にとっては、きわめて貴重な資料となっており、五十一年に堺市立図書館に納められた。

四十年に開館した堺市民会館の正面玄関に、幅二メートル、長さ約十五メートルもの長大な「堺のあゆみ絵巻」を作成したころから、一般市民にもそのユニークな存在を知られはじめた。その年の四月から堺商工会議所発行（月刊）の会報に、「堺風土記」のさし絵を描き続けることになる。この風土記は単行本「堺あれこれ」として出版（千部）されたがすぐ売り切れたほど。同会議所では近く、岸谷さんの最後の作品が掲載されたことし八月号の分を含め約百八十回分をまとめて出版することも検討している。

また岸谷さんが明治、大正、昭和の三代にわたって描き、自宅に置いていた作品集「堺の風物史」がはじめて出版されたのは五十年十月。堺青年会議所の二十周年記念事業としてだった。カラー版で五千円の本二千部があっという間に売れ切れた。

岸谷さんとペアを組んで、郷土史を書いてきた松本壮吉、八木摩天郎の両氏も去年からことし春にかけて死去した。堺の「古き良き風情」を語り、描ける三傑が相次いで亡くなってしまったことになる。（以下略）

朝日新聞の記事は、地域版で岸谷の逝去と本日の葬儀を報じたものであるが、単なる死亡記事ではなく、「堺の郷土史画ひと筋岸谷さん死去」の見出しにも現れているように岸谷の業績をしっかりと盛り込んだ評伝的なものである。

以下、読み進めていく。

記事には「黄金の日日」ブームに先立って正確な郷土史を広めるきっかけをつくった堺の郷土史画家、岸谷勢蔵と書かれている。中世末期の堺の商人呂宋（納屋）助左衛門の活躍を題材にした城山三郎原作の『黄金の日日』を原作に、NHKの大河ドラマ「黄金の日日」が放映されたのは、岸谷逝去の二年前の昭和五三年（一九七八）のことである。市川染五郎（現松本幸四郎）主演の大河ドラマ「黄金の日日」が放映された昭和五三年頃の堺市は、空前の観光ブームに沸いていた。そのような社会背景に対して、岸谷勢蔵を大河ドラマによるブームとは関係なく、ブームに先立って正確な郷土史を広めるきっかけをつくった人物と評価している本記事の見識は評価してよい。

また、「開発で消えていく堺の町並みや生活を描き続けた特異な画家として、郷土史関係者やかつての堺の風情を愛する人たちの間で、死を惜しむ声が広がっている。」とある。「開発で消えていく」とあるが、この表現は当時の問題意識と感覚では的確であろうが、現在の見地からするとやや不十分である。後に、記事が書いているように、戦時の建物疎開で消えていく（結果的には戦災で失われた）宿院の町並みを描いた功績にも触れる必要があろうと思う。

記事にあるように岸谷は、「堺の町を歩き回り、風物画を描くことに執念を燃やした。開発で忘れ去られていく堺の産業、歴史、文化——家並み、街路、神社仏閣だけでなく、街角での庶民の生活も含めて——自分の目でじっくりと見つめ」て郷土画を制作した。現在でも、筆者は岸谷先生が旧市内で丁寧にスケッチをしておられた姿を見たことがあるという古老に会うことがある。と同時に「絵の上手な岸谷のおっちゃん」と親しみを込めて岸谷を懐かしむ古老の回顧を聞くこともある。堺市内で本屋の店長をしながら、堺古文化の研究をしている岸谷ファンの小堀弘さんが「堺っ子として、昔の良き風情が忘れ去られるのがたまらなかったのでしょう」とコメントをしているが、中央画壇への進出といったことには全く無関心であった岸谷の作画の動機を正確に伝えていると思われる。

堺の町並みを描いた絵巻物である「堺のあゆみ絵巻」「堺あれこれ」「堺の風物史」といった岸谷の作品の特徴をあ

図１　岸谷勢蔵、冬のスケッチ風景

図２　堺市甲斐町西の与謝野晶子生家跡の歌碑に筆を入れる岸谷勢蔵
（図１、２とも瀬谷春美氏提供）

げて紹介した後、堺の郷土史を牽引してきた松本壮吉・八木摩天郎が近年鬼籍に入ったことを書いている。松本壮吉は郷土史家で『堺市史』続編の編纂にも係わった人物、八木摩天郎は堺市九間町で生まれ堺市職員をしつつ川柳や堺の歴史執筆にユニークな活躍をした人物である。

なお、この記事によると、岸谷は当時宿院にあった市立堺病院でその生涯を卒えている。岸谷は自らが本当に愛した堺の中心部で生まれ、育ち、暮らし、生涯を卒えたといえよう。

ここで小谷方明ノートをもとに、加筆訂正をした岸谷勢蔵画伯略年譜を掲載し（表1）、岸谷の生涯を簡単に振り返っておく。

つぎに岸谷が二四歳で陸軍を除隊後に入学し、二五歳で卒業した精華美術学院について述べる。

精華美術学院は、官立の東京美術学校（現在の東京芸術大学）や公立の京都府画学校（現在の京都市立芸術大学）、私

表１　岸谷勢蔵画伯略年譜（小谷方明ノートをもとに、加筆訂正）

年	満年齢	事　　績
明治32年	0	9月10日大町4番屋敷に亡父常七、2男として出生。
39年	7	英彰尋常小学校入学
44年	12	英彰尋常小学校卒業
44年	12	宿院高等小学校入学
大正 2年	14	宿院高等小学校卒業
9年	21	1月10日陸軍深山重砲連隊（和歌山県）入隊
12年	24	除隊、精華美術学院（専門学校）入校
13年	25	同校卒業
昭和 4年	30	結婚
15年	41	満州国教科書挿絵
19年	45	第1次疎開地区記録
20年	46	片蔵（現在の堺市南区）へ疎開
21年	47	大阪府嘱託。進駐軍金岡キャンプへ派遣。
22年	48	堺民俗会創刊
23年	49	3月堺へ転居
25年	51	進駐軍金岡キャンプ休職
26年	52	～昭和29年、55歳まで。集画堂【大阪市西区江戸堀】や啓林館【大阪市天王寺区】編集の書籍挿絵に従事。
32年	58	堺民俗入会・会誌『左海民俗』執筆（昭和54年7月まで執筆）
40年	66	『堺あれこれ』堺商工会議所刊
50年	76	10月『堺の風物史』
54年	80	7月まで左海民俗執筆、10月長男死去。
55年	81	9月15日逝去

立の多摩帝国美術学校（現在の多摩芸術大学）のような芸術系旧制美術専門学校とは、性格を異にする図案（デザイン）を教える学校であった。宮島久雄氏の研究に拠りながら、以下にまとめる(10)。

精華美術学院の創設者は、海外で活躍した図案家松村景春（本名清造・一八八一～没年未詳）である。松村は明治一五年（一八八二）に大阪八尾で生まれた。八尾中学校を卒業後に、京都市立美術工芸学校の図案科に学んでいる。明治三五年（一九〇二）に卒業後まもなくして渡米、ニューヨークのコロンビア大学やクーパーユニオンで学んだ。その後、明治三八年（一九〇五）から六年間ニューヨークで日本的な図案を描いていたらしい。六年後の明治四四年（一九一一）七月に帰国するまで、アメリカで外国人図案師を雇い入れて専ら欧米各方面の「各種の工芸図案」を制作していたようである。それらは、ジャポニズムの壁張図案であった。

松村は帰国後に外国向工芸品の意匠図案の研究と教育を目的とした専門学校の開設を志し、私財を投じて精華美術学院を創立する。明治四五年（一九一二）四月一七日に認可され、五月から授業を開始した。本科三年、専修科四年に分かれ、定員は各々一〇〇人、そのうち女生徒が合計八〇人。本科の入学資格は尋常小学校卒業程度の学力を有する満一三歳以上の者、専修科入学については学力年齢等に制限はなかった。所在地は創立当初が今橋二丁目、大正二年（一九一三）の新聞広告によると東区上本町九丁目とある。岸谷が在学した大正一二年（一九二三）は、上本町九丁目に校地があったと思われ、小谷方明が岸谷の母校を天王寺美術学校としたのは、所在地によると思われる。

精華美術学院は図案を専門に学ぶ私塾的な学校に止まったため、実体についてはわからないことが多い。学校では毎年のように図案作品展覧会や図案の講習会などを開催していたようである(11)。

宮島氏が紹介する昭和九年（一九三四）一二月の大阪朝日新聞の昭和一〇年度学校案内によると、精華美術学院の授業料は五円、本科の学科は修身、絵画および工芸図案の三科目で英語を随意科とし、専科は絵画と工芸図案のみである。学生の大半は中等学校卒業生や中途転校生、夜学部の専科には会社員や官吏も相当いると紹介されている。それに対して、大阪市立工芸学校の工芸図案科（大正一二年開校）は、年額市内四四円・市外四九円五〇銭他に教科書代などが必要で総額一四〇円くらいになると紹介されている。こうしてみると精華美術学院の授業料がきわめて安いことがわかる。

校長の松村景春は精華美術学院の学校経営をしつつ、大阪府地域の図案教育や大阪府の工芸図案普及にも力を入れた。大正一三年発足の大阪工芸協会の理事に就任、輸出工芸図案振興を目指した(12)。そのころ、岸谷は精華美術学院で学んでいたことになる(13)。在学期間はわずか一年ほどであり、専科で学んだ可能性もあるが、詳しいことは不明である。岸谷の絵画作品の特徴は、たいへん丁寧で真面目な線である(14)。堺市博物館蔵の岸谷のスケッチブックや習作をみると、丁寧な筆遣いを感じ取ることができる。そのような特徴と精華美術学院の教育との因果関係は、精華美術学院在学中の岸谷の様子を知ることができる資料が発見されていない現在、立証することはかなわない。しかしながら、研究の進展によってユニークな私塾的画学校の内容がより明らかになれば、岸谷の画業との関係も明確になると思われる。今後に期待したい。

二　堺市立中央図書館蔵「堺市第一次疎開地区記録」が描かれた背景

前節では、岸谷勢蔵のプロフィールについて、小谷方明の告別の辞、逝去時の新聞報道などをもとにして振り返った。そして、岸谷が画を学んだ精華美術学院についても整理した。岸谷のプロフィール、岸谷が学んだ精華美術学院については従来、まとまった説明をしたものが見当たらなかった。本章が空白となっている岸谷勢蔵研究の一助となればさいわいである。とくに、精華美術学院の教育内容と岸谷の画業・作風との関連性の解明は、興味深いテーマである。今後、新たな研究が出ることに期待したい。

本章では岸谷の代表作で、堺市立中央図書館の収蔵品である「堺市第一次疎開地区記録」の原画について紹介する。「堺市第一次疎開地区記録」については、①昭和一九年一〇月堺市立中央図書館所蔵本[15]（折本一帖、縦一九㎝、横二、五四八㎝）（図3）、②昭和一九年七月堺市博物館所蔵本[16]（折本一帖、縦一七㎝、横二、七〇〇㎝）、③年月日未詳小谷城郷土館本（二巻、第一巻横一、一八七㎝・第二巻横一、三九四㎝）の三点が確認されている。②は下書きであり、岸谷が疎開地区の取材をしたさいのあらゆる情報が記載されている[17]。戦後も岸谷の手元で保管され、没後に堺市博物館の所蔵となった。③は小谷方明が、岸谷の作品を模写したものである。二巻に分割されており、色は色鉛筆で彩色されている。阪堺電気軌道の大浜線龍神駅の構内について、①・②にない詳細な見取り図があることも貴重である。

さて、岸谷が生涯に描いた作品の総数、全容は現在、把握されていない[18]。総数、全容が把握されていないなかではあるが、岸谷の画業の特徴を考えるために堺市博物館蔵の岸谷作品をもとに以下のような分類を提示する[19]。

(1)都市の祝祭を描いた作品　昭和一〇年堺市勧業祭絵巻、住吉の夏越まつり、大浜の大魚夜市など。
(2)堺の町並みを描いた作品　堺市第一次疎開地区記録など。
(3)堺の暮らしを描いた作品　堺の風物史、生家図帳など。
(4)堺の歴史を描いた作品　南蛮関係画、堺史絵巻など。
(5)その他　教科書挿絵など。

いずれの作品にも、堺民俗会での勉強、出版された写真集の熟読、新聞雑誌からの情報収集、戸外のスケッチなど重厚な精進が背景に感じられる。中央画壇やアカデミズムに対するルサンチマンに起因する極端な精神論が岸谷の言動からまったく感じられないことは、特筆に値する[20]。このような恬淡とした岸谷の絵に関する姿勢は、達者で丁寧な作品を生み出していった。生前の岸谷と交渉がない現在の画家であっても、残された岸谷作品について嫌味がなく丁寧な線で構成された上手な絵と評価するのは、上記のような背景があると推察される。

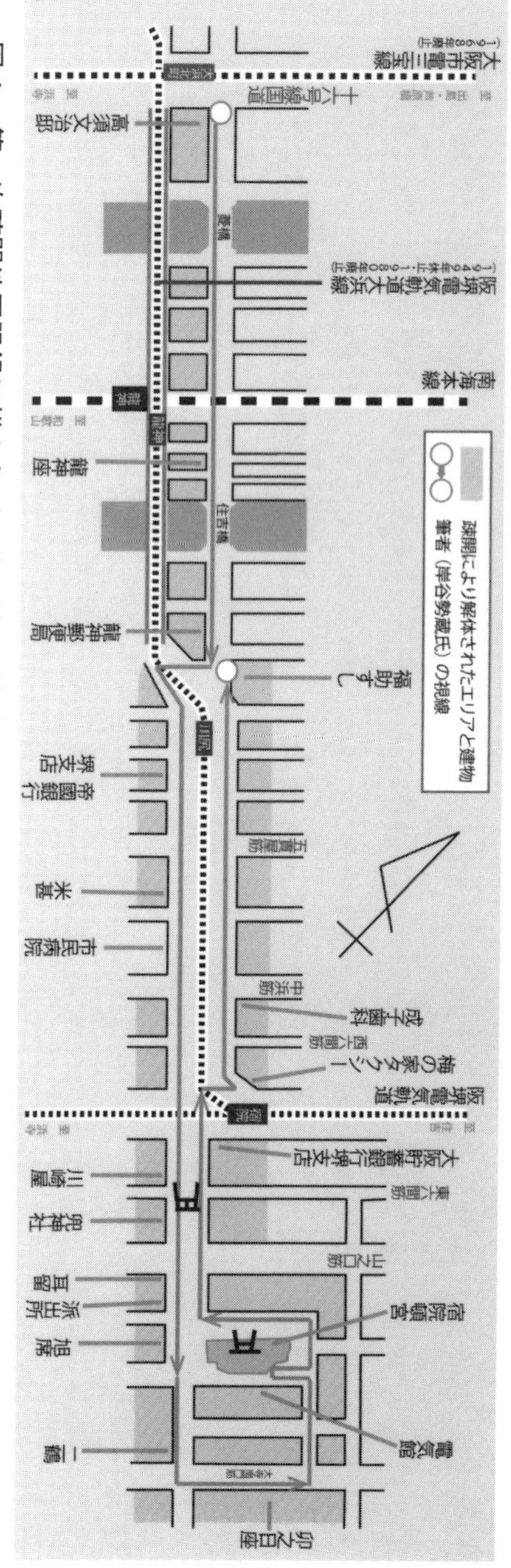

図4　第一次疎開地区記録に描かれているエリア（堺市博物館発行『岸谷勢蔵画堺市第一次疎開地区記録を読む』より転載）

図3　記録画の冒頭部分（堺市立中央図書館蔵。図5～13、15、16も同館蔵）

「堺市第一次疎開地区記録」について、②堺の町並みを描いた作品に分類したのであるが、その成立の背景からすると実は④堺の歴史を描いた作品・とくに現在進行形の歴史を描いた作品の要素がある。また、決して祝祭ではないが、眼前で失われていく都市の姿を描きとろうとしている点で、挽歌的な死にゆく都市の姿を描いた作品という見方もできる。(21)以下、本作品の成立について述べていく。

第二次世界大戦末期、昭和一九年（一九四四）六月マリアナ諸島がアメリカ軍によって占領されると、東京をはじめ日本本土の大半がアメリカ軍機の爆撃圏内に入った。日本本土の空襲が必至になると、政府は主要都市の建物と人の疎開を命じた。とくに燃えやすい日本家屋を前もって壊して広場を作り、人を地方へ移動させることで、都市部の被害の軽減を図ったのである。事実、昭和一九年末頃から空襲は激しくなり、日本国内の諸都市が大きな被害を受けていった。

『堺市史続編　第二巻』によると、堺では昭和一九年七月から昭和二〇年七月まで五次にわたる建物疎開が実施されている。結果、三、六二〇戸の建物が取り壊され、一一、八四六人の住民が住み慣れた街を離れた。

そのような情勢のなかで堺市役所は、建物疎開によって急速に変貌をする堺市内の景観を昭和一六年（一九四一）に結成された「堺芸術報国聯盟」（略称「芸報聯」）に委嘱して記録にとどめようとした。写真・文筆・絵画などによる記録は、昭和一九年夏から始まった。戦時下の建物疎開にあたって、このような組織立った記録採集活動が行われた他都市の事例を、寡聞にして知らない。この活動の中枢に居り、詳細な記録を残している人物がいる。安西冬衛（一八九八～一九六五）である。安西は詩人として高名であるが、戦時には堺市の東湊に住み、堺市役所庶務課に勤務、市長が公式の場で述べる挨拶文の作成や市の文化関係業務に携わっていた。また、昭和一九年には「堺芸術報国聯盟」の理事長に就任、疎開記録の集成をしている(22)（表2）。安西の周囲には、堺市立図書館長田島清・岸谷勢蔵・彫刻家の岩田千虎など当時の堺の文化人が数多く参集し、日常的に交流をしていた。安西冬衛日記には、貴重な文化人

表２　安西冬衛日記にみる建物疎開と堺芸術報国聯盟に関する記事一覧

年	月　日	事　　項	巻　次	該当頁
1941	6月 8日	堺芸術家報国聯盟（71名）の結成式が大寺（開口神社）で開かれる。	第7巻	198
1944	7月11日	宿院採訪、フィルムの入荷なく中止する。	第7巻	341
	7月12日	宿院採訪、午前中実施する。	第7巻	341
	7月13日	米甚採訪、茂登未亡人の「どんな風が吹いてくることやら」の言葉あり。	第7巻	341
	7月28日	米甚の詩を書く。	第7巻	346
	7月29日	13時～参事会室で疎開記録中間打合会、締め切りは８月中、絵画の用紙、寸法決定。	第7巻	347
	7月31日	米甚訪問、茂登未亡人から聞き取り。	第7巻	348
	8月12日	14時に宿院通る疎開の引っ越しあちこち。森永・今井のすしや・万字堂・木村屋・力餅。	第7巻	354
	8月15日	宿院本通りの疎開移転ようやく閑。	第7巻	355
	8月17日	米甚未亡人来、氷砂糖１袋もらう。	第7巻	356
	8月29日	疎開家屋の取毀ちは請負1坪23円、人夫の日当が50円以上も。悪性インフレの状態。	第7巻	361
	8月30日	官休庵家元、明日疎開地区の茶室を見に来ると、三浦さんより電話。	第7巻	361
	8月31日	官休庵の千宗匠、京大史学の関係者二人を三浦さんの依頼で案内。	第7巻	362
		疎開地を見る。宿院下車、尾垂をみて、かとり横の木戸を調べ、米甚へ。	第7巻	362
		引っ越しで荒涼たるなかを方々みる。米甚未亡人、来客に興奮。	第7巻	362
	9月 1日	吾妻橋周辺の家の写真を撮りに、松本くん出張。	第7巻	363
	9月 3日	賑橋周辺の家取り壊されている。南海髙島屋の後ろの家も。	第7巻	365
	9月11日	河野・松本の疎開地出張。	第7巻	370
	9月17日	11時に室の連中と大阪新聞支局で落合、竜神方面の疎開家屋記録撮影にゆく予定とする。	第7巻	372
	9月20日	堺市堺手芸学校長安西卯三郎の名刺、息子の手に戻る。	第7巻	374
	10月 1日	室の者疎開地の写真と採集のため出張。	第7巻	379
1945	1月 4日	７日に芸報聯常任委員会招集。	第8巻	7
	1月12日	芸報聯疎開記録作成紀年品料と事務費支出手続き。	第8巻	8
	1月17日	芸報聯事務局慰労宴。	第8巻	9
	1月21日	芸報聯大徳寺行きの相談。	第8巻	10
	1月22日	米甚鶏肋。	第8巻	11

の記録が豊富に記載されており、この時期の文化を考える第一級の史料となっている。

戦時下の堺におけるこの特異な記録事業が、元来、誰の発案によるものか、安西日記には明示されていない。しかし、推進状況については日記の昭和一九年七月二九日土曜日の記述により知ることができる。「一時から参事会室で疎開記録中間打合会。〆切八月中、絵画の用紙、寸法など決定。濃密な俄か雨到る。三時過散会。」市の参事会室で疎開記録の中間打合会が行われていること、〆切や記録画の仕様が決められていることがわかる。安西は、疎開記録の集成と現場に深く関わっていたのである。事実、堺市立中央図書館が所蔵する二一〇枚の古写真よりなる疎開地写真記録を見ると、複数の建物疎開の現場で杖を抱えて、一心不乱に記録をとる人物が写りこんでいる。この人物が安西冬衛であろうと思われる（田中ひとみ氏と島田克彦氏のご指摘による）。安西は二三歳のときに、勤務先の中国大陸の寒気に蝕まれて右脚を切断する手術をしている。それ以来、杖が必要な状態であった。

安西冬衛の日記によると、昭和一九年（一九四四）七月一一日に宿院の町並みを撮ろうとしたところ、フィムルの入荷が遅れて、翌日に延期している。同日記によると庶務課の職員たちは七・八月、撮影記録に追われている様子である。(23) なお疎開地写真記録には雪景色のものも見られる。市職員たちによる疎開地の撮影は冬季まで行われていたことがわかる。

堺の宿院本通りの建物疎開は、急速に進行した。(24) 文化人たちによる都市の記録活動は、急速な疎開による破壊に抗するかのように進められた。現在残されている作品のいくつかをみておく。

「翁橋東詰たどん製造所」（図５）は紙枠に納められた縦三八㎝、横五三㎝の水彩画。翁橋東詰めたどん製造所を描いたもの。たどんは、木炭の粉末を布海苔などで球状に固めた燃料で、臭気がなく火気が柔らかいため、家庭でもよく暖房用に使われた。職人がたどんを作り、乾燥用の棚で乾燥をさせている様子をよみとることができる。

「昭和一九年龍神駅前より新天地入口」は縦五五㎝、横三八㎝の水彩画（図６・７）。

図５　岸谷勢蔵「翁橋東詰たどん製造所」

図７　図６の裏面

図６　岡田勝「昭和19年龍神駅前より新天地入口」

龍神駅（現在の南海本線堺駅）から東に歩くと、阪堺電気軌道の大浜支線のガードが見えた。ガードをくぐると飲食街の「新天地」へいくことができる。岡田勝[25]の署名の入った本作品にはガード手前の新天地入口の飲食街の様子が描かれている。

昭和二〇年（一九四五）七月一〇日の堺大空襲のさいには、焼夷弾による猛火を避けるため、多くの市民が新天地入り口のガード下へ逃げ込んだ。しかし猛火に襲われ行き場を失い、このガード下で一五〇人以上が死亡している。

現在堺市立中央図書館に残されている岸谷勢蔵や岡田勝らによる堺市疎開地区記録の絵画群は、昭和一九年の夏に描かれている[26]。また、いずれも画用紙に描かれ、ほぼ同一の寸法である。安西日記の七月二九日の記述にある一定の規格が守られていることが窺える。

このように、一定の規格に則って、堺市の疎開地区記録は描かれていった。そういった観点からみると、長大な岸谷の中央図書館蔵「堺市第一次疎開地区記録」は、異質な作品であるといえよう。

三　堺市立中央図書館蔵「堺市第一次疎開地区記録」の魅力

「堺市第一次疎開地区記録」の魅力は、何といっても記録量の多さとその細密さである。

原画の制作が昭和一九年七月、本画の制作が同一〇月である。他の疎開地区記録画に加えて、長大な絵巻をわずかな時間に仕上げていることに、驚嘆する。

本図は、大阪市電三宝線を起点に、宿院本通り（現在のフェニックス通り）を東に向かって進み、南海本線や大道筋を越えて、宿院大鳥居をくぐり、卯の日座の前を北上、方向を替えて西に向き、再び、大道筋を越えるというコースの町並みを忠実に描いている。堺の旧市内に土地勘がある者なら、容易に町並みを想起することができる優れた図である。

本作品に描かれた風景を具体的に見ていこう。

①龍神駅（図８）

龍神駅（現在の南海本線堺駅）には、南海鉄道（当時は近畿日本鉄道）と阪堺電気軌道大浜支線のふたつの駅があり、いずれも、堺の市民の貴重な交通機関として知られる。南海鉄道は地上駅、阪堺電気軌道大浜支線は高架駅であった。本図には、人影がまったくみうけられない。しかし、岡田勝が描いた、まったく同時期の龍神駅の踏切の絵を見ると、踏切が開くのを待つカーキ色の国民服の男性など多くの人が描かれている（図９）。踏切で待つ人たちの後ろに見えるのは、龍神座である。

②龍神座と新天地入口

戦前の堺の町には複数の演芸館や劇場があった。住吉橋通一丁目の龍神座は堺の繁華街の龍神にあり、浪曲などの芸能を堺市民に提供していた。浪曲の内容は忠孝・尚武・貞節など戦前の社会道徳を織り込んだものが多く、政府は社会道徳の普及のために浪曲を活用していた。岸谷が描く龍神座は、端正な佇まいで表現されている。翌年の堺大空襲の時に、多くの市民が命を落とした新天地入口へ向かうガード下も龍神座の右に描かれている。人影がみられないというのは、岸谷筆「第一次疎開地区記録」に一貫した特徴である（図10）。

堺市博物館蔵の原画にも、人物は描き込まれていない。しかし、人物が描かれている場面が一箇所ある。玩具商八百亀である。玩具商の店先に子どもをおんぶした女性、日傘の女性、子ども、乳母車などが描かれている（図11）。しかし、本画の段階で人物は消されている（図12）。

それに対して、岡田勝が描く同時期の龍神座（縦三八㎝、横五五㎝）は、カーキ色の国民服の男性、乳母車を押す白い夏服の女性、色つきの夏服を着た子どもたちの姿が描かれており、賑やかな夏の盛り場の風景である（図13）。

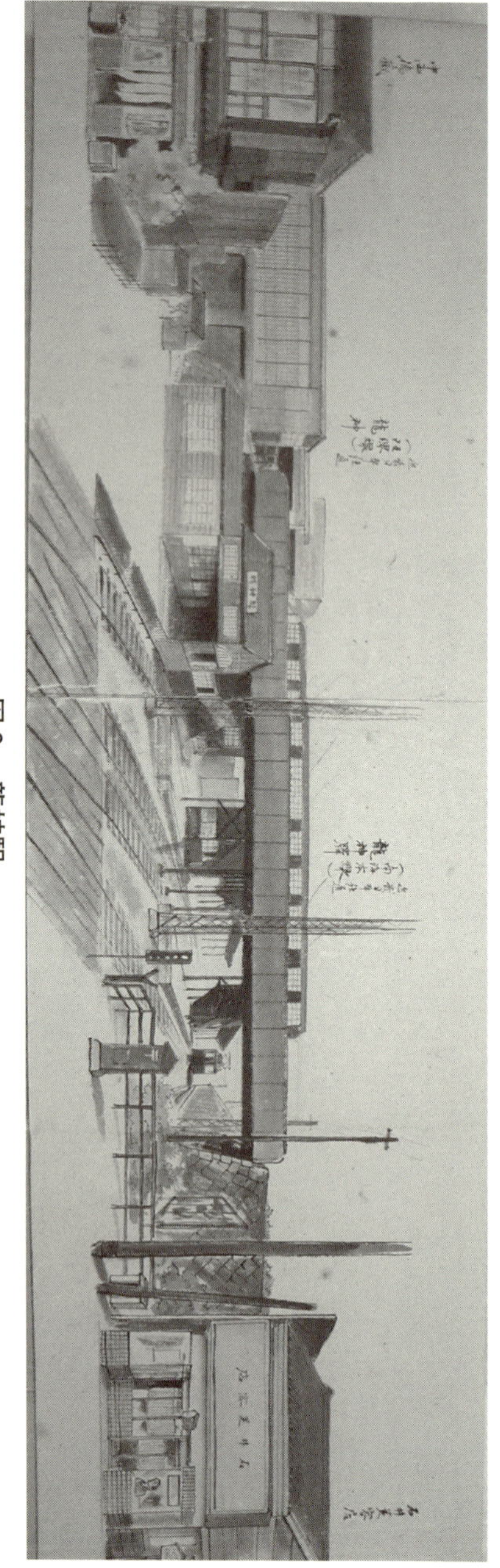

図 8　龍神駅

図 9　岡田勝「龍神駅（南海鉄道）踏切」

図11　玩具商八百亀（堺市博物館蔵・原画）

図10　龍神座と新天地入口

図12　玩具商八百亀

図13　岡田勝「龍神座」

図14　疎開地区記録写真より龍神座

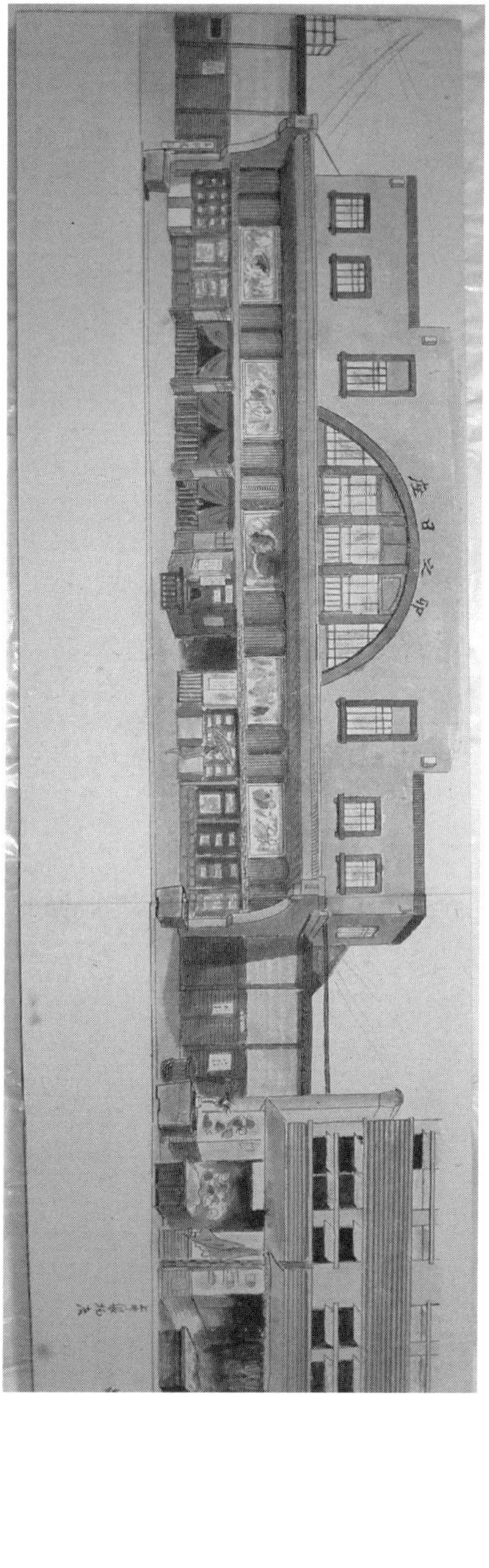

図15　卯の日座

図16　大道筋・宿院本通り交差点北東角

先にも見たように岡田が描く昭和一九年夏の堺は、岸谷が描いた堺と比較すると人が描かれている点で、顕著に異なっている。この違いは、何に起因するのであろうか。堺市博物館蔵の原画を見ると描かれた建物に関して、素材や看板の材質まで丹念な記録がされていることに驚かされる。岸谷は建物自体を忠実に描こうと全力を尽くしているように見受けられる。岸谷がこの作品で目指したものは、撤去される町並みの正確な景観記録であったといえよう。対して、岡田は、人がいる町の記録を残そうとしたようである。現在残されている岡田の疎開地区記録からは、戦前の夏の堺の町の生活の一齣を看取することができる。しかし、町並や建物の正確な記録という点では、岸谷作品に大きく劣っている。この作品の違いが画家の個性によるものであるのか、また、「堺芸術報国聯盟」の方針によるものであるのか、現時点では判断できない。今後の課題として注意をしておきたい。

なお、疎開地区記録写真のなかに、取り壊しが進められている龍神座の写真がある（図14）。建物の外観から龍神座であることはわかるものの、岸谷が描く端正な様子も、岡田が描いた活気ある風景も全く窺うことができない。建物の前に積み上げられた瓦礫と荷役用の馬が、急速に進められる建物撤去作業の様子を示している。

③卯の日座（図15）

明治初年（一八六七）に芝居小屋として出発、大正八年（一九一九）から映画館（封切館）となり堺市民に親しまれた卯の日座である。現在の堺区大町東二丁にあった。戦前の宿院頓宮は、大変な繁華街であり、映画館の卯の日座・電気館、浪曲の旭座、落語の寿亭などたくさんの娯楽が市民を楽しませた。昭和一九年（一九四四）八月には宿院頓宮周辺の商店は、疎開の引越しで次々と店を閉じていく。安西冬衛日記の八月一二日条に「二時過宿院を通る。疎開のひつこしあちこち。永年の愛顧を謝する貼札と戸じめの家、森永も閉鎖ひつこし、今井のすしやもひつこし、万字堂も戸じめ、木村屋戸じめ、力餅ひつこし。」と記される。(27)

④大道筋・宿院本通り交差点北東角（図16）

西に向いて歩みを進めて、再び大道筋に差し掛かる場所である。大阪貯蓄銀行の建物が描かれているが、この建物は、安西冬衛日記の一〇月二三日条に「宿院の大阪貯蓄銀行すでに空洞になり四壁を除去中。川尻温泉の奥のタイル張壁面がのこつてゐる」と記録されている[28]。解体作業が急速に進み、七月に原画を作った段階には残っていた景観も、本画を作っている一〇月段階では既になくなっているという状態であった。岸谷たちの疎開地区記録の作業は遅延を許されない、真剣な仕事であった。

おわりに

これまで岸谷が描いた絵画は、堺の歴史情緒を描いた郷愁を誘う作品群との評価を得てきた。それは、逝去を伝える朝日新聞の記事によくあらわれている。中央画壇と没交渉ではあったが、多くの作品を助手や弟子の手を借りずに一人で描いたこと、現代の日本画家によっても達者で丁寧で真面目な絵であるという見方がされていることから考えても、新しい評価がされてもいいのではないだろうか。

一つの地域の歴史文化に限定して、長期にわたって絵画作品を描き続け、かつ、それが貴重な記録面すなわち地域の記憶（メモリー）となっている岸谷作品のような事例は珍しい。類似事例として想起されるのは、近代の筑豊炭田での労働の記録画を描いた山本作兵衛（一八九二～一九八四）の作品群である[29]。

岸谷より七歳年長の山本は福岡県嘉穂郡に生まれ、七歳頃から炭鉱労働に従事、近代日本の石炭産業とともに年を重ねた。正規の教育、ましてや美術教育をまったく受けてはいなかったのにも関わらず、昭和三三年（一九五八）に「（閉鎖されていく）ヤマの姿を記録して孫たちに残しておこう」と絵筆を執り、丹念に記録画を制作した。記録画を描き始めた年齢は六〇歳を過ぎていたが記憶力は驚異的であり、数多くの記録画を残している。山本の業績は近代日本の炭鉱社会を絵画によって、後世に記憶させたことである。その功績が評価されて五八九点の絵画や一〇八点の日記などが平成二三年（二〇一一）五月にユネスコが認定する世界記憶遺産に日本国内から初めて認定された。

岸谷と山本はほぼ同じ二〇世紀を生き、近代日本の変容する社会を記録したのであるが、山本の仕事と比べると岸谷の仕事には以下のような特徴がある。①記録をしている時間は、岸谷の方が長い。六〇歳を過ぎてから画業に向き合った山本に対し、岸谷は青年時代から絵筆を執っている。②岸谷の絵の方が専門技術は高い。山本の場合、厳しい炭鉱労働に追われながらの生活を送っていたので、岸谷のように短期間の絵画教育を受ける時間さえなかった。③岸谷は描く対象が都市堺の諸相に広がっており、炭鉱生活の描写と説明に特化した山本の絵の方が専門性は高い。

こうして見ると岸谷の画業は、単に画家個人の記憶の表現にとどまるものではなく、都市堺の記憶をまとめたものであるといえる。筆者は、「第一次疎開地区記録」について、「とくに原画においては、通りに面した店舗の名前や看板の文字が正確に記録されているだけではなく、寸法や材木・金属・ガラスなど建材までが表記されている。この図を用いれば、町のミニチュア模型を製作することも可能であろう。[30]」と評価したことがある。実際に、平成二七年（二〇一五）三月に堺市堺区宿院町西二丁に開館した堺市立歴史文化にぎわいプラザ（さかい利晶の杜）の観光案内展示室には、岸谷の「第一次疎開地区記録」や「生家図帳」をもとに製作した五〇分の一の宿院界隈の町並みの模型が設置された。[31]二一世紀に入り、昭和の生活文化についての関心は、非常に高まっている。今後、岸谷勢蔵作品を都市記憶遺産の貴重な財産として評価する見方を提起しておきたい。

注

（1）第二次世界大戦の末期にアメリカ軍の爆撃に対する防火対策から、日本各地の都市では建物の強制疎開が行われ、堺でも昭和一九年（一九四四）七月から昭和二〇年（一九四五）七月まで五次にわたる建物疎開が実施されている。三六二〇戸の伝統ある建物が取り壊され、一、一八四人の住民が住み慣れた街を離れる結果となった。

（2）本図は、岸谷勢蔵が堺市に納本した清書本である。このほかに、岸谷が没するまで手許に保管していた原画が存在する。現在は堺市博物館に収蔵されている。原画の全容については『岸谷勢蔵画　堺市第一次疎開地区記録を読む』（堺市博物館、二〇一一年）を参照。

（3）平成三年（一九九一）に方明氏が他界した後、小谷城郷土館は財団法人の許認可を受け、同六年には登録博物館になっている。

（4）（財）小谷城郷土館所蔵。自筆原稿には、多くの推敲のあとが残っているが、ここでは煩を避け成稿部分の翻刻に止めた。なお、「小谷方明ノート」のご教示と閲覧、引用にあたっては、小谷城郷土館館長小谷寛氏のご高配と同館学芸員森村氏のご協力を得た。記して感謝する。

（5）原文では小谷は大町東一丁四番屋敷とするが、大町四番屋敷が正しい。

（6）和歌山県。

（7）原文では小谷は天王寺美術専門学校とするが、上本町に所在した専門学校・精華美術学院が正しい。

（8）実際はその三倍近い二七mである。

（9）個人情報に関わる部分は削除した。

（10）宮島久雄『関西モダンデザイン前史』（中央公論美術出版、二〇〇三年）の第二部大阪・「町の図案家」、第三章町のスタジオ―独立図案家―、第一節精華美術学院―松村景春参照。

（11）宮島久雄は『関西モダンデザイン前史』三一七〜三二〇頁で新聞雑誌に記録された精華美術学院主催の美術学院展や実用図展を紹介している。

（12）そのほか、協会としては意匠及工芸的趣味の一般普及、意匠の奨励及工芸作家と意匠家の連絡、会員作品の販売機関設置、会員作品の巡回販売を目指した。

（13）日本画家の丸木位里や漫画家の水木しげるも、同校に学んだ。水木は精華美術学院の図案中心の授業内容に失望して、早期に辞めている。

(14) 日本画家の川中信也先生のご教示による。
(15) 本資料には昭和三一年（一九五六）九月二六日に堺市役所に受入れたという印が捺されている。
(16) 本資料は、当初、岸谷自身が制作した形態で伝来していた。しかし、経年劣化によって開閉に際して折り目が擦れることにより磨耗するなどの問題点があった。しかも、酸性紙の台紙に糊やセロハンテープで貼られていたので、酸による劣化も懸念された。そこで平成二三年（二〇一一）七〜八月に本格修理をおこなった。そのさい、一一、七〇〇㎝の長さでは、作品にかかるストレスを増すと判断し、三巻に分割したうえ、巻子装に仕立て直した。第一巻は九九〇㎝、第二巻は七一八㎝、第三巻は九三五㎝とし、分割にあたっては、料紙の継目と内容の変わり目を利用した。
(17) その全容については、『岸谷勢蔵画　堺市第一次疎開地区記録を読む』（堺市博物館、二〇一一年）を参照。
(18) 前述のように、岸谷作品をもっとも数多く所蔵するのは堺市博物館であるが、堺市立中央図書館、堺商工会議所、小谷城郷土館なども岸谷作品を所蔵する。
(19) 堺市博物館蔵の岸谷作品については、『堺市博物館優品図録第三集』（堺市博物館、二〇一一年）を参照のこと。
(20) 事実、ご遺族によると生前の岸谷は中央画壇へ出世することや、中央で名を成すことには全く無関心であったようである。
(21) 建物疎開の速度は大変早く、岸谷が生まれ育った郷土の景観はみるみるうちに失われていった。それを目の当たりにした岸谷は、「今の内に街の姿を描いておきたい一念から真夏の炎天下にスケッチに歩いた」と戦後に回想している。
(22) 『安西冬衛全集　第七巻』（宝文館出版、一九七九年）四〇七頁、昭和一九年大概記を参照。
(23) 安西は武者小路千家の家元と京都大学の院生による宿院川尻の米屋甚兵衛家の茶室訪問に同行し、古い建築物の記録と聞き取りをしている。その聞き取りから安西は随筆をうみだしている。
(24) 安西によると、堺市内の疎開家屋の取り壊しは請負代金が一坪二三円、人夫の日当が五〇円以上にも達していた。安西は建物疎開がもたらした悪性インフレであると、非難をしている。
(25) 岡田勝については、伝未詳。今後の調査が必要である。
(26) 両名以外にも現在、名前がわからない酒造業米谷甚三郎家を描いた画家の作品が、残されている。今後、その画家について調査を進める必要があろう。

(27)『安西冬衛全集　第七巻』三五四頁。

(28)注(27)前掲書、三八四頁。

(29)山本作兵衛『画文集　炭鉱に生きる　地の底の人生記録』(講談社、一九六七年初版、二〇一一年新装版発行)を参照。

(30)拙稿「二〇世紀の都市の記憶遺産—堺の郷土画家岸谷勢蔵の記録画史料—」(『日本歴史』七九七、吉川弘文館、二〇一四年一〇月、「史料散歩」掲載)。

(31)岸谷がその生涯を市立堺病院で終えたおよそ三五年後に、堺市立歴史文化にぎわいプラザは、同病院跡地に奇しくも開館した。

〔付記〕本章を成すにあたり、岸谷勢蔵・小谷方明両氏の関係者の皆様に大変お世話になりました。また、資料調査について、多くの方々にご協力を得た。記して感謝します。なお、原則として文中の歴史的人物の敬称は略しています。

日本の地域史研究の到達点である『堺市史』『堺市史続編』の伝統を受け継ぎ、地域史研究を発展させるためには、史料研究をおこなうことこそが、その原点であるという序の問題提起を承けて、都市堺に関する中世・近世の地域史料の研究をまとめた。

ここで、本書の意義と今後の研究展望を示して擱筆したい。

「丹念な採訪の上に緻密な個別研究の重層があって、はじめて統合が成り立つ。[1]」至極当たり前のことであるが、この当たり前を愚直なまでに積み上げたことが、正続『堺市史』の功績であり、魅力である。急速な学問と技術の進歩によって、知的財産の多くが瞬く間にその新鮮さを失い、価値を無くしていく現代において、正続『堺市史』の価値が容易に下がらないというのは、驚くべきことである。未来への遺産であるといえようか。

ところが、完璧である瑕疵のない史書は、存在しない。本書で紹介した史料と論点は、正続『堺市史』においては全くの空白であったり、不充分であった部分である。とくに、第二部第三章のたつの市立龍野歴史資料館蔵の堺奉行浅野長恒史料は、まさしく堺の近世史の空白を埋める史料であり、もし堺市史編纂時に採訪されておれば、その内容は大きく変わっていたと考えて間違いあるまい。[2] これから先に、このような発見があれば大きく地域史の叙述は変わっていく。[3]

現在、堺は歴史遺産を積極的に観光資源として活用する方向へ動いている。[4] 筆者が堺市へ奉職した平成の初めに比すると隔世の感がある。歴史遺産を観光資源にすることは、軽薄であるとの批判も耳にするが地域の歴史遺産に関心が向くことは悪いことではないと個人的には考えている。問題は、歴史遺産を観光資源に活用するさいに、基礎に正確な史料批判が絶えずおこなわれているかである。そこには、健全な地域史料の研究の成長が不可欠である。本書で提示した史料研究は、二一世紀に生まれ、育ちつつある市民による新しい地域学の基礎財産のひとつとなる。

地域史料の基礎研究に徹した本書は、実証的な史料研究に則った新しい堺に関する地域史を産み出す方向性を示したと考える。言い古された言葉かもしれないが、「温故知新」、すなわち史料研究という正続『堺市史』が立脚した原点に還ることで、新しい史書を産み出したことが、本書の意義であり、今後の方向性ともいえる。(5)

第二部の第四・五章で提示した堺の歴史地震研究は、今世紀最も進歩すべき地域史研究のひとつであり、社会的要請も高い。本書は地域史研究の社会還元の面でも展望を示したといえよう。

史料研究という本書の方向性を堅持、発展させることが、市民の知的活動と自然災害からの市民の安全という社会の要請に応えていくと考えて良い。

注

(1)『堺市史続編』の編纂主任を勤められた朝尾直弘京都大学名誉教授の言葉である。

(2) 堺市中に残されておれば、戦火等で失われていた可能性は非常に高い。このような古文書群が、堺奉行の本貫地にほぼ無傷で残されていたことは、驚愕すべきことであると同時に堺地域史研究にとっては奇跡的な幸運と思われる。

(3) 正続『堺市史』、本書のいずれもが取り組むことができなかった課題を指摘しておく。前世紀後半から収集が進み始めた埋蔵文化財・考古史料の研究である。とくに堺環濠都市遺跡の遺構と出土した遺物群は、都市史や海外交流史等の諸分野においても重要な史料となるものであり、これからの堺の地域史料研究の中枢となっていくものである。それを正続『堺市史』編纂事業の伝統のなかに位置づけ、二一世紀の市史編纂を行うことは、堺地域史研究を行うものの新たな任務であろう。しかしながら、それには正続『堺市史』編纂の中心となってきた文献史学とは異なり、考古学がその中心を担う必要がある。まずはその点を調整・克服する必要があろう。

（4）百舌鳥古市古墳群の世界遺産登録に向けての運動、堺市の文化財部署を教育委員会から市長直轄の文化観光局へ所管換えをしたことに象徴される。

（5）本書は、中世近世の堺地域史を研究対象としたため、江戸時代の環濠の内側、すなわち「濠の内」と呼ばれ、堺奉行が統治した地域に関する叙述が大半を占めた。

近代以降、とくに戦後の高度経済成長期は堺（堺市）の範囲は町村合併によって、大きく拡大した。そして新市域を対象とした新しい歴史叙述の必要性から、『堺市史続編』は編纂された。二一世紀に入ってからも堺市は、東に隣接する美原町と合併をしている（平成一七年・二〇〇五年）。今後の堺地域史研究は、町村合併後の堺市域に範囲をひろげていくことも必要であろう。これからの課題としておきたい。

初出一覧

序　（新稿）

第一部　中世・近世堺の寺院史料を読み解く

第一章　一休宗純「自戒集」にみる語彙とその比喩─堺布教の問題を中心に─
（『文学・語学』二〇七、全国大学国語国文学会、二〇一三年一一月）
補説　一休の純粋禅と断法の思想　（「論」、『中外日報』二〇一五年三月一三日）
第二章　堺妙國寺蔵「己行記」について─史料研究を中心に─　（『堺市博物館報』二六、二〇〇七年三月）
第三章　堺妙國寺蔵「己行記」紙背文書をよむ　（『堺市博物館報』三〇、二〇一一年三月）
第四章　堺妙國寺蔵「行功部分記」について　（『堺市博物館報』二七、二〇〇七年一一月）
第五章　禅宗寺院の法会と普請─堺大安寺を中心に─　（『堺市博物館報』二四、二〇〇五年三月）

第二部　地域史料にみる近世堺の社会と文化

第一章　堺の復興と近世都市の誕生
補説　三種類の元禄の大絵図について
（『堺復興─元禄の堺大絵図を読み解く─』堺市博物館、二〇一五年一〇月）
第二章　西鶴の町人物に描かれた成熟都市・堺について

（新稿・二〇一六年一二月五日全国大学国語国文学会冬季大会（一一四回）の研究発表をもとに書き下ろし）

第三章　堺市立中央図書館蔵享保一三年「堺手鑑」の原本と付図の発見について―堺奉行浅野長恒史料より―
（『堺研究』三七、堺市立中央図書館、二〇一五年三月）

第四章　道明寺天満宮と幕末の堺商人―「菅梅講名記」―
（『堺市博物館報』二三、二〇〇四年三月）

第五章　幕末の大地震と泉州堺―堺真宗寺蔵「地震記」をよむ―
（『堺市博物館報』二一、二〇〇二年三月）

第六章　安政地震と堺地域―金岡光念寺の被災記録―
（『歴史地震』三〇、歴史地震研究会、二〇一五年七月）

付　章　近代都市堺の記憶―郷土画家岸谷勢蔵の記録画史料―
（『堺研究』三五、堺市立中央図書館、二〇一三年三月）

終

（新稿）

（新稿以外は、本書掲載時に加筆修正した）

あとがき

本書は筆者の二冊目の論集である。一休派に論題を設定した前著『一休派の結衆と史的展開の研究』（思文閣出版、二〇一〇年）に対し、本書は堺地域の史料研究に論題を設定しまとめた。堺市博物館に学芸員として勤務する筆者にとって堺地域史に関する研究はもっとも思い入れのある課題である。今回、それを一書にまとめて世に送り出せたことは、感激に堪えない。

本書が成った経緯に簡単に触れておきたい。前著を出そうと計画していた時、堺市在住の近世史家で、大学時代から数多くのご指導を受けていた福島雅藏先生から、堺の地域史に関する研究をまとめることをお勧めいただいた。その際に、先生から『中世・近世堺地域史料の研究』の書名のご指導を頂戴した。筆者はこの書名を大変気に入り先生のご期待に沿うよう努力していたのであるが、さまざまな事情から、一休派に論題を絞り込んだ研究書を出す方向へと出版方針を転換することになった。当然、福島先生には、その間の事情をご相談したが、先生は穏やかに地域史研究と史料研究の重要性を説かれ、次は堺の地域史料の研究をまとめた著作を大阪の出版社から刊行してくださいと励ましてくださった。前著が刊行された際には、大変喜んでいただき、「新しい立場に立ち時代を切り開く研究を」との言葉をいただいた。

ところが、東日本大震災が発生した直後の二〇一一年三月二六日に先生は急逝された。その前後の経緯に関しては、第二部第三章の「おわりに」に記したので、ここでは省略する。さらには、二〇一四年、堺市博物館長を長く勤められ、研究上のアドバイスをうけていた堺市在住の西洋経済史家角山榮先生が鬼籍に入られた。お二人が次々と亡くなられ、研究を見守っていただいた先生方が居られなくなったことは、筆者にとって大変辛いことであった。しかし、同時に先生方からの宿題を果たそうという強い意欲に変化した。

幸いにもかつて、福島先生が『近世畿内政治支配の諸相』（日本史研究叢刊14）を二〇〇三年に出版された有限会社和泉書院の廣橋研三社長にご相談したところ、快く出版をお引き受けいただいた。先生がご著書を出された和泉書院から日本史研究叢刊の32として本書を出版することができたのは、望外の喜びである。ご決断をいただいた廣橋社長に感謝をしたい。

先に紹介した以外にも本書が成るにあたって、数多くの堺に縁ある方々のご助力をいただいた。堺市博物館・堺市立中央図書館・堺市文化財課の学芸員や司書、堺の諸寺社、郷土堺を愛し研究や奉仕活動をされている皆さんには、大変お世話になった。

堺市博物館長をお勤めになった中西進先生には、文学と史学の両方にまたがる視野の広さを教わるとともに、論文の書き方にいたるまで、本当に懇切なご指導をいただいた。深い学識に裏付けられた先生の一言一言から、多大な示唆をうけることができたのは、幸いであった。さらに歴史学系の学会だけではなく、全国大学国語国文学会にも参加し、学会発表や論文発表などの機会を通じて研究の幅を広げる機会も得た。

その他、数え切れない方々からの学恩を受けたのであるが、日本近世史家で『堺市史続編』の編纂主任を勤められた京都大学名誉教授朝尾直弘先生のことを書いておきたい。朝尾先生には同志社大学の学部生時代からお世話になり、古文書調査に参加する機会を与えていただいた。指導教授の仲村研先生が私の大学院在学中に病に倒れられ、指導を受けることが難しかった時も、他大学の学生であるにもかかわらず、京都大学のご自身のゼミへの参加をお誘いいただいた。堺市へ奉職した後も、『堺市史続編』を編纂された経験をもとに、実に多くのことを教えていただいている。ご健康が勝れないなか、学問への意欲を維持されている先生の姿勢にはいつも学ばせていただいている。本書の刊行に際しても「中世・近世の堺は日本歴史にとって重要なポイントであり、その史料が戦災によって損害を蒙り、今に残されたものの少ないことは、何よりも残念なことであり、それを少しでも探索し、収集して後世に伝えることは歴史研究者にとって義務ともいえるほどに重要なことです。」との励ましの言葉を頂戴した。

先学の後を愚直について行くだけの研究生活であるが、今後も淡々とその姿勢を崩さずに歩んでいきたい。

二〇一七年一一月二一日　一休遠忌に

矢内一磨

■著者紹介

矢内一磨（やない　かずま）

〔略歴〕
一九六四年　兵庫県たつの市生まれ
一九九二年　同志社大学大学院文学研究科文化史学専攻博士課程（後期）研究指導修了
二〇一一年　同志社大学より博士（文化史学）授与
二〇一一年　全国大学国語国文学会学会賞受賞
現　在　堺市博物館学芸員

〔主要著書・編著書〕
『一休派の結衆と史的展開の研究』（単著、思文閣出版、二〇一〇年）、『鹿王院文書の研究』（共著、思文閣出版、二〇〇〇年）、『大阪の歴史力』（分担執筆、農山漁村文化協会、二〇〇〇年）、村田路人・服部敬編　大阪狭山市史第五巻『史料編狭山池』（分担執筆、大阪狭山市役所、二〇〇五年）、村田路人・藪田貫編　大阪狭山市史第三巻『史料編近世』（分担執筆、大阪狭山市役所、二〇一〇年）、芳澤勝弘監修『別冊太陽233　一休』（分担執筆、平凡社、二〇一五年）

日本史研究叢刊　32

中世・近世堺地域史料の研究

二〇一七年一二月七日初版第一刷発行
（検印省略）

著　者　矢内一磨
発行者　廣橋研三
印刷所　亜細亜印刷
製本所　渋谷文泉閣
発行所　有限会社　和泉書院

大阪市天王寺区上之宮町七－六
〒五四三－〇〇三七
電話　〇六－六七七一－一四六七
振替　〇〇九七〇－八－一五〇四三

ISBN978-4-7576-0854-2　C3321

日本史研究叢刊